Reinhard Olt (Hg.)

**Der Riese erwacht**

KOMMUNIKATION HEUTE UND MORGEN

*Reinhard Olt (Hg.)*

# Der Riese erwacht

Osteuropa nach 1989.
Facetten aus Gesellschaft, Politik
und Medien.

Institut für Medienentwicklung und Kommunikation GmbH
in der Verlagsgruppe Frankfurter Allgemeine Zeitung GmbH

CIP-Titelaufnahme der Deutschen Bibliothek

---

**Der Riese erwacht** : Osteuropa nach 1989 ; Facetten aus Gesellschaft, Politik und Medien / IMK, Institut für Medienentwicklung und Kommunikation GmbH in der Verlagsgruppe Frankfurter Allgemeine Zeitung GmbH. Reinhard Olt (Hg.). – Frankfurt am Main : IMK, 1995

(Kommunikation heute und morgen ; 17)
ISBN 3-927282-38-3
NE: Olt, Reinhard [Hrsg.] ; Institut für Medienentwicklung und Kommunikation <Frankfurt, Main>; GT

---

Die Reihe „Kommunikation heute und morgen" wird herausgegeben von Dietrich Ratzke

Copyright: Institut für Medienentwicklung und Kommunikation GmbH (IMK), Mainzer Landstraße 195, 60326 Frankfurt am Main

Umschlaggestaltung: Robert Jungmann, Frankfurt am Main
Satz: Frankfurter Allgemeine Zeitung GmbH Informationsdienste
Druck: Jetprint Druck- und Vertriebs-GmbH, Dreieich

Alle Rechte, auch die des auszugsweisen Nachdrucks, vorbehalten
Printed in Germany

# Inhalt

# Vorwort des Herausgebers

Sechs Jahre sind ins Land gegangen, seit mit der Öffnung des Drahtverhaus an der ungarisch-österreichischen Grenze die Friedhofsruhe der Völker, die unter der Pax sovietica lebten, beseitigt wurde. Was bis 1989 sieben Jahrzehnte lang mehr oder weniger mit der Ideologie vom neuen, dem sowjetischen Menschen zusammenzuschweißen versucht worden war, brach danach unter (zum Teil kriegerischem) Lärmen auseinander. Da der Terror des marxistisch-leninistischen Internationalismus wich, meldeten sich Nationen und Völkerteile zu Wort, die es eigentlich gar nicht mehr hätte geben dürfen, hätte das kommunistische Weltbild vom Aufgehen in einer neuen, friedliebenden und allen zwischennationalen Hader hinter sich lassenden Menschengemeinschaft gesiegt. Daß dem nicht so ist, führen Nationalitätenkonflikte, besonders zwischen Ostsee, Adria und Ochotzkischem Meer, vor Augen.

Mit der Auflösung des russisch dominierten Sowjetimperiums und seines ihm ideologisch verbunden gehaltenen Vorhofs entstanden ebenso neue Nationalstaaten wie dort, wo unter serbischer Observanz die balkanische Spielart des Stalinismus, der titoistische Jugoslawismus, Völker und Volksgruppen zu verschmelzen trachtete. Daß die kriegerische Eruption lange unter der Decke gehaltener nationaler Leidenschaften nicht vom Balkan auf ebenjene anderen Regionen übergreifen möge, in denen die vom Eise befreiten nationalen Gefühle wieder lebendig werden durften, darauf ist das Trachten verantwortungsbewußter Politik (besonders im Westen Europas) gerichtet.

Der Weg zur Zügelung des aus Leid erwachsenen Ungestümen ist steinig, die Mittel zur Befriedung sind umstritten. In einem herrscht über alle Grenzen hinweg Einigkeit: soll nicht altes Unrecht beibehalten werden oder in neues münden, soll Zwietracht nicht zu neuen kriegerischen Konflikten führen, so muß Ausgleich geschaffen werden durch Setzen neuen Rechts. In der Frage nach dem Wie und dem Wieweit stehen Auffassungen von Vertretern der Staatsnationen denen der mit auf ihren Territorien lebenden Minderheiten entgegen.

Unter den Fachleuten, die sich mit der wirksamen Implantierung von Minderheitenrechten im Völkerrecht befassen, gehen die Meinungen über die Durchsetzung (international und bilateral) auseinander, sollte es überhaupt – bei all den widerstreitenden Interessen – je zum Konsens darüber kommen. Gegen Gruppenrechte, besonders auch gegen „positive Diskriminierung", wie sie unterdrückten nationalen Minderheiten eigentlich gebührte, um jahrzehntelange Benachteiligung auszugleichen, gegen kulturelle oder territoriale Autonomie gar, richten sich vorwiegend Zentralstaaten, auch westeuropäische, die darin Sezession, Loslösung, wittern und fürchten, dem „Mutter-" oder „Vaterland" der Minderheit könnte es damit durch die Hintertür gelingen, sich als Schutzmacht zu etablieren. Daher gingen sie über die Zustimmung für die Gewährung von Individualrechten bisher ebensowenig hinaus, wie die internationale Staatengemeinschaft mit der UN-Deklaration „Über die Rechte von Angehörigen nationaler oder ethnischer, religiöser oder sprachlicher Minderheiten" vom 18. Dezember 1992 die Minderheiten nicht über ein Personenverbands- oder Gruppenrecht, sondern nur über Individualrecht nach dem Gebot der Menschenrechtsdeklaration zu fixieren gewillt war.

Daran änderte auch die vom Europarat im November 1994 beschlossene Rahmenkonvention nichts Entscheidendes, obschon sie ein erster Schritt auf dem Weg hin zu einem Volksgruppenschutzgesetz ist. Aber solange es den einzelnen Staaten überlassen bleibt – mehr als dieser „Kompromiß" war vorerst nicht möglich – die Rahmenkonvention mittels auf ihre Situation zugeschnittene Gesetze auszufüllen und zu ergänzen, ist ein für alle gültiger und von allen anerkannter und praktizierter Schutz nationaler Minderheiten in weiter Ferne.

Die Situation, in der etwa die deutschen Volksgruppen im Osten Europas nach Jahrhunderten der Siedlung, nach Deportation und Vertreibung an Orten ihres Verbleibs gegenwärtig leben, ist höchst unterschiedlich. So ist es für die Ungarndeutschen auch nach dem Inkrafttreten des vergleichsweise „mustergültigen" ungarischen Minderheitenschutzgesetzes 1993 eine Überlebensnotwendigkeit, sich aus der (Selbst-)Magyarisierung zu befreien und nationales Bewußtsein wiederzuerlangen. Die Deutschen in Böhmen, Mähren, Schlesien (Tschechische Republik) und in den Karpaten (Slowakei) sind sich ihres Volkstums zwar weitgehend bewußt. Ihre Verbände haben aber Mühe, sich (in unterstelltem Zusammenwirken mit der Sudetendeutschen Landsmannschaft) des Revanchismusvorwurfs zu erwehren, den tschechische Nationalisten im Verein mit Kommunisten ausstreuen und damit in der älteren Bevölkerung dumpfen nationalistischen Vorbehalt und Eifer nähren, der einer ungeschminkten Auseinandersetzung über das deutsch-tschechische und deutsch-slowakische Verhältnis (noch) im Wege steht.

Den Deutschen in Polen, die vorwiegend in den ehemaligen deutschen Ostgebieten, vor allem in Oberschlesien, leben, geht es kaum anders. Dabei sind sie – neben den Nachfahren des einst in düsterer Zeit in den Warthegau umgesiedelten Teils der Rußlanddeutschen – die einzigen unter den Auslandsdeutschen, die (auch) die deutsche Staatsbürgerschaft besitzen, über eine parlamentarische Repräsentanz in Sejm und Senat in Warschau verfügen und in zahlreichen Gemeinden mit überwiegend deutscher Bevölkerung Bürgermeister und Ratsmitglieder stellen. Soll ihnen die Jugend und die Intelligenz nicht wie bisher davonlaufen, so sind Programme zur Lehrerbildung und -entsendung sowie für die Erteilung muttersprachlichen Unterrichts in eigenen Schulen nötig.

Für die Deutschen in Rumänien hingegen ist derlei Unterricht vom Kindergarten bis zum Abitur gesichert. Doch was nützt ihnen darüber hinaus parlamentarische Repräsentanz und Vertretung im der Regierung und dem Bukarester Parlament unterstellten Rat der Minderheiten, wenn sie unter Auszehrung leiden, daher die steinernen und papierenen Zeugnisse einer 800 Jahre währenden Existenz von den Verbliebenen nicht mehr am Leben erhalten werden können und dem allmählichen Verfall preisgegeben sind?

Verglichen mit der Situation der deutschen Volksgruppen in den sogenannten mittelosteuropäischen Reformländern ist die Lage der Rußlanddeutschen in den aus der Sowjetunion hervorgegangenen Staaten geradezu prekär. Von minimalem Rechtsschutz sind sie wegen der Verschleppung eigentlich vorhandener vertraglicher Grundlagen zwischen Bonn und Moskau weit entfernt; in den mittelasiatischen Staaten, vor allem in Kasachstan, stehen sie unter massivem Vertreibungsdruck. Gewiß wird ihnen größtmögliche materielle Hilfe aus Bonn zuteil, zuvörderst für die Ansiedlungsprojekte in zwei Nationalrayons in Westsibirien, in den ins Auge gefaßten Gebieten an der Wolga sowie nahe St. Petersburg. Doch das Ziel seit 1989 – Autonomie an der Wolga, anknüpfend an den einmal gehaltenen Status einer weitgehenden territorialen Selbstverwaltung – schwindet; einige ihrer Vertreter halten die Wolgarepublik für tot, auch in den Köpfen der Menschen. Sie sehen in der Aussiedlung nach Deutschland die einzige Möglichkeit für die Zukunft ihrer Volksgruppe.

Sollten demzufolge nicht eher alle Kraft und Mittel zur restlosen Aussiedlung in die Heimat der Vorfahren, Deutschland, eingesetzt werden angesichts der Unwägbarkeiten der politischen Entwicklung in Rußland, angesichts der Perspektivlosigkeit der nach Hunterttausenden Zählenden, die den Glauben an die Zukunft verloren zu haben scheinen? Denen Kampf um Muttersprache, um Unterricht, um Identität, um Autonomie „Schnee von gestern" ist? Wer mit einem (vermeintlich wohlüberlegten) Ja antwortet, hat damit das allgemeine Bemühen von Volksgruppenverbänden, gesichertes Existenz-, Vertretungs- und Überlebensrecht zu erkämpfen, von vornherein aufgegeben. Er trägt sodann zu selbstgewählter „ethnischer Säuberung" bei, entläßt die Mehrheitsbevölkerung und die Regierungen der Staaten aus ihrer Verantwortung, verleiht schließlich gewissenlosen Diktatoren und Ideologen von einst späten Triumph. Und verhilft beklagtem alten Unrecht von 1918/19 und 1945 – 1949 trotz der bejubelten Geschichts- und Zeitenwende zu rechtlicher Fortdauer.

Die Deutschen in Osteuropa sind nur eine von mehr als hundert Volksgruppen, die als nationale Minderheiten unter den Dächern der europäischen Nationalstaaten leben. Die mal als „nationale" („Nationalitäten"), mal als „ethnische" („Volksgruppen") bezeichneten Minderheiten unterscheiden sich von den Mehrheitsvölkern vornehmlich durch Sprache und Kultur. Daß die „nationale Frage" in Europa nichts an Aktualität eingebüßt hat, zeigen die kriegerisch ausgetragenen Konflikte des erodierten titoistischen südslawischen Staatsgebildes und ebenjene ethnisch bedingten Bürger- und Sezessionskriege in der aus der Konkursmasse der im wesentlichen stalinistisch verfaßten Sowjetunion hervorgegangenen labilen Gemeinschaft Unabhängiger Staaten. In den Nachfolgestaaten der Sowjetunion sind die moldauisch-transnistrischen, die georgisch-ossetischen sowie die armenisch-aserbaidschanischen Auseinandersetzungen um Nagornyj-Karabach von blutiger Aktualität; hingegen fallen Nationalitätenkonflikte im Baltikum, in der Russischen Föderation, im Transkaukasus und in den vorwiegend orientalisch-muslimisch geprägten zentralasiatischen Staaten dem Betrachter vorderhand nur unterschwellig ins Auge, obschon sie von nicht minderer Brisanz sind.

Am Verhalten einiger westeuropäischer Regierungen gegenüber den Selbständigkeitsbestrebungen der Slowenen und Kroaten, aber auch der Esten, Letten und Litauer (vor der völkerrechtlichen Anerkennung ihrer staatlichen Gemeinwesen, ja mitunter danach auch noch) ist augenfällig geworden, daß die Furcht vor Separatismus im eigenen Lande das Handeln bestimmt. Woher rührt das? Nach dem Zweiten Weltkrieg machte sich die Zuversicht breit, im Zuge der Europäisierung verschwinde allmählich der Nationalstaat; man glaubte, die „nationale Frage" gleichsam als Erscheinung des 19. Jahrhunderts überwunden zu haben. Vor allem die (westeuropäische) Linke – aber nicht nur sie – leistete mit der theoretisch-ideologischen Fixierung auf eine „multikulturelle Gesellschaft" der Blickverengung Vorschub. Dabei ist allmählich aus dem Auge verloren oder gar völlig verdrängt worden, daß nach zwei Kriegen in Europa (in der Sowjetunion wegen der im Prinzip durch Stalins nationalitätenpolitische Erwägungen initiierten Grenzziehung) die Grenzen entgegen dem Selbstbestimmungsrecht willkürlich und nicht nach der Sprach- oder Volkszugehörigkeit gezogen wurden.

Der Sezessionismus in den Nachfolgestaaten der Sowjetunion, auch die militärischen Auseinandersetzungen auf dem Balkan offenbaren die Zertrümmerung des letzten Kolonialstaats von innen heraus und den Zusammenbruch stalinistischer Nationalitätenpolitik in einem. Was einstürzte, war nicht mehr und nicht weniger als die von Stalin mit Gewalt ins Werk gesetzte Fiktion von der Aufhebung der nationalen Gegensätze durch die Schaffung des Homunculus „Sowjetmensch". In Wirklichkeit lief des Georgiers Iossif Wissarionowitsch Dschugaschwili Trachten auf Assimilation, auf Verschmelzung der „Sowjetvölker", letztlich auf deren Aufgehen im Russentum hinaus. Des Kroaten Jozip Broz (Tito) balkanische Spielart ebenjener übertragenen volklichen Sowjetisierung, der „Jugoslawismus", war gleichermaßen auf die Einebnung der nationalen Eigenheiten und die Verwischung der kulturellen Traditionen des Vielvölkerstaats gerichtet – unter der gesellschaftlichen Dominanz und Observanz des Großserbentums.

Während sich im Westen die Nationalstaaten aufgrund historisch bedingter Erfahrungen ihrer Bewohner überlebt zu haben scheinen – die Völker setzen dem Streben ihrer Regierungen, aus geschichtlicher Erkenntnis heraus in freien Stücken unter dem europäischen Dach zusammenzufinden, ohne damit in einen Schmelztigel zu geraten, vergleichsweise wenig entgegen, obschon auf diesem Wege auch Rückschläge zu verzeichnen sind – müssen die Völker Ost- und Südosteuropas erst einmal den Sowjetismus völlig abstreifen. Das heißt, bevor sie zur zusammenwachsenden Union der Europäer stoßen und in sie hineinwachsen können, wollen sie (in einer wie lange auch immer währenden Zeitspanne) erst einmal die Nationalstaatsidee verwirklicht sehen. Der Trennungsprozeß zwischen Tschechen und Slowaken, die Auflösung der von vielen Slowaken als Zwangsgebilde empfundenen Föderation, dürfen daher als folgerichtig gewertet werden.

Der Denkfehler in den Köpfen der Westeuropäer, der westlichen Welt überhaupt, bestand darin, zu glauben, staatliche Gebilde wie die „Jugoslawische Föderation" oder die „Union der Sozialistischen Sowjetrepubliken" hätten sogleich etwas gemein mit der Europäischen Gemeinschaft, sobald dort die Fesseln des Kommunismus nur abgestreift seien. Am Beispiel der Minsker und Taschkenter Vertragsverhandlungen über eine „Union Souveräner Republiken" (dem Slawischen Dreibund, als dem Vorläufer der GUS) zeigte sich – übrigens nicht nur am ukrainisch-russischen Gegensatz -, daß der Übergang in eine neue Staatengemeinschaft ohne nationalstaatliche Zäsur nicht möglich war. Wer ihr nicht mehr angehören wollte, wie etwa die baltischen Republiken, die sich nach der Rückgewinnung der Eigenstaatlichkeit unmittelbar dem Staatenbündnis der europäischen Demokratien anschließen möchten, der hätte eigentlich die Sympathie und die Unterstützung des Westens verdient. Doch vor allem in den Hauptstädten der zentralstaatlich geprägten Länder Westeuropas, in Paris, Madrid, Rom und London, bestimmt die Sorge um die eigenen Minderheiten das Verhältnis zu den das Selbstbestimmungsrecht einfordernden Nationen und Volksgruppen im Osten und Südosten des Kontinents.

Frankreich gilt bisher geradezu als Verkörperung des nationalbewußten Zentralismus. Es hat lange gedauert, bis Paris den Korsen – widerwillig – eine begrenzte Eigenständigkeit zuerkannte. Auch Bretonen, Basken, Katalanen, Flamen und Elsässern ist erst in den letzten Jahren eine gewisse sparsame Kulturautonomie zuteil geworden; bei der Sprachminderheit der Okzitanen scheint sich die Herausstellung der Andersartigkeit im Folkloristischen zu erschöpfen. In Spanien ist mit der Rückkehr zur Demokratie den drei nichtkastilischen Völkern – Basken, Katalanen und Galiciern – zwar die sprachliche und regionalpolitische Emanzipation gelungen, doch Madrid wacht mit Argusaugen darüber, daß die (vor allem durch den ETA-Terror diskreditierten) Eigenständigkeitsbestrebungen nicht ins Kraut schießen.

Dem römischen Zentralismus erwächst langfristig Gefahr zumindest im lombardischen „Los von Rom", sollte er nicht zu einer allmählichen Regionalisierung und Föderalisierung übergehen. Die französischsprachigen Aostaner, die deutsch- und ladinischsprachigen Südtiroler und die Slowenen in Friaul und im Gebiet Triest sind zwar durch internationale Verträge (wenigstens teilweise) geschützt. Und doch hatte Rom, egal welche Parteiungen dort gerade mal zum Regieren zusammenfanden, ständig versucht, deren regionale Selbstverwaltung auszuhöhlen. Das ließ sich am deutlichsten an den Jahrzehnte währenden Auseinandersetzungen über die Südtirolautonomie erkennen, als die italienische Regierung vier Jahre vor Abschluß des Autonomie-Pakets noch einmal versucht hatte, mittels einer „Ausrichtungs- und Koordinierungsbefugnis" das auf dem Pariser Vertrag von 1946 beruhende Autonomie-Statut des 1919 annektierten Landes in essentiellen Teilen „im nationalen Interesse" außer Kraft zu setzen. Den alten Neofaschisten im neuen Kleide der Alleanza Nationale wäre es lieber heute als morgen recht, den „Autonomiespuk" einfach los zu sein. Den Sarden und den Friulanern ist keine Anerkennung ihrer ethnisch-kulturellen Eigenart durch Rom zuteil geworden. Über die griechische und albanische Minderheit sehen die römischen Politiker ohnehin geflissentlich hinweg.

Auch in Großbritannien streben Schotten und keltische Waliser nach nationaler Sonderstellung. Dort geht es vor allem um die Wiederbelebung und den Schutz der Sprachen Gälisch und Kymrisch; in Schottland wachsen neben dem Hinweis auf die eigene ruhmreiche Geschichte aber auch Begehrlichkeiten im Blick auf die Ölquellen vor der Nordseeküste.

Das Bild der Völker und Volksgruppen Europas wird bunter, blickt man gen Osten. Auf dem Balkan ist es am farbigsten, dort hat es somit auch die größte Sprengkraft entwickelt. Diese in den nächsten Jahren und Jahrzehnten zu beseitigen, wird eine der größten Aufgaben der europäischen Politik sein. Im Mittelpunkt des vorliegenden Buches stehen daher Elemente der West-Ost-Beziehungen nach dem Systemkollaps. Ein Augenmerk ist dem Dialog mit den osteuropäischen Staatsführungen gewidmet. Selbstverständlich kann die „Perspektive Osten" nur vom sicheren Standort der geopolitischen Lage Deutschlands aus in den Blick genommen werden. Deutschlands Handeln ist eingebunden in den Kontext, in welchem die Institutionen des Westens den Mittelost- und Osteuropäern begegnen. Wegen des historisch begründeten Engagements Frankreichs gilt Elementen der französischen Osteuropapolitik besondere Aufmerksamkeit.

Ungarn hat im Prozeß der Blockauflösung und des Niederringens des Staatssozialismus eine besondere Rolle gespielt. Betrachtungen über die Rückkehr der baltischen Staaten nach Europa und die delikaten Beziehungen des skandinavischen Nordens zum europäischen Osten dürfen bei der Bewertung des Ost-West-Verhältnisses ebensowenig fehlen wie die Königsberg-Frage. Über alldem steht schließlich der Versuch, Entwicklungslinien in Rußland seit dem Untergang der Sowjetunion nachzuzeichnen und die ukrainisch-russischen Beziehungen seit der Unabhängigkeit Kiews zu beleuchten.

Den Medien der osteuropäischen Länder kommt im Allgemeinen eine „revolutionäre" Rolle im Demokratisierungsprozeß zu, den publizistischen Organen der deutschen Minderheiten im Besonderen. Von Belang ist auch, wie westliche Medien und Medieninhaber in die Länder hineinwirken und wie sie etwa in Form von Beteiligungen in ihnen selbst wirken. All dies soll im Folgenden beispielhaft dargeboten und erläutert werden.

Für alle, die die Vielfalt der Existenzformen in Osteuropa wahrnehmen, vor allem aber für jene, die sich im Politischen und Ökonomischen dort umtun, ist dieses Engagement Pionierarbeit und eine unvergleichliche Herausforderung. Ihr Wirken mündet in Aufbauarbeit für ein Mehr an Demokratie und wirtschaftlichem Fortkommen. Niemand sollte sich etwas vormachen – an der Entwicklung der Staaten und Völker Osteuropas und besonders Rußlands entscheidet sich Wohl oder Wehe Europas.

*Wien, im September 1995*                                           *R. Olt*

# I. Elemente der West-Ost-Beziehungen nach dem Systemkollaps

Horst Waffenschmidt

# Im Dialog mit den Führungen – Wirken für die Deutschen in Ost- und Südosteuropa

Deutschland trägt sowohl für die Rußlanddeutschen, als auch für die anderen Deutschen in Ostmittel-, Ost- und Südosteuropa aufgrund der geschichtlichen Ereignisse eine besondere Verantwortung. Die Rußlanddeutschen haben – weil sie Deutsche sind – am längsten und schwersten unter den Ereignissen und Folgen des Zweiten Weltkriegs leiden müssen. Ihre traditionellen Siedlungsgebiete wurden ihnen größtenteils genommen. In der Verbannung haben sie bis in die jüngste Vergangenheit schwerwiegende Benachteiligungen des täglichen Lebens erduldet. Alle deutschen Bundesregierungen haben deshalb versucht, den Rußlanddeutschen zu helfen, soweit es die Situation zuließ. Bis vor wenigen Jahren beschränkten sich die Möglichkeiten allerdings im wesentlichen auf Paketsendungen und andere kleine Hilfen.

Seit der von Gorbatschow eingeleiteten politischen Wende haben sich neue Perspektiven eröffnet. Einerseits boten sich den Rußlanddeutschen verbesserte Ausreisemöglichkeiten. Andererseits gab es Anlaß zur Hoffnung, daß sie in ihrer jeweiligen Heimat als Volksgruppe Anerkennung finden und ihre sprachliche und kulturelle Identität wiederherstellen und bewahren könnten. Erstmals nach fast 50 Jahren durften sie wieder eigene Vereinigungen bilden, ihre Zielvorstellungen und Wünsche artikulieren. Die „Wiedergeburt"-Bewegung fand sich unter widrigen Umständen im März 1989 zusammen und proklamierte als wichtigste Ziele die Rehabilitierung der Rußlanddeutschen und die Wiederherstellung der Wolgarepublik.

Rasch wurde deutlich, daß ein Teil der Rußlanddeutschen die Entscheidung getroffen hatte, unter allen Umständen nach Deutschland auszusiedeln, während ein anderer Teil auf jeden Fall im Land bleiben und die neuen Chancen nutzen wollte. Die dritte Gruppe war hingegen noch unentschlossen; sie gedenkt zunächst die weitere Entwicklung abzuwarten. In dieser Situation hat die Bundesregierung sofort reagiert und ihre Politik – nicht nur hinsichtlich der Rußlanddeutschen, sondern hinsichtlich der Deutschen in allen Staaten des sich damals öffnenden Ostblocks – auf die neuen Möglichkeiten eingestellt.

## Zukunft in der jetzigen Heimat

An erster Stelle steht das Ziel, diesen Deutschen in ihren Siedlungsgebieten auf vielfältige Weise dabei zu helfen, für sich und ihre Kinder eine Zukunftsperspektive in der jetzigen Heimat zu finden. Für alle, die sich gleichwohl zur Aussiedlung entschieden haben, soll das Tor nach Deutschland offen bleiben, nicht zuletzt deshalb, weil Panikreaktionen vermieden werden müssen. Aus diesem Grunde war es auch besonders wichtig, während der Beratung des Kriegsfolgenbereinigungsgesetzes darauf zu achten, daß die Konzeption der Bundesregierung nicht in ihr Gegenteil verkehrt wird. Zu dieser Politik gibt es keine vernünftige und glaubwürdige Alternative. Deshalb sollte die Bundesregierung auch unter den vielfach sich ändernden Bedingungen ihre Politik geduldig und flexibel fortsetzen.

Das Kriegsfolgenbereinigungsgesetz, das seit 1. Januar 1993 gilt, bewährt sich. Der Aussiedlerzuzug hat sich beruhigt und verstetigt. Die Bundeshilfen für die Integration der deutschen Aussiedler werden aufrecht erhalten, obwohl Sparmaßnahmen notwendig wurden. Bedeutsam ist, daß weiterhin sechs Monate Sprachkurs vom Bund finanziert werden. Ferner zahlt der Bund in den ersten sechs Monaten des Aufenthalts in Deutschland Eingliederungshilfe. Auch andere bewährte Hilfen wie der „Garantiefonds" für die Ausbildung und Zuschüsse an die Organisationen, die Aussiedler bei der Integration betreuen, sind im Bundeshaushalt eingestellt. Insgesamt wurden vom Bund 1994 Leistungen für die deutschen Aussiedler aus dem Osten Europas in Höhe von rund 4 Milliarden DM erbracht. Dazu kommen die Leistungen der Länder, Gemeinden, Kirchen und sozialen Verbände.

Deutsche Aussiedler aus dem Osten Europas sind ein Gewinn für unser Land, vor allem wegen ihrer großen, jungen Familien. Nach vorliegenden Unterlagen des Statistischen Bundesamtes sind 32,1 Prozent der deutschen Aussiedler unter 18 Jahre und nur 6,2 Prozent über 65 Jahre alt. 44,3 Prozent sind zwischen 18 und 45 Jahre alt. Nach den Berechnungen führender Wirtschaftsforschungsinstitute haben sie bereits nach wenigen Jahren in Deutschland all das wieder erwirtschaftet, was für ihre Integration aufgewendet wurde.

Die Leistungen für die Rußlanddeutschen in ihren Siedlungsschwerpunkten haben zu einer starken Verringerung der Ausreisewünsche geführt. 1993 lagen über 100 000 Ausreiseanträge weniger vor als 1992. Dies ist umso bedeutsamer, als zahlreiche Formalitäten im Antragsverfahren vereinfacht wurden. Zum Beispiel kann man heute Ausreiseanträge in Moskau und in Almaty (Kasachstan) stellen, früher ging das nur in Moskau. Das Kriegsfolgenbereinigungsgesetz erleichtert gerade für die Rußlanddeutschen manche Nachweispflichten, die früher auf große Schwierigkeiten stießen, wie zum Beispiel im Blick auf Kenntnisse der deutschen Sprache und das Kriegsfolgenschicksal. Das Schicksal, die angestammte Heimat verlassen zu müssen, sollte so vielen Menschen wie möglich erspart bleiben.

Hinzu kommt, daß die Integration größerer Zahlen von Aussiedlern in die Gesellschaft der Bundesrepublik Deutschland schwieriger geworden ist, wenngleich gerade die Rußlanddeutschen als fleißige Mitbürger geschätzt werden. Auch im Hinblick auf ein vereintes Europa wäre es wünschenswert, wenn möglichst viele der in den Staaten des ehemaligen Ostblocks lebenden Deutschen in ihrer angestammten Heimat blieben. Sie könnten aufgrund ihrer Kenntnisse zweier Sprachen und Kulturen eine wichtige Brückenfunktion zur Verständigung der Völker wahrnehmen. Es gilt daher, die Lebensverhältnisse der Rußlanddeutschen – und der Deutschen in den anderen ehemaligen Ostblockstaaten – so zu verbessern, daß sie den Mut und die Kraft finden, sich in der existentiellen Frage von Bleiben oder Gehen für das Bleiben zu entscheiden.

Der Zerfall der Sowjetunion Ende 1991 und die Entstehung souveräner Einzelstaaten hat die Hilfe für die Rußlanddeutschen in mancher Hinsicht erschwert. In den Nachfolgestaaten zeichnen sich unterschiedliche politische, rechtliche, wirtschaftliche und gesellschaftliche Entwicklungen ab. Deren Verlauf ist noch nicht abzusehen. Das verunsichert eben auch die Rußlanddeutschen. Es ist aber nicht zu verkennen, daß sich den Rußlanddeutschen auch neue Chancen bieten. In den Staaten der untergegangenen Sowjetunion wächst die Erkenntnis, daß der Weg in die Demokratie auch Freiheit und Selbstbestimmung für nationale Minderheiten mit sich bringen muß. Vor allem werden sie sich der Bedeutung der bei ihnen lebenden Deutschen für die Beziehungen zur Bundesrepublik Deutschland bewußt. Sie erhoffen sich in diesem Zusammenhang Hilfen aus Deutschland, die zugleich den Aufbau des Landes, besonders im Blick auf marktwirtschaftliche Strukturen, finden. Daher stellt die Hilfe für die Rußlanddeutschen immer auch ein Stück Aufbauhilfe für diese Länder dar. Sie dient der Stabilisierung des Demokratisierungsprozesses dort und damit letztlich auch der Friedenssicherung.

## Die Nachfolgestaaten der Sowjetunion sind gefordert

Alle Beteiligen sollten sich darüber klar sein, daß die Verantwortung für die Rußlanddeutschen in erster Linie den Regierungen der Nachfolgestaaten der Sowjetunion zukommt, da es sich um deren Staatsangehörige handelt. Es ist daher darauf zu achten und gegebenenfalls beharrlich daran zu erinnern, daß diese Staaten auch ihrerseits gehalten sind, nach Kräften für eine Verbesserung der Lage der Rußlanddeutschen zu sorgen, wenn sie diese im Lande halten wollen.

Meine Gespräche mit dem damaligen sowjetischen Staats- und Parteichef Michail Gorbatschow und seiner Regierung waren meine ersten Aktivitäten im Dienst für die Rußlanddeutschen. Sie konnten wegen des Zerfalls der Sowjetunion nicht mehr viel bewirken. Im Oktober 1991 trug ich im Kreml zum ersten Mal dem russischen Präsidenten Boris Jelzin die Problematik vor. Er stand den Anliegen der Rußlanddeutschen sehr aufgeschlossen gegenüber. Das Treffen war im Grunde die Geburtsstunde für alle späteren Verhandlungen zwischen Deutschland und Rußland für die Rußlanddeutschen. Übrigens haben wir in jenem Gespräch beide sehr lange über die Bedeutung des christlichen Glaubens für Rußland und Deutschland gesprochen.

Viele Rußlanddeutsche sind tief verankert im christlichen Glauben. Viele haben überhaupt nur durch ihr gefestigtes Gottvertrauen überlebt, als sie von Stalin verbannt waren. Mit ihnen habe ich ökumenische Gottesdienste gestaltet und manches Bethaus der Baptisten und Mennoniten besucht. Das gemeinsame Gebet hat mir viel Vertrauen bei Rußlanddeutschen gebracht. Auch in Deutschland besuche ich ihre Gemeindezentren. Ich bin tief beeindruckt von ihrem praktischen Glauben im Alltag. Sie können damit vielen zum Segen werden, und sie selbst gewinnen Kraft aus ihrer Religiosität.

Bisher hatte ich mit mehreren russischen Minderheitenministern zu tun. Wir pflegen eine intensive und aufrichtige Zusammenarbeit, um schrittweise positive Regelungen für die Deutschen in Rußland zu erreichen. Das ist nicht einfach in der komplizierten Situation, in der sich das Land befindet. Auch mit dem ukrainischen, dem kasachischen und dem kirgisischen Präsidenten habe ich für die Rußlanddeutschen verhandelt. Leider konnte in diesen Ländern bisher noch nicht viel in die Praxis umgesetzt werden, immer wieder gibt es trotz wohlmeinender Anstrengungen viele Hindernisse. Daher müssen die gemeinsamen Bemühungen stetig fortgesetzt werden.

Der Einsatz für die Rußlanddeutschen ist eine einmalige Pionierarbeit und eine große Herausforderung, er hat mich selbst in meinem Leben bereichert. Zugleich ist dieser Einsatz ein Stück Aufbauarbeit für mehr Demokratie und mehr wirtschaftliche Entwicklung in Rußland und damit für Europa; denn in Rußland entscheidet sich das Schicksal Europas.

Wenn trotz mancher Hindernisse Wichtiges für die Rußlanddeutschen erreicht wurde, so haben die jeweiligen Gebietschefs daran einen großen Anteil, in Sonderheit die Chefs der Gebiete Omsk und des Altai. In Zukunft werden sie noch bedeutsamer sein, da nach der neuen russischen Verfassung die Gebiete selbständig entscheiden können, ob es weitere deutsche nationale Rayons geben wird. Die Gebiete Omsk, Tomsk und Nowosibirsk in Westsibirien wollen Rußlanddeutsche aus Mittelasien aufnehmen; darauf hoffen gerade Deutsche in Kasachstan.

In den Ländern der Gemeinschaft Unabhängiger Staaten (GUS) leben heute noch ungefähr 2,5 Mio. Deutsche, die meisten davon in Rußland. Aus rechtlichen, humanitären und politischen Gründen sind deutsche Aktivitäten für diese Volksgruppe weiter notwendig, und zwar für alle, die in Rußland bleiben wollen; für diejenigen, die noch nicht nach Deutschland kommen können, weil sie noch keinen Aufnahmebescheid erhielten, und auch für diejenigen, die die weitere Entwicklung abwarten wollen. Im Sinne der Brückenfunktion, die die Rußlanddeutschen haben, sollten sich viele Verantwortliche in beiden Ländern für sie einsetzen, und zwar nicht nur in staatlichen oder kommunalen Stellen, sondern überhaupt in der Gesellschaft.

## Schwierigkeiten begleiten den Prozeß

Wieviele Rußlanddeutsche letztlich in Rußland und überhaupt in der GUS bleiben werden, kann heute niemand voraussagen; es wird wesentlich von der weiteren Entwicklung in den Staaten abhängen, in denen sie leben, und davon, wie sie ihre Lebensperspektiven dort einschätzen. Wahrscheinlich wird immer eine beachtliche deutsche Volksgruppe in Rußland leben, und zwar aufgrund persönlicher und familiärer, kultureller und wirtschaftlicher Bindungen. Und diese Volksgruppe wird immer von Bedeutung sein für das deutsch-russische Verhältnis.

Der Einsatz für die Deutschen in Rußland ist von manchen Schwierigkeiten begleitet:

- von der Zerstrittenheit der Rußlanddeutschen, die in mehreren Interessenverbänden organisiert sind;
- von der Umbruchsituation in Rußland mit schwieriger Kompetenzverteilung, unsicheren Rahmenbedingungen, häufigem Wechsel der Zuständigen und regionalen Unterschieden hinsichtlich der Sympathie für die Rußlanddeutschen;
- von Verzögerungen bei der Finanzmittelbereitstellung in Deutschland wegen Irritationen durch Stellungnahmen russischer Behörden, unterschiedlichen Verlautbarungen von Sprechern der Rußlanddeutschen und Berichten über Schwierigkeiten bei einzelnen Förderprojekten;
- von Enttäuschungen bei den Rußlanddeutschen selbst über die bisherige Förderung. Aus diesem Grunde trat etwa Heinrich Groth, ihr markantester Sprecher, im Dezember 1993 von seinen Ämtern zurück.

Von Erfolg gekrönt war hingegen der unmittelbare persönliche Einsatz bei Präsident Jelzin und seiner Regierung im Sinne der Bildung deutscher Nationalrayons in Westsibirien und der Bildung der deutsch-russischen Regierungskommission, die regelmäßig über Aufgaben für die Rußlanddeutschen befindet. Daher sollen die begrenzten deutschen Fördermittel in erster Linie in die beiden deutschen Nationalrayons im Gebiet Omsk und im Altai gelangen, weil dort zur Zeit am meisten für die Rußlanddeutschen erreicht wird.

Dafür sind folgende Gründe maßgebend:

In diesen Gebieten gibt es Siedlungsschwerpunkte der Rußlanddeutschen mit eigener deutscher Selbstverwaltung und deutschen Einrichtungen. In Westsibirien leben rund 500 000 Rußlanddeutsche; hinzu kommen weitere deutsche Siedlungsschwerpunkte um Nowosibirsk und Tomsk. Wegen der Nähe zu Kasachstan ziehen viele Deutsche aus Mittelasien zu. Die russische Leitung der zuständigen Gebietsverwaltungen steht der Zusammenarbeit mit den Rußlanddeutschen aufgeschlossen gegenüber.

Professor Bruno Reiter, der Chef des Deutschen Nationalrayons Asowo im Gebiet Omsk, will den Rayon mit 100 weiteren deutschen Dörfern zu einem Gebietsverband ausbauen. Josef Bernhard, der Chef des Deutschen Nationalrayons Halbstadt (russischer Name: Nekrassowo) im Altai hat bereits von Präsident Jelzin gehört, aus seinem Rayon könne einmal ein Okrug, ein Regierungsbezirk, erwachsen. Der weitere Ausbau beider Rayons muß schwerpunktmäßig mit Entwicklungsgesellschaften fortgeführt werden, die im Wohnungsbau und hinsichtlich Arbeitsmöglichkeiten Hilfe zur Selbsthilfe geben.

### Zusagen wurden noch nicht erfüllt

Die russischen Zusagen zur schrittweisen Wiederherstellung der Wolgarepublik sind bisher nicht erfüllt worden. Die Rußlanddeutschen wollen den Anspruch auf staatliche Autonomie aber nicht aufgeben. Das hat ihre Vertretung unter dem neuen Vorsitzenden Jakob Maurer im Dezember 1993 bekräftigt. Im Wolgagebiet sind die Sympathien für die Rußlanddeutschen unterschiedlich. Der Verband der Wolgadeutschen mit Sitz in Saratow unter seinem Vorsitzenden Juri Haar und die Gebietsverwaltungen in Saratow und Wolgograd versuchen im Rahmen ihrer Möglichkeiten, die Wiederansiedlung der Rußlanddeutschen zu unterstützen. Interesse der in Mittelasien Lebenden ist vorhanden. Gleichwohl gibt es manche Schwierigkeiten. So konnten beispielsweise zugesagte Leistungen der russischen Behörden für die Entwicklungsmaßnahmen nicht realisiert werden, wahrscheinlich wegen Mangels an öffentlichen Mitteln. Beispielhaft gestalteten sich bisher Leistungen für den Schwerpunkt „Burni", jene Sowchose 23, die „Keimzelle der wolgadeutschen Autonomie" sein sollte, und für die Siedlungsmaßnahme Stepnoje und das Kirchenzentrum in Marx.

Die bisherige Erfahrung lehrt, daß die weiteren Maßnahmen für die Rußlanddeutschen an der Wolga stärker konzentiert werden müssen. Nur wenn ein Siedlungsschwerpunkt für die Rußlanddeutschen auch soziale Integration an der Wolga bietet, hat er Zukunft. Nach heutiger Erkenntnis müssen wahrscheinlich mehrere Maßnahmen in der Verwirklichung zeitlich gestreckt oder vorerst zurückgestellt werden, auch wegen Kürzung der deutschen Förderungsmöglichkeiten. Generell gilt der Grundsatz: Förderung aus Deutschland nur in dem Maße, in dem tatsächlich etwas für Rußlanddeutsche geschieht.

Die neuen Initiativen für Rußlanddeutsche in der Region St. Petersburg müssen mit viel Umsicht unterstützt werden; denn sie sind vielversprechend – aus folgenden Gründen: St. Petersburg ist eine attraktive Metropole. Die Stadt war immer ein Zentrum für viele Rußlanddeutsche. Die zentralen Einrichtungen mit deutscher Tradition im Kulturellen und in kirchlichen Einrichtungen haben Ausstrahlung. Die Stadt ist Bischofsstadt für die gesamte Lutherische Kirche Rußlands und der GUS, für 500 Kirchengemeinden mit vielen Rußlanddeutschen. Das Siedlungsprojekt Nasja in der Region St. Petersburg kann im Ausmaß verdreifacht werden, wenn es gelingt. Zusammen mit dem Nationalrat der Rußlanddeutschen müssen jetzt Deutsche aus Mittelasien für die Region St. Petersburg gewonnen werden. Zudem ist das Siedlungsprojekt Nasja mit der Beteiligung Baden-Württembergs ein Modell für die Zusammenarbeit des Bundes und der Länder für die Rußlanddeutschen.

Wegen drängender Aussiedlungsbegehren von Deutschen aus Mittelasien nach Rußland wurde über die Gesellschaft für Technische Zusammenarbeit (GTZ) ein Containerprogramm verwirklicht, um in Siedlungsgebieten der Rußlanddeutschen eine rasche Unterbringung zu gewährleisten. Sie sollen für eine Übergangzeit in solchen Containern wohnen und von dort aus am Aufbau ihrer endgültigen Wohnorte mitwirken. Ein gelungenes Beispiel für solche „Containerdörfer" liegt in Asowo vor. In anderen Siedlungsgebieten müssen die Containerstandorte überprüft werden, z.B. im Wolgagebiet; dort haben sich aufgrund vielfältiger neuer Entwicklungen in Rußland auch Siedlungskonzeptionen für die Rußlanddeutschen verändert. Daran zeigt sich, daß Entwicklungsmaßnahmen für Deutsche in Rußland wegen der Umbruchsituation eben anders angegangen werden müssen, als wenn man sie in einer Region Deutschlands durchführte. Alle Bemühungen werden daher jetzt darauf gerichtet sein, Container-Schwerpunkte dort einzurichten, wo sich bereits deutsche Siedlungsschwerpunkte bewährt haben bzw. wo eine sichere Entwicklung gewährleistet ist. Denn: Jeder Deutsche in einer solchen Container-Unterkunft braucht eine Zukunftsperspektive.

Die GTZ und die „Kreditanstalt für Wiederaufbau" (KfW) sind als Projektkoordinatoren für die Entwicklungsmaßnahmen zugunsten der Rußlanddeutschen tätig, auch für solche Projekte, die von anderen Mittlerorganisationen betreut werden. Dieses System hat sich bewährt. Auf diese Weise kann ein hohes Maß an Kontrolle gewährleistet werden. Es ist auch bedeutsam, daß jeder Projektkoordinator Kontaktbüros in den deutschen Rayons, an der Wolga und in der Region St. Petersburg unterhält. Immer wieder müssen Einzelmaßnahmen neuen Entwicklungen angepaßt werden. Ständig ist örtliche Koordination mit Rußlanddeutschen, russischen Behörden und Kontakt der deutschen Förderdienststellen notwendig. Hinzugekommen ist die Aufgabe, örtliche Entwicklungsgesellschaften zu gründen oder Entwicklungsfonds aufzubauen, um die Hilfe zur Selbsthilfe zu organisieren.

### Die Kontakte dauerhaft erhalten

Neben Projektkoordinatoren und Mittlerorganisationen müssen die Kontakte der Bundesregierung und der von ihr beauftragten Behörden zu den Rußlanddeutschen dauerhaft bleiben, um den Erfolg der Zusammenarbeit zu sichern. Dafür sind bedeutsam:

- die deutsch-russische Regierungskommission mit ihren Arbeitsgruppen;
- die Zusammenarbeit der beteiligten Bundesressorts und zwischen Bund, Ländern, Gemeinden, gesellschaftlichen Gruppen und Wirtschaft;
- der Einsatz der deutschen Auslandsvertretungen in Rußland, besonders der neuen Generalkonsulate in Nowosibirsk und Saratow.

Für die Deutschen in Rußland rückt zudem das Engagement für deren kulturelle Identität, etwa der Einsatz für Sprache und Schule, in den Vordergrund. Im Zusammenhang mit deutsch-russischen Beratungen gilt es, Abstimmung und Zusammenarbeit zwischen Bundesinnenministerium und Kulturabteilung des Auswärtigen Amtes, die für diese Aufgaben schwerpunktmäßig zuständig ist, weiter zu verstärken. Das betrifft besonders die Zusammenarbeit in der Schulausbildung zur Förderung der deutschen Sprache, für das Hochschulstudium, für Schul- und Universitätspartnerschaften, Radio- und Fernsehsendungen und auch für Aktivitäten auf den Gebieten Theater, Konzert, Büchereiwesen. Alle kulturellen Initiativen für die Rußlanddeutschen haben Bedeutung für das gesamte Verhältnis zwischen Deutschland und Rußland.

Der frühere russische Minderheitenminister Sergej Schachraj hat den Rußlanddeutschen angeboten, einen Volkstag zu wählen. Volkstage soll es künftig in Rußland für die Minderheiten geben, die bisher keine eigene staatliche Autonomie in Form einer Teilrepublik der Russischen Föderation haben. Die Russische Föderation will ihnen Selbstverwaltungsrechte für die jeweiligen Volksgruppen übertragen, besonders im Ausbildungswesen und in kulturellen Angelegenheiten. Die Vertreter der Rußlanddeutschen haben diesen Vorschlag angenommen. Das ist deshalb so bedeutsam für sie, weil es ihre Zusammengehörigkeit stärkt.


### „Inseln der Hoffnung"

Die Arbeit für die Zukunftsperspektive bleibewilliger Rußlandeutscher hat mich von „Inseln der Hoffnung" sprechen lassen. Worum es geht, möchte ich im einzelnen erläutern. Im engen Zusammenwirken mit der russischen Regierung und dem Gebiet Omsk wurde der deutsche Nationalrayon Asowo errichtet, den deutsche Einrichtungen auszeichnen. Landrat Professor Reiter, der ihm vorsteht, verbindet Asowo in einer Arbeitsgemeinschaft mit rund 100 weiteren Dörfern und Siedlungen des Gebietes Omsk. Dort leben rund 150 000 Rußlanddeutsche. Der Chef des Gebietes Omsk ist bereit, noch 50 000 weitere Rußlanddeutsche in seiner Region aufzunehmen.

Die meisten Rußlanddeutschen haben, wie erwähnt, eine sehr starke religiöse Bindung. Im Gebiet Omsk leben viele Deutsche, die zur Evangelisch-Lutherischen Kirche gehören. Die Bundesregierung hat in Zusammenarbeit mit der Evangelischen Landeskirche von Hannover das Kirchen- und Kulturzentrum Omsk gefördert. Hierbei geht es nicht nur um Räume für Gottesdienste, sondern um ein Zentrum für soziale und kulturelle Arbeit in einem weiten Einzugsgebiet und mit großer Ausstrahlung. Für Omsk und die umliegenden Gebiete sind Superintendent Nikolaus Schneider und seine Mitarbeiter seelsorgerisch und in der sozialen Betreuung zuständig.

Ebenso wie der deutsche Nationalkreis im Gebiet Omsk wird der deutsche Nationalkreis Halbstadt im Altai-Gebiet als Schwerpunkt von der Bundesregierung gefördert. In beiden Kreisen geht es um die Errichtung von Wohnungen und mittelständischen Betrieben sowie um die Förderung der Landwirtschaft. Auch der deutsche Landrat dort, Josef Bernhard, berichtet von Tausenden von Zuzugswünschen der Rußlanddeutschen aus Mittelasien. Auch der Gebietschef des Altai-Gebiets ist bereit, tausende Deutsche in seinem Gebiet aufzunehmen, wo bereits jetzt 150 000 Rußlanddeutsche leben.

Nowosibirsk in Westsibirien ist für die in dieser Stadt und in angrenzenden Gebieten lebenden Rußlanddeutschen von wachsender Bedeutung. Die Stadt ist ein Wirtschafts- und Technologiezentrum von großer Anziehungskraft. Die ansässigen Rußlanddeutschen wollen ihre kulturelle Arbeit intensivieren. Der Vatikan hat Nowosibirsk zum Bischofssitz erhoben. Hier residiert Bischof Josef Werth, der sich in seiner Diözese, die von Kasachstan bis zum Fernen Osten Rußlands reicht, in ganz besonderem Maße um die Rußlanddeutschen bemüht. Die Bundesregierung will mehrere kulturelle und soziale Einrichtungen für Rußlanddeutsche und ihre Nachbarn fördern.

In den traditionellen Siedlungsgebieten der Rußlanddeutschen an der Wolga werden mehrere Schwerpunkte von der Bundesregierung gefördert und zwar im Gebiet Saratow und im Gebiet Wolgograd (Stalingrad). Die Wolgarepublik ist zwar noch nicht wieder errichtet, aber tausende Rußlanddeutsche wollen zurück in die Heimat ihrer Vorfahren. Bis 1941 hatten 400 000 Rußlanddeutsche das Wolgagebiet besiedelt. In den beiden Großstädten Saratow und Wolgograd finden die Rußlanddeutschen eine überörtliche Versorgung. In beiden Großstädten gibt es zahlreiche Ausbildungseinrichtungen. Die Universität Wolgograd hat eine Partnerschaft mit der Universität Köln. In Saratow hat der Verband der Wolgadeutschen seinen Sitz im Gebäude des ehemaligen preußischen Konsulats. Saratow ist Industriezentrum. Es besteht der Wille zu zahlreichen Gemeinschaftsunternehmungen mit Firmen aus Deutschland. In Zusammenarbeit mit der Katholischen Kirche hat die Bundesregierung auch das Kirchen- und Kulturzentrum in Marx gefördert. Hier ist unter Leitung des katholischen Pfarrers Clemens Pickel aus Dresden ein reges Kirchenleben entstanden. Wie im Gebiet Omsk wird auch an der Wolga die Zusammenarbeit zwischen Rußlanddeutschen und Russen sowie die ökomenische Zusammenarbeit der Kirchen intensiv gefördert. Auch dieses Zentrum in Marx hat für die kulturelle und soziale Ausstrahlung und das große Einzugsgebiet im Sinne der Hilfe für die Rußlanddeutschen große Bedeutung.

In St. Petersburg befinden sich zahlreiche kulturelle, schulische und kirchliche Einrichtungen, denen für die Rußlanddeutschen Bedeutung zukommt. St. Petersburg wurde der neue Sitz der Leitung der Evangelisch-Lutherischen Kirche für die gesamte Russische Föderation. Bischof Dr. Kalnins und Stellvertreter Prof. Kretschmer leiten von hier aus die Kirche mit über 500 Kirchengemeinden in Rußland. An die sehr aktive Evangelische Gemeinde St. Petersburg, unter Leitung des Probstes Lotichius, wurde die weltberühmte Petri-Kirche zurückgegeben, die die Kommunisten zu einem Schwimmbad entweihten. In Zusammmenarbeit mit der Lutherischen Kirche Rußlands fördert die Bundesregierung in der Petri-Kirche ein kulturelles Begegnungszentrum für Deutsche und Russen. In St. Petersburg bestehen bereits Ausbildungsreinrichtungen, die sich besonders um junge Rußlanddeutsche bemühen, z.B. eine deutsche Mittelschule. Auch Oberbürgermeister Sobtschak fördert die Zusammenarbeit mit den Rußlanddeutschen nachdrücklich. In der Region St. Petersburg lebten bis zum Zweiten Weltkrieg mehr als 100 000 Deutsche. Es gibt viele Verbindungen zwischen Deutschland und diesem Raum. In einem neuen Siedlungsprojekt Nasja sollen mit Unterstützung Moskaus und Bonns sowie des Landes Baden-Württemberg und der Stadt St. Petersburg vor allem mittelständische Betriebe für Rußlanddeutsche aus Mittelasien errichtet werden. Das Interesse daran ist lebhaft, denn die Metropole St. Petersburg hat eine große kulturelle und soziale Ausstrahlung.

Unter Leitung Jakob Maurers arbeitet in Moskau der Nationalrat für alle Deutschen der Russischen Föderation. Es ist ihr zentrales Vertretungsorgan. Hier werden die Interessen gegenüber der russischen und der deutschen Regierung gebündelt. Die Leitung des Nationalrats hat Sitz und Stimme in der deutsch-russischen Regierungskommission für die Rußlanddeutschen. Die Bundesregierung fördert die zentralen Einrichtungen des Nationalrats, damit in Moskau eine zentrale Anlaufstelle für alle Rußlanddeutschen in der Russischen Föderation gegeben ist. Der Nationalrat wurde auf dem letzten Kongreß der Rußlanddeutschen in Moskau gewählt. Die Zusammenarbeit zwischen dem Nationalrat und der Bundesregierung hat sich sehr günstig entwickelt. Der Nationalrat in Moskau arbeitet intensiv zusammen mit den zentralen Vertretungskörperschaften der Rußlanddeutschen in anderen Gebieten der ehemaligen Sowjetunion, besonders mit den Vertretern der Deutschen in Kasachstan, Kyrgystan und der Ukraine.

Die diplomatischen und konsularischen Vertretungen der Bundesrepublik Deutschland in der Russischen Föderation dienen naturgemäß der gesamten Zusammenarbeit beider Länder; sie tragen aber auch große Verantwortung für das Leben der Rußlanddeutschen. In der Deutschen Botschaft in Moskau gibt es eine zentrale Anlaufstelle für Anliegen der deutschen Minderheit. Naturgemäß fühlen sich die Rußlanddeutschen den diplomatischen und konsularischen Vertretungen Deutschlands in besonderer Weise verbunden.

Die Ukraine will den 1941 vertriebenen Deutschen eine neue Heimat geben. Am Anfang steht der Wohncontainer. Darin finden Familienväter vorübergehend Unterkunft. Zumeist kommen sie mit ihren erwachsenen Söhnen, um gemeinsam ein neues Heim für die Familie zu bauen. Sobald sie Richtfest gefeiert haben, zieht ein anderer Umsiedler in den Wohncontainer ein. Oder die Behelfswohnungen werden an einen anderen Ort transportiert, wo sich Deutsche in der Ukraine niederlassen wollen.

Bei den Hilfsmaßnahmen für das Gebiet Königsberg/nördliches Ostpreußen handelt es sich um eine erweiterte humanitäre Hilfe. Sie umfaßt die medizinische Unterstützung einzelner Krankenhäuser, den Aufbau von Maschinen- und landwirtschaftlichen Beratungsgemeinschaften sowie gemeinschaftsfördernde Maßnahmen, wobei diese nicht allein den Rußlanddeutschen, sondern auch der übrigen Bevölkerung zugute kommen sollen. So hat beispielsweise das Deutsche Rote Kreuz mit Mitteln des Bundesinnenministeriums eine medizinische Soforthilfe durchgeführt, zufolge derer 45 Krankenhäuser ausgestattet wurden. Ferner errichtete die Stiftung Königsberg (Essen) mit Bundesmitteln für den deutsch-russischen Kulturverein „Eintracht" im Stadtgebiet Kaliningrad/Königsberg das Begegnungszentrum „Deutsch-Russisches Haus".

Es wurde am 12. März 1993 eingeweiht und soll künftig den im nördlichen Ostpreußen lebenden Rußlanddeutschen und ihren russischen Nachbarn Gelegenheit zu kulturellen Veranstaltungen, Aus- und Fortbildungsseminaren sowie Sprachkursen bieten. Darüber hinaus leistet die Deutsche Landwirtschafts-Gesellschaft e.V. in Zusammenarbeit mit der Ländlichen Erwachsenenbildung in Niedersachsen e.V. mit hiesigen Mitteln landwirtschaftliche Soforthilfe mit dem Ziel, privat wirtschaftende Familienbetriebe bei der Gründung von Maschinen- und Beratungsgemeinschaften durch Lieferung von Agrartechnik und Saatgut sowie mit Beratung vor Ort zu unterstützen.

Der Zuzug von Rußlanddeutschen in dieses Gebiet kann sich entwickeln im Rahmen der für alle russischen Bürger heute geltenden Gesetze und Freizügigkeit. Der zuständige russische Gebietschef Matotschkin hat die Lage am 20. Juni 1993 wie folgt beschrieben: „Sie können als gewöhnliche Bürger kommen. Und ich wiederhole zugleich, daß wir gegen eine organisierte Massenübersiedlung sind." Ich meine, für diese chancenreiche Landschaft Europas sollte sich die deutsch-russische Zusammenarbeit besonders bewähren.

## Deutsche in Polen, der Tschechischen Republik, der Slowakei

Die Unterstützung für die Deutschen in der Tschechischen Republik, in der Slowakei, in Polen, in Rumänien, in Ungarn und in den Nachfolgestaaten der Sowjetunion tragen auf der Ebene des Bundes im wesentlichen das Bundesministerium des Innern und das Auswärtige Amt. Bezüglich der Deutschen in Polen liegt das Gewicht auf einem Maßnahmenbündel für Schlesien. Ich nenne die gemeinschaftsfördernden Begegnungsstätten, die medizinische Hilfe und die Landwirtschaftsprojekte. Hinsichtlich der Deutschen in der Tschechischen Republik mit den verstreuten Siedlungen steht der Aufbau von Begegnungsstätten derzeit im Vordergrund; das gilt auch für die in der Slowakei. Das Auswärtige Amt müht sich vor allem für muttersprachlichen Deutschunterricht in Kindergärten und Schulen sowie im Blick auf deutsche Zeitungen.

Die Förderung der Deutschen in Polen kann mit den zugunsten der Rußlanddeutschen geleisteten Hilfen nicht verglichen werden. Zu unterschiedlich ist die jeweilige Ausgangslage. So gilt es in Polen, der deutschen Minderheit bessere Perspektiven für sich und ihre Kinder in ihrer angestammten Heimat aufzuzeigen. In weiten Gebieten der GUS sehen viele der dort lebenden Rußlanddeutschen aufgrund politischer, ethnischer und religiöser Spannungen keine ausreichende Lebensperspektive mehr. Um diesen Menschen eine neue Heimat in ihren traditionellen Siedlungsgebieten der Wolgaregion, der Region Westsibirien und in der Ukraine schaffen zu können, müssen dort verstärkt Mittel eingesetzt werden.

Im Blick auf die Deutschen in Polen ist sicherlich die Frage eines ausreichenden muttersprachlichen Deutschunterrichts in polnischen Schulen vorrangig. Ein Schwerpunkt der von der Bundesregierung seit 1990 über das Auswärtige Amt durchgeführten kulturellen Förderung der deutschen Minderheit in Polen gilt daher dem Schulischen. Derzeit wird von 18 deutschen Programmlehrern an Grundschulen in den Wohngebieten der deutschen Minderheit muttersprachlicher Deutschunterricht erteilt. Von den weiteren 78 deutschen Programmlehrern, die mit dem Ziel der Unterrichtung des Deutschen als Fremdsprache in Polen eingesetzt sind, arbeitet etwa ein Drittel in Gebieten, in denen auch Angehörige der deutschen Minderheit aus dieser Arbeit Nutzen ziehen können. Der Mangel an Deutschlehrern in Polen kann jedoch nicht allein durch die Entsendung deutscher Lehrer behoben werden. Vielmehr muß Polen durch den Einsatz von Fachberatern, Fachbetreuern und Programmlehrern aus Deutschland in der Lage versetzt werden, mittel- und langfristig den Mangel an Deutschlehrern aus eigenen Kräften beheben zu können. Aus diesem Grunde hat das Auswärtige Amt drei Lektoren an das Fremdsprachenkolleg in Oppeln und einen Lektor an die dortige Pädagogische Hochschule entsandt. Die Lektoren und die Fachberater koordinieren den Einsatz der deutschen Programmlehrer, beraten die polnischen Behörden und die Minderheit in allen Schulfragen und nehmen an den Arbeiten zur Konzeption von Lehrplänen für den muttersprachlichen Deutschunterricht teil. Die Aus- und Fortbildungsstätten in Niwki, Tschenstochau und künftig auch in Ratibor finden dabei das besondere Interesse der deutschen Minderheit, da sie vor allem Lehrer für den muttersprachlichen Deutschunterricht aus- und fortbilden, darunter zunehmend auch Angehörige der deutschen Minderheit selbst.

Der Briefwechsel zum deutsch-polnischen Nachbarschafts- und Freundschaftsvertrag enthält die Zusage der polnischen Regierung, die Frage einer Zulassung deutscher Ortsbezeichnungen zu gegebener Zeit zu prüfen. Diese Zusage war angesichts der zum damaligen Zeitpunkt in Polen gerade erst vollzogenen politischen Wende und der vorhandenen psychologischen Schwierigkeiten im Zusammenleben zwischen den Deutschen und ihren polnischen Mitbürgern nicht leicht zu erreichen. Der schwierige Prozeß der Normalisierung des Zusammenlebens in Oberschlesien braucht Zeit, und er ist bedeutsam.

## Deutsche in Rumänien

Die Deutschen in Rumänien haben besonders lange und hart unter den Folgen des Zweiten Weltkriegs zu leiden gehabt. Die Bundesregierung sieht sich deshalb in eine besondere politische Verantwortung und moralische Verpflichtung genommen, der deutschen Minderheit in Rumänien zu helfen. Das geschieht auf zweifache Weise. Zum einen werden Aussiedler aus Rumänien in Deutschland aufgenommen; ihnen wird bei der Eingliederung in Deutschland geholfen. Zum anderen wird den Rumäniendeutschen im Lande Hilfe geleistet. Das hat 1992 z. B. mehr als 20 Millionen DM gekostet. Ziel der Hilfen ist es, der deutschen Minderheit eine Zukunftsperspektive zum Bleiben in der angestammten Heimat zu geben. Nachdem die deutsch-rumänische Regierungskommission für Fragen der deutschen Minderheit in Rumänien, in der auch deren gewählte Vertreter Mitglied sind, die Hilfsmaßnahmen abgestimmt hat, können sie auf den Weg gebracht werden. Den Schwerpunkt sollen die investiven Hilfen in Wirtschaft und Landwirtschaft sowie für die gemeinschaftsfördernden Einrichtungen bilden.

Ziel ist und bleibt die Verbesserung der Lebenssituation der Deutschen. Das rumänische Außenministerium sagte die Unterstützung Bukarests zu. Ein konkretes, für die Minderheit politisch wichtiges Verhandlungsergebnis ist die Zusicherung der rumänischen Regierung, ein ihr direkt unterstehendes Büro des Demokratischen Forums der Deutschen einzurichten, um so zwischen den Sitzungen der Regierungskommission einen festen Ansprechpartner zu haben.

## Aufbauarbeit für mehr Demokratie

Der Einsatz für die Rußlanddeutschen, das Engagement für die anderen deutschen Minderheiten in Osteuropa ist Pionierarbeit und einmalig. Diese große Herausforderung hat mich selbst in meinem Leben bereichert. Zugleich ist dieses Wirken ein Stück Aufbauarbeit für mehr Demokratie und mehr wirtschaftliche Entwicklung. Schließlich: Machen wir uns nichts vor – an der Zukunft Rußlands, eben in Rußland selbst, entscheidet sich Wohl und Wehe des auf Zusammenwachsen angelegten Europas.

Günther Gillessen

# Die geopolitische Lage Deutschlands nach der Zeitenwende

Als nach dem Kongreß von Verona (1822) die Methode gesamteuropäischer „Gipfeldiplomatie", diese Errungenschaft Metternichs und Castlereaghs auf dem Wiener Kongreß, an ihr Ende gekommen war, frohlockte der britische Außenminister George Canning: „Thank Heavens we're back to the old system: every nation for itself and God for all of us".

Was Canning mißfiel, waren nicht unbedingt die Ergebnisse der Konferenz-Diplomatie, sondern die Methode multilateraler Verhandlung und Entscheidung. Weder ihm noch der öffentlichen Meinung in England gefiel der Gedanke, daß England über Waterloo und den Wiener Kongreß hinaus sich an europäischen Konferenzen beteiligen und an dort gefaßte Beschlüsse binden sollte.

So kehrte Europa allmählich wieder zu dem alten System der Koalitionen von Fall zu Fall zurück. Aber die Vorstellung, daß Europa ein „Konzert der Nationen" sei – mit oder ohne Konferenz-Diplomatie -, dauerte fort.

Erst Jahrzehnte später, im letzten Viertel des Jahrhunderts, verdämmerte auch die Idee des europäischen Konzerts und wurde schließlich von den Nationalisten aller Länder über Bord geworfen. Erst jetzt degenerierte das alte System in eine Art internationaler Anarchie und brachte das Zeitalter der Weltkriege hervor.

## I.

Nach dem Ende des dritten der großen Kriege, des Kalten Krieges, haben wir Grund zu der Frage, ob sich jetzt abermals der Verfall einer großen Allianz wiederholen wird? Verblaßt die Idee einer dauernden Gemeinschaft der europäischen und nordamerikanischen Völker? Kehrt Europa zu dem „alten System" der Koalitionen von Fall zu Fall zurück? Geht die

Einsicht in die Notwendigkeit einer dauernden Zusammengehörigkeit der Völker Europas und Amerikas verloren?

In vielen Gegenden Ost-Europas sind alte, tiefsitzende Bedrohungsängste der Völker voreinander aus der Erstarrung des Kalten Krieges aufgetaut und virulent geworden. Alte Rechnungen werden dort beglichen, doch mit soviel Wut und Blut, daß den alten Rechnungen nur neue hinzugefügt werden.

In Westeuropa braucht dergleichen gewiß nicht befürchtet zu werden. Doch lockerten sich auch da für fest gehaltene Verbände in unerwartetem Maß, seit die eine, große Gefahr, die alle zu gemeinsamer Abwehr verbunden hatte, vorüber ist. Eine Re-Nationalisisierung der Politik ist auch in Westeuropa unverkennbar. Nicht so sehr unter den Völkern selbst, die sich herzlich mit den Deutschen aus Ost und West über den Fall der Mauer gefreut hatten, als in den politischen Eliten, die sich noch während des großen Erdbebens sogleich Sorgen über den Weg und das künftige Gewicht Deutschlands, ein vermutetes „Übergewicht", machen zu müssen meinten. Vierzig Jahre der Zusammenarbeit mit den Deutschen in der atlantischen Allianz und der Europäischen Gemeinschaft verblaßten und wurden von Erinnerungen an die erste Hälfte des Jahrhunderts verdrängt: würden die vereinigten Deutschen, plötzlich 80 Millionen Menschen in einem einzigen Land, bald Europa dominieren? Würden sie im wiederlangten Vorzug ihrer „Mittellage" die Schwäche Osteuropas nutzen, um dort die neue Hegemomialmacht zu werden? Oder Ost und West gegeneinander ausspielen? Oder sich eine privilegierte Beziehung zu Rußland aufbauen, zum Nachteil des Westens?

Die „deutsche Frage", bislang die Frage der friedlichen Überwindung der Teilung, die sich soeben glücklich, ohne einen Schuß Pulver hatte lösen lassen, war in neuer Gestalt sofort wieder da.

Die neue „deutsche Frage" bewegte Präsident Mitterand, schon kurz nach der Öffnung der Mauer, im Dezember 1989 eilig zu Gorbatschow nach Kiew zu reisen, um ihn zu bewegen, die Vereinigung Deutschlands aufzuhalten. Margaret Thatcher versuchte noch entschiedener als Mitterand, die verbliebenen Rechte der Vier Siegermächte von 1945 zur Verhinderung der Wiedervereinigung Deutschlands zu nutzen. In ihren Memoiren schildert sie ihre Ansichten und Bemühungen. Der polnische Ministerpräsident Jaruzelski hielt es für richtig, jetzt auch die Stationierung polnischer Truppen in Deutschland vorzuschlagen. Alles dies geschah, während Bundeskanzler Kohl mit der Unterstützung aller wichtigen Parteien im Bundestag immer wieder erklärte, die europäische Einigung fortsetzen, in der Nato bleiben, ihre integrierten Strukturen erhalten und auch die allierten Truppen auf deutschem Boden behalten zu wollen.

Nur die beiden nordamerikanischen Verbündeten, Kanada und die Vereinigten Staaten, unterstützten in diesen Monaten uneingeschränkt den Prozeß der Wiedervereinugng und warben um Unterstützung, besonders bei Schewardnadse und Gorbatschow.

Das Verlangen Kohls nach fortdauernder Zugehörigkeit nicht nur der alten Bundesrepublik, sondern jetzt ganz Deutschlands zur Nato, hatte den Verlauf der Zwei-Plus-Verhandlungen beruhigt. Doch nur vorübergehend. Dafür gab es in Frankreich im Herbst 1992 im Kampf um das Maastricht-Referendum abermals bemerkenswerte Zeugnisse. Eine Partei warb für den Vertrag mit dem Argument, so lasse sich das vereinigte Deutschland am besten in europäische Strukturen „einbinden" und zähmen. Die andere Partei sprach gegen den Vertrag mit der umgekehrten Begründung, weil sonst ganz Europa den Deutschen in die Hand falle.

Noch mehr zeigte sich das Mißtrauen der Führungsschichten in London und Paris gegenüber Deutschland im jugoslawischen Sezessions-Krieg. Die Historiker werden im einzelnen klären, mit welchen Fehlern westliche Regierungen dazu beitrugen, daß der lange erwartete Zerfall Jugoslawiens sich in einem so fürchterlichen Krieg abspielen und warum die Nato diesen Krieg nicht von außen unterdrücken konnte. Die Schäden sind immens und nicht auf die Schauplätze des Krieges beschränkt. Der Krieg zerstörte nicht nur die Städte und Dörfer Bosniens. Er beschämte von Anfang an und immer weiter auch die westlichen Regierungen und verletzte die Sicherheitsinteressen ihrer Länder. Er beschädigte die Erwartung, daß sie fähig seien, einen Aggressor abzuschrecken. Er zerstörte westliche Glaubwürdigkeit – die Grundlage der Diplomatie und diplomatischen Krisen-Managements. In der Vergangenheit war die Nato dazu fähig gewesen, eine Super-Macht abzuschrecken. Jetzt konnte sie anscheinend nicht einmal mehr einen Krieg auf niedrigem Niveau der Kampfhandlungen und die Neubestimmung von Grenzen durch dritt- oder viertklassige Streitkräfte unterdrücken.

Vertrauensverluste enstanden aber auch innerhalb der atlantischen Gemeinschaft selbst, bei den eigenen Völkern. Wie soll man jetzt den Wählern die Wichtigkeit von Gemeinschaften wie Nato und EG erklären, wenn Abend für Abend die grausigsten Bilder im Wohnzimmer zu sehen sind, aber die Regierungen sich nicht dazu aufraffen wollen, gemeinsam die Morde, die Aushungerung, die „ethnische Säuberung" zu stoppen? Das schreckliche Schauspiel unterminiert die Moral der Allianz.

Warum versagte das westliche Konflikt-Management auf dem Balkan? Ein wichtiger Grund, vermutlich sogar der entscheidende, lag darin, daß es an gründlicher, rechtzeitiger Analyse der Lage im Innern Jugoslawiens gefehlt hatte. Die Lage schien sich mit Irland, Ulster und dem Separatismus der Korsen oder Basken vergleichen zu lasssen. Also schien es, daß man den bedrohten Staatsverband erhalten müsse.

Noch wichtiger waren anscheinend noch andere Überlegungen. Als der Kampf ausbrach, ließen sich die Regierungen in London und Paris das Ereignis von älteren Herren mit Erinnerungen und Beurteilungen aus der Zeit der Weltkriege erklären. Damals, so wußte mancher der Veteranen, waren die Serben auf „unserer Seite" und die Kroaten auf der Seite der Mittelmächte, und später waren sie „Ustascha-Faschisten". Man glaubte also, über ihren Konflikt Bescheid zu wissen. Er wurde mit der Brille der Weltmächte in den Weltkriegen gelesen, aber nicht aus der Perspektive der Völker auf dem Balkan. Daß Bonn in der EG auf rasche Anerkennung Sloweniens und Kroatiens drängte, wurde sofort als Versuch der deutschen Politik interpretiert, aus wirtschafts- und machtpolitischen Interesse an der Auflösung Jugoslawiens interessiert zu sein.

Tatsächlich hatte das Drängen Genschers auf rasche Anerkennung der beiden Staaten nicht außen-, sondern innenpolitische Gründe. Die deutsche Öffentlichkeit wollte den Anblick der Kriegsgreuel, die es Abend für Abend sah, nicht länger ertragen. CDU und SPD schickten sich an, sich dieses Verlangens anzunehmen – und dies drohte den Außenminister und seine FDP zu überholen. Genscher setzte sich jetzt an die Spitze dieser Bewegung und betrieb die Anerkennung. Frühzeitige Berufung auf das Prinzip der Selbstbestimmung und diplomatische Anerkennung Sloweniens, Kroatiens und bald danach auch Bosniens im Winter und Frühjahr 1991/92 schienen geeignet, ein Fait accompli zu schaffen und Belgrad zu signalisieren, das Feuer einzustellen, die Sache ist entschieden, sie kann nicht mehr ohne die Mitsprache ganz Europas geändert werden. Als Genscher im EG-Ministerrat auf Anerkennung drängte, war der Krieg schon mehrere Monate alt, war Vukovar schon zerstört und lag Dubrovnik unter Feuer. Die Anerkennung kam vermutlich eher zu spät denn zu früh.

Genscher hatte zwar die Anerkennung im EG-Ministerrat durchsetzen können. Wie immer aber es sich auch mit den mutmaßlichen Folgen der Entscheidung für oder gegen die Anerkennung verhalten mag – Genschers Erfolg im EG-Ministerrat erwies sich als Pyrrhus-Sieg. Von nun an war Bonn gehemmt, im EG-Rat und im Nato-Rat nochmals energische Maßnahmen gegen den serbischen Angreifer zu verlangen. Die Bonner Regierung konnte nicht noch einmal riskieren, sich unter den wichtigstens Verbündeten dem Verdacht auszusetzen, Deutschland verfolge auf dem Balkan eigennützige Interessen.

Von diesen Ereignissen in solchen Details zu sprechen, soll helfen, eine Schlußfolgerung herauzuarbeiten: Es lag im Anfang dieses Krieges in beträchtlichem Maß an der Prae-Okkupation europäischer Politiker mit der „deutschen Frage", welche sie daran hinderte, die autonomen Ursachen und Kräfte in den Binnen-Konflikten Jugoslawiens zu erkennen.

Man kann voraussagen, daß die Geschichte Europas unglücklich weitergehen wird, wenn die Führungseliten der westlichen Nationen sich nicht aus fixierten Vorstellungen über einander lösen. Diese tragen zu dem dunklen Gefühl bei, daß die Geschichte darauf und daran ist, sich zu wiederholen. Es besteht die Gefahr, aus der Geschichte die falschen Lehren zu ziehen, und die falschen Konsequenzen, und zu versuchen, mit den Mitteln von gestern und vorgestern für Abhilfe zu sorgen. So bringt möglicherweise gerade zustande, was man verhüten will.


## II.

Namentlich zwei solcher traditioneller Mißverständnisse verdienen nähere Betrachtung. Eines besteht darin, sich die Länder Europas in bestimmten „historischen Rollen" vorzustellen. Dabei wird stillschweigend unterstellt, Geschichte geschehe nach einer Art „Drehbuch", auf einer „internationalen Bühne", und die dramatis personae agierten in festen Bahnen. Ist es zum Beispiel wirklich die ständige „Rolle" Großbritanniens, das Gleichgewicht Europas zu bestimmen? Ist es begründet,

Deutschland beständig in der Rolle des Unruhestifters Europas zu sehen? Oder aus seiner geographischen Position zu schließen, es könne und darum werde es auch das Gleichgewicht Europas destabilisieren?

Oder ist es jetzt, wie ein Teil der Deutschen nach den Weltkriegen meint, die „Rolle" Deutschlands, das Kriegführen anderen zu überlassen, und selbst eine moralische Friedensmacht zu sein, mit der Mission, für „Frieden ohne Waffen" einzutreten? Es ist offenkundig, daß es sich sowohl bei dem deutschen Pazifismus der Gegenwart auf der einen Seite als auch bei der Wiederentdeckung einer „neuen deutschen Frage" auf der anderen um Reflexe, um tiefe Verletzungen im Bewußtsein der europäischen Nationen aus der Zeit der Weltkriege handelt, die ziemlich wenig mit den Realitäten der internationalen Lage der Gegenwart zu tun haben.

Alle an diesen Kriegen beteiligten Nationen, auch die Sieger, haben schwere Traumata erlitten, die von den Eisbeuteln des Kalten Krieges zwar kühl gehalten wurden, aber, wie sich seit 1989 immer wieder erweist, nicht ausgeheilt sind. Viele glauben, übrigens auch viele Deutsche, daß Deutschland vor sich selbst in Acht genommen und gefesselt werden müsse.

So erweist sich der Erste Weltkrieg noch immer weiter als die „Ur-Katastrophe" des 20. Jahrhunderts, wie George Kennan (in: „Bismarcks Europäisches System in der Auflösung") sagte.

In Wirklichkeit war freilich auch nicht der Erste Weltkrieg selbst die Quelle der europäischen Katastrophen, sondern der Zerfall der europäischen Ordnung in der Epoche vor seinem Ausbruch. An diesem Zerfall waren alle europäischen Großmächte – in unterschiedlichem Maße – beteiligt. Alle hatten sich an der imperialistischen und chauvinistischen Steigerung ihrer Machtkonkurrenz beteiligt und dazu beigetragen, das System zu destabilisieren. Deutschland aber hat mit seiner Unruhe und der Ziellosigkeit seines Aktivismus das labil gewordene Vorkriegseuropa zum Einsturz gebracht.

Seitdem gehört es zu einem in Westeuropa verbreiteten Erklärungsschema, die Einigung Deutschlands durch Bismarck sei ein Fehler gewesen, Deutschland habe das Gleichgewicht zerstört, es sei, zumal in der zentralen Lage, „zu schwer" für den Kontinent und in seiner politischen Unbestimmtheit und Ungebundenheit die sprichwörtliche „loose cannon on deck".

Lassen Sie uns ein weiteren Augenblick die Vorstellung vom „Gewicht" und von der „Mittellage" betrachten.

Kaum jemand aber macht sich klar, daß zwei Bedingungen bestehen müssen, damit eine geopolitische „Mittellage" virulent werden kann, erstens, wenn die Macht in der Mitte unverantwortlich handelt und zweitens, wenn die Peripherie selbst instabil geworden ist.

Es gibt keine Skala, auf der abzulesen wäre, wann die Größe einer Bevölkerung, eines Gebietes oder eines Sozialprodukts zum „Übergewicht" für die andern wird, das die Balance zerstört. Kann man denn sagen, daß Großbritannien, seit den napoleonischen Kriegen der weitaus mächtigste Staat Europas, zu „schwer" für das europäische Gleichgewicht gewesen wäre? Oder ist heute, nach dem Wegfall des sowjetischen „Gegengewichts", die Großmacht Amerika zu schwer für das Gleichgewicht der Welt? Gewiß haben die Größe und wirtschaftlichen Leistungsfähigkeit der Bevölkerung, auch die geopolitische Lage ihres Landes große Bedeutung für die Reichweite der Außenpolitik eines Landes – aber sie schaffen doch nur Bedingungen, nicht Absichten und Willen. Gewicht und Lage eines Landes dürfen nicht mechanistisch oder materialistisch, das heißt fatalistisch, begriffen werden. Das Bild vom Gleichgewicht der Kräfte ist gewiß eine nützliche Metapher, aber es sollte nicht strapaziert werden. „Gleichgewicht" hat Bedeutung für bewegliche Massen – nicht für integrierte Strukturen.

Ähnlich verhält es sich mit der deutschen „Mittellage". Sie ist ein geographisches Faktum, aber kein Fatum. Es gab die Mittellage Deutschlands jahrhundertelang zuvor, hauptsächlich zur Verfügung Österreichs, ohne daß daraus eine besonders kriegerische Tradition hervorgegangen wäre. Eher im Gegenteil: eine vorsichtige Politik. Metternich nutzte die Mittellage im Einvernehmen mit Castlereagh zur Moderation Europas. Wien und Berlin nutzten sie im Krimkrieg zur Moderation des Konflikts zwischen Rußland und den beiden Westmächten um die Hinterlassenschaft des „kranken Mannes am Bosporus".

"Mittellagen" sind nicht automatisch für die Nachbarn gefährlich. „Mittelmächte" müssen allerdings, wenn es in ihrer Umgebung unruhig wird, anders als Flügel- oder Inselmächte im Vorzug ihrer natürlicher Grenzen, größeren Aufwand für ihre Sicherheit treiben – sei es physischmateriell, sei es durch Bündnispolitik. Die Mittellage der Deutschen war nicht sonderlich bequem und sicherlich kein Vorzug. Sie verzögerte auch die Nationenbildung.

Seit am Ende des Mittelalters die beherrschende Stellung des Heiligen Römischen Reiches dahingeschwunden war, und die an den Rändern Europas sich erhebenden Flügelmächte um die Hegemonie in Europa zu konkurrieren begannen, zeigte sich immer wieder, daß Länder, die Vormacht werden oder Vormacht bleiben wollten (zunächst Spanien und Frankreich), es für nötig hielten, sich in der Mitte Europas einen Standplatz oder einen Verbündeten zu sichern. Der Kampf um die Vorherrschaft in Europa war immer auch ein Kampf um einen Fuß in den Türen Deutschlands.

(Alle großen Kriege der europäischen Neuzeit bezogen regelmäßig die Mitte Europas ein; der Kampf Franz I. von Frankreich mit Kaiser Karl V. um Italien, die Ambitionen Schwedens und Frankreichs im Dreißigjährigen Krieg, der Spanische Erbfolge-Krieg, der Siebenjährige Krieg, die Kriege der Französischen Revolution und Napoleons).

Versuche europäischer Flügelmächte, sich in Europa durchzusetzen, sei es hegemonial-offensiv, sei es gleichgewichtspolitisch-defensiv, konnten nur gelingen, wenn sie aus der Mitte Europas mitgetragen wurden. So brauchte auch England stets einen starken Verbündeten in der Mitte Europas, um das Vordringen einer nach Hegemonie strebenden Flügelmacht zu stoppen.

Nach dem Zweiten Weltkrieg bestätigte sich dieser Sachverhalt im Ost-West-Konflikt aufs neue. So lange er unentschieden blieb, drängten beide Supermächte in die Mitte – mit dem Effekt der Teilung des Kontinents. Tatsächlich, ohne die Stationierung einer großen sowjetischen Armee in Deutschland hätte es keine vierzigjährige Kontrolle der Flügelmacht Sowjetunion über Osteuropa geben können, hätten Polen, Tschechen und Ungarn schon in den fünfziger Jahren wie Jugoslawien unter Tito eigene Wege gehen können. Erst als die Sowjetunion nicht mehr in der Lage oder nicht mehr willens war, mit ihren Truppen in Mitteleuropa einzugreifen, konnte jener Ablösungsprozeß ablaufen, in dem die Völker Osteuropas ihre Freiheit zurückerlangten.

Daß in der neueren Geschichte Europas Flügelmächte einer Stellung in der Mitte Europas oder des Beistandes von Mittelmächten bedurften, um zu bestimmen, welche Ordnung in Europa gelten solle, ist die eine Seite der Sache. Doch auch eine Umkehrung dieser Behauptung stimmt: Die Mitte allein ist nicht in der Lage, dem Kontinent ihre Ordnung aufzwingen. Die Mittellage befähigt zur Mitbestimmung, doch nicht zu mehr.

Bismarck hatte die Mittellage des Deutschen Reiches stets als Gefahr, nicht als Chance oder Vorzug verstanden. Seine Hauptsorge galt der Möglichkeit, daß das 1870 gedemütigte und um das Elsaß und Lothringen geschmälerte Frankreich einen Verbündeten für einen Zweifrontenkrieg zur Revision des Friedens von Frankfurt finden könnte. Darum seine Bemühung vor allem um Rußland. Bismarcks überaus kunstvolles, aber auch künstliches Bündnissystem, hauptsächlich gestützt auf den „Zweibund" mit Österreich-Ungarn, den „Dreibund" mit Italien und den Rückversicherungsvertrag mit Rußland war zur Ruhigstellung dieser Gefahr und der andern aus dem Interessenkonflikt zwischen der Habsburger Monarchie und Rußland auf dem Balkan bestimmt.

Aber daß dies so künstlich konstruiert werden mußte, teilweise auch im Geheimen, anerkannte implizit die Tatsache, daß das „Konzert" der europäischen Mächte nicht mehr musizierte, und daß man sich nicht mehr auf die Tonart außenpolitischer Mäßigung verständigen konnte. Der Berliner Kongreß (1878) war der letzte Versuch gewesen, in der Metternich-Castlereagh-Tradition nochmals einen großen Ausgleich im Namen „Europas" zustande zu bringen. Er endete mit der tiefen Enttäuschung Rußlands darüber, daß Deutschland es an Expansion auf dem Balkan gehindert habe. In dieser Enttäuschung lag eine der Wurzeln kommender Übel.

Die europäische Lage nach 1890 war gekennzeichnet von zwei Sachverhalten:

- Der erste war die Sorge Deutschlands vor einem französisch-russischen Bündnis und einem Zweifronten-Krieg, in dem Frankreich das Elsaß und Lothringen zurückzugewinnen trachtete. Frankreich war eine revisionistische Macht. Diese Aussicht veranlaßte Berlin, sich um eine Festigung des Zweibundes mit Österreich und des Dreibundes mit Italien zu bemühen – in der Hoffnung, auch England für ein Bündnis zu gewinnen. So weit war die Überlegung defensiv und angemessen.
- Der zweite bestand in der Weigerung Englands, sich auf eine feste Bindung einzulassen, wie die Deutschen sie für nötig hielten. Die englische Politik hätte sich dabei auch ihr Engagement zugunsten der

Türkei und Österreichs auf dem Balkan fortsetzen müssen. Die britischen Liberalen waren ebenso wie die britische Öffentlichkeit dagegen, sich auf dem Kontinent in dieser Weise zu binden – ganz abgesehen von anderen Strömungen, die es aus weltmachtpolitischen Gründen für nötig hielten, Deutschland zu „bändigen".

Der Hauptirrtum der deutschen Politik nach Bismarck lag in zweierlei: erstens zu meinen, daß England sich früher oder später zu dem Bündnis bequemen müsse und Deutschland sich mit nichts weniger als einem förmlichen Bündnis zufrieden zu geben brauche, und zweitens, Deutschland, im raschen Aufstieg zur führenden Industriemacht des Kontinents, schulde es seinem Range als neue Großmacht, wie die anderen Großmächte imperialistische Weltpolitik treiben und in überseeischen Angelegenheiten mitbestimmen zu müssen. Daraus zog man den Schluß, man könne in der Zwischenzeit versuchen, mit einer Politik der „freien Hand" und mit dem Flottenbau den eigenen Stör- und Bündniswert für England zu steigern.

Der Flottenbau war die fatalste aller Fehleinschätzungen der deutschen Außenpolitik nach Bismarck. Er war in Deutschland ungeheuer populär. Die wachsende Flotte symbolisierte „Weltgeltung". Man hielt wohl schon den Besitz der schönen, großen Schiffe für „Weltpolitik". In der Unklarheit über die eigene Interessenlage nahm man es hin, bemerkte es vielleicht nicht einmal recht, daß sich das Mittel schnell verselbständigte. Der Flottenbau und die Begeisterung, die Tirpitz mit dem Flottenverein zu wecken verstand, gewannen eine Eigendynamik.

Mochte es einen begrenzten Sinn haben, die eigenen Küsten gegen die Flotten Frankreichs oder Rußlands schützen zu können, mochte es auch noch vertretbar sein, wegen des (im ganzen unbedeutenden, sich an bloßen Prestigebedürfnissen orientierenden) Kolonialbesitzes eine Übersee-Kreuzerflotte zu unterhalten – die Steigerung der Seerüstung zum Bau einer Schlachtflotte machte die deutsche Flottenrüstung von Jahr zu Jahr deutlicher zur Herausforderung für Großbritannien. Dem entsprach auch ein mit der innenpolitischen Flottenprogaganda verbundener anti-britischer Ton. Man sprach schließlich offen von einer „Risiko-Flotte" – nämlich einem Risiko für England. Es war unbegreifliche, nur aus dem Chauvinismus der Zeit erklärbare Torheit, zu meinen, man könne Sicherheit vor Frankreich und Rußland suchen und zugleich die super-imperialistische Großmacht herauszufordern. Die deutsche Politik trieb England ins anti-deutsche Lager.

Es brauchen hier nicht alle Züge der Politik der europäischen Regierungen in dem konfliktgeladenen Geflecht der Vorkriegszeit nachgezeichnet zu werden, um den Punkt, auf den es hier ankommt, herauszuarbeiten.

Alle Mächte haben auf die eine und die andere Weise Entscheidendes dazu beigetragen, daß es am Ende des Jahrhunderts kein „europäisches System" mehr gab, das mäßigend auf die Politik der einzelnen Mitglieder eingewirkt hätte. Alle hatten das Credo eines robusten Egoismus angenommen. Alle machten sich allzu große Vorstellungen von ihren „nationalen Interessen". In allen Hauptstädten waren Ideen verbreitet, in der Politik die eigene Nation als obersten Wert zu begreifen und sie über alles andere zu stellen. Selbst die Weltwirtschaft begriff man als den Wettkampf zwischen „Nationen" und nicht, was sie in Wirklichkeit war, als die Konkurrenz einzelner Firmen oder Industriebranchen. Selbst die kleinen europäischen Völker haben mitgewirkt am Zerfall der europäischen Ordnung in eine Hobbes'sche Gesellschaft egoistischer Nationen, eine der andern ein Wolf – jede aufs äußerste beunruhigt über die andern.

Der Fehler der deutschen Politik hatte nicht darin bestanden, Europa durch die Reichsgründung von 1871 eine allzuschwere Masse in der Mitte des Kontinents zuzumuten, sondern danach die nationalen deutschen Interessen nicht zutreffend definiert zu haben.

Die Sicherheits- und Handelsinteressen der neuen Industriemacht in der prekären Mittellage hätten der Bewahrung der europäischen Balance und der Offenhaltung der Märkte bedurft. Beides hätte regelmäßige Abstimmung mit England, nicht einmal unbedingt ein formales Bündnis erfordert. Selbst die spärlichen deutschen Kolonien, die man schließlich hatte und zur Rechtfertigung des Flottenbaus benutzte, hätten sich besser mit der Royal Navy als gegen England sichern lassen.

Um zu resümieren: Die Ziele der deutschen Politik nach Bismarck stimmten nicht, und die Mittel entsprachen nicht einmal diesen Zielen. Ein Land, das seine Interessen nicht nüchtern und klar bestimmen und seine Politik darauf einstellen kann, erscheint unberechenbar, und wenn es dabei auch über Stärke verfügt, gefährlich.

Über den Zweiten Weltkrieg braucht hier gar nicht gesprochen zu werden. Er folgt aus den politischen und moralischen Verwüstungen des ersten. Über die Urheberschaft kann es keinen Streit geben.


## III.

Was lehrt diese unglückselige Geschichte? Zunächst: es war eine einzigartige Situation. Was geschah, war weder von der Mittellage Deutschlands vorbestimmt noch von seiner Größe und seinem Gewicht, noch von der deutschen Geschichte oder dem deutschen Nationalcharakter. Die französische und russische Beteiligung an der Genesis der großen Katastrophe wird oft übersehen – die Propaganda der Alliierten während des Ersten Weltkrieges malte Freund und Feind in Weiß und Schwarz, mit fortdauernder Wirkung.

Die Gefahr aber, daß Deutschland abermals von Großmachtehrgeiz geplagt wird und aufs neue Machtpolitik zu treiben beginnt, ist negligabel. In dieser Hinsicht ist die Lektion der beiden Weltkriege in Deutschland voll verstanden. Eher kann man über die gegenteilige Einstellung vieler Deutscher besorgt sein, die die Bedeutung realer Macht für die Erhaltung des Friedens verkennen und meinen, daß grundsätzlicher Verzicht eines Landes auf Machtmittel die Welt sicherer mache. „Von der Machtbesessenheit zur Machtvergessenheit" – so hat Hans-Peter Schwarz diese Kehrtwendung im außenpolitischen Denken von Teilen der deutschen Öffentlichkeit beschrieben. Sie hat am Ende der siebziger Jahre die Friedensbewegung groß gemacht und im Streit um die INF den sicherheitspolitischen Konsens im deutschen Parlament zerstört. Sie half, die Regierung Helmut Schmidts zu Fall zu bringen. Sie zeigte sich auch im Unverständnis des größeren Teils der deutschen Öffentlichkeit für den Falkland-Krieg, und später wiederum in der timiden Scheu deutscher Politiker, den Alliierten „out of area", am auffallendsten im Golfkrieg, beizustehen.

Aber beruhigend ist, daß weder die Fortdauer der Nato und ihrer integrierten Struktur, noch die amerikanische Präsenz in Deutschland noch die Mitgliedschaft Deutschlands in der Nato umstritten sind.

Natürlich gibt es in der Nato und in der EG wie in jeder Gemeinschaft von Menschen ein Bedürfnis nach Balance, nach Mäßigung der Stärkeren, und nach Rücksichtnahme auf die Schwächeren. Aber es bedroht den Teamgeist, wenn ein einzelnes Mitglied vorsichtshalber unter Verdacht gestellt und in moralischer Quarantäne gehalten wird, seine Mitarbeit zwar gewünscht, gebraucht und angenommen wird, es aber trotzdem einer Art prophylaktischer Diskriminierung ausgesetzt wird. Es braucht nicht viel psychologischen Verstand um zu sehen, daß dies unvernünftig und kränkend ist und am Ende allen schaden würde.

Margaret Thatcher hat in ihren Erinnerungen mit ungenierter Offenheit das Credo einer neuen, gegen Deutschland gerichteten Gleichgewichtspolitik niedergeschrieben. Auch in andern Ländern Westeuropas haben Angehörige der „politischen Klasse" geradezu mit Ungeduld auf Zeichen der Wiederkehr deutscher „assertiveness" und Brutalität gewartet, gegen die man rechtzeitig Vorsorge treffen müsse. In der Erwartung der nächsten deutschen Missetaten war es möglich, die Schwäche des Franc, der Lira und des Pfundes im September 1992 und die Weigerung der Bundesbank, die D-Mark-Zinsen zu senken, ein paar verrückte Tage lang als German muscle flexing und Anschlag machthungriger Deutscher gegen ihre Nachbarn zu interpretieren.

Nur so auch war es möglich, die Mordanschläge deutscher Skinheads gegen die Wohnungen türkischer Arbeiter nicht aus ihren eigenen Ursachen, soweit man sie erkennen kann, sondern als unausrottbaren Hang der Deutschen zu Gewalt und Rassismus und als Rückkehr der Nationalsozialisten zu erklären. Dabei gab es in den letzten Jahren durchaus ähnliche Verbrechen, Hooliganismus verwahrloster Jugend, xenophobische Gewalttaten, Existenzängste, Race Riots, wachsende Spannungen gegenüber massenhaften Flucht- und Migrationsbewegungen aus ärmeren Ländern der Welt auch in den Nachbarländern.

Es ist nicht anzunehmen, daß es im wohlüberlegten Interesse Frankreichs und Großbritanniens oder der europäischen Gemeinschaft liegt, zu meinen, sich dadurch vor Deutschland schützen zu müssen, daß man es unter einen Sonder-Verdacht stellt und in eine Sonderrolle und in eine politische „Mittellage" drängt, welche die Deutschen gerade nicht wieder einnehmen wollen. Es ist für alle Verbündeten Zeit geworden, ihr Bündnis gleichsam ein zweites Mal zu gründen, diesmal nicht aus Not, nicht aus Furcht vor einem übermächtigen gemeinsamen Gegner, sondern aus freier Einsicht in die langfristigen, gemeinsamen Interessen.

Die Bundesrepublik hat für den Westen optiert. Dabei will sie bleiben, auch wenn die aktuelle Lage viel Aufmerksamkeit und Kraft für den Wiederaufbau Ostdeutschlands und Hilfe für die Staaten Osteuropas beansprucht. Der Sinn der deutschen Politik steht nicht nach Hegemonie, weder in Osteuropa noch in der EG. Und so wäre denn auch die vernünftigste Antwort auf die „neue deutsche Frage" – wenn sie denn als solche empfunden wird – darin zu sehen, das ohnehin Vernünftige gemeinsam zu tun und sich laufend über alles Praktische abzustimmen. Vernunft würde auch verlangen, besonders zwischen den drei wichtigsten Ländern Westeuropas, zwischen Frankreich, England und Deutschland ein gleichmäßiges und enges Verhältnis herzustellen, das nicht ständig von nationalen Prestigebedürfnissen heimgesucht wird, und in dem keiner versucht, Sonderverhältnisse zu Lasten eines anderen herzustellen; weder ein französisch-deutsches zu Lasten der Amerikaner in Europa, noch eine britische „special realationship" mit Amerika zu Lasten der europäischen Kontinentalmächte, noch eine britisch-französische Entente zu Lasten der Deutschen.

## IV.

Dazu gehört wohl auch, daß die Deutschen eine ruhiges Verhältnis zu ihrer eigenen Nation gewinnen. Die lebhaft empfundene Schande über die Hitlerzeit darf nicht das Alpha und Omega aller Gedanken über die eigene Nation sein. Europa ist die Gemeinschaft, aber die Nation wird die Heimstatt für die nationale Kultur, für Loyalität, Opferbereitschaft und Identität eines jeden der europäischen Völker bleiben. Zu dieser Normallage des nationalen Bewußtseins müssen auch die Deutschen wieder finden, um gute Partner sein zu können. Ausbruchsversuche aus der nationalen Geschichte wegen der Schande, die Hitler und sein Gesindel über das eigene Land gebracht haben, oder Fluchtversuche in den Pazifismus, oder nach „Europa", oder in vage Vorstellungen universaler „Verantwortung" für das Heil der Welt werden nicht gelingen. Die deutsche Politik muß vernünftig über vernünftige deutsche Interessen sprechen – trotz der schweren Hypothek, die Hitlers Herrschaft hinterlassen hat. Der Prozeß der Ausheilung des nationalen Gewissens verlangt nach sauberer Unterscheidung zwischen Reflexion der Vergangenheit und Planung der Zukunft.

Deutschland muß klare Vorstellungen von den eigenen nationalen Interessen und den Mitteln entwickeln, mit denen sie sich verfolgen lassen. Ein fortdauernd schlechtes nationales Gewissen kann dabei kein guter Führer sein. Nochmals der Satz von vorhin: Ein Land, das seine Interessen nicht nüchtern und klar bestimmen und seine Politik nicht rational darauf einstellen kann, erscheint seinen Nachbarn unverständlich, und wenn es dabei auch über Stärke verfügt, gefährlich.

Was sollten die leitenden Prinzipien sein? Das erste ist das Gebot, wo immer möglich gemeinsam mit den Partnern in der Nato und in der Europäischen Union zu agieren. Zusammenarbeit als westliches Team ist zunächst ein Geheiß der Vernunft im Hinblick auf Nutzen und Kosten des jeweiligen Mitteleinsatzes und der größeren Hebelwirkung Europas in der Weltpolitik. Den Deutschen wird es leichter fallen, sich realistisch den Herausforderungen von „out of area" zu stellen, wenn sie in der Gesellschaft von Verbündeten handeln. Gemeinsam mit Verbündeten zu handeln, ist überhaupt der einzige Weg, zu handeln, ohne daß in Europa Augenbrauen hochgezogen werden. Nur in Gemeinschaft mit Verbündeten werden Handlungen der deutschen Politik als unverdächtig gelten. Enge politische Zusammenarbeit ist der einzige praktische Weg, die Gespenster und Nachtmare der Vergangenheit, sowohl bei den Deutschen als auch bei den Nachbarn zur Ruhe zu legen. Mehr als die Nachbarn braucht Deutschland die Nato und die EU zur Legitimierung ihrer außenpolitischen Handlungen.

Das zweite sind die deutschen Interessen. Jede berechenbare Außenpolitik braucht eine Definition der nationalen Interessen. Identifizierbare nationale Interessen sind die Grundlage für die Beständigkeit, den Kredit und die Vertrauenswürdigkeit eines Landes. Aber in einem Land, in dem Nationalismus so aufs äußerste diskreditiert ist wie in Deutschland, fällt es schwer, zwischen berechtigten nationalen Interessen und Nationalismus einen Unterschied zu machen. Für das schuldbeladene, sogar schuldbesessene nationale Gewissen ist selbst der Begriff des „nationalen Interesses" aus der öffentlichen Debatte verbannt und weithin als „politisch ungehörig" verpönt.

Doch eine Nation, die nicht fähig ist, offen und klar über ihre nationalen Interessen zu sprechen, erweckt den Schein, als verfolge sie verborgene, verdächtige Zwecke. Mit Alliierten zusammenzuarbeiten, dürfte die Beobachtung erleichtern, daß es da nichts zu verbergen gibt und daß nichts Unrechtes dabei ist, über legitime deutsche Interessen zu sprechen.

Das erste Interesse ist Sicherheit. Daraus folgt das Bedürfnis, Frieden und Stabilität in Gebiete gefährdeter Sicherheit zu transferieren, in nächster Zukunft vor allem nach Osteuropa und den Gürtel muslimischer Staaten von Marokko bis zur arabischen Halbinsel und in einige Gebiete im Süden Rußlands, von denen empfindliche Folgen für Europa ausgehen können.

Aus diesen Zielen ergibt sich die Wahl der Verbündeten und der Mittel. Die Nato und die EU müssen beide als Sicherheitsorganisationen begriffen und umgeformt werden – im weitesten Verständnis des Wortes, wie dies schon in den ersten Artikeln des Nato-Vertrages niedergelegt ist. Beide Organisationen müssen sowohl als politische als auch als wirtschaftliche Gemeinschaften wahrgenommen werden. Es wird nicht möglich sein, Amerika und Kanada als sicherheitspolitische Partner am Schutz Europas interessiert zu halten, wenn die Europäer nicht gleichzeitig in vernünftigem Maß das Interesse der Amerikaner und Kanadier nach Zugang zum europäischen Markt berücksichtigen.

Alles andere, wie wünschenswert auch immer, sollte diesem Hauptinteresse der deutschen Politik ein- oder im Zweifel sogar nachgeordnet werden, zum Beispiel die deutschen Sonderbeziehungen zu Frankreich und zu Israel, der Wunsch nach Entwicklung der EU zu einer ausgewachsenen politischen Union, und natürlich auch alle Überlegungen, die WEU als eine speziell europäische Verteidigungsorgansation oder die KSZE als pan-europäische Regionalorganisation zu entwickeln. Sofern mit der WEU französische Wünsche verbunden sind, die Amerikaner aus Europa oder aus der Führungsrolle des Bündnisses zu verdrängen, verlangen wohlerwogene deutsche Interessen, solchen Versuchen klar zu widersprechen. Es hat sich wieder und wieder erwiesen, daß die Europäer aus sich heraus weltpolitisch kaum aktionsfähig sind. Es kommt nach wie vor auf amerikanische Führung an.

Für Deutschland ist die amerikanische Führung auch noch aus einem ganz anderen Interesse wichtig: der amerikanische Präsident ist der natürliche Vorsitzende im amerikanisch-europäischen Commonwealth. Er ist der einzige, den alle anderen ohne größere Vorbehalte als Führer ihrer Gemeinschaft anerkennen können – unter der Voraussetzung, im Weißen Haus gibt es einen Präsidenten, der ein vitales amerikanisches Interesse daran erkennt, Europa als Verbündeten in der Weltpolitik zu haben und zu behalten.

Deutschland hat wie Amerika und Großbritannien ein hohes Interesse an friedlichen, rechtlich geregelten Verhältnissen in der Welt, und darum auch ein Interesse an präventivem Krisenmanagement, an Rüstungkontrolle und an leistungsfähigen internationalen Institutionen. Dies erfordert, daß Deutschland die Vereinten Nationen unterstützt.

Aber es ist kein wichtiges deutsches Interesse, im Sicherheitsrat der Vereinten Nationen einen ständigen Sitz mit Vetorecht anzustreben. Die deutsche Politik braucht keine formale Privilegierung in den UN. Solange die UN die deutsche Mitarbeit brauchen, auch den großen deutschen Finanzbeitrag, wird Deutschland in der UN einigen Einfluß ausüben können.

Der Versuch, formale Gleichstellung mit den andern fünf Veto-Mächten im Sicherheitsrat zu erlangen, widerspricht sogar wohlverstandenen deutschen Interessen in den Vereinten Nationen. Denn Deutschland könnte nur dann Ständiges Mitglied des Sicherheitsrates werden, wenn auch eine Anzahl anderer Staaten es wird, und das kann nur bedeuten, daß der Sicherheitsrat beträchtlich vergrößert und Übereinstimmung unter den maßgeblichen Mitgliedern mit Vetorecht erschwert wird. Der Sicherheitsrat wird damit als Führungsorgan der UN schwächer werden, und zugleich mit ihm die UN als Ganzes.

Es wäre bei weitem lohnender und auch konstruktiver, innerhalb der Europäischen Politischen Zusammenarbeit die Regierungen in London und Paris zu bewegen, ihre Stimmen im Sicherheitsrat als die Stimmen Europas abzugeben.

Klaus-Dieter Frankenberger

# Die Mittelosteuropäer und die Institutionen des Westens

Zwischen November 1989 und Dezember 1991 vollzog sich in Europa eine weltpolitische Zeitenwende: in sich überstürzender Abfolge, fundamental und allumfassend, aber ohne die historisch bislang in solchen Fällen für notwendig erachtete karthesische Voraussetzung eines Krieges. Die sowjetische Bedrohung des Westens und der Moskauer Würgegriff im Osten fielen weg. Die Berliner Mauer, Symbol der Teilung Deutschlands und Europas an der Nahtstelle des Ost-West-Konflikts, stürzte ein unter dem Ansturm der Völker; diesem Ansturm hielt das überholte wie erschöpfte System der Unterjochung nicht mehr Stand.

Auf den Trümmern der kommunistischen Regime und aus der Konkursmasse der zerfallenen Sowjetunion entstanden Staaten oder erstanden neu, die sich zunächst vor allem in einem glichen: in dem Drang nach Westen und dem Wunsch zur Rückkehr nach Europa, mit dessen kulturellen und politischen Traditionen sich viele von ihnen verbunden fühlten, ja deren Grundlagen sie mit geschaffen hatten. Sie haben sich, um den Aufbau demokratischer Strukturen zu beschleunigen, um Mitgliedschaft im Europarat bemüht. Sie haben die Fesseln der Kommandowirtschaft abgelegt und Zugang zur Wohlstandsgemeinschaft der Europäischen Union gesucht. Und sie versuchten, Zutritt zur Atlantischen Allianz und einen Platz unter dem Schutzschirm Amerikas zu erlangen: um das sich herausbildende Sicherheitsvakuum zu füllen und – als sicherheitspolitische Versicherung gegen neoimperiale Versuchungen Rußlands, der Nachfolgemacht des zerfallenen sowjetischen Imperiums.

Nicht alle hochfliegenden Hoffnungen haben sich erfüllt. Politiker wie Wähler, die westliche Sympathiebekundungen im ersten Überschwang der neu erlangten Freiheit für bare Münze genommen hatten, sind enttäuscht worden. Ernüchterung angesicht der großen sozialen und wirtschaftlichen Kosten der Systemtransformation und Enttäuschung über vermeintliche Kleinkariertheit des Westens haben postkommunistischen und sozialistisch mutierten Kräften zu neuer Respektabilität und

hohen Regierungsämtern verholfen, oder sie drohen in eine neue anti-
westliche Stimmung umzuschlagen. Doch wo die Wünsche auf den Weg
zur Verwirklichung gebracht wurden und die Staaten Mittel- und Osteuropas in das Netzwerk westlicher Institutionen und Organisationen ein-
geflochten wurden, ließen erste Stabilitäts- und Reformfortschritte, wie
immer Ausmaß und Tempo beurteilt werden, nicht auf sich warten. Irre-
versibel sind sie deswegen allerdings noch nicht.

## Etappen auf dem Weg nach Europa

Die erste Etappe auf dem „Weg nach Europa" führte die Ostmitteleuropäer nach Straßburg, zum Europarat. Die älteste zwischenstaatliche Organisation des alten Kontinents wurde in besonderer Weise für geeignet
befunden, die Zukunft des ganzen Europa mit Blick auf Demokratie,
Menschenrechte, Rechte der Minderheiten und das Recht auf Selbstbestimmung zu gestalten. Der Fall der trennenden Mauern in Europa riß
den Europarat – als eine Institution demokratischer Nationalstaaten mit
dem festen Willen zur Zusammenarbeit auf der Grundlage der Menschenrechte, der pluralistisch und rechtsstaatlich verfaßten Demokratie –
aus dem schläfrig-unbeachteten Schattendasein der Europapolitik. Weil
er den neuen Demokratien von Tallinn (Reval) bis Bukarest den Zugang
nach Europa eröffnete, ist sein Mitgliedsregister zum Spiegelbild der erfolgreichen demokratischen Neuordnung in jenem Raum geworden,
dessen Menschen bis 1989 hinter Mauern und Stacheldraht vom westlichen Modell der Freiheit, der Demokratie und der Marktwirtschaft fern-
gehalten worden waren.

Bis zum Frühjahr 1994 sind neun Länder in den Europarat aufgenommen worden, die wenige Jahre zuvor noch im hegemonialen Zugriff der
Sowjetunion gelegen oder als Teilrepublik zu ihr gehört hatten: Ungarn
als Vorreiter noch im November 1990; Polen 1991; Bulgarien 1992; 1993
folgten Estland, Litauen, Slowenien, die Tschechische Republik und die
Slowakei – beide mußten nach der Auflösung der Tschechoslowakei das
ursprünglich schon abgeschlossene Aufnahmeverfahren noch einmal
von vorne beginnen – sowie Rumänien. Daß mit dem bulgarischen
Außenminister im Frühjahr 1994 erstmals ein Vertreter einer Re-
formdemokratie den Vorsitz im Ministerkomitee übernahm, wurde als
Vorgang von besonderer symbolischer Kraft gewertet. Die Liste der Län-

der, die – zur Hälfte aus dem Kreis der Nachfolgerepubliken der Sowjetunion – in einer „zweiten Welle" um Mitgliedschaft nachgesucht haben, ist ebenfalls lang: Albanien, Lettland, Kroatien, Mazedonien, Moldova, Rußland, die Ukraine und Weißrußland (Belarus) sind darauf verzeichnet.

Nicht immer war die Aufnahme eine reine Formsache; im Gegenteil: es gab und gibt Grenzstreitigkeiten, Rivalitäten mißtrauischer Nachbarn und, vor allem, unerledigte Minderheitenfragen – etwa im Verhältnis zwischen Budapest, Bukarest und Bratislava (Preßburg) wegen der Lage der ungarischen Minderheiten in Rumänien und in der Slowakei. Die Zusicherungen, welche die Beitrittskandidaten abgeben mußten, wollten sie nicht Gefahr laufen, abgewiesen zu werden, sind respektabel und ernstzunehmen. Sie werden regelmäßig auf ihre Einhaltung überprüft. Das Urteil der Beobachter des Europarats, die sich vom freien, fairen und geheimen Verlauf der Parlaments- und Präsidentenwahlen in den Beitrittsländern zu überzeugen hatten, war in jedem Fall wesentlich für den positiven Bescheid über die jeweiligen Aufnahmeanträge.

Die zum Straßburger Europarat drängenden Länder verband der Glaube, daß die Zugehörigkeit zum „feinen Klub der Demokratien" ein Gütesiegel für den bereits erreichten Grad ihrer demokratischen und rechtstaatlichen Reife sei und als Beleg dafür, daß sie es mit der Achtung der Menschenrechte ernst nähmen. Doch Straßburg wurde, und das ist ein zweites Motiv, auch als Etappenziel auf dem Weg nach Brüssel gesehen: der Europarat wird mit einiger Plausibilität als ein Vorhof zur Europäischen Union (EU) eingeschätzt, die Zugehörigkeit zu ersterem als quasi politisch-institutionelle Vorstufe zur angestrebten, aber mit hohen strukturellen und wirtschaftlichen Hürden versehenen Vollmitgliedschaft in der Gemeinschaft.

Doch wer den Beitritt zum Europarat allein als taktischen Schritt abtäte, verkennte das Ausmaß des historischen Umbruchs in Europa und die große Aufgabe seines „Managements", das arbeitsteilig zu bewerkstelligen die verschiedenen Organisationen sich vorgenommen haben. So sagte der tschechische Präsident Havel auf dem Gipfeltreffen des Europarats im Oktober 1993 in Wien: „Der Europarat, diese älteste europäische Institution, hat das Ziel, die Werte zu pflegen, aus denen der Geist und das Ethos der europäischen Integration erwachsen, und diese in die internationale Rechtsstandards zu projizieren. Wenn es heute, wie ich behaupte, die Hauptaufgabe Europas ist, den Geist der Vereinigung zu begreifen, die sittlichen Verpflichtungen, die daraus hervorgehen, wirklich zu übernehmen, und keineswegs nur äußerlich einen neuen Typ der Verantwortung für sich selbst auf sich zu nehmen, dann kann bei diesem anspruchsvollen Werk der Europarat eine nicht zu ersetzende Rolle übernehmen."

## Der Drang in die Europäische Union

„In einer Zeit, in der in Mittel- und Osteuropa politische Umgestaltungsprozesse größten Ausmaßes ablaufen, um demokratische und marktwirtschafftliche Ordnungs- und Gesellschaftssysteme einzuführen, ist die Europäische Union darauf bedacht, zu diesen Staaten enge und verläßliche Beziehungen für ein stabiles Fundament im Gemeinsamen Europäischen Haus (sic!) aufzubauen." Mit dieser eher lapidaren Zielformel beschrieb die Brüsseler EU-Kommission vor dem Hintergrund des Inkrafttretens der Europa-Abkommen der EU mit Polen und Ungarn am 1. Februar 1994 die Strategie der Gemeinschaft, ein Netz von Verträgen über die Länder Mittel- und Osteuropas (MOE) zu werfen und sie auf diese Weise an den westlichen Stabilitätskern heranzuführen. Dies entsprach im Grundsatz dem Willen der Reformländer, möglichst rasch in die Gemeinschaft integriert zu werde. Deren Anziehungskraft in unruhiger und unübersichtlicher Zeit und die an eine enge Anbindung geknüpfte Prosperitätserwartung waren dabei mindestens ebenso groß wie die Verheerungen, welche die kommunistische Planwirtschaft angerichtet hatte.

In einem ersten Schritt schloß die damals noch so genannte Europäische Gemeinschaft Handels- und Kooperationsverträge ab. (Die EG hatte mit Rumänien als dem einzigen Mitgliedsland des Comecon schon 1980 ein Handelsabkommen unterzeichnet.) Diese zumeist nicht-präferentiellen Verträge sahen in der Regel die Meistbegünstigung vor und die schrittweise Aufhebung mengenmäßiger Beschränkungen, welche die Gemeinschaft auf Einfuhren aus den ostmitteleuropäischen Ursprungsländern erhob; sie basierten auf dem Grundsatz der Gleichstellung, Nichtdiskriminierung und Gegenseitigkeit. Das erste Abkommen dieser Art, mit Ungarn, trat am 1. Dezember 1988 in Kraft, das letzte in dieser Generation wurde am 5. April mit Slowenien unterzeichnet. Slowenien zusammen mit Kroatien von der Gemeinschaft am 15. Januar 1992 als unabhängige Republik anerkannt worden. (Abgeschlossen wurden Verträge über Handel und Wirtschaftskooperation mit Ungarn, Polen, der Tschechoslowakei, Bulgarien, Rumänien, Albanien, Estland, Litauen, Lettland und Slowenien. Die Vertragsverhandlungen mit Kroatien wurden wegen des kritisierten militärischen Engagements Zagrebs im Krieg in Bosnien-Hercegovina abgebrochen. Im Frühjar 1994 waren zudem Partnerschaftsverträge mit der Ukraine und Rußland „unterschriftsreif".)

Aus Einsicht in ihre materielle Begrenzung wurden die Handelsverträge der Gemeinschaft mit den MOE-Ländern schon bald durch weiterreichende Assoziationsabkommen ergänzt. Diese sogenannten Europa-Abkkommen wurden mit den Visegrád-Ländern (Polen, Ungarn und zunächst die Tschechoslowakei; nach deren Auflösung zum Jahresende 1992 Tschechische Republik und Slowakei) sowie mit Bulgarien und Rumänien zwischen Dezember 1991 und Oktober 1993 geschlossen. Es sind gemischte Verträge, die sowohl in gemeinschaftlich wie einzelstaatliche Zuständigkeiten fallen, und sie wurden unter der Voraussetzung fortgesetzter politischer und wirtschaftlicher Reformen in den ostmitteleuropäischen Vertragsländern geschlossen. Sie sehen die schrittweise Schaffung von Freihandelszonen binnen zehn Jahren und die Möglichkeit – also noch nicht die feste Zusage – eines Beitritts dieser Länder zur Union vor. Die Zugeständnisse zur Liberalisierung des Handels mit gewerblichen Gütern sind beiderseitig, aber nach Tempo und Höhe asymmetrisch zu Gunsten der MOE-Länder. Für Textil-, Stahl- und Agrarprodukte wurden in Protokollen allerdings gesonderte Regelungen (spezifische Schutzklauseln) vereinbart – in erster Linie in der Absicht, die europäischen Produzenten vor östlicher Billigkonkurrenz zu schützen. Die Partnerländer sind zu schrittweiser Anpassung ihrer Rechtsvorschriften angehalten; freier Zahlungs- und Kapitalverkehr als Voraussetzung für Investitionen werden gewährleistet. Noch vor dem Abschluß sämtlicher Zustimmungs- und Ratifizierungsverfahren (im Europäischen Parlament, in den zwölf EU-Staaten und im jeweiligen Partnerland) wurden die Bestimmungen über den Handel, da sie in die alleinige Zuständigkeit der Gemeinschaft fallen, in Form von Interimsabkommen in Kraft gesetzt: für Polen, Ungarn und die damals noch bestehende Tschechoslowakei am 1. März 1992, für Rumänien am 1. Mai 1993 und für Bulgarien am 31. Dezember desselben Jahres. Erstmals sind in den Europa-Abkommen auch der politischer Dialog und die kulturelle Zusammenarbeit vorgesehen. In der Präambel zu den Abkommen wird als Ziel des west-östlichen Zusammenwirkens genannt: die Unionsmitgliedschaft der Partnerländer. Die Assoziation soll hierzu den Weg ebnen.

Doch die rasche Erweiterung der Gemeinschaft nach Osten war den Zwölf in ihrer Gesamtheit zu Beginn des Jahrzehnts keine Herzensangelegenheit. Die südlichen Länder fürchteten für den Fall des Beitritts scharfe Verteilungskämpfe um die Mittel der Struktur-, Regional- und Agrarfonds; anderen, vor allem Frankreich, war die Erweiterung um die MOE-Staaten suspekt, weil sie für diesen Fall einen Macht- und Einflußzuwachs Deutschlands erwarteten und, damit einhergehend, eine Schwächung ihrer eigenen Stellung. Besonders in den Visegrád-Staaten wurde das innereuropäische Zögern kritisch vermerkt. Es machte sich das Gefühl breit, sie würden abgewiesen, ungeachtet etwa der bis dahin gewährten finanziellen und technischen Hilfe im Rahmen des 1990 aufgelegten PHARE-Programms der OECD-Länder, für das Brüssel federführend ist. Die frühere polnische Ministerpräsidentin Suchocka gab die im Frühsommer 1993 weit verbreitete Stimmung in dem bissigen Vorwurf wieder, die Zwölf wollten sich in ihrer „Wohlstandsfestung verschanzen". Hinzu kamen Klagen über Protektionismus der Gemeinschaft, vor allem in den sogenannten „sensitiven" Sektoren Stahl, Textil, Agrar- und Fischereiwirtschaft.

Ob dieses Beschwerden generell zutreffen oder nicht – zumal da sich die Gemeinschaft schon seit der Jahreswende 92/93 auf der abschüssigen Bahn in die schwerste Rezession seit ihrer Gründung befand: Unstrittig ist, daß ungeacht der asymmetrischen Handelsregelungen und obwohl die MOE-Staaten seit 1989 ihre Exporte in die Gemeinschaft Jahr für Jahr kräftig steigern konnten – 1992 allein um 17 Prozent -, wuchsen die EU-Exporte noch schneller, 1992 etwa um 22 Prozent. „Das hat dazu geführt, daß das traditionelle Defizit der Gemeinschaft mit diesen Ländern sich seit 1991 in einen Überschuß verwandelt hat, der im Jahre 1992 nicht weniger als 2,5 Milliarden ECU betrug." (Horst Krenzler) Für die Gemeinschaft erwies sich somit die Erschließung neuer, expandierender Märkte mit einem großen und dauerhaften Bedarf an Investitionsgütern als profitable Angelegenheit, während die potentiell wettbewerbsfähigen Exportprodukte jener Länder noch immer auf formidable Importhürden trafen. Das sah im Einzelfall etwa so aus, daß sich der positive Handesbilanzsaldo der EU im ersten Quartal 1993 mit Polen auf 517 Millionen ECU, in demselben Zeitraum mit der Tschechischen Republik und der Slowakei auf 252 Millionen ECU, im Handel mit Bulgarien immerhin noch auf 40 Millionen belief.

Die Kommission zog aus den immer lauteren Klagen und aus der für die Assoziationsländer ungünstigen Entwicklung in den Handelsbeziehungen Konsequenzen. Sie schlug dem Europäischen Rat in Kopenhagen eine Revision der in den Europa-Abkommen festgelegten Handelszugeständnisse und darüber hinaus eine noch enger gefaßte Assoziation mit diesen Ländern vor.

Tatsächlich einigte sich die europäischen Staats- und Regierungschefs im Rat auf massives Betreiben Deutschlands hin und gegen beträchtliche Widerstände im Juni 1993 auf eine Verkürzung der Übergangsfristen für den Abbau der Zölle und der mengenmäßigen Beschränkungen. Diese neuerlichen Liberalisierungen waren Teil einer Neukonzeption der Beziehungen der Zwölf zu den Visegrád-Vieren, Rumänien und Bulgarien sowie den baltischen Staaten. In der dänischen Hauptstadt wurde verabredet, mit den Ländern, die mit der Gemeinschaft durch Europa-Abkommen verbunden sind, einen „Rahmen für einen intensiveren Dialog und Konsultationen über Fragen von gemeinsamen Interesse zu schaffen: über die Außen- und Sicherheitspolitik der Union, Energie, Umwelt, Verkehr und Inneres"; über die Verbesserung der Wirksamkeit der finanziellen und technischen Hilfe sowie über die Förderung der wirtschaftlichen Eingliederung in den europäischen Wirtschaftsraum. Schließlich legte der Europäische Rat erstmals Voraussetzungen für die Mitgliedschaft potentieller Beitrittskandidaten fest. Dazu gehören:

- institutionelle Stabilität als Garantie für demokratische und rechtsstaatliche Ordnung, für die Wahrung der Menschenrechte und die Achtung und den Schutz von Minderheiten;
- eine funktionierende Marktwirtschaft;
- die Fähigkeit, im Wettbewerb in der Union zu bestehen;
- die Fähigkeit, die aus der Mitgliedschaft erwachsenden Verpflichtungen übernehmen zu können;
- der Wille, sich die Ziele der Politischen Union sowie der Wirtschafts- und Währungsunion zu eigen zu machen.

Obwohl der Rat, als Ergebnis der Debatte über den Vorrang von Vertiefung und Erweiterung, als weitere Voraussetzung die Fähigkeit der Gemeinschaft hinzufügte, neue Mitglieder aufnehmen zu können, ohne die Dynamik der europäischen Einigung zu gefährden, wurde der Beschluß von Kopenhagen als „fest zugesagte Beitrittsoption" verstanden. Auch die MOE-Staaten fanden sich zu einer entsprechenden Würdigung bereit. Sie hatten nicht alles erreicht, schienen aber mit dem Erreichten halbwegs zufrieden zu sein. Die eröffnete Perspektive, selbst wenn sie nicht mit einem von den Visegrád-Ländern gewünschten Zeitplan versehen wurde, verfehlte ihre Wirkung nicht. Im April 1994 beantragten Warschau und Budapest die Vollmitgliedschaft in der Europäischen Union. Wann die Beitrittsverhandlungen beginnen werden, ist freilich noch offen. Der Beitritt selber dürfte im Zweifel in diesem Jahrtausend nicht mehr vollzogen werden.

## Enttäuschung über Ersatz für die Nato-Mitgliedschaft

Als Polen und Ungarn ihr Beitrittsgesuch zur EU übergaben, hatten sie und die anderen interessierten Mittel- und Osteuropäer, einschließlich der Balten, bereits eine herbe Enttäuschung politisch zu verkraften. Im Januar hatte ihnen die Nato auf ihrem Gipfeltreffen in Brüssel die Hand hingestreckt, aber nicht zur Mitgliedschaft in der Atlantischen Allianz, die sie wünschten, sondern zu einer „Partnerschaft für den Frieden", die sie für unzureichend halten, weil sie ihren Sicherheitsbedürfnissen nicht Rechnung trage. Unter den gegebenen Umständen mußten sie damit zufrieden sein. Die Visegrád-Vier fühlten sich wieder als Glacis zwischen Rußland und der Nato, zurückgelassen in einem „Niemandsland zwischen Deutschland und Rußland" (Henry Kissinger). Das Syndrom des Ausgeliefertseins an eine neue russische Hegemonie nach befürchteter Erneuerung des Moskauer Imperialismus (Lothar Rühl) wurde wieder akut. Historische Vergleiche mit früheren „grandiosen Versäumnissen" des Westens wurden bemüht. Das begrenzte Angebot einer militärischen „Partnerschaft für den Frieden", das an alle ehemaligen Mitglieder des Warschauer Paktes, die Nachfolgestaaten der Sowjetunion und auch an die neutralen Staaten Europas erging, dürfe nicht eine „Partnership for appeasement" Moskaus und Chiffre für die Duldung einer „Rückkehr Rußlands als Gendarm Osteuropas" werden. (Adam Rotfeld).

59

Was waren die Motive, mit denen die Ostmitteleuropäer eine Entscheidung der Nato im Sinne einer Ausweitung des Geltungsgebiets des Washingtoner Vertrages herbeizuführen suchten? Und warum vertagte die Allianz im Januar '94 erst einmal die Antwort auf die Frage: „Wie weit greift die Nato nach Osten aus"? Denn im Kern bedeutet die „Partnerschafts"-Offerte, vom Westen aus gesehen, zunächst einmal genau das: Zeitgewinn. Die Ostmitteleuropäer in Warschau und Prag, Preßburg und Budapest, Riga und Reval, Sofia und Bukarest suchten den Westen mit dem Argument zu beeindrucken, die Einbindung in die Nato werde die Stabilität im Innern ihrer Länder erhöhen – und dadurch auch die Stabilität in ganz Europa – sowie die demokratische Umgestaltung außenpolitisch abstützen. Die Nato-Mitgliedschaft könne verhindern, daß Grenzkonflikte, ethnische Spannungen und Massenwanderung (Migration) das kritische Stadium militärischer Auseinandersetzungen wie im ehemaligen Jugoslawien erreichten. Der frühere polnische Verteidigungsminister Onyszkiewicz gab zu bedenken: „Die Nato-Mitgliedschaft soll uns nicht gegen einen russischen Angriff verteidigen. Den halten wir im Grunde für unmöglich. Der wichtigste Grund, warum wir zur Nato gehören wollen, ist die Sicherung unserer eigenen Demokratien. Wir müssen in unserem eigenen Lande die gleiche Art von Nationalisten niederhalten, mit denen es Jelzin zu tun hat, die gleichen, die Jugoslawien zerstört haben." (Michael Kramer) Der tschechische Präsident Havel fügte im Oktober 1993 den Willen zur Zugehörigkeit zur Wertegmeinschaft westlicher Demokratien unter Schilderung des beklemmenden Gefühls geopolitischer Exponiertheit hinzu .

Der Blick nach Rußland gab Polen, Balten und anderen Ostmitteleuropäern wenig Anlaß zu großem Optimismus oder kontemplativer Gelassenheit. Im Gegenteil: die Ereignisse in Moskau während des Jahres '93 und die Versuche, die Gemeinschaft Unabhängiger Staaten (GUS) unter die militärische, sicherheits-, wirtschafts- und finanzpolitische Vormundschaft Rußlands zu stellen (so sieht es etwa Zbigniew Brzezinski), ließen in Ostmitteleuropa die Sorge vor einem neuen großrussischen Chauvinismus wachsen. Schrille Töne selbst sogenannter moderater Politiker wie die des Außenministers Kosyrew, der Erfolg kommunistischer und nationalistischer Kräfte bei der Parlamentswahl im Dezember, Konzessionen Präsident Jelzins an den Militärapparat, die Behauptung einer Schutzmachtfunktion für die rund 25 Millionen Russen im „nahen Ausland" auf ehemals sowjetischem Territorium, das russische Verlangen nach Aufrechterhaltung vorgeschobener Stützpunkte – all dies ließ die Hinwendung nach Brüssel und eine über die Zugehörigkeit zum lockeren Nordatlantischen Kooperationsrat hinausgehende institutionelle Verbindung für ebenso dringend wie geboten erscheinen. Der Westen deutete die beunruhigenden Verlautbarungen kommunistischer und nationalistischer Provenienz als vermutlich unvermeidliche Begleitmusik zur Umgestaltung einer Großmacht, der die imperiale Identität abhanden gekommen war und die noch um eine neues politisches und sozialpsychologisches Gleichgewicht mit sich und der internationalen Umwelt ringe.

Bei der Nato wie im Westen insgesamt wurden die ostmitteleuropäischen Wünsche mit unverbindlicher Freundlichkeit aufgenommen, die russischen Vorgänge mit gespannter Aufmerksamkeit und immer neuen Sypathieerklärungen für Präsident Jelzin verfolgt. Der hatte Ende September/Anfang Oktober 1993 die Regierungen der wichtigsten Allianzpartner mittlerweile schriftlich wissen lassen, was Moskau von einer Nato-Mitgliedschaft Polens, der Tschechischen Republik und der anderen an einem Beitritt interessierten Länder halte, nämlich nichts. Er beanspruchte für Rußland indirekt sogar so etwas wie eine Veto-Recht, ein droit de regard über die Erweiterung der Allianz nach Osten und schlug, offenkundig in der Absicht, entsprechende Pläne zu vereiteln, eine „gemeinsame Sicherheitsgarantie" der Nato und der Russischen Föderation für die MOE-Staaten in der europäischen Zwischenzone vor.

Wiewohl die Nato ein Vetorecht Rußlands vehement zurückwies, machte der Vorstoß Jelzins dennoch Eindruck. In Ostmitteleuropa wurde Jelzins Brief als bedrohlicher Vorschlag für ein „regionales Kondominium" interpretiert, als Kondominium, „in dem russische militärische Nähe und westliche politische Indifferenz im Endeffekt eine russische Einflußsphäre legitimieren würden". (Brzezinski) In die gleiche, eine Nato-Erweiterung „abschreckende" Richtung wirkte die neue russische Militärdoktrin vom November 1993, wonach eine Erweiterung militärischer Blöcke und Bündnisse zum Nachteil der militärischen Sicherheitsinteressen der Russischen Föderation zu den Hauptquellen militärischer Gefahr für Rußland zähle. (Lothar Rühl).

Hatten sich über den Sommer hinweg noch einige Fürsprecher für eine Ausweitung der Nato über die Ostgrenze Deutschlands hinaus vernehmen lassen – daß die deutsch-polnische Grenze nicht auf Dauer die Ostgrenze der EU und der Nato bleiben dürfe, hat die Bundesregierung immer wieder als einen ihrer europa- und bündnispolitischen Kernsätze hervorgehoben -, überwogen im Herbst 1993 jene, die mit Rücksicht auf die prekäre innenpolitische Stellung der Reformer um Jelzin die Nato – noch – nicht nach Osten ausdehnen wollten und somit auch keine entsprechenden Sicherheitsgarantien zu geben bereit waren. Die Wende zu einem „Neo-containment" (Warren Christopher) wollte man auf keinen Fall vollziehen. In der Regierung Clinton setzte sich die Auffassung des damaligen Sonderbeauftragten des Präsidenten für Rußland und späteren stellvertretenden Außenministers, Strobe Talbott, durch, die Öffnung der Nato würde die russische Furcht verstärken, die Allianz betreibe die Eindämmung russischer Macht und wolle Rußland isolieren. In Europa würde eine neue militärische Trennlinie geschaffen. (Peter Rudolf) Genau das wollte Washington nach den Worten des Vorsitzenden der Vereinigten Stabschefs, General Shalikashvili, vermeiden: „Wir können die Berliner Mauer nach ihrem Fall nicht einfach einige hundert Kilometer nach Osten vorrücken." Es entsprach ebenfalls der Sicht der russischen Regierung, die bei jeder sich bietenden Gelegenheit einschüchternd vor einer neuen Teilung Europas durch Errichtung neuer Barrieren und vor dem Rückfall in die Blockmentalität des Kalten Krieges warnte.

Als der amerikanische Verteidigungsminister Les Aspin nach Travemünde zur Tagung der Nato-Verteidigungsminister reiste, hatte er den Entwurf des Konzepts für eine „Partnerschaft für den Frieden" im Reisegepäck. Für diesen Alternativentwurf zeichnete sich schon damals eine Mehrheit der Mitglieder des Bündnisses ab. Auf dem Nato-Gipfeltreffen Anfang Januar '94 wurde es dann formell als Angebot der Nato an die mittel- und osteuropäischen Staaten, an alle Nachfolgerepubliken der Sowjetunion und an die neutralen Länder in Europa beschlossen. Präsident Clinton begründete noch einmal den Widerspruch der Vereinigten Staaten gegen eine Osterweiterung zum gegenwärtigen Zeitpunkt: Die Atlantische Allianz könne es sich nicht leisten, „to draw a new line between East and West that could create a selffulfilling prophecy of future confrontation. I say to all those in Europe and the United States who would simply have us draw a new line in Europe further East that we should not foreclose the possibility of the best possible future for Europe, which is a democracy everywhere, a market economy everywhere, people cooperating everywhere for mutual security." (Nach Henry Kissinger)

Die Nato schob also die Entscheidung über die östliche Grenze des Raumes, für dessen Stabilität sie Verantwortung tragen will, hinaus. (Lothar Rühl) Mit dem „Partnerschafts"-Angebot sollen gemeinsame Übungen und eine Koordination mit der Nato verbunden sein. Für den Fall, daß sich ein Teilnehmerland in einer Krisensituation bedroht fühlt, werden sicherheitspolitische Konsultationen zugesagt; jedoch sind damit weder Sicherheitsgarantien noch eine Beistandspflicht verbunden. Zwar heißt es in der Einladung zur „Partnerschaft für den Frieden": „Aktive Beteiligung an der Partnerschaft für den Frieden wird eine wichtige Rolle im evolutionären Prozeß der NATO-Erweiterung spielen". Und bei Erfüllung einiger allgemeiner politischer, militärischer und rüstungstechnischer Kriterien ist eine spätere Mitgliedschaft prinzipiell in Aussicht gestellt. Jedoch ist eine spätere Vollmitgliedschaft nicht garantiert.

Unmittelbar im Anschluß an das Brüsseler Gipfeltreffen der Allianz suchte Clinton die Präsidenten der Visegrád-Vier in Prag vom Wert einer solchen militärisch begrenzten „Partnerschaft" zu überzeugen. Die machten noch einmal auf die destabilisierenden Tendenzen einer „Zwischenzone minderer Sicherheit" aufmerksam, nahmen aber die Offerte notgedrungen für den Übergang an, obschon sie für diese Zeit nicht geeignet und schon gar nicht ein Ersatz für das Bündnis mit der Atlantischen Allinanz sei.

Und dennoch konnten allen anderslautenden Beteuerungen Clintons zum Trotz vor allem die Präsidenten Havel und Walesa das ungute Gefühl nicht loswerden, daß die „Partnerschaft für den Frieden", deren Rahmendokument Ende Mai 1994 schon zwanzig Staaten unterzeichnet hatten, eben nicht eine „Way station" auf dem Weg zur Nato-Mitgliedschaft sei, sondern die Alternative dazu. (Henry Kissinger) Immerhin argumentieren auch westliche Fachleute, sollte die Nato auf absehbare Zeit auf den Einschluß der vier Visegrád-Länder verzichten, die nicht mehr an Rußland grenzten und die deshalb auch in Moskau nicht als „nahes Ausland" in einer „russischen Interessenssphäre" angesehen werden könnten, wäre eine „kapitale Konzession an ein auf Expansion bedachtes russisches Sicherheitsinteresse. Verschanzte sich die Nato hinter ihrer Bündnisgrenze und überließe Ostmitteleuropa sich selbst oder Rußland, liefe nicht nur das im Vorfeld liegende Zwischeneuropa vom Baltikum bis zum Balkan ein unkalkulierbares latentes Sicherheitsrisiko, sondern sogar Westeuropa." (Lothar Rühl)

Anfang Mai 1994 gaben die Mitglieder der WEU eine Anwort darauf, wie die sicherheitspolitische Konfiguration Europas aussehen solle, und indirekt auch auf die von der Nato nicht beantwortete Frage, wo die Grenzen „Europas" enden. Die WEU, die nach dem Maastrichter Vertrag der militärische Arm der EU werden soll, begründete ein Assoziationsverhältnis mit neun Staaten Ostmitteleuropas: mit den Visegrád-Vier, Rumänien und Bulgarien sowie mit den drei baltischen Republiken. Die sicherheitspolitische Assoziation mit der WEU soll die politischen und wirtschaftlichen Verbindungen dieser Länder mit der EU ergänzen und vervollständigen. Die Europäer beschränkten sich somit auf den Kreis von Ländern, die potentielle Kandidaten eines Beitritts zur Gemeinschaft sind, setzten sich somit deutlich von der Nato ab, deren Partnerschaftsangebot auch für alle Nachfolgestaaten der Sowjetunion gilt, also auch für Rußland und die zentralasiatischen Republiken, in der von Moskau sekundierten Absicht, keine neuen Mauern auf dem Kontinent hochzuziehen. Die Assoziierung mit der WEU, die Rußland anders als im Falle der Nato nicht zu verhindern trachtete, entspreche der Perspektive einer künftigen Mitgliedschaft in der EU, ergänze die Zusammenarbeit dieser Staaten mit dem Atlantischen Bündnis und unterstreiche deren Westbindung, hieß es in einer positiven Würdigung der Bundesregierung, die sich für die Kräftigung der sicherheits- und militärpolitischen Verbindungslinien nach Osten besonders einsetzte und der am meisten an der Stabilisierung des ostmitteleuropäischen Raums gelegen ist.

Der neue Status im Rahmen der WEU – ihr gehören bis auf die „Beobachter" Dänemark und Irland und das die Mitgliedschaft gerade vollziehende Griechenland alle EU-Staaten an – ermöglicht es den assoziierten Ländern, regelmäßig, alle vierzehn Tage, an den Sitzungen des WEU-Rats teilzunehmen. Er ebnet den Weg für Verbidungen zur militärischen Planungszelle in Brüssel und für eine Beteiligung an operativen Einsätzen der WEU wie humanitären Missionen und friedenerhaltenden Maßnahmen sowie, darüber hinaus, an Einsätzen wie der Überwachung des UN-Embargos gegen Serbien. Da sich die WEU bei solchen Missionen nach dem Nato-Beschluß vom Januar der Ressourcen, der Logistik und der Kommandostrukturen der Allianz bedienen kann, begründet auch die Assoziation mit dem westeuropäischen Verteidigungsbündnis eine neue Verbindungslinie zur Nato.

Obgleich auch diesmal der Symbolgehalt die militärische Substanz noch überwog, fiel die Reaktion der assoziierten Länder, anders als noch wenige Monate zuvor beim „Partnerschafts"-Angebot der Nato, rundherum positiv aus. Der polnische Botschafter in Brüssel sprach von einem „qualitativen und quantitativen Sprung nach vorne". Der Botschafter Budapests bei der EU sah eine weitere Etappe Ungarns auf dem „Weg nach Westen" zurückgelegt: „Die Ungarn können nun zu Recht das Gefühl haben, daß ihr Land nicht mehr weit von der westliche Welt entfernt ist." Angesichts der sozialen und wirtschaftlichen Labilität könnte die WEU-Verbindung eine durchaus ernstzunehmende Sicherung sein.

### Die historische Verantwortung von Nato und EU

Aus Anlaß der Eröffnung der Pariser Konferenz für einen Stabilitätspakt in Europa, aber in der Sache getrieben von den politischen Rückschlägen und Unsicherheiten in den Reformländern, sahen Bundeskanzler Kohl und der französische Premierminister Balladur Ende Mai 1994 hinreichenden Grund zu folgendem gemeinsamen Versprechen: „Nach den revolutionären Umbrüchen auf unserem Kontinent seit 1989 ist es die historische Verpflichtung und das gemeisame Ziel der Europäischen Union, die Reformstaaten in Mittel- und Südosteuropa auf ihrem Weg zurück nach Europa zu unterstützen und sie in die europäische Einigung einzubeziehen. Damit wollen wir Frieden und Freiheit in Europa dauerhaft sichern." (F.A.Z., 27. Mai, 1994) Die Rückkehr der Postkommunisten, zuletzt in Ungarn, als Warnsignal vor Augen, suchten Kohl und Balladur die Synchronisierung der außen-, vor allem der ostpolitischen Ziele während der damals bevorstehenden EU-Präsidentschaften ihrer beiden Länder voranzutreiben und die Gemeinschaft der Zwölf auf das überragende strategische Anliegen Deutschlands und des Westens insgesamt zu verpflichten: auf den Export von Stabilität nach Osten und damit den Verschluß der Einbruchstellen politischer, sozialer, wirtschaftlicher und militärischer Instabilität nach Westen. Kohl bemühte sich, die europäischen Partner von der Annahme zu überzeugen, daß die Öffnung der EU nach Osten die beste Garantie gegen ein Neuaufflammen antiwestlicher Nationalismen und für die Festigung der politischen und der wirtschaftlichen Reformprozesse sei. (Ronald Asmus, Richard Kugler, Stephen Larrabee) Den Reformstaaten, von den Balten über Polen und Ungarn bis zu den Bulgaren, bot sich Deutschland als verläßlicher

Partner und Fürsprecher an, der die Eingliederung in die Insitutionen der westlichen Zusammenarbeit als nationales Anliegen von höchster Dringlichkeit sehe und betreibe. Im Westen warb die Regierung Kohl für die Anerkennung der Notwendigkeit, sich stärker im Osten zu engagieren, an der Stabilisierung der östlichen Flanke Deutschlands mitzuwirken, dies nicht als neuerwachten Drang der Deutschen nach Osten zu mißverstehen und, generell, Demokratie, Marktwirtschaft und den Abbau der Waffenarsenale so weit wie möglich im Raum des ehemaligen Warschauer Pakts zu festigen. (David Hamilton)

Die Zeitabläufe sind ungewiß, die Zeitpläne für Vollmitgliedschaften in Europäischer Union und Nato unbestimmt; doch die Ostmitteleuropäer werden die Westeuropäer beim Wort nehmen, bei ihren Selbstverpflichtungen, in beiderseitigem Interesse. Vor allem Nato und Europäische Union dürfen sich nicht ihrer historischen Verantwortung entziehen: „Both the Atlantic Alliance and the European Union are indispensable building blocks of a new and stable world order. NATO ist the best protection against military blackmail from any quarter; the European Union is an essential mechanism for stability in Central and Eastern Europe. Both institutions are needed to relate the former satellites and successor states of the Soviet Union to a peaceful international order." (Henry Kissinger)

Reinhold Brender

# Perspektiven der französischen Ostpolitik nach der weltpolitischen Zäsur 1989

Von Deutschland abgesehen, hat der weltpolitische Umbruch kein anderes Land im Zentrum und im Westen Europas so stark getroffen wie Frankreich. Das Ende des Ost-West-Konflikts, die Vereinigung Deutschlands und die Auflösung der Sowjetunion erschütterten die Grundlagen, auf denen die französische Außenpolitik in der Pariser Selbsteinschätzung vier Jahrzehnte ruhte: Der Status als Siegermacht des Zweiten Weltkriegs verlor nach der Regelung der äußeren Aspekte der deutschen Einheit an Bedeutung; der Wert der Nuklearstreitmacht ist nach der Auflösung der bipolaren Weltordnung in Frage gestellt; der ständige Sitz im Sicherheitsrat der Vereinten Nationen verbürgt nicht mehr die Zugehörigkeit zu einem exklusiven Kreis von Mächten, die über die Geschicke der Weltorganisation entscheiden; Deutschland und Japan haben begründete Aussicht, dem Gremium beizutreten. Der Umbruch schränkte zudem den Einfluß ein, den Frankreich nach dem Verlust des Kolonialreichs in manchen Ländern der Dritten Welt genoß; in Afrika stürzten unter dem Druck der Bevölkerung verbündete Dikatoren, die ihre Herrschaft allein den angeblichen Notwendigkeiten des Ost-West-Konflikts verdankten.

Das Ende der Ordnung von Jalta, viele Jahre als Ziel beschworen, schmerzt, weil vieles von dem für immer verloren scheint, was Frankreich zu seiner Sonderrolle verhalf. (Daniel Vernet, The Dilemma of French Foreign Policy, in: International Affairs 68, 1992, S. 655-64; Stanley Hoffmann, Dilemmes et stratégies de la France dans la nouvelle Europe, in: Politique étrangère 57, 1992, S. 879-92.) Wie kann Paris heute im Sinne de Gaulles, denn das ist noch immer das Ziel, den „Rang" und die Unabhängigkeit wahren und zugleich den Zusammenschluß Europas fördern? Eher reagierend als Initiativen ergreifend, sucht es nach einer Antwort. Für die Ostpolitik gilt dies ebenso wie für die anderen Felder der Außenpolitik. Dies zeigt der Blick auf die Schlüsselfelder des französischen Verhaltens gegenüber Deutschland, dem Balkan und Moskau, also gegenüber dem wichtigsten Partner, einem zentralen Konflikt und dem früheren Hauptgegner. Bilaterale Beziehungen stehen im folgenden im Mittelpunkt, da die von Paris mitbestimmten Beziehungen zwischen den Institutionen des Westens und den Ländern Mittel- und Osteuropas in diesem Band an anderer Stelle erörtert werden. (vgl. den Beitrag von Klaus-Dieter Frankenberger in diesem Buch). Wie die gewählten Beispiele zeigen, hat Frankreich eine klare Vorstellung von seiner künftigen Rolle noch nicht entwickelt. Gleichwohl sind einige der Perspektiven zu erkennen, die seine Ostpolitik leiten werden.

## Ostpolitik ist Deutschlandpolitik

Französische Ostpolitik ist vor allem Deutschlandpolitik – spätestens seit der Einigung des Norddeutschen Bundes mit den süddeutschen Staaten durch Bismarck in Folge der Niederlage Frankreichs im deutsch-französischen Krieg 1870/71. Nach 1945 war es de Gaulles Geschick zu verdanken, daß Frankreich von den Hauptsiegern als Partner akzeptiert wurde – ungeachtet der Niederlage 1940 und der Kollaboration unter Marschall Pétain sowie auch des im Vergleich zu England, Amerika und der Sowjetunion bescheidenen Beitrags zur militärischen Befreiung Europas. Wenngleich Paris das Ziel einer Einigung Deutschlands offiziell unterstützte, war es doch über vier Jahrzehnte hinweg froh, daß ein solcher Schritt in weiter Ferne schien, es zudem als einer der vier Alliierten über Mitsprache verfügte.

Paris zeigte sich vor allem durch die Geschwindigkeit und die Weise überrascht, in der die Ordnung von Jalta endete – der Umbruch blieb seinem Einfluß fast ganz entzogen. In einem ersten Reflex erstrebte Frankreich Sicherheit, indem es die alte Ordnung so weit wie möglich zu wahren suchte. Das Denken in Kategorien des Gleichgewichts, das es zu sichern gelte, führte Staatspräsident Mitterrand im Dezember 1989 in Kiew mit dem sowjetischen Präsidenten Gorbatschow zusammen und in Ostberlin mit dem kurzzeitigen Ministerpräsidenten Modrow. Erst die Wahl im März 1990, in der die CDU in der DDR mit ihrem Ziel einer raschen Einigung überwältigende Zustimmung erfuhr, überzeugte Paris endgültig, daß dieser Schritt nicht mehr zu verhindern sei. (Claire Tréan, La France et le nouvel ordre européen, in: Politique étrangère 56, 1991, S. 81-90.) Nach der Einigung wurden die Beziehungen nicht einfacher, wie spätestens im März 1994 Äußerungen des französischen Botschafters in

Bonn zeigten. Die Differenzen wegen der Nichtbeteiligung Bundeskanzler Kohls an den Gedenkfeiern in der Normandie zum 50. Jahrestag der alliierten Landung und die Mißhelligkeiten wegen der Gestaltung des Abzugs der westalliierten Truppen aus Berlin am 8. September – ohne Parade – seien vor dem Hintergrund allgemeinen Mißtrauens zu sehen, sagte der Diplomat. Ein klärender Dialog zwischen Paris und Bonn über die Außenpolitik des vereinten Deutschland sei erforderlich. An der Einordnung Deutschlands in Westeuropa dürfe sich nichts ändern: Nicht nur für Franzosen ist es schwierig, die neue Stellung Deutschlands zu akzeptieren." (Frankfurter Allgemeine Zeitung, 16. März 1994.)

Der Botschafter bündelte in wenigen Sätzen die Sorgen der politischen Klasse Frankreichs. Vor dem Hintergrund der eigenen Orientierungsnot unterschätzte sie die Bonner Schwierigkeiten, die Position des vereinten Deutschland zu bestimmen. Vier Jahrzehnte lang war die Bundesrepublik der Vorposten des Westens gewesen, konfrontiert mit der kommunistischen Welt. Binnen kurzem sah sie sich vergrößert und im Zentrum Europas, dessen Westen auf dem Weg der Integration voranschreiten will, dessen Osten die Annäherung an den Westen sucht. Verständliche Ungeduld der Nachbarn, daß es rasch Klarheit geben möge, auch wo diese kaum oder erst nach einiger Zeit zu schaffen ist, erleichterte die Orientierung nicht. Paris unterschätzte zudem wie Bonn die Aufgabe der inneren Einigung Deutschlands, nachdem die äußere geleistet war.

Schwerer wog freilich die Pariser Sorge, in Europa auf Kosten des Nachbarn an Einfluß zu verlieren. Während die eingangs genannten Attribute an Wert verloren, sah aus Pariser Sicht das wirtschaftlich ohnehin stärkere Deutschland seinen Spielraum erweitert. Man fürchtete, der Nachbar werde in der Zwölfergemeinschaft sein größeres Gewicht zur Geltung bringen, im Osten könnte er sich aufgrund der erneuerten „Mittellage" eine Einflußzone schaffen. Würde Deutschland nicht in wenigen Jahren zur Hegemonialmacht aufsteigen, technisch, industriell, wirtschaftlich – bald auch kulturell und politisch? (vgl. etwa Pierre M. Gallois, Vers une prédominance allemande, Le Monde, 16.Juli 1993.)

Der Vertrag von Maastricht, der die Zukunft Europas in der Phase des größten Umbruchs zu bestimmen suchte, hatte aus dieser Perspektive die strategische Funktion, Deutschland „einzubinden". Bonn hingegen wußte, daß die Einigung Deutschlands von den Nachbarn nur akzeptiert würde, wenn ein deutscher „Sonderweg" unmöglich wäre. Harmonie zwischen Bonn und Paris stellte sich aber nicht ein. Dies lag zum einen daran, daß der Maastrichter Vertrag als Kompromiß verschiedene Deutungen erlaubt. Hinzu kam die Rezession, die Europa Anfang der neunziger Jahre erschütterte und immer mehr Menschen arbeitslos machte. Vor dem Hintergrund der Wirtschaftskrise wurden die Differenzen in der Währungspolitik und in den Verhandlungen über weitere Zollsenkungen im Rahmen des Gatt zwischen Bonn und Paris härter ausgefochten als dies früher bei ähnlichen Gelegenheiten geschah.

Besonders schrill wurden die Töne im Sommer 1993, als Paris seine Sorge vor einer Dominanz durch Deutschland bestätigt glaubte. Als die Bundesbank zu einer Senkung der Zinssätze nicht bereit war, führte dies Anfang August zu einer Spekulation gegen den Franc, der im Europäischen Währungssystem nur mit einer Erweiterung der Bandbreite des Wechselkursmechanismus der Boden zu entziehen war. Paris bezichtigte Bonn, ungeachtet der Bedürfnisse seiner europäischen Nachbarn die Kosten der deutschen Einheit über Schulden, überhöhte Einkommen im Osten und damit Inflation zu finanzieren, was die Bundesbank zu einer unnachgiebigen Haltung zwinge – solange die deutschen Zinsen nicht niedriger waren, konnte Paris die französischen nicht senken, wovon es sich neue Impulse für die heimische Wirtschaft versprach. Bonn hingegen wies darauf hin, daß das französische Verlangen nach einer raschen Senkung der Zinssätze die Spekulation erst ermöglicht habe. (The Economist, 2. August 1993; Hans Stark, France-Allemagne: entente et mésententes, in: Politique étrangère 58, 1993, S. 989-999.) Die Auseinandersetzung zeigte ein weiteres Mal, daß eine Annäherung der Währungspolitik zwar eine engere wirtschaftspolitische Zusammenarbeit erfordert, eine solche freilich schwer fällt, solange beide Länder unterschiedliche Ziele verfolgen.

**Der Balkan zwischen Bonn und Paris**

Die französische Sorge vor einem deutschen Sonderweg stand im Zentrum der Auseinandersetzung, die Paris und Bonn über die Balkanpolitik führten. (Hans Stark, Dissonances franco-allemandes sur fond de guerre serbo-croate, in: Politique étrangère 57, 1992, S. 339-47.) Als der Bundesstaat im Juni 1991 auseinanderbrach, galt die Aufmerksamkeit der Weltöffentlichkeit noch den Folgen des Golfkriegs. Im Herbst beherrschten der Putsch in Moskau und der nahende Zerfall der Sowjetunion die außenpolitischen Debatten. Erst im Zuge seiner Ausweitung rückte der Krieg, der im Juni 1991 mit dem serbischen Angriff auf Slowenien und Kroatien begonnen hatte, ins Zentrum des europäischen Interesses.

Paris beurteilte die Trennung Kroatiens und Sloweniens von dem serbisch dominierten Jugoslawien ebenso kritisch wie das Unabhängigkeitsstreben der Völker im Baltikum und in der Sowjetunion, zuvor auch die Vereinigung der Deutschen. Der Widerspruch zu dem von Frankreich gleichfalls proklamierten Selbstbestimmungsrecht wurde solange relativiert, wie dies die Lage in Jugoslawien zuließ. Mitterrand sprach nicht vom Angreifer und von Angegriffenen, sondern – diesen Unterschied ignorierend – von „Stammeskämpfen".

Dieses Urteil stützte sich auf die eigene Tradition des Nationsbegriffs, für die ethnische und kulturelle Faktoren unbedeutend sind, sowie auf die Erfahrungen mit dem französischen Zentralstaat. Mit Blick auf die Minderheiten in Frankreich, besonders die Basken und Korsen, und aus Sorge um die Stabilität Europas wollte Paris die Anerkennung von Minderheiten als Staatsvolk vermeiden, da aus seiner Sicht ein solcher Schritt dem Öffnen einer Pandorabüchse gleichkäme. Die Sorge vor einer Erweiterung der „Einflußzone" des vereinigten Deutschland wog freilich schwerer. Ohne dies offen auszusprechen, wollte Paris verhindern, daß sich Slowenien und Kroatien, einmal selbständig geworden, politisch, wirtschaftlich und kulturell an Deutschland anlehnen könnten.

Letztlich ist das französische Denken noch immer von den Weltkriegen und der Zwischenkriegszeit geprägt: Beide Republiken gehörten 1914 zur österreichisch-ungarischen Monarchie, ergriffen deshalb für die Mittelmächte Partei. Nach der Niederlage Deutschlands und seiner Verbündeten begrüßten Kroaten und Slowenen 1918 die Entstehung des „Königreichs der Serben, Kroaten und Slowenen", da sie so vom Schicksal der Kriegsverlierer verschont blieben. Das neue, serbisch dominierte Königreich wurde zum Partner Frankreichs, das in ihm ein Gegengewicht zur diplomatischen Präsenz Deutschlands in Südosteuropa sah. Die Spannungen zwischen den Serben und den Kroaten sowie die unausgewogene Sozialstruktur führten 1929 zur „Königsdiktatur" Alexanders I., der Umbenennung in Jugoslawien und zu einer administrativen Neugliederung. Der Staat wurde zerschlagen, als Hitler während des

Zweiten Weltkriegs einen „Unabhängigen Staat Kroatien" schuf, der mit den Deutschen kollaborierte.

Offen zeigten sich die Gegensätze zwischen Bonn und Paris, als sich Kroatien und Slowenien im Juni 1991 für unabhängig erklärten. Deutschland forderte die rasche Anerkennung durch die Staatengemeinschaft, damit beide den Schutz des Völkerrechts genössen. Paris verlangte hingegen von Bonn, nicht von der Linie der Gemeinschaft abzuweichen. Wie Frankreich setzte auch England auf die Wahrung des Status quo. Das Mißtrauen der europäischen Partner gegen Bonn war besonders deshalb groß, weil das vereinigte Deutschland eine Streitfrage der internationalen Politik erstmals ganz anders bewertete als seine Nachbarn. (Marie-Janine Calic, Jugoslawienpolitik am Wendepunkt, in: Aus Politik und Zeitgeschichte B 37/93, 10. September 1993, S. 11-20.) In der Folge wurde Deutschland immer wieder vorgeworfen, mit seinem Drängen nach einer raschen Anerkennung der beiden Republiken zu einer vorschnellen Auflösung Jugoslawiens beigetragen zu haben, was die Chancen für eine Befriedung verringert habe.

Als ständiges Mitglied des Sicherheitsrats der Vereinten Nationen (UN) sah sich Paris wie London besonders gefordert. Nachdem sich zunächst die Konferenz für Sicherheit und Zusammenarbeit in Europa (KSZE) und die Europäische Gemeinschaft (EG) vergeblich um Frieden bemüht hatten, wandten sich die EG-Außenminister im September 1991 an den UN-Sicherheitsrat, der sich dem Waffenembargo der EG gegenüber „Jugoslawien" anschloß. Am 15. Januar 1992 wurden Slowenien und Kroatien als Staaten anerkannt, am 7. April folgte die Anerkennung Bosnien-Hercegovinas, während die Anerkennung Mazedoniens wegen des griechischen Widerstands zunächst scheiterte. Im November 1991 gelang es dem UN-Unterhändler, für Slowenien und Kroatien einen dauerhaften Waffenstillstand zu vermitteln. Im Rahmen des Vance-Plans entsandte der Sicherheitsrat im Februar 1992 eine Schutztruppe (Unprofor) in die kroatischen Kriegsgebiete Slawoniens und der Krajina, darunter französische und englische Soldaten.

Unmittelbar nachdem auch Bosnien-Hercegovina als Staat anerkannt war, überzogen ihn die Serben mit Krieg. Im Mai 1992 verhängte der Sicherheitsrat Wirtschaftssanktionen gegen Serbien und Montenegro und untersagte den Flugverkehr. Nach der Blockade der Hilfstransporte durch kämpfende Einheiten entsandten die UN weitere Blauhelme auf den Flughafen Sarajevo (Unprofor II) und schlossen schließlich im September 1992 Rest-"Jugoslawien" (Serbien/Montenegro) aus der Weltorganisation aus. Die Serben setzten unterdessen ihren Eroberungszug fort, im Frühjahr 1994 hielten sie etwa drei Viertel des Staats besetzt. Die Anerkennung sicherte also Bosnien nicht den Frieden, da die Völkergemeinschaft nicht gewillt war, den neuen Staat hinreichend vor Aggression zu schützen.

Drei Jahre nach Kriegsbeginn war Frankreich ebenso ratlos wie seine wichtigsten Verbündeten in Europa und in Amerika. Die meisten westlichen Staaten wollten eine unbegrenzte Waffenruhe durchsetzen, auch wenn diese die serbischen Erfolge bestätigt. Nach Auffassung des französischen Außenministers ließ sich ein "Frieden erreichen, den ich nicht als gerecht bezeichnen würde – gibt es wirklich gerechte Kompromisse? -, der aber ausgeglichen und dauerhaft sein kann." (Alain Juppé, Sarajevo: ce que je crois, Le Monde, 21. Mai 1994.) Um die bosnischen Muslime zur Annahme eines Friedensvertrags zu bewegen, kündigte Paris im Mai 1994 seine Absicht an, ein Drittel der mehr als 6000 französischen Blauhelmsoldaten bis zum Jahresende aus dem Gebiet des früheren Jugoslawien abzuziehen. Auch Belgien und Spanien wollten ihre Beteiligung an dem UN-Einsatz überprüfen.

Wie soll ein Zusammenleben der Muslime, Serben und Kroaten in Bosnien möglich sein, nachdem es im Bundesstaat gescheitert ist? Die EG wollte den Widerspruch zunächst durch ein föderales Gebilde auflösen. Sie übernahm zu Beginn des Jahres 1992, noch vor der internationalen Anerkennung, gegen den Widerstand der Muslime das Verhandlungskonzept serbischer und kroatischer Nationalisten und versuchte, Bosnien in drei Kantone zu unterteilen, die jeweils von einer der drei Volksgruppen bewohnt werden sollten. Da sich aufgrund der Gemengelage keine klaren Grenzen ziehen ließen, vor allem Belgrad seine großserbischen Vorstellungen durchsetzen wollte, mündeten diese Verhandlungen in Krieg. Nachdem schließlich die Serben im Frühjahr 1993 auch den Plan der Vermittler der UN und der EG, Vance und Owen, abgelehnt hatten, Bosnien in einen multiethnischen Föderalstaat umzuwandeln, galt im Frühjahr 1994 eine faktische Aufteilung Bosniens unter den Kriegsgegnern in den meisten westlichen Hauptstädten als unvermeidlich – und sei es auch unter dem Mantel einer Konföderation, welche die Einheit des Landes rechtlich wahren sollte.

Die Gefahren der „realpolitischen" Haltung sind freilich nicht zu übersehen. Wo „ethnische Säuberungen" unter den Augen internationaler Beobachter möglich sind, stehen die Werte des Westens auf dem Spiel, könnten sich Aggressoren andernorts ermutigt sehen. Griffe Serbien auf das Kosovo oder auf Mazedonien über, hätte dies vielleicht einen offenen Konflikt zwischen Griechenland und der Türkei zur Folge, die beide der Atlantischen Allianz angehören. Schließlich könnte das Verhältnis des Westens zur muslimischen Welt Schaden nehmen, nicht zuletzt das Vertrauen in Institutionen wie die Nato und die Westeuropäische Union (WEU), welche die „Sicherheit" Europas gewährleisten sollen. (vgl. Margaret Thatcher, Stop the Serbs with air strikes and arms for their adversaries, International Herald Tribune, 5. Mai 1994; zuerst in: The New York Times). Der deutsch-französische Gegensatz trug dazu bei, daß Europa nicht zu dem einheitlichen Auftreten fand, das die Voraussetzung für ein wirkungsvolles Eingreifen ist.

## Paris und Moskau

Der Zusammenbruch der Sowjetunion Ende 1991 hat nach der deutschen Vereinigung ein weiteres Parameter der internationalen Politik verändert und die Frage aufgeworfen, ob Moskau Partner des Westens sein könne oder weiter Gegner sei. Im Balkankonflikt zeigte sich Paris im Frühjahr 1994 zunehmend bereit, Moskau an der Suche nach einer Regelung zu beteiligen. Den Vereinigten Staaten und Rußland schlug Frankreich vor, zusammen mit der Europäischen Union solle es die Präsidentschaft der Internationalen „Jugoslawien"-Konferenz übernehmen. Frankreich erkannte so den russischen Einfluß auf dem Balkan an, besonders den auf die Serben. Zugleich zeigt sich Paris aber besorgt wegen der Anzeichen für einen wiedererwachenden russischen Nationalismus: im Kaukasus, in Zentralasien, im Baltikum und im Auftreten gegenüber dem Westen.

Als Mitterrand 1981 das Präsidentenamt übernahm, hatte dies in den französisch-sowjetischen Beziehungen keine Wende zur Folge gehabt. Das Ende der Entspannungspolitik, das der sowjetische Einmarsch in Afghanistan bedeutete, hatte Frankreich bereits unter Giscard d'Estaing zu einer klaren Sprache gegenüber Moskau veranlaßt. Auch Mitterrand hielt sich mit Mahnungen nicht zurück. Wenig Raum für Kooperation ließen die Verschiebung des Kräftegleichgewichts in Europa zugunsten der Sowjetunion durch die Stationierung von SS-20-Mittelstreckenraketen in großer Zahl, die sowjetische Politik in Afghanistan und Polen sowie die von Paris abgelehnte Forderung Moskaus, das französische Nuklearpotential in die Rüstungsverhandlungen mit Washington einzubeziehen. Mitterrand zählte zu den entschiedensten Befürwortern des Nato-Doppelbeschlusses, für den er auch in einer Rede vor dem Deutschen Bundestag warb.

Hinter dem französischen Bemühen um engere Kontakte zu Moskau, das sich in einem Staatsbesuch Mitterrands im Juni 1984 zeigte, stand der Wille, bei einer Wiederaufnahme der Gespräche über Rüstungsbegrenzungen zwischen Moskau und Washington die Pariser Sicht zur Geltung zu bringen. Nicht mehr als ein konstruktiver Modus vivendi war das Ziel. Ende der achtziger Jahre unterstützte Frankreich den Wandel in der Sowjetunion, zeigte sich freilich – wie viele andere Staaten – verunsichert. Würde der Umbruch im Osten nicht zur Destabilisierung des Westens führen? Wie im Verhalten gegenüber Deutschland zog Paris auch in den Beziehungen zu Moskau zumindest vorübergehend die alte Ordnung ungeachtet ihrer Schwächen dem scheinbar größeren Risiko des Neuen vor. Gleichwohl tat Mitterrand im August 1991 einen Mißgriff und verlas im Fernsehen die Erklärung der Moskauer Putschisten – getrieben vom Willen, die vermeintlichen Sieger in der innenpolitischen Auseinandersetzung zu unterstützen, um im Osten auf einen Verbündeten als „Gegenpol" zu Deutschland zählen zu können. (André Glucksmann, Le non-dit. Pourquoi tant de faux pas en politique étrangère?, Le Figaro, 31. März 1993.)

Daß Frankreich die Kontakte zur Sowjetunion immer vor dem Hintergrund seiner Beziehungen zu Deutschland sah, zeigte sich beim Treffen Mitterrands mit Gorbatschow in Kiew im Dezember 1989. Mit Blick auf den Zehn-Punkte-Plan, den Kohl im Oktober 1989 vorgelegt hatte, ohne die Verbündeten zu konsultieren, warnte Mitterrand davor, eine „komplexe Situation zu vergiften"; Gorbatschow sagte, über die deutsche Einheit dürfe „nicht künstlich debattiert" werden. Als die rasche Einigung nicht mehr aufzuhalten war, äußerte Mitterrand bei einem weiteren Treffen mit Gorbatschow im Mai 1990 in Moskau die alte französische Sorge, daß ein wiedervereinigtes Deutschland die europäische Balance zerstören könne: Er forderte ein internationales Abkommen über die Nachkriegsgrenzen in Europa und verlangte wie die anderen Alliierten, das vereinte Deutschland sei in die Nato einzubeziehen. Im Oktober 1990 unterzeichneten Mitterrand und Gorbatschow in Paris einen Vertrag, welcher der Sowjetunion einen Kredit von fünf Milliarden Franc und engere technische Zusammenarbeit zusagte. Für die Dauer von zehn Jahren wurden Absprachen für den Fall einer „Bedrohung für den Frieden" vorgesehen.

Immer wieder bemühte sich Paris um Einfluß auf die Gestaltung des neuen Europa, nicht nur im Westen durch die Vertiefung der Integration der Zwölfergemeinschaft, auch im Osten: Bereits vor 1989 hatte Mitterrand zustimmend die Formel Gorbatschows vom „Gemeinsamen Haus Europa" benutzt, um Frankreich in einem Europa des Dialogs und der durchlässigen Grenzen die Mitsprache zu sichern. Ebenso vage wie dieser Begriff blieb freilich auch das Vorhaben einer gesamteuropäischen Konföderation, mit dem Mitterrand seinen Vorstellungen nach 1989 einen Rahmen zu geben suchte: Anders als es die Bezeichnung vermuten ließ, ging es ihm nicht um einen völkerrechtlichen Zusammenschluß, sondern nur um einen lockeren Rahmen des Dialogs und der Kooperation für alle nichtmilitärischen Fragen unter Ausschluß Washingtons. Mitterrands Vorschlag scheiterte im Juni 1989 auf einer Konferenz in Prag, als sich zeigte, daß die mittel- und osteuropäischen Staaten vor allem den raschen Beitritt zur Zwölfergemeinschaft wünschten, nicht einen weiteren Kooperationsrahmen neben den bereits bestehenden wie dem Europarat und der KSZE. Widersprüche belasteten schließlich die Konferenz über die Stabilität in Europa. (Le Monde, 27. und 28. Mai 1994.) Die französische Grundidee, die sich die Europäische Union (EU) auf Pariser Wunsch zu eigen machte – als erste gemeinsame Aktion im Rahmen der Gemeinsamen Außen- und Sicherheitspolitik nach dem Vertrag von Maastricht – soll Konflikte entschärfen: Die EU-Beitrittskandidaten des Ostens sollten ihre Grenz- und Minderheitenkonflikte an zwei „runden Tischen" (einem für das Baltikum, dem anderen für Mittel- und Osteuropa) beilegen, das Ergebnis sollte in einem „Pakt für Europäische Stabilität" festgehalten werden.

Der Begriff der „Grenzstreitigkeiten" erwies sich freilich als wenig hilfreich, da es die Furcht gab, eine Debatte darüber könne zu neuen Forderungen führen. Außerdem blieb den Minderheiten selbst das Rederecht auf der Konferenz verwehrt, wurden wichtige Konflikte nicht erörtert:

der Krieg auf dem Balkan und in den Nachfolgestaaten der Sowjetunion etwa, sowie der Gegensatz zwischen dem EU-Mitglied Griechenland und seinen Nachbarn Mazedonien und Albanien. Die EU-Mitglieder mußten sich schließlich den Vorwurf der Unaufrichtigkeit anhören, da sie an die Beitrittskandidaten Maßstäbe anlegten, die sie selbst gegenüber Minderheiten in der Zwölfergemeinschaft nicht immer erfüllen wollten. Letztlich erschien der Pariser Vorschlag vor allem durch das Kalkül Balladurs motiviert, außenpolitisch Profil zu gewinnen, auch mit Blick auf die Präsidentenwahl 1995.

Kein anderes Feld der Außenpolitik spiegelt den weltpolitischen Umbruch so deutlich wider wie die Verteidigungspolitik. Paris gelang es bisher nur in Ansätzen, Folgerungen aus den völlig veränderten Verhältnissen zu ziehen. (Pierre Lellouche, France in search of security, in: Foreign Affairs 72, 1993, S. 122-131; Peter Schmidt, Frankreichs Ambitionen in der Sicherheitspolitik, in: Außenpolitik 1993, S. 335-343.) Im Zentrum der französischen Verteidigungspolitik stand seit de Gaulle die Fähigkeit zur nuklearen Abschreckung durch eigene Atomwaffen, der potentielle Hauptgegner war – unausgesprochen – Moskau. Das Paradox der Pariser Verteidigungspolitik lag darin, daß sie die Existenz der Nato ungeachtet aller Bemühungen um Autonomie voraussetzte: In einer Lage, die durch die Konfrontation zwischen dem Westen und dem Osten gekennzeichnet war, schützte sie das französische Vorfeld gegen Osten. Paris konnte gerade deshalb ein hohes Maß an Handlungsfreiheit beanspruchen, weil der Rahmen des Ost-West-Konflikts stabil war. Letztlich beruhte die französische Verteidigung nicht allein auf der Fähigkeit zum Nuklearschlag, sondern auf der Verteidigungsbereitschaft des ganzen Westens.

Unter Mitterrand behielten die Nuklearwaffen ihre zentrale Bedeutung. In Übereinstimmung mit dem Erbe de Gaulles weigerte sich der Präsident, sie in die Abrüstungsverhandlungen zwischen den „Großen" einzubeziehen. Wie de Gaulle setzte Mitterrand darauf, daß die eigene Atomwaffe nur Frankreich schützen könne – im Gegensatz zu seinem Vorgänger Giscard d'Estaing, der mit Blick auf taktische Atomwaffen und konventionelle Kräfte die Möglichkeit eines „erweiterten Sanktuariums" ins Auge gefaßt hatte. Die Abschreckung durch die französische Atomstreitmacht war so bis 1989 weiter das Instrument nationaler Unabhängigkeit in einer bipolaren Welt. Dem entsprach das französische Fest-

halten an der Theorie der massiven Vergeltung: Die schwächer entwikkelte Nuklearfähigkeit Frankreichs, so lautete die These, würde selbst einen stärkeren Gegner abschrecken können, da er mit unkalkulierbaren
Schäden zu rechnen hätte. Die Allianz hingegen hatte die „flexible Vergeltung" bereits 1967 zu ihrer Verteidigungsdoktrin gemacht, da sie nur
so die Glaubwürdigkeit der Abschreckung gewährleistet glaubte – galt
es doch unter amerikanischer Führung ein Dutzend Länder auf zwei
Kontinenten zu schützen.

Während der Ost-West-Konflikt die gesamte Welt nach dem Vorbild Europas entlang der Frontlinie zwischen den amerikanischen und den sowjetischen Interessen geteilt hatte, fehlt seit 1989 ein Ordnungsmuster
mit vergleichbarer Kraft: Die Freiheit wurde um den Preis der erhöhten
Gefahr von Instabilität gewonnen. Dagegen ist die Wahrscheinlichkeit
gesunken, daß regionale Krisen, selbst wenn sie vitale Interessen wie die
Energieversorgung berühren, gleichsam automatisch die Sicherheit des
eigenen Landes gefährden. Der Schutz der territorialen Unversehrtheit
und der nationalen Interessen sind nicht mehr dasselbe. Die wahrschein-
licher werdenden Regionalkrisen verringern den Wert von Waffen, die in
erster Linie die eigene Existenz schützen sollen. Eingeschränkt ist deshalb auch die politische Funktion der französischen Nuklearstreitmacht,
Paris in der internationalen Politik vermehrt Mitsprache zu sichern. (Ma-
risol Touraine, Le facteur nucléaire après la guerre froide, in: Politique
étrangè 57, 1992, S. 395-405.)

Das im Frühjahr 1994 vorgelegte Verteidigungsweißbuch skizziert die
Umrisse einer neuen französischen Strategie. Zwar bleibt die nukleare
Abschreckung im Zentrum der französischen Verteidungspolitik, doch
müssen sich die konventionellen Streitkräfte umorientieren: von ihrer
Aufgabe einer Ergänzung der Abschreckung, die bis vor kurzem an erster Stelle stand, hin zu vorbeugenden und streitschlichtenden Einsätzen, bei denen nicht die Gefahr einer direkten nuklearen Eskalation
besteht, freilich in besonderem Maße Abstimmung mit Partnern erforderlich ist. In diesem Zusammenhang bemüht sich Paris darum, die
WEU nach den Vorstellungen des Maastrichter Vertrags zum Träger der
europäischen Verteidigungsidentität und zugleich zum starken Pfeiler
im Atlantischen Bündnis zu machen. (Livre blanc sur la défense 1994, Paris 1994.)

**Fazit**

Der weltpolitische Wandel hat die Rahmenbedingungen der französischen Außenpolitik und damit auch die Perspektiven der Ostpolitik verändert. Der Überblick über die Reaktionen Frankreichs auf die deutsche Einigung, den Balkankrieg und die gewandelten Beziehungen zum früheren Hauptgegner zeigt:

Die gewaltige Aufgabe der wirtschaftlichen und politischen Stabilisierung des Ostens erfordert ein ähnlich hohes Maß an Abstimmung zwischen den westlichen Ländern wie in der Zeit des Kalten Krieges: nur gemeinsam kann der Westen die wirtschaftliche, politische und technische Unterstützung bieten, die sein Interesse an einer friedlichen Entwicklung im Osten und an einer gedeihlichen Zusammenarbeit erfordert. Ostpolitische „Alleingänge" Deutschlands oder Frankreichs sind nicht wünschenswert, da sie das Mißtrauen des jeweils anderen schüren könnten. Aber auch gemeinsam dürfen Frankreich und Deutschland nicht isoliert agieren, da sie sich sonst von ihren Partnern im Westen entfremden könnten. Mit anderen Worten: In der Ostpolitik des Westens steht nicht allein die Kooperation mit dem Osten auf dem Spiel, sondern auch der Zusammenhalt des Westens. Differenzen, wie sie sich im Balkankrieg zeigten, können zudem ein politisches, wirtschaftliches oder gar militärisches Eingreifen erschweren und damit Konflikte verlängern.

Die Voraussetzungen für eine ostpolitische Kooperation zwischen Bonn und Paris haben sich verbessert. Während beiden Ländern aus praktischen Gründen an einer Koordinierung gelegen war, unterschieden sich die Interessen und Motive vor 1989 deutlich. Wie für Frankreich war für die Bundesrepublik Ostpolitik immer auch Deutschlandpolitik, da sie den Schlüssel zur Überwindung der Teilung Deutschlands enthielt. Während Bonn aber den Status quo überwinden wollte, zog Frankreich ungeachtet anderslautender Erklärungen aus ihm Nutzen. Die Klärung der „deutschen Frage" durch die Vereinigung sollte es heute erlauben, die alten Gegensätze zu überwinden. Deshalb ist es sinnvoll, daß Bonn und Paris eine gemeinsame Ostpolitik der Europäischen Union (EU) in den zwei Halbjahren anstreben, in denen sie vom 1. Juli 1994 an nacheinander die Präsidentschaft der Europäischen Union innehaben. Dies ist der mutige Versuch, die Kooperation gerade auf einem früher konfliktträchtigen Feld zu verstärken.

Die französischen Anpassungsschwierigkeiten sind offenkundig in hohem Maß in dem Unvermögen begründet, den Verlust von Attributen hinzunehmen, deren tatsächliche Bedeutung nie die symbolische erreichte. Diese Differenz im Rückblick anzuerkennen, fällt der politischen Klasse Frankreichs schwer, weil sie den Kern des Selbstverständnisses berührt. Nach dem weltpolitischen Wandel ist dieses gleichwohl neu zu begründen und damit die Voraussetzung für eine neue Außenpolitik zu schaffen, die sich weniger an geopolitischen und historischen Kriterien als an den tatsächlichen Herausforderungen ausrichtet. Diese Neuorientierung müßte Frankreich gerade deshalb möglich sein, weil es nach Bevölkerungsgröße, politischem Einfluß, Wirtschaftskraft und kultureller Ausstrahlung unverändert zu den „Großen" in Europa zählt.

Die Ostpolitik ist nicht isoliert zu sehen von den übrigen Feldern der französischen Außenpolitik, besonders der erforderlichen Verankerung im Westen. Wie die übrigen europäischen Staaten bleibt Paris zum einen angewiesen auf die Kooperation mit den Vereinigten Staaten. Sie sind das einzige westliche Land, dem nach dem Zusammenbruch der Sowjetunion faktisch eine globale Führungsrolle zufällt, mag es diese annehmen wollen oder nicht. Gerade die Anpassung des westlichen Sicherheitsbündnisses an die gewandelte Lage setzt weiter ein starkes amerikanisches Engagement voraus, da auf ihm die Stabilität der Allianz beruht. Frankreich ist deshalb offenkundig dabei, die Beziehungen zur Nato zu überdenken und den Rückzug amerikanischer Soldaten zu einer Neubestimmung im Sinne einer Stärkung des europäischen und auch französischen Einflusses zu nutzen. Darüber hinaus ist Paris auch zu verwachsen mit den anderen Mitgliedern der Europäischen Union, als daß es nicht um die Notwendigkeit des Rückhalts an der Zwölfergemeinschaft wüßte – dem für Frankreich inzwischen wichtigsten Stabilitätsanker in einer sich wandelnden Welt.

Georg Paul Hefty

# Die Rolle Ungarns – gestern, heute, morgen

Die Zeit bringt Änderungen, der Wille allein aber gibt ihnen Richtung und Ziel. Den Verfall trug das kommunistische Weltsystem von Anfang an in sich, denn nichts hat Bestand, was nicht auf Freiheit gebaut ist. So haben gerade die Momente zum Kollaps der Sowjetherrschaft beigetragen, die als ihre stärksten erschienen: der Terror der Lenin'schen Machtergreifung; die Despotie Stalins; die Eroberung der europäischen Nachbarstaaten, die keineswegs mit dem Sieg über Nazi-Deutschland begonnen hatte, sondern mit der Kollaboration mit Hitler bei der Zweiteilung Polens; die Diktaturen von Warschau bis Sofia; die Blockade Berlins; das Niederwalzen der Aufstände 1953, 1956 und der Debatte 1968.

Nie wurde die Macht wirklich konsolidiert, stattdessen wurden intellektuelle Hilflosigkeit und politische Beschränktheit vorgeführt und Haß und Verachtung gesät. Letzteres erwies sich als besonders gefährlich, weil es das Sowjetsystem auf unheilbare Weise infizierte; Widerständler, die ihren Haß sichtbar werden lassen müssen, sind an ihren Taten leicht zu erkennen – und zu eliminieren. Wer aber die Partei, den Staat und den Repressionsapparat mit inniger Verachtung ignoriert, der ist nur zu einem allzuhohen Preis aus der Masse herauszufiltern: die Kontrolle muß total sein und wird dadurch immer widerwärtiger, ruft immer mehr Haß hervor und muß darauf immer unnachsichtiger reagieren – bis endlich der Unterdrückungsapparat selbst an den Verdächtigungen zerbricht, die nicht bei der Bevölkerung halt machen können, sondern zum Kampf Mann gegen Mann innerhalb der Geheimpolizei und des Politbüros führen. Die Beispiele Berija 1953 und Ceausescu 1989 folgten demselben Muster.

### Historische Rolle in den Ost-West-Beziehungen

Die Gesetzmäßigkeiten des Aufstiegs und Falls des kommunistischen Systems sind – klarer als in manchen anderen Ländern – in dem Reagenzglas namens Ungarn zu betrachten gewesen. Schaut man lange genug hin, dann erschließt sich sogar eine epochenumspannende Entwicklung: von einer feudalen Vielvölkergemeinschaft über eine totalitäre Vielvölkergemeinschaft in eine demokratische Vielvölkergemeinschaft – Ungarn, gestern, heute, morgen.

In der europäischen Ost-West-Beziehung dieses Jahrtausends nimmt Ungarn eine zentrale Stelle ein – nicht im Sinne von ausschlaggebend, aber im Sinne einer Schwelle. Der Weg, der im Jahre Null eingeschlagen wurde – die aus dem Osten eingewanderten und seßhaft gewordenen Magyaren, weder Slawen noch Germanen, nicht einmal Indogermanen, hatten sich gerade für das römische Christentum entschieden, was der Papst im Namen des christlichen Abendlandes mit der Übersendung der Krone für König Stefan akzeptierte und notifizierte -, gelangt, wenn das Jahrtausend zu Ende gegangen ist, ins Ziel: Ungarn wird, so Gott und die Politiker wollen, Mitglied der Europäischen Union. Dies wird etwas qualitativ völlig Neues sein: zum ersten Mal in seiner Geschichte werden die Ungarn nicht nur mit ihrem mittelbaren westlichen Nachbarn, den Deutschen, sondern mit Franzosen, Engländern, Belgiern, Italienern und Spaniern in einer Vertrags- und Schicksalsgemeinschaft verbunden sein – ein Sehnen, das man kaum zu einer Vision zu verdichten wagte, wird sich erfüllt haben.

Ungarn hatte schon mit seiner ersten Königin die Deutschen ins Karpatenbecken geholt. Bald folgten, nicht nur als Abgesandte des Papstes, die Italiener. Diese beiden Nationen blieben über Jahrhunderte Umworbene, Partner und schließlich Brücken zu den westeuropäischen Großmächten. Es gehört zu den Konstanten der ungarischen Geschichte, daß die Magyaren die engsten Verbindungen mit den Deutschen hatten, seit Anfang der Neuzeit verkörpert von den Habsburgern, für ein Dutzend Jahre dieses Jahrhunderts tragischerweise von Hitler, und daß sie diese deutsche Dominanz von Zeit zu Zeit durch eine Anlehnung an Italien auszutarieren suchten, in der Renaissance mit Hilfe der Medici und der neapolitanischen Prinzessin Beatrice, zwischen den beiden Weltkriegen mit Hilfe des italienischen Königs und dessen Regierungschef Mussolini.

Die Ungarn sahen stets mit Neid auf jene ihrer slawischen Nachbarn, die sich besonderer Beziehungen mit Franzosen und Engländern erfreuten, etwa die Polen. Die Eifersucht gegenüber den Tschechen und Rumänen hat hier einen ihrer Kristallisationspunkte. Das jahrhundertealte strategische Streben, mit Deutschen, Italienern, Franzosen und Engländern gleichermaßen gut gestellt zu sein, wird sich in der Europäischen Union endlich erfüllen – wenn nicht noch etwas dazwischenkommt, wovor die aus ebenso langer Erfahrung zum Geschichtspessimismus neigenden Magyaren sich allerdings keineswegs gefeit glauben.

Zu den Ausgangsbedingungen des nachkommunistischen Ungarn gehören – im Unterschied zu manchen Nachbarstaaten – nicht nur die unter sowjetischer militärischer Dominanz stehenden Jahre von 1944 bis 1989, sondern auch das Erlebnis des Jahres 1919. Mit dem Verfall des Habsburgerreichs im Rücken – Ungarn war in dieser ersten „modernen", wenn auch spätfeudalen, europäischen Vielvölkergemeinschaft nicht schlecht gefahren, zumindest von 1867 bis 1914 – lernte das Land binnen 133 Tagen sowohl den Terror der leninistischen Räterepublik unter Führung Béla Kuns, als auch die Gier der von Paris aus und dem Präsidenten Clémenceau gestützten Nachbarn kennen. Zum einen entschied sich nach den Vorstellungen Lenins an dem Drehpunkt Ungarn, ob es gelingen würde, die Räteaufstände von Wien, München und Berlin zu verbinden und einen Flächenbrand vom Ural bis zum Atlantik zu entfachen; zum anderen hätte Rumänien sich am liebsten ganz Südostungarn bis Budapest einverleibt und wurde dabei zunächst nur von dem amerikanischen General Bandholtz mit der Reitpeitsche in die Schranken gewiesen.

Diese drei Motive bestimmten hinfort die ungarische Politik bis zum Ende des Zweiten Weltkriegs: Die Angst vor einem Wiederaufleben der bolschewikischen Infiltration (die aktualisierte Version des Selbstverständnisses als Bollwerk gegen den Osten), das mehr oder weniger ideelle Festhalten an den abgetrennten und im Frieden von Trianon den Nachbarstaaten zugeschlagenen Gebieten und die Enttäuschung, ja Verzweiflung über die einseitige Ignoranz der französisch-britischen Politik.

So führte eine Kettenreaktion vom Zerfall des Habsburgerreichs über den – in Mitteleuropa am blutigsten in Ungarn wütenden – bolschewikischen Weltrevolutionsversuch und die Zerstückelung des Landes direkt in die Partnerschaft mit dem faschistischen Italien und dann mit dem schließlich beide beherrschenden Nazi-Deutschland des Gefreiten Hitler, den der ungarische Staatschef, Admiral Horthy, ein Bewunderer der englischen Seemacht, naturgemäß verachtete.

## Ungarn nach dem Zweiten Weltkrieg

Was sich in das Gedächtnis eines Volkes eingeprägt hat, taucht bei jeder einschneidenden Veränderung wieder auf und prägt den Willen mit, die neuen Möglichkeiten in einer bestimmten Art und Weise zu nutzen. Als Ungarn 1945 vom deutschen Joch befreit war, hofften manche, nun endlich die Brücke schlagen zu können zu den westlichen Siegern des Ersten Weltkriegs, die wiederum Sieger geworden waren. Die Mehrheit der Bevölkerung erhoffte sich Gutes nur von dort; trotz sowjetischer Besatzung wählten höchstens 17 Prozent die Kommunistische Partei, die als Verkörperung nicht einer ursprünglich deutschen Idee, sondern des russischen Imperialismus gesehen wurde.

Als nach dem Tode Stalins Chruschtschow seine Abrechnungsrede gehalten hatte, suchten die Ungarn von neuem die Gelegenheit zu nutzen: der Ruf des Oktobers 1956, „Russen raus", gipfelte im Appell des Ministerpräsidenten Nagy an den Westen, den ungarischen Aufstand nicht von sowjetischen Panzern niederwalzen zu lassen. Weil diese Hilfe ausblieb, dauerte es ein Vierteljahrhundert, bis Budapest den Wind der Veränderungen stark genug glaubte, um abermals die Initiative zu ergreifen, indem es einerseits im Geheimen die Auflösung des Warschauer Pakts initiierte und andererseits den deutschen Bundeskanzler Schmidt dazu zu gewinnen suchte, eine wirtschaftspolitische Teileinbindung Ungarns in das westliche Netz zu unterstützen. Nach dem Zeugnis des späteren Außenministers Horn warnte Schmidt Kádár vor einem solchen Weg.

Es war seit Mitte der sechziger Jahre ein politisches und publizistisches Gemeingut, daß Ungarn „sich in der Innenpolitik einen Spielraum verschaffe – der Gulaschkommunismus mache es zur lustigsten Baracke im Ostblock – und dafür den Preis einer linientreuen Außenpolitik bezahle". Dieses Ondit war für alle drei Beteiligten recht bequem. Die Sowjetunion erteilte damit aller Welt die Lehre, wer den sozialistischen Internationalismus nicht verletze, könne mit Wohlwollen bei der Pflege seiner kleinen Eigenheiten rechnen. Die Ungarn waren gerne die Musterknaben, wenn man sie sonst nur in Ruhe ihre Träume weben ließe. Und der Westen nahm selbstzufrieden die marginale Liberalisierung zur Kenntnis, wenn er nur nicht in die inneren Händel des gegnerischen Blockes hineingezogen wurde.

Die Budapester Parteiführung und ein diffuser Kreis von Intellektuellen aller Schattierungen und Grade analysierten das Umfeld und kamen immer wieder zu dem Schluß: „Bei Lichte betrachtet geht es uns doch vergleichsweise gut." Damit hatten sie nicht Unrecht. Die Sowjetunion erstarrte in Breschnew'scher Lähmung, Bulgariens Schiwkow wedelte mit einem Aufnahmebegehren in die Sowjetunion, Rumänien darbte und litt unter Ceausescus Wahnvorstellungen, die Tschechoslowakei lag fast zwei Jahrzehnte lang im politischen Koma, die DDR zog das Korsett immer enger, um nicht vor Selbstüberschätzung zu platzen, und in Polen führte eine hilf- und einfallslose Partei einen Stellungskrieg gegen eine tapfere Arbeiterbewegung mit Namen „Solidarność".

## Die Wende aktiv vorangetrieben

Unter diesen Umständen bedurfte es keines tollkühnen, sondern nur eines mutigen Entschlusses, Schrittmacher zu sein beim sozialistischen Marsch ins nächste Jahrhundert. Warum hätten auch die ungarischen Kommunisten, die sich von Mal zu Mal Sozialisten nannten, sich ihre Zukunft ohne das Attribut „sozialistisch" vorstellen sollen, wenn das zum einen in der Weltgegend schädlich war und wenn zum anderen halb Westeuropa glaubte, das sozialistische Jahrhundert stehe erst noch bevor.

Einig waren sich die ungarischen Weggenossen freilich darin, daß es nicht so weitergehen könne wie bisher. Lange bevor es im Westen irgendeine Bereitschaft gab, bestimmte Anzeichen für eine sich ankündigende Wende zur Kenntnis zu nehmen, wurde in ungarischen Theatern das offizielle Geschichts- und Gesellschaftsbild in Zweifel gezogen, wurde Nationales heraufbeschworen als Gegenstück zum paktintern verbindlichen Internationalismus, wurden Tabuthemen des Klassenkampfs auf die Bühne gebracht, wurde die Autorität der Partei untergraben – und schaute die Zensur zu, weil es darüber einen Konsens im engsten Kartenspielerzirkel um Parteichef Kádár gab.

Zugleich berichteten Besucher der Botschaft in Bonn ebenso wie Baseler Taxifahrer über merkwürdige Unterhaltungen unter ungarischen sozialistischen Parteifunktionären, welche die Einsicht gemeinsam hatten, daß die Pleite der sozialistischen Wirtschaft bevorstehe. Schlagartig wuchsen die Auslandskredite, die Ungarn aufnahm, die ihm aber auch gewährt wurden, und Theoretiker wie Praktiker in Budapest wetteiferten in der Einschätzung, ob die Kapitalisten tatsächlich so dumm seien, ihre siegesgewissen Gegner zu finanzieren, oder ob sich die Kreditgeber insgeheim dazu gewinnen lassen würden, die Verschuldung so hoch zu schrauben, daß auch noch die dogmatischsten Leninisten einsehen müßten, ohne Subvention aus den Kassen des Klassenfeinds sei der Sozialismus unbezahlbar. Die Schärfe und die Tiefe dieser geradezu schizophrenen Auseinandersetzung unter den Genossen einundderselben Partei kann nur ermessen, wer die letzte Rede des bereits abgehalfterten Parteichefs Kádár 1988 im Budapester Parlament hörte: er gestand ein, daß Ungarn allein mit diesen Krediten seinen ungewöhnlich hohen sozialistischen Lebensstandard sichern könne und erhob zugleich den Vorwurf an die westlichen Geldgeber, sie hätten nur deswegen Geld zu verleihen, weil „sie den Arbeitern die Butter vom Brot stehlen".


### Schritte nach Westen

Damit war der Sozialismus in Ungarn intellektuell an seine Grenzen gelangt und der Marxismus prinzipiell ad absurdum geführt. Der Wechsel von Kádár zu Grósz, der Zug um Zug zwischen Juni 1987 und Mai 1988 stattgefunden hatte, verlor nachträglich seine wegweisende Bedeutung. Alle Versuche Grósz', mit im Ostblock ungewöhnlichen Maßnahmen sich des Wohlwollens des Westens zu versichern und ihn zur Beihilfe bei der Überlebenssicherung des „selbstredend reformbedürftigen" sozialistischen Staats- und Bündnissystems zu gewinnen, waren schnell verpufft. Grósz hatte als erster Regierungschef des Ostblocks die These aufgegeben, daß wirtschaftliche Reformen gegen staatsbürgerliche Reformen abgrenzbar seien. Zugleich gelang ihm, was in der Sowjetunion und in den Volksdemokratien – trotz gelegentlicher kurzzeitiger Ausnahmen – höchst systemwidrig war: den Primat der Regierung über die Partei herzustellen.

Als er im September 1987 verkündete, daß hinfort jeder Ungar das Recht auf einen Dauerpaß mit Gültigkeit für alle Länder haben und jedermanns bisher versteckter Devisenvorrat legalisiert werde, stieß er nicht nur die Führungen der übrigen Staaten des Warschauer Pakts und des Rates für Gegenseitige Wirtschaftshilfe (RGW) vor den Kopf, sondern setzte auch noch eine Einkaufskarawane nach Nußdorf und Wien in Gang. Wirtschaftsfachleute beklagten den Verlust Ungarns an Devisen, Grósz aber nahm dies in Kauf, um dem Westen zu demonstrieren, daß er ein Bürgerrecht – die Freizügigkeit – höher bewertete als wirtschaftliche Systeminteressen.

Mit viel internationalem Lob gestärkt machte sich Grósz auf den Weg in westliche Hauptstädte. Im Oktober noch war er gern gesehener Gast, doch manche seiner Gesprächspartner erkannten seine ideologischen Grenzen. Zur selben Zeit begannen andere ungarische Funktionäre – der seit Jahrzehnten in allen kommunistischen Parteien erkennbare Kampf zwischen Dogmatikern und Reformern trieb im ungarischen Politbüro einem neuen Höhepunkt zu – Signale auszusenden, daß bereits die nächste Generation bereitstehe, Grósz die Macht aus der Hand zu winden und den entscheidenden Schritt zu tun: nicht mehr an der Verbesserung des Sozialismus zu arbeiten, sondern marktwirtschaftliche Rezepte zu adaptieren.

Als Ende November 1988 der Wirtschaftpolitiker Németh aus dem ZK-Sekretariat an die Spitze der ihren Primat behauptenden Regierung trat, führten in der DDR Honecker, in Polen der Kriegsrechtsherr Jaruzelski, in der Tschechoslowakei Husák, in Bulgarien Schiwkow, in Rumänien Ceausescu weiterhin selbstgewiß das Regiment, obwohl in der Sowjetunion schon seit Jahren Gorbatschow Glasnost und Perestrojka predigte. Doch so wie die anderen Parteichefs sich erlaubten, die eigene Wohnung nicht neu zu tapezieren, nur weil der große Nachbar neu tapezierte, so konnte Moskau es der ungarischen Führung nicht mehr verwehren, die Wände mit poppigen Tapeten lebhafter zu gestalten. Die Lage hatte sich für alle geändert, aber nur die ungarische Führung war entschlossen, daraus etwas Ansehnliches und Zukunftsträchtiges zu machen.

Aus der Retrospektive haben westeuropäische wie mittel- und osteuropäische Politiker und Politologen sich ausdauernd mit der Frage beschäftigt, „welches Land" an der Spitze der Reformbewegung marschiert sei – die Sowjetunion, Polen oder Ungarn; die anderen hatten sich da reichlich disqualifiziert. Die Frage ließ sich so nie beantworten, weil sie falsch gestellt war. Obwohl Ungarn seit 1985 das fortschrittlichste Wahlgesetz hatte, muß in jedem Fall zwischen Führung und Bevölkerung unterschieden werden. In Polen eilte die Bevölkerung der Führung weit voraus, in Ungarn zog die Führung, namentlich der Chefreformer Pozsgay, die Bevölkerung hinter sich her, während in der Sowjetunion der Kreml den Takt vorgab, aber nur enge Kreise in Bewegung brachte. Deshalb ist auch nach neuestem Wissensstand die politische Verantwortung der ungarischen Führung wesentlich anders zu bewerten als etwa die der polnischen oder jene der DDR-Führung.

Das gute Dutzend ungarische Dissidenten hatte seine Schuldigkeit bereits Ende der siebziger, Anfang der achtziger Jahre getan: ihr Widerhall war in Westeuropa stärker als in der Heimat – nicht zuletzt, weil sie in den Kategorien des Marxismus befangen waren, wie jetzt der autobiographische Roman „Der Versteckspieler" des früh emigrierten Dissidenten György Dalos bestätigt. Der damalige Chefideologe Aczél hat, als alter Mann Bilanz ziehend, nach der Wende behauptet, „man" habe die Handvoll Dissidenten geführt und gehätschelt, weil das gut für den Ruf des Kádár-Regimes gewesen sei: „Hätte sich der eine oder andere nicht manchmal widerspenstig gezeigt, ihnen wäre nicht einmal eine Ohrfeige zuteil geworden."

Hatten ein Jahrzehnt zuvor die Russen Solschenizyn, Amalrik und Bukowski die intellektuelle Debatte beeinflußt, so wurden erst Haraszti und später Konrád zu vielbeachteten, wenn auch meist mißverstandenen Brückenbauern zwischen Ost und West. Der Begriff Mitteleuropa, von dem Tschechen Kundera und dem Ungarn Konrád zu neuem Leben erweckt, wurde von den ängstlichen westdeutschen Fürsprechern der Atlantischen Allianz als Verführung des westlichen Publikums zum Neutralismus zurückgewiesen, anstatt ihn als Handreichung aufzugreifen, mit der die historischen, nur infolge von Jalta zu Osteuropäern gewordenen Mitteleuropäer über den geistigen Eisernen Vorhang hätten herübergezogen werden können. So verstrich viel Zeit ungenutzt.

Die populäre Regierung Németh suchte das Beste aus der offenkundigen Auflösung der sowjetischen Vorherrschaft über Ostmitteleuropa zu machen. Während in den anderen Ländern die kommunistischen Veteranen krampfhaft zu retten suchten, was ihrer Meinung nach noch zu retten war, steuerten Németh und Pozsgay die Ungarische Volksrepublik in den allumfassenden Pluralismus. Vereine, Verbände, Parteien schossen aus dem Boden, auf dem Feld der Wirtschaft blühten tausend Blumen, in den noch vor wenigen Jahren gleichgeschalteten Medien sprießte die Pressefreiheit, und im vom Abgeordneten Király beharrlich „aufgebrochenen" Parlament gab es Einstimmigkeit nur noch, wenn die „Entfaltung" wieder einen Grad weitergetrieben werden sollte.

Im Sommer 1989 kumulierten die unterschiedlichsten inner- und außerungarischen Strömungen. Das absehbare Ende des „Kommunismus" nutzte eine Garde alter Genossen und der Nachfahren einstiger Kommunisten zur historischen Würdigung national bedeutender, aber internationalistisch verfemter Kommunisten – der Führung des Aufstands von 1956. Es war evident, daß dieser Akt die kommunistische Staatspartei um den letzten Rest ihrer Bedeutung bringen würde – und auch darum schloß sich die ganze ungarische Nation ihm an, freilich mit der Folge, daß nicht nur die gehenkten Regierungsmitglieder, sondern alle bekannten und erst im Zuge der Nachforschungen des „Komitees für die Herstellung der historischen Gerechtigkeit" bekanntgewordenen Hingerichteten des Volksaufstands „rehabilitiert" wurden.

## DDR-Flüchtlinge nicht mehr ausgeliefert

Der 16. Juni 1989 in Budapest war ein internationales Ereignis, nicht allein wegen der Anwesenheit ausländischer Staatsmänner und des Gezeters ausländischer kommunistischer Regime, die sich einst ideologisch und verbal an der Niederschlagung des Aufstands beteiligt hatten, nicht nur, weil die Herrschaft der Sowjetunion über seine Satelliten und die Herrschaft der real regierenden Parteien über die Geschichtsdeutung und -schreibung ein Ende gefunden hatte, sondern weil der hier manifeste nationale Konsens der Magyaren das möglich machte, was Wochen später die weltpolitische Wende einleitete.

Erst der eklatante Verstoß gegen die kommunistisch-internationalistische Konvention setzte auf die regierungs- und parteiamtliche Behauptung, die laufenden Änderungen seien „unumkehrbar", das Siegel der Glaubwürdigkeit. Zwar hatte der Außenminister Horn zusammen mit dem österreichischen Außenminister Mock ein Stück Draht aus dem rostigen Eisernen Vorhang geschnitten, aber dies machte die ungarische Regierung durch verstärkte Grenzpatrouillen wett. Die Geste sollte nämlich nicht den unkontrollierten Grenzverkehr, sondern das Ende des Kalten-Kriegs-Mißtrauens symbolisieren. Daß dennoch Hunderte von DDR-Urlaubern insgeheim den Übergang suchten, war ein Mißverständnis, das die in der ersten Zeit Aufgegriffenen mit dem Rücktransport in die DDR bezahlten.

Aus der Tatsache, daß Ungarn schon in den Jahren davor Flüchtlinge aus Rumänien nicht wieder auslieferte, durften keine allzu weiten Schlüsse gezogen werden. Erst nach dem 16. Juni gab es eine reale Chance dafür, daß Ungarn auch mit Blick auf das kommunistische Flüchtlingswesen aus der internationalistischen Konvention ausscheren würde. Die Übereinstimmung zwischen Regierung und Bevölkerung war nun groß genug, um auch Waghalsiges zu riskieren. Nach der Einnistung der ersten DDR-Urlauber in die Bonner Botschaft in Budapest und dem Bekanntwerden des Problems gab es nur noch einen Weg – gen Westen. Solange die Politik nicht den großen Hammerschlag tun wollte, fanden sich von beiden Seiten der Grenze so unterschiedliche Leute zusammen wie der deutsche Europa-Abgeordnete Otto von Habsburg, der ungarische Freidemokrat György Konrád und der Budapester Konservative József Antall, dessen Vater während des Zweiten Weltkriegs Regierungsbeauftragter für die polnischen, auch jüdischen Flüchtlinge gewesen war. Bei dem von ihnen organisierten „Europa-Picknick" gelang vielen DDR-Leuten die Flucht nach Österreich.

Nachdem sich der Außenminister Horn der Überzeugung seiner Berater gebeugt hatte, alle DDR-Flüchtlinge seien nach Westen zu entlassen, und der Ministerpräsident Németh die Entscheidung prinzipiell getroffen und diese Bundeskanzler Kohl auf Schloß Gymnich mitgeteilt hatte, war den Beteiligten bereits klar, daß dies den Zusammenbruch des Ostblocks besiegeln und den Weg zur Wiedervereinigung der beiden deutschen Staaten öffnen würde. Die DDR-Führung scheint geahnt zu haben, daß sie keine Zukunft mehr hatte, sonst hätte sie nicht die angebotene Frist, irgendwie ihr Gesicht zu wahren, verfallen lassen – was freilich noch Wochen später weder westdeutsche Minister noch schließlich sogar den französischen Staatspräsidenten daran hinderte, das Prestige der DDR-Spitze zu retten zu versuchen.

Am 23. Oktober 1989 wurde aus der Volksrepublik die Republik Ungarn; die Nachkriegszeit war erloschen, die Ungarn hatten die schleichenden Änderungen im engsten Sinne des Wortes souverän in ihr durch alle Geschichte konstant gebliebenes Ziel gelenkt: in die nationale Eigenständigkeit.

In den zehn Wochen bis zum Jahresende veränderte sich die Welt. Die ersten freien Wahlen in Ungarn, auf welche die Regierung und die Opposition seit Monaten und zuletzt am „dreieckigen Tisch" hingearbeitet hatten, erschienen im März und April des Jahres 1990 bereits als mitteleuropäische Selbstverständlichkeit. Der Wahlsieger und erste frei gewählte Ministerpräsident Antall vollzog, was andere vorgedacht und angestoßen hatten – die Auflösung des Warschauer Pakts und des RGW. Daß damit auch der östliche Absatzmarkt für ungarische Produkte zugrunde ging, wurde nicht eindeutig vorausgesehen, wäre aber auf jeden Fall in Kauf genommen worden. In den Zerfall der Sowjetunion klinkte Antall sich ein, indem er als erster die Unabhängigkeit der zwischen Rußland und Ungarn gelegenen Ukraine anerkannte, und er nahm den Faden auf, der sich seit Trianon durch die ungarische Politik zieht. Mit seinem Wort, er sehe sich „im Geiste als der Ministerpräsident von 15 Millionen Ungarn", bekannte er sich zu der Mitverantwortung für seine im benachbarten Ausland lebenden Landsleute – wie sich früher alle deutschen Bundeskanzler seit Adenauer zu der Sorge für die Landsleute in den ehemaligen deutschen Gebieten in den Grenzen von 1937 bekannt hatten.

Die christlich-konservative Koalitionsregierung Antalls verfolgte über die ganze erste Wahlperiode hinweg (nach Antalls Tod wurde Péter Boross Ministerpräsident) neben dieser „nationalen" Außenpolitik aus eigenem Antrieb nur noch ein Ziel, die Mitgliedschaft in der Europäischen Gemeinschaft beziehungsweise Union. Das Ziel hat sie nicht erreicht, genauso wenig wie ihre Wettbewerber, aber immerhin die westeuropäische Zusage, daß Ungarn dieses Ziel offenstehe. Aber jeder einzelne Schritt, den die ungarische Außenpolitik gemacht hat, sollte diesem Ziel dienlich, zumindest nicht hinderlich sein. Budapest hat die Visegráder Gruppe initiiert und bei den Polen und Tschechoslowaken zunächst Verständnis gefunden. Gemeinsam glaubte man schneller Anschluß an die EG zu finden und Abstand von Rußland zu gewinnen. Der Überlegung lagen alte interregionale Präferenzen zugrunde. Die guten Beziehungen Ungarns mit Deutschland sahen die Ungarn von französischer und britischer Skepsis begleitet – wie in längst vergangenen Epochen. Polen und Tschechen hingegen werden aus ungarischer Sicht seit jeher ein belastungfähiges Verhältnis zu London und Paris und neuerdings auch ein virulentes Beziehungsgeflecht mit Bonn zugeschrieben: beantragten die drei Visegrád-Staaten gemeinsam die Aufnahme in die EG, wäre von nirgendwoher auseinanderbringender Widerspruch zu erwarten. Bis zum Eintritt in den Europarat und bis zur EU-Assoziierung trug dieses Konzept, seit der Trennung der Slowakei von der Tschechischen Republik aber nahm die Gemeinsamkeit Züge eines Windhundrennens an.Derlei war in der Wirtschaft schon vorher zu beobachten; Budapest wies stets mit einigem Stolz darauf hin, daß etliche Jahre lang die Hälfte aller westlichen Investitionen dieser Region in Ungarn getätigt wurden.

Die Regierung Antall suchte aber auch in südwestlicher Richtung den früheren Ost-West-Trennungsstrich auszuradieren. Die Zugehörigkeit zur Pentagonale, die zur Hexagonale wuchs und sich weiter ausbreitet, soll Ungarn die Kontakte wiedergeben, die eine lange Tradition haben – mit Österreich, den anrainenden Staaten bis hin nach Italien.

Es war Ministerpräsident Antall, der zuerst den Vorschlag öffentlich machte, Deutschland solle einen ständigen Sitz im Sicherheitsrat der Vereinten Nationen haben. Antall war viel zu sehr Historiker, als daß er so etwas nur aus Gefälligkeit gegenüber seinem Freund Kohl gesagt hätte; er wußte um die normative Kraft einer solchen Änderung. Nichts würde den Schlußstrich unter die Nachkriegsordnung so stark markieren, wie ein mit den Siegermächten Amerika, England, Frankreich, Rußland und China gleichberechtigtes Deutschland. Einen Sinn ergab eine solche Idee aus ungarischem Munde nur, wenn man davon überzeugt war, daß eine Aufwertung Deutschlands in Ungarns Interesse lag. Dies setzte das Vertrauen darin voraus, daß Deutschland zwar die gewichtigste Macht in der Region, aber nie mehr eine Bedrohung für die Magyaren sein werde.

## Ungarn heute

Die Wahlen von 1994 haben in Ungarn zum Wechsel der Regierung geführt. So fragwürdig der Erfolg der Sozialistischen Partei innenpolitisch war – das verquere Wahlrecht belohnte das Votum von 1,9 Millionen der fast acht Millionen Wahlberechtigten mit der absoluten Mehrheit der Mandate – so sehr bietet er neue Möglichkeiten in der Außenpolitik. Der neue Regierungschef ist jener frühere Außenminister Horn, der wegen der ihm – zu weitgehend allein – zugeschriebenen Öffnung der Grenzen

international bekannt und geehrt wurde. Schiebt man die Gefahr beisei-
te, daß Horn, der in der Sowjetunion studierte, und manche andere Mitglieder der aus der einstigen Sozialistischen Arbeiterpartei hervorgegangenen Sozialistischen Partei in zweischneidigen Situationen weniger Vorbehalte gegen Rußland haben könnten, als etwa Antall sie hatte,
dann könnte einiges von dem wettgemacht werden, was der christlich-
konservativen Regierung im Westen und in den Nachbarstaaten ange-
kreidet worden war.

Horn wird die Linie verfolgen, alle Verdächtigungen in Paris oder Washington hinsichtlich eines aufkeimenden ungarischen Nationalismus zu
zerstreuen, die sich eigentlich mit der vernichtenden Wahlniederlage der
Partei des (links-)nationalistischen Quertreibers Csurka erledigt haben
sollten. Die neue Regierung wird – bei allem Bemühen um zwischenstaatliche und eventuell internationale Regelungen – um die Minderheiten weniger auffällig Sorge tragen: den Vorrang sollen ersprießliche
Wirtschaftsbeziehungen genießen. Die Frage ist allerdings, wie entge-
genkommend sich im Alltag die beteiligten Staaten zeigen werden, vor
allem Rumänien und die Slowakei, mit der jüngst der Abschluß eines
Grundfragenvertrages gelang, – und wie lange die öffentliche Meinung
auf Erfolge zu warten bereit sein wird, war doch die Unzufriedenheit mit
der verschwiegenen Minderheitenpolitik der Kádár-Ära eine der Trieb-
federn für die Oppositionsbewegung gegen die Sozialistische Arbeiterpartei gewesen.

Die Beruhigung dieser Frage sieht Horn als die entscheidende Voraussetzung für das Erreichen seines großen außenpolitischen Zieles: die Aufnahme Ungarns in die Nato. Er war der erste Politiker aus dem
Warschauer Pakt gewesen, der eine Rede vor der Nordatlantischen Versammlung halten durfte, er hatte als erster sozialistischer Politiker den
Eintritt seines Landes in die politische Organisation der Nato für möglich und erstrebenswert erklärt.

Ungarn hat sich im Laufe der Geschichte zu bescheiden gelernt, auch
wenn manches Zeichen melancholischer Resignation zu dem Schluß ver-
leiten könnte, hier hadere ein Volk mit seiner Benachteiligung. Aus einer
unveränderlichen geopolitischen Position heraus betreibt es Politik nach
immer dem selben Interessenskatalog. Versuchte niemand dem Land
von außen einen fremden Willen aufzuzwingen, dann blieben sogar die
innenpolitischen Verhältnisse erträglich und seit Jahrhunderten ohne die

gegenseitige Abrechnung der Gesellschaftsschichten. Was unter dem Brennglas wie ein unüberbrückbarer Gegensatz zwischen „Populisten und Urbanen", zwischen Land und Stadt (herausragend: Budapest) aussieht, ist im Alltag ein vergnüglicher Disput einfallsreicher Dichter und Denker. Deshalb auch sucht die Stabilität des Landes und die Kontinuität der ungarischen Politik in der Umgebung ihresgleichen. Während ringsherum Staaten zerfielen und Regierungen zerbrachen, hielt die erste, christlich-demokratische Koalition in Budapest volle vier Jahre durch – und verspricht auch die zweite, eine sozialistisch-liberale, eine passable Lebensdauer.

Die Schwachstelle ist die wirtschaftliche Leistungsfähigkeit des Landes. Rohstoffarm, hochverschuldet, ohne eigenes technisches Profil, wird es immer wieder auf die Landwirtschaft als Devisenbringer und Exportkanone zurückgeworfen. Der Exodus von Wissenschaftlern und Künstlern hat so manches Fach im Westen bereichert und den Ungarn Anerkennung eingebracht, das Land im engen Sinne gestärkt hat er bestenfalls mittelbar. Selbstgenügsamkeit war der Ungarn Sache nie, in einen großen Verbund haben sie stets mehr eingebracht – meist freilich nicht an Werten, die in Ecu zu messen sind -, als daraus einseitige Vorteile gezogen.

Wenn Westeuropa seine Interessen an der Wasserscheide zwischen Mittel- und Osteuropa richtig einschätzt, werden die Ungarn in absehbarer Zeit Gelegenheit haben, in einer Volksabstimmung ihrer Überzeugung Ausdruck zu geben, daß es die Krönung des ungarischen Strebens nach Westen wäre, in einem Sicherheitsbündnis mit Deutschland, Frankreich, England und Amerika vereint zu sein.

Jasper von Altenbockum

# Aus dem Bauch des russischen Wals. Die baltischen Republiken suchen Schutz in Europa

Geht alles viel schneller im Baltikum, viel leichter? Nicht nur die Oase des bescheidenen Wohlstands inmitten postsowjetischer Tristesse überrascht. Auch das Gefühl, zwischen Skandinavien und Osteuropa am Finnischen Meerbusen wieder nach Westeuropa zurückgekehrt zu sein, ist ein angenehmer Kulturschock. Vor Jahren erzählte man sich hier den Witz, Asiaten seien ins Baltikum gekommen und hätten auf der Flucht vor den Sowjets um politisches Asyl gebeten – sie dachten, sie seien schon im Westen. Estland, Lettland und Litauen wirken in ihren Hauptstädten wie Provinzen dieses Westens, der nicht süchtig nachgeahmt, sondern ganz selbstverständlich kultiviert wird. Die unbekümmerte Schnelligkeit, mit der sie an den Aufbau ihrer Länder gegangen sind, nährt sich aus Energien, die nicht erst anerzogen werden müssen. Sie waren – lange Zeit verbannt ins Private – immer schon da.

Die Zeit der „Volksfronten" ist vorbei. Seit den Parlaments- und Präsidentschaftswahlen 1993 leiten neue Parteien und frische Gesichter die Geschicke der Republiken. Die Zeit ist sehr schnell über Volkstribunen, Hoffnungsgestalten und Emporkömmlinge hinweggegangen. Vytautas Landsbergis, der als litauischer Präsident zeitweise für das moralische Gewissen des baltischen Unabhängigkeitskampfes schlechthin zu stehen schien, richtete sich nach den Wahlen schmollend in der nationalkonservativen Opposition Litauens ein; Arnold Rüütel, der reformkommunistische Verbündete der estnischen Unabhängigkeitsbewegung, der sich große Hoffnungen machen konnte, Präsident zu bleiben, wechselte nach verlorener Wahl in den Stadtrat von Reval (Tallinn). Andere alte Bekannte sind wiedergekehrt: Algirdas Brazauskas, einst litauischer KP-Führer, ist Präsident Litauens, nachdem er es geschafft hatte, die Partei der litauischen Kommunisten vom ideologischen Ballast zu befreien und in eine sozialdemokratische zu verwandeln. Der populäre und volksnahe Pragmatiker scharte Intellektuelle, zumal Ökonomen, der Universität Wilna (Vilnius) um sich und ließ die Sajudis-Bewegung Landsbergis' an Kompetenz und Ausstrahlung weit hinter sich. In Lettland hat sich Anatolis Gorbunovs – wie Brazauskas ein zum gemäßigten nationalen Führer gewandelter Reformkommunist – im Amt des Parlamentspräsidenten gehalten; neuer Staatspräsident ist Guntis Ulmanis, ein Großneffe des letzten Präsidenten Lettlands vor der sowjetischen Annexion, Karlis Ulmanis. Nach außen hin hat Lennart Meri, der estnische Präsident, vormals Außenminister und Botschafter Estlands in Finnland, die Rolle Landsbergis' übernommen: Er beherrscht das internationale Parkett und repräsentiert das Baltikum nicht nur politisch, sondern auch als Gelehrter.

Die „Volksfronten" waren treibende Kraft zur Wiederherstellung der Souveränität. Die neuen baltischen Regierungen sind getriebene Gestalter der Unabhängigkeit. Mit Koalitionen und Kompromissen müssen sie sich in den Turbulenzen der Privatisierung, Währungsumstellung und Sozialpolitik behaupten. Die größte Last bleibt auf Jahre das Erbe sowjetischer Besatzung: die russische Minderheit; der Truppenabzug des ehemals sowjetischen, jetzt russischen Militärs; die organisierte Kriminalität alter Kader; die wirtschaftlichen Abhängigkeiten. Darüber sind etliche Minister gestrauchelt. Rigorismus, Korruption und Mißgeschick sind ständige Begleiter des Aufbruchs. An der Geschwindigkeit der Reformen hat das nichts geändert. Estland gilt schon als Land des Wirtschaftswunders. Dort und in Lettland hat man sich von Rückschlägen wenig schrecken und nicht bremsen lassen; Litauen hinkt mit seinen Reformen hinterher. Der Abstand zwischen den drei Republiken wird größer. Vieles geht hier dennoch schneller als anderswo in Mittel- und Osteuropa. Aber den baltischen Völkern wird es deshalb nicht leichter gemacht.

Hat der weiße Bärentöter Lacplesis, der lettische Volksheld, seinen Kampf gegen die schwarzen Reiter, die ihm die Ohren abschlagen wollen, schon gewonnen? Die Revolution der baltischen Völker war weniger eine politische als eine kulturelle. Sie schöpfte ihre Kraft aus der Sehnsucht nach Europa und aus dem Selbstbewußtsein, dazuzugehören. Das 19. Jahrhundert spielte sich noch einmal ab, nur spiegelverkehrt: Damals entstand die Nationalkultur im Schatten der kolonisierenden deutschen Oberschicht und durch sie gefördert; am Ende des 20. Jahrhunderts zeigten die Balten ihrer Besatzungsmacht, was Kultur ist. Das wird ihnen übelgenommen, im Osten wie zuweilen auch im Westen. Von Arroganz ist die Rede, von Revanchismus und Überheblichkeit, von Illusionen und Träumereien. Wenn es einen Sieg des Lacplesis gibt, ist es vielleicht ein Pyrrhussieg. Was nutzen die eigenen Ohren, wenn die der anderen taub sind?

## Dem Westen verbunden

Mit der Zurückeroberung staatlicher Souveränität ist den baltischen Völkern ein historisches Abenteuerstück gelungen. Etwas Unfaßbares geschafft zu haben, läßt sie mit ihrem Schicksal kokettieren. Wenn sie von Rußland neuerdings erpreßt, bedroht oder gedemütigt werden, sehen sie sich nicht mehr als die Opfer der Geschichte, sondern als die tragischen Helden, die lieber untergehen, als sich in irgendeiner Form dem Fatalismus, der Lethargie oder der Larmoyanz hinzugeben. Aber der naive Glaube an das Machbare aus dem Nichts perlt an der routinierten Diplomatie der westlichen Demokratien ab wie etwas, das zu aufdringlich ist, als daß man es ernst nehmen sollte. Die drei Staaten an der Ostsee – wiewohl umtriebig und umsorgt – vereinsamen in einem Dreieck zwischen Skandinavien, Osteuropa und Rußland. Auf sie paßt – vielleicht ist das der Grund ihrer Vereinsamung – kein Etikett: Weder sind sie ehemalige Warschauer-Pakt-Staaten, noch gehören sie als ehedem annektierte Länder, nimmt man das Völkerrecht ernst, zu den Nachfolgestaaten der Sowjetunion.

„Unsere Traditionen, Werte und Normen haben einen protestantischen, westlichen Hintergrund, und wenn die Sowjetregierung wirklich im Umgang mit den westlichen Nationen vorankommen will, dann soll sie zuerst lernen, mit dem Westen in den eigenen Grenzen auszukommen." So beschrieb der estnische Essayist Jaan Kaplinski vor etlichen Jahren die Vorreiterrolle des Baltikums im sowjetischen Machtbereich. Diese Rolle wollten die drei Republiken, da sie ihre Unabhängigkeit erreicht hatten und die Sowjetunion untergegangen war, nicht mehr nur in Richtung Osten spielen. Das Kapital, mit dem sie wuchern, ist die Erfahrung mit dem sowjetischen System, sowohl kulturell wie wirtschaftlich, ist die Möglichkeit, den Westeuropäern klarzumachen, was sie im Osten erwartet. Auch lang unterdrücktes Wissen ist Macht. Die baltischen Politiker wollen nicht nur gute Europäer sein, sie wollen den Europäern auch sagen, was gut für sie ist.

Der sprachgewaltige Apologet dieses Anspruchs ist Lennart Meri. Für den Schriftsteller und Ethnologen ist Rußland ein Gemeinwesen, dessen Land und Leute die Europäer noch gar nicht richtig entdeckt haben – und deshalb mißverstehen, mit Illusionen und Wunschträumen überhäufen. „Ich bin der Jonas im Bauche des russischen Wals", sagte er einmal in einem Zeitungsgespräch und meinte damit nicht nur seine persönliche Erfahrung aus der Zeit der Verbannung in Sibirien. Der Satz beschreibt mehr: Das Bild paßt wie ein historischer Archetypus auf die Verflechtung baltischer Erfahrungen mit dem russischen Großreich, eine Verbindung, die Leiden und Bereicherung in einem bedeutete, ein abgründiger Schatz, der Untergang und Wiedergeburt gleichermaßen bereithält. Diesen Schatz hüten die baltischen Völker für Europa. „Wir wollen das Wörterbuch für Europa sein", sagt Meri, der seine avantgardistische Selbsteinschätzung stets mit der Warnung vor dem Unglück aus selbstgefälliger Überheblichkeit zu garnieren weiß: „Wir bewegen uns, während Westeuropa in einem Sessel sitzt und meint, die Demokratie sei fertig gebacken wie ein Weihnachtstruthahn."

Das mag belächeln, wer es für eine vorübergehende Anmaßung hält. Der Anspruch sitzt tiefer. Er hat mit einem Trauma zu tun, mit dem die baltischen Staaten großgeworden sind und das sie von allen anderen osteuropäischen Staaten unterscheidet. „Wir haben unschuldige Träume geträumt, aber wir haben den Weg nicht gesehen, wie Lettland zur politischen Unabhängigkeit kommen könnte. Es gab zwei Wege dahin. Der erste davon war die Erziehung zu lettischer wirtschaftlicher und kultureller Macht. Durch innere geistige Ausgestaltung und durch Stärkung der materiellen Macht wären wir zu einer Kraft geworden, mit der alle hätten rechnen müssen. Dieser Weg war aber unendlich lang und schwer. Der zweite Weg ist der, den Lettland jetzt betreten hat: es erwirbt Rechte in den sozialen und internationalen Katastrophen." Das ist in nuce die historische nationalpolitische Erfahrung der baltischen Völker. Sie paßt zur Gegenwart, sie beschreibt die Vergangenheit.

Als der lettische Schriftsteller Lapins diese Sätze 1917 aufschrieb, hatte für Europa die Katastrophe erst begonnen. Die Rechte, die sich das Baltikum erwarb, meinten eine Daseinsberechtigung, die für Europa eine bestimmte Funktion erfüllt. Sie äußerte sich nach dem Ersten Weltkrieg darin, daß die europäischen Mächte von hier aus versuchten, die Oktoberrevolution zu stoppen. Sie machte sich zuletzt bemerkbar, als vom

Baltikum das Signal zum Zerfall der KPdSU und des sowjetischen Viel-völkerstaats ausging. Die „baltische Frage" strahlte als Seismograph kommender Entwicklungen, als Barometer der eurasischen Großwetter-lage auf den Kontinent aus, damals, 1917/18, kündigte sie die ideologi-sche Konfrontation zwischen Ost und West an, jetzt eine Zeit, in der die Sowjetunion Vergangenheit geworden ist. Das versuchen die baltischen Politiker den Europäern beizubringen.

Auf die Gegenwart bezogen, bedeutete Lapins' zweiter Weg die Ausbeu-tung der sowjetischen Katastrophe. Wie 1917/18 war die „baltische Fra-ge" Ende der achtziger Jahre zu einer Existenzfrage zwischen den Machtblöcken in Ost und West geworden. Statt der ideologischen Ost-West-Konfrontation haben es die baltischen Völker seither allerdings mit einer pragmatischen Ost-West-Allianz zu tun. Diese Allianz der Interes-sen ist für die Balten nicht neu. In der Zeit ihrer Unabhängigkeit von 1919 bis 1940 waren sie keine Kraft, mit der man zu rechnen hatte, sondern Spielbälle im europäischen Cordon sanitaire, sie waren Statisten des ideologischen Zeitalters.

Seit dem gewaltsamen Ende ihrer Unabhängigkeit nach dem „Teufels-pakt" zwischen Molotow und Ribbentrop galt das Baltikum als koloniales Faustpfand der Sowjetunion, deren Revolution – vom baltischen Stützpunkt aus – nicht aufzuhalten gewesen war. Die britische Regie-rung folgte als erste westeuropäische Macht im Zweiten Weltkrieg einer Politik, die der Sowjetunion keine Schwierigkeiten mit dem Baltikum be-reiten wollte. Damals sollte eine Front der Alliierten gegen Deutschland gewährleistet werden. Das britische Verhalten ist das klassische Beispiel westeuropäischer Antworten auf die baltische Frage. Die Amerikaner bezeichneten die britische Reaktion damals als „außergewöhnlich dumm", weil die stalinistische Kolonialmacht nicht etwa gefügig, son-dern noch gieriger werden würde. So kam es dann auch.


**Konflikte mit Rußland**

Der Kalte Krieg ist zu Ende, die Kolonialmacht folgt unter Präsident Jel-zin einer ins Russische übersetzten und vom Militär souffierten Mon-roe-Doktrin, die seinem Außenminister Kosyrew zugeschrieben wird. Geblieben ist das Interesse des Westens an einem stabilen und zuverläs-sigen Rußland, geblieben ist das Interesse Rußlands an einem botmäßigen Baltikum, geblieben ist die Angst der baltischen Republiken vor einer Beschwichtigungspolitik des Westens, geblieben ist schließlich das Schreckgespenst einer hilflosen bis korrupten europäischen Appeasement-Politik, wie sie den Balkan in den Untergang gezogen hat. Es ist, als lebe man in einer Zeit, die schon einmal dagewesen ist. Man glaubt sich dafür gewappnet, die Dinge dieses Mal besser machen zu können. Was ist heute „außergewöhnlich dumm"?

Die Konsolidierung der baltischen Republiken durch die Formulierung der Staatsbürgerrechte zeigte, mit welchen Mißverständnissen und Vorurteilen die Republiken an der Ostsee zu rechnen haben, wenn sie in der Gemeinschaft der Westeuropäer um Sicherheiten für ihre Zukunft bitten. In den Reaktionen auf russische Klagen über angebliche Menschenrechtsverletzungen gegenüber der russischen Minderheit in Estland und Lettland ging das Interesse an der Selbstbestimmung der baltischen Völker ganz unter. Nicht das Vertrauen auf eine im Baltikum nach 1918/19 gelegte Tradition eines vorbildlichen Schutzes von Minderheiten, sondern das falsche Bild vom Rachegefühl neuentstandener Kleinstaaten bestimmte diese Reaktionen. Nicht das Denken in Kontinuitäten, das für baltische Erinnerungen ganz selbstverständlich auf die Zeit vor der Okkupation zurückgreift, auf die erste Zeit ihrer Unabhängigkeit, sondern die Fixierung auf den starren Ost-West-Konflikt und das unübersichtliche Chaos, das er hinterließ, gab dafür den Ausschlag.

Aus der russischen Minderheit, die während der Zeit sowjetischer Besatzung übermächtig wurde – in Lettland stellt sie fast die Hälfte der Bevölkerung, in Estland etwa ein Drittel –, ist eine ethnische Waffe geworden, weil es Moskau so will. Bei den Wahlen zum russischen Parlament im Dezember 1993, an denen auch die russische Bevölkerung im Baltikum teilnahm, stimmten in Estland etwa fünfzig Prozent für den Chauvinisten Schirinowskij, der das Baltikum lieber heute als morgen wieder unterjochen würde; etwa zwanzig Prozent wählten die Altkommunisten. Wie bedrohlich diese Lage ist, zeigen die russisch-baltischen Einmarsch-in-Sicht-Krisen, die in regelmäßigen Abständen inszeniert werden. Eine dieser „Irritationen" – Rußland drohte Lettland mit einer Intervention, da zwei russische Generäle der noch verbliebenen Besatzungstruppen festgehalten wurden – ging Anfang Januar 1994 im Trubel einer Nato-Tagung in Brüssel unter. Man war zu sehr damit beschäftigt, das Angebot einer „Partnerschaft für den Frieden" zu verkünden.

Ob die Dinge für die baltischen Republiken besser werden, hängt nicht allein von ihnen selbst ab. Es wäre verkehrt zu glauben, die baltischen Völker wüßten nicht, wo die Grenzen ihrer Souveränität liegen. Auch das ist ein Motiv dafür, warum sie so hartnäckig die Nähe zu europäisch-atlantischen Bündnissen suchen. Ohne Verbündete im Westen werden sich die Grenzen der Souveränität wie Fesseln um die Länder schnüren. Estland, Lettland und Litauen gehören zum „nahen Ausland" russischer Interessen und ihrer hegemonialen Militärdoktrin, obwohl sie Europa viel näher stehen und viel schneller näherkommen als andere Völker des ehemaligen Ostblocks. Aber die Nähe ist schon wieder die hinter einem sicherheitspolitischen Vorhang, der nicht eisern ist, aber fast so undurchdringlich wie früher.

Die klassizistischen Fassaden in Riga, die gotische Altstadt Revals und das barocke Wilna können nicht darüber hinwegtäuschen, daß den baltischen Republiken, um Brücken zwischen Ost und West zu sein, die Ufer noch fehlen. Ein Pfeiler dieser Brücke waren lange Zeit die Deutschen im Baltikum, die „Balten", deren Kinder und Kindeskinder heute verstreut in Westdeutschland, Nordamerika und anderswo leben. Sie verloren ihre Stellung mit der Unabhängigkeit der Staaten am Anfang des Jahrhunderts. Mit der zwangsweisen Aussiedlung der deutschen Balten nach dem Molotow-Ribbentrop-Pakt büßten Lettland und Estland diesen Pfeiler ganz ein. In Litauen lebten kaum „Balten". Und auch heute gehört Litauen nur geographisch zum Baltikum. Das Land hat es nicht mit einer russischen Minderheit zu tun, die als koloniales Herrenvolk Estland und Lettland besiedelte und ihnen einen Brückenpfeiler in Richtung Osten einpflanzte, den sie nicht wollten. Wie Aversionen und Affinitäten im Baltikum heute ineinander verschlungen sind, zeigt das kuriose Verhalten Litauens, das noch die engsten Beziehungen zu Rußland pflegt und dennoch das erste Land Mittel- und Osteuropas ist, das die Mitgliedschaft zur Nato beantragte. Litauen hat freilich wie Estland und Lettland darunter zu leiden, daß ihm seine lange Geschichte bei der Suche nach neuen Ufern nicht weiterhilft, sondern ausgerechnet die letzte Episode, die sowjetische Besatzungszeit, zum Maßstab seiner Zugehörigkeit gemacht wird.

Was wollen diese Zwerge auch? Europa ist mit anderem beschäftigt: vor allem mit seiner Stabilität. Nachdem man den Kriegsgegnern im untergegangenen Jugoslawien empfohlen hatte, doch am verhaßten Einheitsstaat festzuhalten, und damit ein Desaster und die größenwahnsinnigen Phantasien Serbiens forcierte, liegt es immer noch in der Logik europäischer Politik, den baltischen Völkern nahezulegen, nicht so zu tun, als hätten sie nie zum Sowjetreich gehört. Das aber haben sie nur für Moskowiter und Europäer, für dieselben Europäer, die einmal zur Kultivierung baltischer Sprachen, Literatur, Kunst und Wissenschaft beigetragen haben – ein Paradox, an dem die Balten viel eher zerbrechen könnten als an der möglichen Bedrohung durch Rußland. Ist das Baltikum verantwortlich für die Stabilität eines postkommunistischen Vakuums?

So fragen alleingelassene Staaten. Sie verstehen nicht, daß Europa im Namen der Stabilität darauf verzichtet, die Staaten, die sich nach Stabilität sehnen, schleunigst dem Einfluß eines instabilen Rußlands zu entziehen. Das bedeutete sicherheitspolitische Garantien, nicht nur ökonomisch-politische Bindungen. Eine Mitgliedschaft der baltischen Republiken in der Europäischen Union steht noch in weiter Ferne. Deutschland hat sich – mit Skandinavien – an die Spitze derer gestellt, die eine Annäherung beschleunigen wollen. Das gibt dem Gefühl der Genugtuung im Baltikum Nahrung. Denn in der kurzen Zeit seiner Nachkriegsunabhängigkeit haben die drei Republiken eines schon erreicht: Ihr Schicksal gilt als Maßstab russischer Ambitionen und europäischer Illusionen. Bleibt und blüht das Baltikum, ist das ein Zeichen für erfüllte Wunschträume. Geht es unter, werden Alpträume wahr. Beides ist möglich.

Die Entscheidung fällt in Moskau. Den baltischen Republiken gibt das alles andere als ein Gefühl von Sicherheit. Ihnen bleibt nur, sich in Geduld zu üben: In den Außenministerien der westlichen Demokratien wird ihnen – bei aller Sympathie – empfohlen, erstens darauf zu vertrauen, daß sich in Rußland Demokratie und Marktwirtschaft irgendwann einmal durchsetzen würden (warum eigentlich?); zweitens, wenn man schon Drehscheibe zwischen Ost und West spielen wolle, sich vor allem, gleichsam vorbeugend, auch um gute Beziehungen zum Osten zu kümmern; drittens die Zukunft nicht dauernd so schwarz zu malen. Das sind gutgemeinte Ratschläge mit nicht ganz so gutgemeinten, weil eigennützigen Hintergedanken. In den Ohren der Balten klingen sie unzugänglich für das, was man aus langer und bitterer Erfahrung den Ratgebern zu sagen hätte. Es kann sein, daß man sich außergewöhnlich dumm fühlt, wenn einem im Baltikum gesagt wird: „Du redest eben wie ein Europäer!"

Siegfried Thielbeer

# Rings um das Mare Balticum. Die delikaten Beziehungen des skandinavischen Nordens zum europäischen Osten

Seit dem Wandel der Ost-West-Beziehungen wird der Ostseeraum nun wieder als wahres „Meer des Friedens", als verbindendes „Mittelmeer des Nordens" gepriesen, geprägt von der friedlichen Tradition der Hansezeit und der skandinavischen Kulturgemeinsamkeit. Doch wenn ein Deutscher mit dem Wort „Hanse" Gütiges meint, denkt der Schwede und erst recht der Däne schon kritischer. Nordische Geschichte ist nicht zuletzt die Geschichte der nationalen Emanzipation gegen die Hanse-Dominanz, also des Kampfes gegen die Hanse. Schon die durch die kulturelle und sprachliche Gemeinsamkeit geprägte Vorstellung einer nordischen Einheitlichkeit muß korrigiert werden. Sie hat weder in der Vergangenheit bestanden, noch besteht sie in der Gegenwart in dem vermuteten Maße. Neben den innernordischen Konflikten, etwa dem viele Jahrzehnte dauernden Kampf der Schweden erst gegen die dänische Herrschaft, dann um die Vorherrschaft im Ostseeraum, hat es stets unterschiedliche Orientierungen gegeben, auch wenn alle nordischen ebenso wie die baltischen Länder durch Deutschland zivilisatorisch geprägt sind. Bis heute sind Norweger und Dänen mehr nach Westen, vor allem nach England orientiert, während Schweden und Finnen mehr nach Osten schauen, sich im Baltikum engagieren und traditionell Rußland als historischen Gegner ansehen. Auch der Handel, und in den meisten Kriegen ging es vor allem um die einträglichen Gewinne und Zölle, war weniger ein Warenaustausch zwischen den Ostseeanrainern – die Ausfuhrprodukte Schwedens, Finnlands und der baltischen Regionen waren dieselben – , sondern über die Ostsee nach Deutschland oder Westeuropa, England oder Holland.

Es ist gesagt worden, der Norweger fürchte niemanden, der Däne Deutschland, der Finne Rußland, und der Schwede wisse nicht, wen er fürchten solle. Dieser Pointierung historischer Dimensionen entspricht in der konkreten Außenpolitik der Gegenwart die Nato-Mitgliedschaft

Dänemarks und Norwegens, obwohl man sich nicht unmittelbar bedroht fühlt, die neutralistische Anpassungspolitik der Finnen und die Neutralitätstradition der Schweden. Viele Jahrhunderte hatten die Dänen zugleich über Norwegen, Island und Grönland geherrscht. Sechs Jahrhunderte lang waren Schweden und Finnland zusammengeschlossen. Nur von 1815 bis 1917 war Finnland unter russischer Herrschaft. Schweden, Norweger und Dänen, auch die Isländer, sind sprachlich eng verwandt. Die Finnen aber fallen mit ihrer Sprache völlig aus dem Rahmen. Gemeinsam ist nur ein nordisches Lebensgefühl und die Kooperation der Wohlfahrtsstaaten im Rahmen des Nordischen Rates. Erst seit 200 Jahren hat sich in Skandinavien die Tradition friedlichen Zusammenlebens und enger Kooperation entwickelt, in vieler Hinsicht spätere Errungenschaften der EG vorwegnehmend.

Ähnliches gilt für die baltischen Staaten. Die Esten sind sprachlich den Finnen verwandt, während Letten und Litauer manche Gemeinschaft haben. Historisch aber ist die estnisch-lettische Entwicklung weitgehend gemeinsam, auch der lutherische Protestantismus. Städtische Hansetradition, die Aktivitäten der Ritterorden und das Ringen zwischen Schweden, Dänen und Russen um die Herrschaft sind eng verquickt. Litauen hat dagegen mit Polen eine gemeinsame Geschichte und ist römisch-katholisch geprägt. Die baltische Gemeinsamkeit hat sich erst durch die gemeinsame Front gegen Moskau im Unabhängigkeitskampf herausgebildet. Umgekehrt hat sich die Entwicklung Rußlands zur Großmacht nicht zuletzt im Ringen gegen Schweden/Finnland und im Vordringen zur baltischen Ostseeküste entfaltet. Die Gründung St. Petersburgs Anfang des 17. Jahrhunderts, das auch neue Hauptstadt wurde, war mit dem Versuch der Modernisierung und dem Aufgreifen westlicher Vorbilder verknüpft.

Schon seit der Wikingerzeit waren die dänischen und norwegischen Wikinger oder Normannen eher nach Westeuropa orientiert, die schwedischen „Nordmänner" zogen dagegen Handel treibend oder Krieg führend von der Ostsee über die Düna oder die Newa und dann dem Dnjepr folgend ans Schwarze Meer, tauchten als Waräger schließlich in Kiew und in Byzanz auf. Auf die Waräger geht die Gründung Nowgorods zurück, das ein wichtiger Handelsplatz war.

Zur entscheidenden Grenze zwischen Ost und West, zwischen europäischem Norden und Rußland, zwischen, pointiert gesagt, städtisch-bürgerlicher Zivilisation und asiatisch beeinflußtem Despotismus, entwikkelte sich die religiöse Scheidelinie. Schweden wurde seit dem 9. Jahrhundert, abschließend im 11., zum römisch-katholischen Glauben bekehrt. Rußland nahm im 10. Jahrhundert das griechisch-orthodoxe Bekenntnis an. Finnland und Estland wurden bald von Schweden aus missioniert. In Estland, Ösel und Livland kamen bald dänische Kreuzzüge und die der Ritterorden hinzu. Dabei dominierten die Schweden zunächst an der Nordküste des finnischen Meerbusens, also auf der finnischen Seite, während die Dänen zunächst die estnische beherrschten und auf eine Gottesgabe bei Reval/Tallinn auch ihre Nationalfahne, den Danebrog, zurückführten. Um 1300 kristallisierte sich die finnische Ostgrenze am Ladoga-See heraus, an der die Ostkarelier orthodox blieben und sich nach Nowgorod, später Rußland orientierten, die Karelier westlich und nördlich des Sees aber katholisch wurden und zu Schweden/Finnland gehörten. Auf der karelischen Landenge wurde Wiborg als Bollwerk gegen Osten gegründet. Der Peipussee entwickelte sich zur estnischen Ostgrenze. Narwa wurde hier zum Bollwerk.

### Kampfraum zwischen Schweden und Rußland

In den baltischen Gebieten mischten sich die städtischen Aktivitäten der Hanse und die feudalen der Ritterorden. Bischöfe, städtische Verwaltungen und Ritterorden standen dabei in stetem Gegensatz. Dänemark schied Mitte des 14. Jahrhunderts aus, als es seine estnischen Besitzungen an den Deutschen Orden verkaufte. Die Union von Kalmar, die alle nordischen Staaten unter der dänischen Krone vereinte, war um 1400 vor allem gegen die Dominanz der Hanse im Ostseeraum gerichtet. Sie zerfiel jedoch wegen der schwedisch-finnischen Rebellion gegen die Dänen. In diesen Kämpfen, wie so oft später, verbündete sich Dänemark mit den Russen gegen die schwedischen Mächtigen. Die Reformation erreichte schon 1523 Estland. Die regionalen Herrschaften und der Ritterorden waren von Mitte des 16. Jahrhunderts dem wechselnden Eindringen von Russen, Schweden und Polen nicht mehr gewachsen. Als Folge der schwedisch-polnischen Kriege wurde Estland/Livland von 1619 bis 1710 schwedisch. Kurland erhielt Polen zu Lehen. Die Niederlage Karls XII. im Nordischen Krieg bei Poltawa bedeutete das Ende der schwedischen Großmachtstellung und besiegelte das Vordringen Rußlands unter Peter dem Großen an die Ostsee. Estland und Lettland wurden russisch.

Im Krieg hatten die Russen auch Finnland erobert und nach einer Landung in Schweden auch die Nachbargebiete Stockholms verwüstet. Finnland blieb jedoch bei Schweden, auch wenn die Ostgrenze nach Westen, etwa der heutigen Grenze entsprechend, verschoben wurde. Litauen kam erst Ende des 18.Jahrhunderts mit den Teilungen Polens an Rußland.

Der Verschiebung der Herrschaften hatte jedoch, anders als die Verwüstungen durch die Kriege, keine unmittelbaren Auswirkungen. Wie die Schweden zuvor, so bestätigte auch der Zar den Städten und lokalen Selbstverwaltungen die alten Privilegien. Das Leben in den deutsch-bewohnten Städten blieb ebenso unverändert wie die Grundherrschaft der deutsch-baltischen Adeligen über ihre estnischen und lettischen Leibeigenen und Bauern. Die politischen Zustände wurden als frei empfunden. Baltische Adelige nahmen im Zarenreich zunehmend hohe Stellungen am Hof und in der Armee ein.

In Finnland kam erst im 18.Jahrhundert eine separatistische Stimmung auf, eine Neigung zur Unabhängigkeit von schwedischer Herrschaft. Eine zunehmende „Schwedisierung" der Verwaltung trug ebenso dazu bei wie die Einsicht der Finnen, ihr Territorium diene in den ewigen Kriegen zwischen Rußland und Schweden immer wieder als Schlachtfeld und werde verwüstet. Die Einsicht in die unvergleichlich gewachsene Stärke Rußlands veranlaßte die Finnen, sich aus Furcht vor Schweden den Russen in die Arme zu werfen. Als der schwedische König Gustav III. einen Krieg gegen Rußland anzetteln wollte, kam es 1788 zur Rebellion des finnischen Offizierskorps und zu Kontakten zur Zarin Katharina über eine Unabhängigkeit Finnlands.

Die russischen Herrscher ihrerseits hatten im 18. Jahrhundert stets über Einwirkungen auf die schwedische Innenpolitik versucht, im Norden Ruhe zu halten, um freie Hand gegen die Türken zu erhalten. Für den Fall schwedischer Angriffslust hatte man sich neben dänischen Allianzen zunehmend die Option der Förderung einer finnischen Unabhängigkeit eröffnet, um so ein Glacis zu schaffen. Zur Eroberung Finnlands kam es aber erst seit 1808, im Zusammenhang mit den Kriegen Napoleons, als Zar Alexander in Erfüllung des Abkommens von Tilsit den Krieg gegen Schweden eröffnete, um es zur Einhaltung der Kontinentalsperre zu zwingen. Indem die russischen Besatzer diesmal den Finnen die Beibehaltung der lutherischen Konfession und die Wahrung alter Rechte und

Privilegien zusicherten, erreichten sie, daß die finnische Beamtenschaft weiterarbeitete. Der Sieg der Russen über Napoleon führte auf dem Wiener Kongreß zu Bestätigung der russischen Herrschaft. Der schwedische König (Napoleons General Bernadotte, der sich nicht am Feldzug gegen Rußland beteiligt hatte) wurde mit dem zuvor dänischen Norwegen entschädigt.

Die Herrschaft des Zaren über Finnland, dem nun die karelischen Gebiete wieder zugeschlagen waren, die Zar Peter abgetrennt hatte, gründete nur auf der Personalunion. Die finnisch-schwedischen Institutionen wurden nicht angetastet. Finnland behielt eigene Landtage und Gerichte, eine eigene Armee, eigene Münze, es war durch Zölle von Rußland getrennt. Russische Untertanen genossen keine staatsbürgerlichen Rechte in Finnland. Umgekehrt konnten aber viele Finnen, Beamte und Offiziere im Dienste des Zaren, Karriere machen. Die russische Herrschaft wurde von vielen Finnen als segensreich empfunden, weil sie zum Zurückdrängen der schwedischen Dominanz in der Gesellschaft, auch zu einer Stärkung der Rolle der finnischen Sprache führte. Finnland war ebenso wie der baltische Raum schon unter Zar Alexander Testfeld für Reformen, die man im eigentlichen Rußland nicht wagte. Zunehmend hatten die Finnen Gelegenheit, unter der weitgehenden Autonomie ihre kulturelle Erneuerung zu betreiben. Die Finnen dankten es den Russen mit besonderer Treue. Wegen der größeren Moderne und Freiheit kamen die Russen, vor allem die Petersburger, gern nach Finnland.

Schwieriger wurden die Dinge erst seit den achtziger Jahren des 19. Jahrhunderts, als im Zuge des Panslawismus mit einer Russifizierung und administrativen Gleichschaltung begonnen wurde. Nun stellte sich das finnische Selbständigkeitstreben gegen die Zarenherrschafft. Das nationale Erwachen verhinderte den Erfolg der Russifizierungsbestrebungen. Konflikte im Post-, Schul- und Geldwesen kulminierten schließlich in dem konstitutionellen Konflikt über das Wehrwesen. Die Finnen weigerten sich, als Wehrpflichtige in der russischen Armee zu dienen. Da sie einsahen, daß sie keine Korrekturen erreichten, schritten sie vom Protest zum Widerstand. Geheimorganisationen entstanden, auch wenn noch für Jahre heftige Gegensätze zwischen anpassungsbereiten „Realpolitikern" und den nationalistischen „Konstitutionellen" bestehen blieben, die auch die finnische Politik der Unabhängigkeitszeit prägen sollten. Da sie jetzt als rebellisch und unzuverlässig galten, wurden die finnischen

Regimenter aufgelöst. Der Zar scheute jedoch davor zurück, die Wehrpflicht mit Gewalt durchzusetzen. Im Ersten Weltkrieg mußten deshalb Finnen nicht für den Zaren sterben. Die nationale Unabhängigkeitsbewegung wurde abermals von studentischen Kreisen vorangetrieben, die sich vor allem nach Deutschland orientierten. Der Sturz des Zartums wurde in Finnland erst zur Wiederherstellung der alten verfassungsrechtlichen Autonomie, nach der Oktoberrevolution 1917 zur völligen Unabhängigkeit genutzt, die von den Bolschewiken sofort anerkannt wurde. Doch auch jetzt dauerte es noch Monate des Bürgerkriegs, der Interventionen revolutionären russischen Militärs und deutscher wie englischer Truppen, bis sich die Lage stabilisierte. Im Friedensvertrag von Dorpat (Oktober 1920) mit der Sowjetunion wurden Finnlands historische Grenzen bestätigt.

Auch in den baltischen Ländern galt die Zarenherrschaft als relativ frei. 1817 wurde in Kurland die Leibeigenschaft aufgehoben, 1819 in Livland. Riga wurde immer mehr vom Handels- zum Industriezentrum, war um die Jahrhundertwende drittgrößte Industriestadt des Zarenreiches. Auch hier führte das 19. Jahrhundert zu nationalem Erwachen. Chöre zogen von der Stadt aufs Land. Das Nationalbewußtsein erhitzte sich an der Dominanz der Deutschen in der Verwaltung und auf kulturellem Gebiet. Die Russifizierung, die Gleichschaltung der deutschen Schulen und Universitäten, wurde zunächst, da gegen die Deutschen gerichtet, begrüßt. Auf dem Lande kam es zu Bauernrevolten gegen die „Baltischen Barone". Erst um die Jahrhundertwende richtet sich der estnische und lettische Nationalismus auch gegen die Russen. Im nationalen Aufbegehren der Landbevölkerung entstand auch ein bis dahin nicht gekannter Antisemintismus. Die Industrialisierung in Lettland führte aber auch zu einer dramatischen Entwicklung revolutionärer Gruppierungen. Lettische „Rote Schützen" spielten eine zentrale Rolle in der bolschewikischen Revolution in Rußland. Zur Unabhängigkeit kam es erst nach dem Sturz des Zaren und mit dem Vordringen des deutschen Heeres. Im Februar 1918 rief Estland als erster baltischer Staat seine Unabhängigkeit aus. Im November folgte Lettland. In Kämpfen zwischen deutschen Freikorps, deutsch-baltischen Landwehren, der aus Rußland eindringenden Roten Armee und nationalen Kräften setzen sich die bürgerlichen Regime erst allmählich durch, unterstützt durch britische Interventionisten und finnische und skandinavische Freiwillige. Im Frieden von Dorpat erkannte die Sowjetunion Estland an. In der späteren Phase des sowjetisch-polnischen Krieges folgten im Herbst auch die Friedensverträge mit Lettland und Litauen, weil die Sowjetunion ihre internationale Isolierung aufbrechen wollte und vor allem an Tallinn und Riga als neutralen Verbindungshäfen interessiert war.

## Die Zwischenkriegszeit

Auch in den folgenden beiden Jahrzehnten war die politische Einstellung der baltischen Staaten und Finnlands vor allem von Sorgen über sowjetische Absichten geprägt. Die baltischen Staaten wurden nicht zur Brücke. Ihr Handel richtete sich vor allem nach Deutschland und Großbritannien aus. Polnische Bemühungen, 1921 in Helsinki einen gegen Moskau gerichteten Verteidigungspakt mit den Balten und Finnland abzuschließen, führten zu nichts, weil sich Finnland am Ende versagte und lieber die neutrale Gemeinschaft mit den skandinavischen Nachbarn anstrebte. Aus demselben Grunde wollten sich die Finnen 1934 auch nicht an einem von Frankreich betriebenen Projekt eines Europäischen Sicherheitssystems unter Einbeziehung Deutschlands, der Sowjetunion und der ostmitteleuropäischen Staaten beteiligen.

Die skandinavischen Staaten erneuerten nach dem Ersten Weltkrieg ihre traditionelle Politik der Neutralität. Finnland wurde dabei in ihren Kreis aufgenommen. Gemeinsam engagierte man sich auf internationalem Feld vor allem im Völkerbund; gegenüber der Sowjetunion verhielt man sich reserviert. Das nordische Engagement ließ erst nach, als sich der Völkerbund nach Einbeziehung der Sowjetunion zunehmend zu einem gegen Hitler-Deutschland gerichteten Instrument verwandelte. Die nordischen Staaten wollten auch gegenüber Hitler neutral bleiben, auch wenn an ihrer demokratischen Abneigung gegen die Entwicklung in Deutschland kein Zweifel bestand. Von der Beteiligung an Sanktionen sah man weitgehend ab. Zu der vor allem von Finnland angestrebten Verdichtung der nordischen Kooperation zu einem nordischen Verteidigungspakt kam es nicht. Weder waren die Finnen bereit, für dänische Jütlandinteressen zu kämpfen, noch die Norweger, sich für Karelien zu engagieren. In Schweden war zwar der Außenminister einer militärischen Kooperation mit Finnland nicht abgeneigt. Doch fand er weder im Kabinett noch in der Öffentlichkeit dafür Unterstützung.

Zwischen den Skandinaviern und Finnland zeigten sich gewisse Dissonanzen. Im sozialdemokratischen Schweden störte man sich am virulenten Antikommunismus und am antisowjetischen Engagement der nationalistischen Regierungen. Vor allem das emotionelle Engagement für Ostkarelien führte zum Aufkommen faschistischer Bewegungen und barg stets die Gefahr einer Abwendung von der „skandinavischen Orientierung" zu einer prodeutschen. In Finnland war man stets mehr als in den skandinavischen Ländern an Deutschland als Gegengewicht gegen ein eventuelles sowjetisches Vordringen interessiert. In Skandinavien trug auch die Entwicklung in den baltischen Staaten, die in den dreißiger Jahren vom Antikommunismus zu autoritären, halbfaschistischen Führer-Regimen führte, zu einer Distanzierung bei. Die Balten wurden nie in die nordische Kooperation einbezogen.

## Der Hitler-Stalin-Pakt und die Zusatzprotokolle

Als nach Hitlers Übergriff auf die „Resttschechei" und der sich abzeichnenden Bedrohung Polens Briten und Franzosen die Sowjetunion in eine gemeinsame Abwehrfront einbeziehen wollten, scheiterten alle Bemühungen an den Moskauer Forderungen, den bedrohten Staaten auch gegen deren Willen Hilfe aufzuzwingen. Die sowjetischen Vorschläge, alle Staaten zwischen Ostsee und Schwarzem Meer gemeinsam zu „garantieren", trug nicht nur in Polen und den baltischen Staaten, sondern auch in Finnland zu hellem Entsetzen bei. Die sowjetischen Erläuterungen, auch bei „indirekten Aggressionen" einzugreifen, mußte die schlimmsten Befürchtungen der Balten über die Moskauer Absichten bestärken. So ließ Molotow keinen Zweifel daran, daß die Sowjetunion gezwungen sein werde, Finnland oder den Balten zu „helfen", falls man sich dort an Deutschland „verkaufen" wolle. Die Ablehnung in Finnland und der baltischen Staaten, vor allem aber der massive Widerstand Polens, machte ein Zusammengehen der Westmächte mit der Sowjetunion unmöglich.

Umgekehrt kannte Hitler keine Skrupel und ließ im August 1939 durch Ribbentrop den Pakt mit Stalin abschließen, um durch die Aufbrechung der Front des Westens mit Moskau den Westen von einem Eingreifen abzuschrecken und freie Hand gegen Polen zu haben. Dabei wurden im geheimen Zusatzprotokoll Stalins territoriale Wünsche erfüllt und

Lettland, Estland und Finnland zur sowjetischen Interessensphäre erklärt. In einem weiteren Zusatzprotokoll wurde im September auch Litauen dieser Interessensphäre zugeschlagen. Schon im September/Anfang Oktober begann Moskau die Ernte einzufahren und preßte den baltischen Staaten „Beistandsabkommen" und Stützpunkte ab. Im Juni 1940 wurde nach dem schnellen Sieg Deutschlands über Frankreich der Prozeß der Gleichschaltung beschleunigt. Die baltischen Staaten verwandelten sich in Sowjetrepubliken und wurden in die Sowjetunion eingegliedert. So begann 1940 und dann wieder nach der abermaligen Eroberung 1944 der endlose Leidensweg unter der totalitären sowjetischen Despotie mit Massenhinrichtungen und Deportationen, denen Hunderttausende zum Opfer fielen – ein entsetzlicher Blutzoll für die relativ kleinen Völker.

### Finnlands Winterkrieg und Schwedens Neutralität

Nach dem Münchner Abkommen, als die Sowjetunion sich vom Westen im Stich gelassen fühlte, fürchtete Stalin, nächstes Opfer der Hitler'schen Aggressionen zu werden. Die deutschen Aktivitäten in den baltischen Staaten führten zu großer Nervosität. In dieser Lage begann er, Kontakt mit Finnland aufzunehmen und eine militärische Kooperation vorzuschlagen, da Finnland allein sich nicht wehren könne. Moskau verlangte die Rückverlegung der sowjetisch-finnischen Grenze, so daß Leningrad nicht mehr in bedrohlicher Reichweite gegnerischen Artilleriefeuers liege, so Stalin selbst; die Einrichtung sowjetischer Stützpunkte auf finnischem Gebiet zur Abriegelung der Zugänge zum Finnischen Meerbusen, notfalls nur die Pachtung einiger Inseln; sowie ein Freundschafts- und Beistandsabkommen, wobei die Sowjetunion als Kompensation ein doppelt so großes Gebiet in Ostkarelien anbot.

Die Finnen wiesen in Unterschätzung der sowjetischen Sicherheitsbedürfnisse und obwohl sie von den übrigen nordischen Regierungen erfahren mußten, daß Hilfe nicht zu erwarten war, alle Ansinnen zurück, weil sie in den sowjetischen Vorschlägen eine Bedrohung ihrer Unabhängigkeit sahen. Obwohl sie erkannten, daß nach dem Hitler-Stalin-Pakt das alte Gegengewicht zur Sowjetunion nicht mehr gegeben war, waren sie entschlossen, lieber zu kämpfen als die Freiheit aufzugeben und stellten sich dem sowjetischen Überfall Ende November 1939 geschlossen entgegen. Mochte es vorher noch Zweifel geben, ob man nicht wenigstens einen Teil der Forderungen Stalins erfüllen sollte, so war bald allen Finnen klar, daß es um die nationale Existenz ging, als Moskau unter Kuusinen eine kommunistische Marionettenregierung einsetzte.

## Die deutsche Eroberung Dänemarks und Norwegens

Die erfolgreiche Abwehr der ersten sowjetischen Offensiven im Winterkrieg rettete Finnland. Denn nun setzte in aller Welt, vor allem in Amerika, aber auch in Mussolinis Italien, eine Welle der Begeisterung und Sympathie für die Finnen ein, und Briten und Franzosen bereiteten, obwohl sie mit Deutschland im Kriegszustand waren, eine Landung in Nordnorwegen vor, um so den Finnen gegen die Sowjetunion zu Hilfe zu kommen. Eine Landung an der Eismeerküste bot überdies die Chance, zugleich die Eisenerzlieferung aus Schweden an Deutschland zu unterbinden, die über den norwegischen Hafen Narvik verschifft wurden. Norweger und Schweden versagten sich jedoch allem Drängen, Finnland zu Hilfe zu eilen und dabei durch die alliierte Landung unterstützt zu werden. Beide nordische Staaten wollten unter allen Umständen vermeiden, in einen Krieg zwischen den Großmächten gezogen zu werden. Allenfalls wollte man die behutsame Lieferung von Kriegsmaterial für die Finnen gestatten.

Vor allem Schweden weigerte sich, dem direkten Nachbarn und ehemaligen Reichsteil beizustehen. Stockholm war nach einigem Schwanken entschlossen, an der eigenen Neutralität festzuhalten. Indirekt gestattete man jedoch, daß schwedische Freiwillige sich in die finnischen Reihen eingliederten, und man half mit erheblichen Materiallieferungen. Durch die Wahrung der Neutralität war es Schweden jedoch seit Anfang 1940 andererseits möglich, als Vermittler zwischen Moskau und Helsinki aufzutreten. Nun war plötzlich auch Stalin, der eine tiefere Verstrickung in den Konflikt fürchten mußte, an einer friedlichen Lösung interessiert. Die Sowjetunion ließ ihr Marionettenregime fallen, und die Schweden drängten die Finnen, die geforderten Grenzkorrekturen zu akzeptieren. Im März wurde der Waffenstillstand unterzeichnet.

## Finnlands „Fortsetzungskrieg"

Deutschland, das sich in Einhaltung des Hitler-Stalin-Pakts im sowjetisch-finnischen Konflikt zunächst strikt neutral verhalten hatte, faßte seit Sommer 1940, nach der sowjetischen Annexion der baltischen Staaten und der Bedrohung Rumäniens, einen Konflikt mit der Sowjetunion ins Auge und gewährte nun Finnland zunehmend stille Hilfe. Als Molotow im November 1940 in seinen Berliner Gesprächen mit Hitler Finnland als sowjetische Interessenszone einklagen wollte, wurde er von Hitler unter Hinweis darauf, daß Deutschland im Ostseeraum Ruhe brauche, abgespeist. Diskrete militärische Absprachen zwischen Finnland und Deutschland folgten.

Finnland achtete jedoch schon bei dem leicht verzögerten Angriff auf die Sowjetunion Ende Juni 1941 peinlich darauf, sich nicht als „Achsen"-Partner darzustellen. Die Finnen führten „nur" einen parallelen, wenn auch mit Deutschland koordinierten Krieg zur Wiedergewinnung der im Winterkrieg verlorenen Gebiete – den „Fortsetzungskrieg". Schon kurz nach Überschreiten der alten Grenze zur Sowjetunion hielten die finnischen Truppen inne. Die Front erstarrte im halbherzig geführten Stellungskrieg und in den wegelosen Einöden der Tundragebiete. An der von Berlin angestrebten Einkesselung Leningrads beteiligte sich Finnland nicht. Politisch hatte dies für Helsinki den Vorzug, daß London wenigstens zeitweise und Washington Finnland gar nicht den Krieg erklärten, sondern nur Druck ausübten, damit sich Helsinki äußerste Zurückhaltung auferlege.

Nachdem man in Helsinki 1943 erkannt hatte, daß die deutsche Niederlage sicher war, entschloß man sich dazu, aus dem Krieg herauszukommen und nahm über amerikanische und schwedische Vermittler Kontakte auf. Sowjetische Unterhändler, auf der Teheraner Konferenz Stalin selbst, versicherten, daß Finnlands Unabhängigkeit gewahrt bleiben werde, daß es aber bei den Grenzen vom März 1940 bleibe. Zunächst zögerten die Finnen noch, als Preis für einen Waffenstillstand selbst gegen die Deutschen vorgehen zu müssen. Im Juni 1944 führten jedoch die sowjetische Offensive auf der karelischen Landenge und der Durchbruch nach Wiborg zur Entscheidung. Das Friedensmanöver der finnischen Führung zeichnete sich jetzt durch Bauernschläue aus. Nachdem Hitler im April aus Verbitterung über die finnische Kritik an der deutschen Besatzungspolitik in Dänemark und Norwegen und den Protesten gegen die Evakuierung der Kunstschätze der Universität Dorpat alle Waffenhilfe an die Finnen eingestellt hatte, erreichte Präsident Ryti in einem Abkommen mit Ribbentrop, keinen Separatfrieden abzuschließen, eine Wiederaufnahme der Lieferungen. Damit gelang eine Stabilisierung der Front und eine Mäßigung der sowjetischen Forderungen, weil für Stalin jetzt schon der Wettlauf nach Berlin begonnen hatte. Ryti trat im August zurück. Und der Nachfolger Mannerheim, durch Ryti nicht gebunden, unterzeichnete im September den Waffenstillstand. In den folgenden Monaten zogen sich die deutschen Truppen nach Nordnorwegen zurück, die finnischen Kampfhandlungen gegen die ehemaligen deutschen Waffenbrüder beschränkten sich weitgehend auf Scheinmanöver, um dem Abkommen mit Moskau demonstrativ Genüge zu tun.

In Norwegen und Dänemark war man nach dem Zweiten Weltkrieg entschlossen, die Lehren aus dem deutschen Überfall zu ziehen. Die Folgerung war klar, daß anders als in früheren Jahrhunderten und noch im Ersten Weltkrieg eine noch so ehrliche Neutralitätshaltung gefährdet war. In beiden Ländern begann ein Suchen nach neuen Formen der kollektiven Sicherheit, die zu einem massiven, bis zur Gegenwart fortdauernden Engagement für die UN führte; und dem Schutz durch Allianzen, da man begriffen hatte, daß die Gefährdung nicht in einer selbstverursachten, also korrigierbaren Politik lag, sondern in der Attraktivität der geographischen Lage, die potentielle Aggressoren in Versuchung führen mußte. Erste Versuche, in einer regionalen Nordischen Allianz Sicherheit zu finden, scheiterten an endlosen Einwänden der Finnen, die Rücksicht auf Moskau nehmen mußten und sich zunächst nicht einmal an den UN beteiligen durften, und dem Bestreben der Schweden, sich auch aus dem nun entstehenden Kalten Krieg zwischen Ost und West durch entschiedenes Festhalten an der traditionellen Neutralität herauszuhalten.

Die schwedische Folgerung nach dem Krieg war, an der vermeintlich bewährten Neutralitätspolitik und der traditionellen Allianzfreiheit festzuhalten. So wie zuvor für den Völkerbund, engagierte man sich jetzt für die ebenso unverbindlichen Vereinten Nationen und stellte mit Hammarskjöld den langjährigen Generalsekretär. Trotz aller neutralistischen und pazifistischen Erscheinungen in der deklaratorischen Politik war jedoch die Grundeinstellung prowestlich und die Neutralität eine bewaffnete. In den außenpolitischen und militärischen Eliten gab es keinen Zweifel, daß die einzig denkbare Bedrohung vom Erbfeind Rußland ausging. Bei aller publizierten Kritik an der deutschen Wiederaufrüstung war man im schwedischen Militär froh, daß mit dem Auftauchen von See- und Luftstreitkräften der Bundeswehr im Ostseeraum wenigstens zum Teil die sowjetische Dominanz ausbalanciert wurde. Nicht nur zur Sicherung des Neutralitätsanspruchs, sondern zur realen Abwehr einer Invasion unterhielt Schweden eine der auch im Vergleich mit anderen Staaten Westeuropas stärksten Luftwaffen. In der Einstellung zum Kommunismus gab es keine wirkliche Neutralität. Die Schweden waren sich stets bewußt, daß sie zur freiheitlich-demokratischen Welt gehörten. Und bei allem Kokettieren mit einem „Dritten Weg" gab es auch nie Zweifel, daß die Grundlage des Wohlfahrtstaates eine florierende Marktwirtschaft war.

Aus der ideologischen und historischen Gegnerschaft zur Sowjetunion ergab sich deshalb eine Vielzahl geheimer Vorbereitungen für den Fall eines Konfliktes mit ihr. So arbeiteten die schwedischen Geheimdienste mit westlichen in der Aufklärung der sowjetischen Aktivitäten im Baltikum und in der Ostsee zusammen, tauschten Informationen gegen die Lieferung funktechnischen Abhörgeräts aus. Sowjetische Jäger schossen mehrere schwedische Flugzeuge über der Ostsee ab. Die schwedische Marine spürte sowjetischen Booten nach. Die Führungsstellen der schwedischen Luftverteidigung waren mit den Nato-Radaranlagen vernetzt – wie es heute heißt, zu Zwecken der Flugsicherung. Mit norwegischen, dänischen, aber auch finnischen Stabsstellen gab es Absprachen über die Verteidigung. Auch für den Fall einer Besetzung wurden in Zusammenarbeit mit der CIA Vorbereitungen für die Fortsetzung des Kampfes aus dem Untergrund getroffen. Ironischerweise war die Sowjetunion durch Spionage über die Planungen informiert; die einzigen, die davon nichts wußten, waren die schwedischen Bürger.

### „Finnlandisierungs"-Politik: Die Paasikivi-Kekkonen-Linie

Das frühzeitige Ausscheiden Finnlands aus dem Krieg gegen die Sowjetunion bei Vermeidung einer sowjetischen Besetzung und die erklärte Sympathie der Briten und vor allem der Amerikaner erleichterten den Finnen nach 1944 das Überleben. Gewissenhafte Erfüllungspolitik, als es um die Aburteilung von Kriegsverbrechern und die Reparation an Moskau ging, mögen dazu beigetragen haben. Wichtig waren aber auch die innere nationale Entschlossenheit und das Fortbestehen der alten Regierung, zunächst unter Marschall Mannerheim, dann unter Präsident Paasikivi. Anders als in den übrigen ostmitteleuropäischen Staaten gelang so 1948 die Abwehr einer kommunistischen Machtübernahme.

Die radikale Überprüfung des finnischen Dilemmas, wie man die sicherheitspolitischen Interessen des übermächtigen Nachbarn mit der Wahrung der finnischen Unabhängigkeit vereinbaren könnte, manifestierte sich in der Politik des „nationalen Realismus", der Anpassung an ein außenpolitisches Klientelverhältnis zur Sowjetunion und dem Begnügen mit einer Neutralität zweiter Klasse. Die finnische Politik, so lautete die Folgerung, dürfe nie wieder im Gegensatz zur Sowjetunion stehen.

Während sich der Kalte Krieg entwickelte, schlossen deshalb die Finnen einen Vertrag über Freundschaft, Kooperation und gegenseitigen Beistand mit Moskau ab und wiesen amerikanische Marshallplanhilfe zurück. Auch wenn viele Finnen zunächst befürchteten, daß der Beistandspakt der Anfang vom Ende sei, gelang es Helsinki jedoch, im Vergleich mit anderen „Beistandspakten" bedeutsame Änderungen zu erreichen. So wurde in der Klausel über gegenseitigen Beistand eine Automatik vermieden. Da Amerika die „Sonderstellung" Finnlands berücksichtigte und deshalb auch Rücksicht auf die schwedische Neutralität nahm, war Moskau geneigt, es gegenüber Finnland nicht zum Äußersten kommen zu lassen, da es ein Zusammenrücken der Skandinavier vermeiden wollte.

Bedenklich wurde die Anpassungspolitik vor allem, weil sie von flankierenden innenpolitischen Maßnahmen begleitet wurde. Paasikivi und mehr noch sein Nachfolger Kekkonen bemühten sich, die neue Politik Finnlands gegenüber Moskau als nicht nur konjunkturbedingt, sondern als Folge tiefsten inneren Wandels glaubwürdig zu machen. Deshalb beugte man sich auch sowjetischen Pressionen in innenpolitischen Fragen oder versuchte, mögliche Beschwerden in vorauseilendem Gehorsam zu vermeiden. So hatte man in Finnland zwar Pressefreiheit, aber jede direkte Kritik an Moskau war untersagt, wurde bald auch in Folge innerer Selbstzensur nicht mehr gewagt. Am Ende verkümmerte die gesamte politische Debatte zu einer esoterischen Kommunikation in Anspielungen, einer Art „nordischen Byzantinismus". Auch in der Innenpolitik wurden parteipolitische Manöver, Präsidentschaftswahlen und Regierungsbildung stets von Absprachen mit den Vertretern Moskaus bestimmt. Jeder halbwegs wichtige finnische Politiker hatte bis in die achtziger Jahre seinen „Hausrussen" in der Botschaft der Sowjetunion in Helsinki oder in einem der sowjetischen Geheimdienste.

Die außenpolitische Rücksichtnahme auf sowjetische Interessen war umfassend. So wurde Finnland erst 1956 die Mitgliedschaft in den UN und im Nordischen Rat möglich. Finnland vermied jede kritische Stellungnahme und enthielt sich in den UN der Stimme, als es um die sowjetische Invasion in Ungarn 1956, in der Tschechoslowakei 1968 oder in Afghanistan 1979 ging. Außenpolitisch spielte Kekkonen für Moskau oft genug die Rolle des „nützlichen Idioten", brachte immer wieder Moskau genehme Vorschläge über internationale Abrüstung und – zur Verbitterung der westlichen Nuklearmächte, aber auch der nordischen Nachbarn – über Nordeuropa als „Atomwaffenfreie Zone" vor. Angesichts der massiven Überlegenheit der Sowjetunion bei der konventionellen Rüstung und der Abhängigkeit der Nato-Strategie von der nuklearen Abschreckung brachte jeder der scheinbar neutralen Vorschläge Kekkonens den Westen in Verlegenheit, zumal das auch in Teilen der Bevölkerung der nordischen Nachbarländer mit ihrer latenten Neigung zur Neutralität Anklang fand.

Für die Sowjetunion war das Verhältnis zu Finnland das Musterbeispiel für „friedliche Koexistenz", nutzbar auch für die „Entspannungs"-Propaganda. Die finnische Neutralität wurde stets als „friedensfördernd" qualifiziert. Die Finnen litten zwar unter dem westlichen Vorwurf der „Finnlandisierung", aber ihre äußerste Zurückhaltung machte sie auch wieder attraktiv als Gastgeber, etwa für die Start-Verhandlungen und die europäische Sicherheitskonferenz KSZE. Die Gastgeberrolle bot Finnland wiederum zusätzlichen Spielraum und förderte den Anspruch Helsinkis, neutral zu sein. Die offizielle Anerkennung der bis dahin von Moskau stets qualifiziert gesehenen Neutralität geschah erst 1989 durch Gorbatschow.

### Die „Nordische Balance"

Sicherheitspolitisch und militärisch war die Lage der nordeuropäischen Staaten in den Jahrzehnten nach dem Weltkrieg dadurch geprägt, daß zwei – Dänemark und Norwegen – ebenso wie das atlantische Island Mitglieder der Nato waren, während Schweden neutral war und Finnland in einem teilneutralen Klientelverhältnis zu Moskau stand. Strategisch konnte Moskau mit dem breiten, von Finnland und Schweden gebildeten Glacisgürtel zufrieden sein, durch den Nordrußland, Leningrad und die baltischen Provinzen gedeckt wurden, zumal Norwegen und Dänemark darauf achteten, keine verbündeten Truppen auf ihrem Territorium stationiert zu haben und angesichts der geringen eigenen militärischen Stärke so faktisch eine Verlängerung des Glacis boten. Die friedlichen und bequemen Dänen ließen ihr Militär ohnehin bald verfallen und vertrauten darauf, daß die Bundeswehr im Vorfeld verteidigen werde und Briten und Amerikaner wegen der Bedeutung der dänischen Meerengen und „Ostseezugänge" ohnehin im eigenen Interesse im Konfliktfall rasch Verstärkungskräfte schickten.

Schwieriger gestaltete sich die Lage aus der Sicht der dezidiert atlantischen Norweger. In Oslo begriff man, daß mit wachsender Bedeutung der interkontinentalen Waffen die Nähe zum Nordpol Risiken barg. Der massive Aufbau sowjetischer Streitkräfte auf der Kola-Halbinsel bei Murmansk mußte als Bedrohung der dünnbesiedelten Gebiete Nordnorwegens gesehen werden, obwohl die Norweger traditionell keine Konflikte mit den Russen hatten. Der sowjetischen Flotte im Nordmeer wurde als Aufgabe der Stoß in den Atlantischen Ozean und die Unterbrechung der transatlantischen Verbindung zwischen Amerika und Europa zugeschrieben. Doch selbst wenn man den wuchernden sowjetischen Marinestreitkräften und den Luftwaffenverbänden auf der Kola-Halbinsel nur eine defensive Aufgabe zum Schutz der sowjetischen Nuklearverbände, vor allem der U-Boot-gestützten Zweitschlagskapazität, unterstellte, so hatte man damit zu rechnen, daß die Sowjetunion in der frühen Phase eines Konflikts bestrebt sein mußte, ihre defensive Position mit der Besetzung Nordnorwegens in eine offensive zu verwandeln. Das Szenarium einer sowjetischen Offensive gegen Nordnorwegen, flankiert durch Vordringen in finnische und schwedische Nordgebiete, beeinflußte auch die militärischen Planungen und Vorbereitung dieser Staaten zum Schutz ihrer Neutralität und führte immer wieder zu streng geheimgehaltenen Ansätzen einer militärischen Kooperation.

Für die Norweger bestand jedoch das Dilemma darin, daß sie einerseits wußten, einem sowjetischen Angriff wegen der eigenen Schwäche hilflos ausgesetzt zu sein, andererseits auch befürchten mußten, daß die angloamerikanischen Verstärkungskräfte zu spät kommen könnten. Dennoch lehnten sie eine Stationierung von Verstärkungskräften schon in Friedenszeiten ab und beschränkten sich auf eine Vorausstationierung des „eingemotteten" schweren Materials der Verstärkungskräfte, und dies auch nicht in Nordnorwegen, sondern in Mittelnorwegen bei Trondheim, weil sie die Spannungen im Nordmeer und gegenüber Kola auf möglichst niedrigem Niveau halten wollten. Dabei nahmen sie auch Rücksicht auf Wünsche Finnlands, das bei einer Stationierung amerikanischer Kräfte in Norwegen für sich selbst sowjetische Pressionen, eventuell die Forderung nach Stationierung sowjetischer Streitkräfte auf finnischem Boden fürchtete. Die norwegische Zurückhaltung mit Rücksicht auf Finnland darf jedoch nicht mit irgendeiner Form des Appeasements verwechselt werden. Umgekehrt gewann Finnland nämlich aus der norwegischen Zurückhaltung zusätzlichen Schutz. Denn die Finnen konnten allzu rüde sowjetische Pressionen mehrfach unter Hinweis darauf abwehren, daß ein Eingehen dazu führen müßte, daß Norwegen sich mit der Stationierung amerikanischer Streitkräfte an der Grenze zur Sowjetunion einverstanden erklären würde. Auch ohne diplomatische oder militärische Absprachen konnte durch stillschweigende Solidarität im Norden das heikle Netzwerk der „Nordischen Balance" gewahrt werden.

### Nach dem Fall der Mauer

Der Fall der Berliner Mauer im November 1989 und das Ende der Sowjetherrschaft nicht nur in der DDR, sondern in ganz Ostmitteleuropa rührten in Nordeuropa Tränen des Mitgefühls, riefen bald aber auch Sorgen über das Entstehen eines neuen „Vierten Deutschen Reiches" hervor. Während dies wieder abebbte, verfolgte man erregt die sich zuspitzende innere Krise im Sowjetstaat Gorbatschows. Vor allem die neutralen Staaten Finnland und Schweden versuchten, im Rahmen des KSZE-Prozesses die sich wandelnde Sowjetunion in ein immer dichteres Netzwerk von Verpflichtungen einzubinden. Dabei stand neben der allgemeinen Förderung demokratischer und marktwirtschaftlicher Reformen besonders das Schicksal der sich um Unabhängigkeit mühenden baltischen Staaten im Vordergrund.

Nur Finnland legte sich in der baltischen Frage weiter die eingeübte äußerste Zurückhaltung auf. In Helsinki wollte man nicht die mühsam gewonnene eigene Neutralität aufs Spiel setzen. Das Äußerste, was die Finnen unter Präsident Koivisto wagten, war zunächst, die gegen Deutschland gerichtete Klausel im alten Freundschafts- und Beistandspakt mit Moskau für obsolet zu erklären. Man war entschlossen, die momentane Schwäche Rußlands nicht zu nutzen, weil die Zeiten sich wieder ändern würden. Finnlands Hauptproblem, die geographische Nachbarschaft zu Rußland, hieß es in Helsinki, werde sich niemals ändern. Deshalb müsse man entschlossen an der Paasikivi-Kekkonen-Linie festhalten, also der Politik der Neutralität und guten Nachbarschaft zu Rußland.

Peinliche Mahnungen an die Balten, es mit ihrem Unabhängigkeitsstreben nicht zu weit zu treiben und darüber nicht die Entspannung zwischen Ost und West aufs Spiel zu setzen, kamen Anfang 1990 auch von der sozialdemokratischen schwedischen Regierung. Doch bald erzwang die vom friedlichen Freiheitskampf der Balten, der „singenden Revolution", begeisterte öffentliche Meinung eine politische Kurskorrektur. Während die Finnen sich darauf verlegten, unter äußerster Diskretion vor allem dem estnischen Brudervolk praktische Hilfe zu gewähren, engagierten sich die Schweden in der üblichen Politik moralischer Mahnungen.

Besonders legte sich in jener Zeit auch der dänische Außenminister Ellemann-Jensen ins Zeug, dessen Stimme von Gewicht war, weil Dänemark sowohl der Nato als auch der EG angehört. Als das Gorbatschow-Regime im Januar 1991 gegen die widerspenstigen baltischen Regierungen eine Erdölblockade verhängte, durch lokale Scharfmacher Zwischenfälle provozierte und der Truppeneinsatz in Wilna und Riga zu Schießereien und Todesopfern führte, erreichte die Politik solidarischer Proteste der nordischen Regierungen einen Höhepunkt. Zu konkreter Hilfe, etwa den von der damaligen litauischen Ministerpräsidentin Prunskiene verlangten norwegischen Erdöllieferungen, war man jedoch nicht bereit.

Erst während des Augustputschs gegen Gorbatschow und als der russische Präsident Jelzin die baltischen Staaten anerkannte, sahen die nordischen Länder eine Möglichkeit zum Handeln. Das von den Ereignissen am weitesten entfernte Island sprach als erster Staat die Anerkennung aus. Dann folgte Dänemark, dessen Außenminister auch die Deutschen und damit die EG mitzureißen wußte. Die Finnen waren die letzten, sagten aber, eigentlich seien sie die ersten, da sie nie die sowjetische Annexion anerkannt hätten.

Das Interesse für die Balten nahm jedoch nach zwei Jahren mit zunehmender Normalisierung wieder ab. Dazu dürfte auch eine gewisse Ernüchterung über die als zu nationalistisch und intransingent empfundene Politik der baltischen Staaten beigetragen haben. Die weitgehende Verweigerung der staatsbürgerlichen Rechte für die russischen Minderheiten in Estland und Lettland wird in den nordischen Ländern als unfair und politisch töricht empfunden.

## Schweden: Zweifel an der Neutralität

Der konservative schwedische Ministerpräsident Bildt nutzte die Sympathien für die Balten, um einerseits die schwedische Sozialdemokratie wegen ihrer gestrigen Politik in Verlegenheit zu bringen und andererseits, um auf einem weiteren Felde die Tradition der schwedischen Neutralität aufzubrechen. Grundsätzlich sind sich in Schweden die bürgerliche Regierung und die sozialdemokratische Opposition einig, daß die Mitgliedschaft in der EU zu einer sicherheitspolitischen Neuorientierung und zur Aufgabe der Neutralität führen werde. Auch wenn die Sozialdemokraten lange versicherten, daß EU-Mitgliedschaft und Allianzfreiheit einander nicht ausschlössen, wußte doch die Führung nur zu genau, daß die EU auch eine sicherheitspolitische Dimension haben soll, und Carlsson, der seit Herbst 1994 wieder Regierungschef ist, hatte verkündet, daß Schweden sich der Entwicklung nicht entgegenstellen werde. Der logische Kunstgriff der Sozialdemokraten war die Behauptung, daß mit Wegfall des Ost-West-Gegensatzes die alte Neutralitätspolitik nicht mehr aktuell sei. Über eine eventuelle Mitgliedschaft in WEU oder Nato wollten sie jedoch nicht diskutieren, um den positiven Ausgang des Referendums nicht zu gefährden. Die bürgerliche Regierung Bildt folgte weitgehend diesem Kalkül, auch ihre Vertreter ließen immer wieder anklingen, daß man lieber heute als morgen in WEU und Nato eintreten möchte und die potentiellen Gefahren aus dem Osten wegen der unabsehbaren Entwicklung für nicht geschwunden ansieht.

## Finnland: Sicherheit durch die EU

In Finnland hatte dagegen jeder Gedanke an eine eventuelle Mitgliedschaft in der EG für Jahrzehnte als undenkbar gegolten. Mühsam genug hatte man sich 1972 der „neutraleren" Efta anschließen dürfen. Auch der Zusammenbruch des Sowjetimperiums hatte da keinen Wandel gebracht. Man wolle erst einmal für einige Jahre die Entwicklung abwarten, man habe es nicht eilig, hieß es in Helsinki. Doch dann kamen Sorgen auf, daß man vielleicht zu spät kommen könnte und wegen der schwedischen Mitgliedschaft und eigenen Fernbleibens in eine Randstaatenrolle geraten könnte. Nicht wirtschaftliche Argumente, sondern sicherheitspolitische waren ausschlaggebend, als man zur Jahreswende 1991/92 sich nach wenigen Wochen der außenpolitischen Bilanz zu einer dramatischen Kehrtwendung entschloß und selbst um Mitgliedschaft nachsuchte. Die Finnen wollten angesichts der zunehmend chaotischen Entwicklung in Rußland nun um jeden Preis vermeiden, wie in der Zwischenkriegszeit mit den baltischen Staaten gleichgesetzt und zum internationalen Spielball zu werden. Sicherheit suchte man jetzt nicht mehr in der Neutralität, sondern „im Rudel", in der Gemeinschaft der Westeuropäer. Im Herbst 1994 stimmten die Finnen mit Mehrheit für den Beitritt zur EU.

## Oslo fürchtet Isolierung

Für Norwegen hatte das Ende des Kalten Krieges geradezu bizarre Folgen. Jahrzehntelang hatte das Land, das zwar zur Nato, aber nicht zur EU gehört, in der internationalen Politik von der hypothetischen Bedrohung der „Nato-Nordflanke" gelebt und wegen der maritimen amerikanischen Strategie stets in Washington eine Sonderstellung genossen. Nun stand man plötzlich vor dem Problem, daß sich kein Mensch mehr für die russische Rüstung auf der Kola-Halbinsel interessierte und die Russen sogar ihre umstrittene Präsenz auf Spitzbergen abbauten. Die Versuche Norwegens, sich in den internationalen Dialog dadurch einzuschalten, daß man mit den Russen Gemeinsamkeiten im Umweltschutz und in der nuklearen Entsorgung der Barentssee-Region auslotete, hatten etwas Bemühtes an sich. Die Perspektive zeichnete sich aus Osloer Sicht ab, daß sich Amerika aus Europa zurückziehen werde und die Tage der Nato gezählt seien, jedenfalls langfristig. Ohne Nato und ohne EU-

Mitgliedschaft aber würde Norwegen in eine internationale Randrolle geraten, zu einem zweiten Island werden. Die Führungselite des Landes, bei den Parteien Konservative wie Sozialdemokraten gleicherweise, strebten nun einen zweiten Anlauf zur Mitgliedschaft in der EU an. Dabei stießen sie jedoch auf die tief verwurzelte Anti-EU-Stimmung im Lande. Zu den grotesken Entwicklungen dieser Debatte gehörte, daß die marxistisch-neutralistische Sozialistische Linkspartei, die jahrzehntelang gegen den Nato-Kurs der meist sozialdemokratischen Regierungen gewettert hatte, sich nun zur Nato-Mitgliedschaft bekannt, und damit umso strikter gegen die Mitgliedschaft in der Europäischen Union plädierte. Die Volksabstimmung ging zugunsten der EU-Gegner aus, so daß Norwegen wie die Schweiz zu den „weißen Flecken" auf der Landkarte der europäischen Einigung beiträgt.

Gerhard Gnauck

# „Wolken über Königsberg..." – Über Legendenbildung und Nationalismus.

Seit dem 19. Jahrhundert verfügt die Presse – inzwischen muß man sagen: die Medien – über eine Macht, die ihr/ihnen die Bezeichnung „vierte Gewalt" eingetragen hat. Einerseits wird in dieser Gewalt gern die Hüterin demokratischer Tugenden gesehen, andererseits wird ihr vorgeworfen, von ethischen Normen und gesellschaftlicher Rechenschaftspflicht gleichermaßen losgelöste „Macht ohne Verantwortung" auszuüben. Dies beschreibt zumindest die Situation in der modernen Demokratie. Mächtig war und ist die Presse jedoch auch in anderen Gesellschaften. Auch die internationalen Beziehungen vermag sie nachhaltig zu beeinflussen: die von Bismarck redigierte „Emser Depesche", deren Veröffentlichung einer Demütigung Frankreichs gleichkam, wird als Auslöser des deutsch-französischen Krieges von 1870/71 angesehen.

In diesem Beitrag soll es um Nationalismus gehen. Nationalismus ist, mit den Worten des Sozialwissenschaftlers Karl W. Deutsch, „eine Geistesverfassung, die ,nationalen' Nachrichten (messages), Erinnerungen und Vorstellungen einen bevorzugten Platz in der gesellschaftlichen Kommunikation und ein stärkeres Gewicht im Entscheidungsprozeß einräumt." Wo diese selektive Aufmerksamkeit sogar die Verdrängung aller anderen Nachrichten, Erinnerungen und Vorstellungen bewirkt, spricht Deutsch von „extremem Nationalismus", der zu einer „epistemologischen Katastrophe" führe: „Auszehrung und Lähmung des Erkenntnisvermögens sind seine Folgen. Wie andere Formen des ideologischen Extremismus zieht der Nationalismus ideologisch verschlüsselte oder sogar unrichtige Nachrichten den Nachrichten vor, die in einem anderen Kode gehalten oder die mit anderen Symbolen versehen sind, auch wenn diese wahr sein sollten." (Deutsch: Nation und Welt, in: Heinrich August Winkler [Hg.]: Nationalismus. Königstein/Ts., 1985, S. 51). In diesem Zusammenhang erwähnt Deutsch auch die Rolle der Medien bei der Verbreitung nationalistischer Ideen. Entgegen der ihnen gern zugedachten aufklärerischen Funktion können sie desinformierend wirken und werden damit in der Massengesellschaft zu einem wichtigen Akteur in jener

„epistemologischen Katastrophe", die im schlimmsten Falle in die Katastrophe eines Krieges führen kann.

An dieser Stelle ist von weniger schlimmen Ereignissen zu berichten; nicht von einem „heißen" Krieg soll die Rede sein. Es geht um Legendenbildung im Verhältnis Deutschlands zu seinen östlichen Nachbarn unter führender Beteiligung der deutschen und russischen Presse. Der Prozeß der Legendenbildung soll hier an zwei Beispielen rekonstruiert werden. Die Beispiele betreffen die Zukunft des Kaliningrader (Königsberger) Gebiets, dessen heutige Lage als russische Exklave an der Ostsee unter Russen, Deutschen, Litauern und Polen – je nach Interessenlage und Wahrnehmung – zu kühnen Plänen und Spekulationen, Hoffnungen und Befürchtungen Anlaß gibt. Der Fall wird dadurch zusätzlich interessant, daß im westlichen Europa vielfach eine Rücksichtnahme auf nationalistische Stimmungen in Rußland gefordert wird. Inwieweit eine solche Rücksichtnahme Erfolg verspricht und das Auslösen der erwähnten Demütigungsmechanismen verhindert, ließe sich (doch das würde den Rahmen dieses Beitrags sprengen) am Beispiel Königsberg überprüfen.

### Entstehung einer Legende

Fall Nummer eins: „Die polnischen Teilungspläne". Diesen Titel trug der Aufmacher im Hamburger „Ostpreußenblatt" vom 30. Mai 1992. Daneben eine ohne große Sorgfalt angefertigte Kartenskizze der russischen Exklave. Wie Redakteur Peter Fischer berichtet, erreichte ihn „neben beweis- und aussagekräftigen Hintergrundinformationen über die langfristigen polnischen Absichten auch die nebenstehend abgebildete Zeichnung, die Beamte des polnischen Außenministeriums als ‚anschauliche Faustskizze' für die ‚Lösung der Königsberger Frage zwischen interessierten Seiten' vorlegen. Die polnische Führungsschicht ... fällt damit offensichtlich neuerlich in jenes politische Abenteuertum (sic!) zurück, das schon wiederholt die Wohlfahrt des polnischen Volkes gefährdet hatte." Die abgebildete, im Spiegel-Deutsch als „Ausriß" gekennzeichnete „Faustskizze" des Königsberger Gebiets gemahnt an eine Kinderzeichnung, auf der in polnischer Sprache je eine polnische, weißrussische und ukrainische sowie zwei litauische „Zonen" handschriftlich gekennzeichnet sind. Im Artikel wird behauptet, die polnische Regierung versuche, ihre östlichen Nachbarstaaten für einen „Polit-Coup einzuspannen" und ein Stück ehemals deutschen Territoriums an sich zu reißen. Dagegen würde es der Redakteur für angebracht halten, wenn Polen sich stattdessen aus Schlesien und Pommern zurückzöge.

Es geht hier nicht darum, das „Ostpreußenblatt" oder die Landsmannschaft Ostpreußen pauschal unter Revisionismusverdacht zu stellen. Zweifellos ist es ein Verdienst, über mehr als vierzig Jahre hinweg Zehntausende Vertriebene Woche für Woche über Geschichte und Gegenwart ihrer Heimatregion zu informieren. Zu den Lesern, die das Blatt im großen und ganzen in Ordnung fanden und gerne lasen, gehörte auch der frühere Berliner Senator und linke SPD-Politiker Harry Ristock – wohl deswegen, weil er selbst aus Ostpreußen stammte und für den „Kode" dieser Zeitung besonders empfänglich war.

Es geht vielmehr darum, die Entstehung einer Legende nachzuzeichnen. Denn diese Veröffentlichung zog ihre Kreise: Die konservative Zeitung „Junge Freiheit", in siebenstelliger Auflage erscheinend und „nationalen Nachrichten" (Deutsch) besonders zugetan, druckte die vermeintliche Warschauer Faustskizze pflichtschuldigst nach und gab auch die zitierten Worte über die polnische Führungsschicht wieder (Ausgabe Juni 1992). Bis ins Mainzer „Haus der Heimat", das die Skizze in einem Veranstaltungsprogramm abdruckte, sind die polnischen „Teilungspläne" vorgedrungen! Wenn selbst die deutsche Tagespresse, wie in einer Bilanz der Königsberg-Diskussion festgestellt wird ("Die Zeit", 1. April 1994), immer wieder auf mögliche Gebietsansprüche Warschaus zu sprechen kommt, dürfte dies daher zu einem Teil auf die Veröffentlichung des „Ostpreußenblatts" zurückzuführen sein.

Soviel zur Wirkung – und nun zum Hintergrund: Die Warschauer „Faustskizze" hat der führende litauische Außenpolitiker Vidmantas Povilionis lanciert. Dies enthüllten, natürlich erst viel später, der frühere „Ostpreußenblatt"-Mitarbeiter Ansgar Graw und der Bundestagsabgeordnete Wilfried Böhm beiläufig in ihrem Buch „Königsberg morgen – Luxemburg an der Ostsee" (Asendorf 1993, Seite 135). Nicht zufällig war Povilionis in der besagten Ausgabe des „Ostpreußenblatts" auch mit einem Interview vertreten, in dem er Ansprüche Litauens auf das Königsberger Gebiet ins Reich der Fabel verwies und zugleich „einige Institutionen" in Polen beschuldigte, Teilungspläne vorzubereiten. Angesichts der Tatsache, daß bestimmte litauische Organisationen selbst seit geraumer Zeit historische Ansprüche auf das Gebiet oder Teile davon vorbringen, erscheint dies als durchsichtiges Ablenkungsmanöver mit dem Ziel, die Republik Polen, mit der Litauen damals noch in relativ gespannten Beziehungen lebte, in der deutschen Öffentlichkeit zu diskreditieren.

Offenbar hat Povilionis anläßlich des Gesprächs mit dem „Ostpreußenblatt" auch die Skizze übergeben, wovon der Leser der Zeitung damals natürlich nichts erfuhr. Sie stammte „nach seinen Angaben aus dem polnischen Außenministerium", behaupten Böhm/Graw ein Jahr später (Seite 135). Auf welchem Boden konnte diese Legende gedeihen? Tatsache ist, daß es auch in Polen Stimmen gegeben hat, die eine Änderung des territorialen Status quo befürworteten.

Eine davon ist, wie der Posener Wissenschaftler Andrzej Sakson berichtet, die Vereinigung „Annäherung", die in der Tat eine Vierteilung des Königsberger Gebiets im beschriebenen Sinne vorgeschlagen hat (Bundesinstitut für ostwissenschaftliche Studien: Die Zukunft des Gebiets Kaliningrad (Königsberg), Köln 1993, Seite 39 f). Mit Blick auf die deutsche Zeitungsveröffentlichung bleibt jedoch weiter die Frage offen, wer die dazugehörige Skizze angefertigt und – vor allem – wer die „Teilungspläne" dem Warschauer Außenministerium in die Schuhe geschoben hat. Die Antwort auf diese Frage wird wohl für immer ein Geheimnis des Herrn Povilionis oder des „Ostpreußenblatts" bleiben.

So ist aus Halbwahrheiten, Verdrehungen und Verfälschungen, die unmöglich auf bloße Mißverständnisse, vielmehr auf zielgerichtetes Kalkül zurückgeführt werden müssen, eine Legende entstanden, die von interessierten Kreisen, in deren „Code" sie abgefaßt wurde, für wahr gehalten wird. Teilungs- oder Abtretungspläne eignen sich zur Legendenbildung hervorragend; sie betreffen eine größere Bevölkerungsgruppe unmittelbar und bedrohen darüber hinaus auch den Gesamtstaat mit einem schwerwiegenden materiellen Prestigeverlust; dagegen läßt sich trefflich eine nationale Abwehrfront mobilisieren. Ähnlich war es bereits mit dem Artikel eines nicht weiter bedeutenden Fürsten Swjatopolk-Mirskij von 1909, der die Auflösung des Deutschen Reiches in seine Einzelstaaten forderte. In Rußland kaum beachtet, sorgte die Veröffentlichung im deutschen Blätterwald für erheblichen Wirbel: „Ein russischer Plan zur Zertrümmerung Deutschlands" wurde als Gefahr ausgemacht (so die

„Neue Preußische Zeitung"; zitiert nach: Rußland und Deutschland, herausgegeben von Uwe Liszkowsi, Stuttgart 1974, Seite 287).

## Presseinformation mit Folgewirkung

Im Fall Nummer zwei geht es ebenfalls um unterstellte Teilungs- und Abtretungspläne. Diesmal schildere ich die Legendenbildung in chronologischer Folge. Es begann mit einer Tagung des „Studienzentrums Weikersheim" im Jahre 1992. Eingeladen wurde unter anderen der von Jelzin eingesetzte Verwaltungschef (Gouverneur) des Kaliningrader Gebiets, Professor Jurij Matotschkin. Vor der Veranstaltung verschickte das Studienzentrum eine Presseinformation, in der – angeblich – aus Matotschkins Tagungsbeitrag wörtlich zitiert wurde. Der russische Verwaltungschef spricht darin vom Kaliningrader Gebiet als einer autonomen „Republik Preußen", deren Hauptstadt wieder Königsberg heißen, die für 200 000 Rußlanddeutsche eine neue Heimat werden und als Freie Wirtschaftszone eng mit Deutschland zusammenarbeiten solle.

Matotschkin selbst konnte, aus welchen Gründen auch immer, schließlich doch nicht auf der Tagung anwesend sein. Daraufhin bat ich den zuständigen Mitarbeiter des Studienzentrums telefonisch um die Zusendung des Tagungsbeitrags Matotschkins. Mein Gesprächspartner teilte mir mit, daß ein solcher nicht vorliege und räumte auf weiteres Nachfragen ein, man habe die Presseinformation auf der Grundlage von Artikeln des „Ostpreußenblatts" über Matotschkin und Königsberg erstellt. Der vertraute Kode hatte gewirkt: Man zog eine „gute" Quelle einem seriösen, redlichen Verfahren vor.

Nun ist auch hier auf den sachlichen Hintergrund zu verweisen, welcher der Legende erst den Schein der Glaubwürdigkeit verleiht: In der Tat hat Matotschkin einmal von der Ansiedlung Rußlanddeutscher, auch von dem noch aus sowjetischer Zeit stammenden Status einer „autonomen Republik" gesprochen. Bei der Formulierung „Republik Preußen", der Rückbenennung der Hauptstadt in Königsberg und der verkürzenden und, wie im Falle der Emser Depesche, verschärfenden Zusammenfassung aller Elemente war jedoch der Wunsch der Vater des Gedankens – der Wunsch nicht des Herrn Matotschkin, sondern interessierter deutscher Kreise.

Das eigentlich Bedenkliche an dieser zusammengeschusterten Presseinformation ist jedoch ihre für das Studienzentrum damals kaum vorauszusehende Folgewirkung. Diese Wirkung bemerkte ich zwei Jahre später bei der Lektüre der traditionsreichen und immer noch in einer siebenstelligen Auflage erscheinenden Moskauer Zeitschrift „Nasch Sowremennik"; sie ist seit Jahren eines der wichtigsten Foren für nationalistische Autoren.

Wie dem darin abgedruckten Aufsatz „Wolken über Kaliningrad, Wolken über dem Baltikum (Fakten, Reflexionen, Prognosen)" des Kaliningrader Schrifstellers Andrej Starzew zu entnehmen ist, hatte besagte Presseinformationen aus dem süddeutschen Weikersheim ihren Weg inzwischen bis ins ferne Königsberg gefunden. Dort präsentierte sie das örtliche Blättchen der russischen Nationalisten, „Rus Baltijskaja" (frei übersetzt: Baltisches Rußland), einer staunenden Leserschaft. Starzew zitiert nun ebenfalls daraus und macht so die Nationalisten ganz Rußlands mit den vermeintlichen Aussagen und der „unpatriotischen, antirussischen Position" Matotschkins bekannt. Lassen wir den Nationalisten selbst zu Wort kommen: „Die Veröffentlichung dieser ‚Information' und einiger anderer Materialien war ein solch empfindlicher Schlag gegen die Autorität unserer ‚demokratischen' Führer, daß Jurij Matotschkin .... gegen die Zeitung, genauer gesagt, gegen die Vereinigung ‚Rus' vor Gericht klagte." (Die Vereinigung ist Herausgeber der Zeitung.) Über den Ausgang des Verfahrens teilt Starzew nichts mit, doch habe das Gericht die Forderung der beklagten Redaktion, ein Gutachten über die Echtheit der Weikersheimer Presseinformation zu erstellen, ignoriert. Wie hätte dieses Gutachten wohl ausgesehen?

Mit Mißtrauen registriert der Nationalist Starzew, wie der Verwaltungschef seitdem jeglicher Verdächtigung, unpatriotisch und antirussisch gesonnen zu sein, entgegenzutreten versucht: „In letzter Zeit ist Jurij Matotschkin in fast jeder seiner Reden bemüht zu erklären, das Kaliningrader Gebiet sei ein unabtrennbarer Bestandteil Rußlands. ..." (alle Zitate Liszkowski, Seite 138). Dennoch bleibt für den Nationalisten der Weikersheimer Text der Schlüsselbeweis für die Doppelzüngigkeit und antirussische Haltung der „Demokraten", die er stets in Gänsefüßchen setzt. Zu diesen zählt der Autor auch den Königsberger Oberbürgermeister Schipow, der in der Weikersheimer Presseinformation ebenfalls „zitiert" worden war und nach einem einjährigen Prozeß gegen „Rus

Baltijskaja" schließlich fünf Millionen Rubel Entschädigung erstreiten konnte, und viele russische Persönlichkeiten, die sich um die Öffnung Königsbergs nach Westen und die Pflege des deutschen Kulturerbes verdient gemacht haben.

Der Aufsatz mündet ein in die Warnung, auf der Hut zu sein vor den als bedrohlich empfundenen europäischen und deutschen, aber auch „zionistischen" Kräften (Seite 149). Mit einem Wort: die Weikersheimer Presseinformation war ein Bärendienst für die demokratischen und ein gefundenes Fressen für die nationalistischen Kräfte in Königsberg. Was hilft es, wenn Starzew die von Staatssekretär Waffenschmidt ausgesprochene Respektierung der europäischen Grenzen zur Kenntnis nimmt (Seite 148), wenn er in gleichem Atemzug auf deutsche Organisationen verweisen kann, die diese Grenzen mehr oder weniger offen in Frage stellen? Hier zeigen sich die Grenzen einer Politik der „Rücksichtnahme" gegenüber nationalistischen Stimmungen in Rußland. Ohne deutsche Aufklärungs- und Überzeugungsarbeit an der Basis, auch und gerade gegenüber solchen russischen Nationalisten, die oft ein völlig anachronistisches Deutschlandbild pflegen, muß sie unvollständig bleiben.


### Konstruktion von Feindbildern

Diese zwei Beispiele, eines aus der deutschen, das andere aus der russischen Presse, illustrieren, wie die Konstruktion eines Feindbilds verlaufen kann: Im ersten Fall fiel Polen diese Rolle zu, im zweiten Deutschland, dem „Zionismus" und den einheimischen Demokraten. Das Aufkommen von Nationalismus, der ja immer eine Selbstdefinition und damit Abgrenzung gegen andere impliziert, kann durch das Auftreten von Feindbildern begünstigt und beschleunigt werden. Beide Vorgänge ließen sich in der Presse des Königsberger Gebiets seit 1993 deutlich beobachten, die Beispiele ließen sich mehren (vgl. Friedemann Kluge [Hg.]: „Ein schicklicher Platz?" Königsberg/Kaliningrad in der Sicht von Bewohnern und Nachbarn. Münster 1994).

Ein erstes greifbares Ergebnis war der mit fast 30 Prozent hier besonders hohe Wahlsieg von Schirinowskijs LDPR im Dezember 1993. Als der Demagoge im Mai danach auf dem Königsberger Siegesplatz vor einer großen Menschenmenge sprach, präsentierte er, der seinen rechtsradikalen Freunden in Deutschland vor einiger Zeit noch die Abtretung des Gebiets in Aussicht gestellt hatte, der herrschenden Stimmung entsprechend seine neue politische Linie (Kaliningradskaja Prawda, 31. Mai 1994). Er wetterte gegen die Öffnung nach Westen und gegen das unter anderem von Matotschkin vorbereitete Gesetz über den Status des Gebiets und wirtschaftspolitische Privilegien, das vom russischen Parlament verabschiedet werden soll. Und er plädierte für Grenzänderungen, „damit Euer Gebiet wieder direkt an Rußland grenzt" – territoriale Pläne, die diesmal wohl tatsächlich ernstzunehmen sind.

Das weitgehende Fortbestehen eines informationellen „Eisernen Vorhangs" zwischen Rußland bzw. Osteuropa und dem Westen, die Neigung vieler Menschen, Gerüchten, „Teilungsplänen" und Verschwörungstheorien als „ideologisch verschlüsselten" (Deutsch) Nachrichten Glauben zu schenken, sowie eine unseriöse oder demagogische Berichterstattung, greifen, wie die Beispiele zeigen, lückenlos ineinander und sind für den aufkommenden Nationalismus von zentraler Bedeutung. Für Deutschland sind all diese Gefahren sicherlich geringer zu veranschlagen. Und für Rußland? Ist in Rußland nach dem unerwartet schnellen Nachlassen demokratischer Begeisterung irgendwann auch ein Abflauen nationalistischer Stimmungen zu erwarten? Dies soll Gegenstand abschließender Überlegungen sein.

1. Ein solches Abflauen wäre vor allem dann denkbar, wenn entweder ein Ereignis im Ausmaß einer nationalen Katastrophe – etwa eine alles zerstörende Niederlage in einem nationalistisch motivierten Krieg – den Nationalismus restlos diskreditierte oder aber eine langfristige nichtnationalistische Sozialisation unter günstigen wirtschaftlichen und politischen Rahmenbedingungen den Nationalismus langsam obsolet machte. Beides ist in Deutschland, letzteres vor allem im westlichen Deutschland, der Fall gewesen.

2. In vielen Ländern Ost- und Mittelosteuropas sind die Erringung der staatlichen Unabhängigkeit und der Beginn der Reformen mit einem Höhepunkt nationalistischer Mobilisierung zusammengefallen oder stark unter „nationalen" Auspizien vollzogen worden. Als dann die negativen Auswirkungen dieser Prozesse im Wirtschaftlichen und Sozialen für weite Bevölkerungskreise zu spüren waren, konnten sie den (mehr oder weniger) nationalistischen Kräften angelastet werden. Die Folge war und ist ein Abflauen nationalistischer Stimmungen, besonders greifbar in den sich häufenden Wahlerfolgen postkommunistischer Kräfte.

3. In Rußland ist weder das deutsche noch das mittel- und osteuropäische Szenarium zu beobachten. Rußland war bezüglich der nationalistischen Mobilisierung in den letzten Jahren eine „verspätete Nation". Der Beginn des Reformprozesses stand im Zeichen der „allgemein menschlichen Werte" Gorbatschows und des „Demokratischen Rußland" Jelzins, der nationaler Tradition und Rhetorik zunächst eher fremd gegenüberstand. So sind die Nationalisten in Rußland heute in der für sie glücklichen Lage, hinsichtlich der negativen Reformfolgen nicht als Angeklagte, sondern als unschuldige Ankläger auftreten zu können. Überdies können sie darauf verweisen, daß der Reformprozeß für Rußland weniger zu einer (Rück-)Gewinnung, sondern gleichsam zu einem Verlust historischer Staatlichkeit geführt hat: zum Verlust des alten, noch vorrevolutionären Imperiums, der in der Tat vielfach als nationale (nicht jedoch als vom eigenen Nationalismus mit hervorgerufene) Katastrophe empfunden wird. Schließlich können sich in Rußland (im westlichen Wortgebrauch) radikale Rechte und Linke auf der Plattform des imperialen Nationalismus, der über das Jahr 1917 hinweg Konsens stiftete, verbünden und aus dieser Quelle gemeinsam die Antworten für viele wirtschaftliche und politische Probleme schöpfen. Der Sturmwind des Nationalismus wird sich nicht so schnell wieder legen; er wird weiter dunkle Wolken nach Königsberg/Kaliningrad treiben.

Reinhard Olt

# Augusthitze – Septembergewitter – Oktobersturm – Dezemberfrost? Die „Wiedergeburt" Rußlands aus den Trümmern der Sowjetunion

Die Anführer der Gegner des russischen Präsidenten Jelzin, die die Erstürmung des Weißen Hauses am 4. Oktober 1993 überlebten und inhaftiert worden waren, schicken sich an, „Zar Boris" vom Thron zu stoßen. Der frühere Vizepräsident Ruzkoj, der sich nach der von Jelzin angeordneten Auflösung des Obersten Sowjets am 21. September 1993 zum Präsidenten hatte ausrufen lassen, konnte das Moskauer KGB-Gefängnis Lefortowo nach fünf Monaten Haft ebenso verlassen wie der frühere Vorsitzende des Obersten Sowjets, Chasbulatow, und andere Hauptbeteiligte der Oktoberrevolte. Ruzkoj hat sich an die Spitze eines Konglomerats rechtsnationalistisch-kommunistischer Parteien und Gruppierungen gestellt und wartet auf seine Stunde, Chasbulatow glaubt sie für sich in seiner Heimat Tschetschenien bereits gekommen. Und Jelzins tschetschenisches Miliärabenteuer ist nicht gerade dazu geeignet, sein „demokratisches" Renommee, das er im August 1991 gewonnen hatte, zu stärken. Ein Versuch Jelzins und seiner Helfer, die Verwirklichung der von der Staatsduma, der am 12. Dezember 1993 gewählten Parlamentskammer, beschlossenen Amnestie für die Frondeure zu verhindern, war gescheitert. Niemand traf diese schwere politische Niederlage mehr als den Präsidenten, ihre Folgen sind daher neben dem Tschetschenien-Krieg kaum abzuschätzen.

Daß die Staatsduma den „nichts bereuenden Organisatoren" des Aufruhrs, in dem Dutzende Menschen getötet und Hunderte verletzt wurden, vergab, ohne daß sie vor Gericht gestellt wurden, ist nach westlichen Maßstäben kein Ruhmesblatt für den jungen russischen Parlamentarismus. Jelzin hatte dem Duma-Vorsitzenden Rybkin einen Brief zustellen lassen, in welchem er eine Überarbeitung des Amnestiebeschlusses forderte. Der Präsident machte geltend, die Duma habe eine Begnadigung statt einer Amnestie beschlossen; sie habe zwar nach der

Verfassung das Recht, Amnestien auszusprechen, das Recht zur Begnadigung liege jedoch beim Präsidenten. Der Text der Entschließung der Duma war in der Zeitung „Rossijskaja Gaseta", die dem Parlament verpflichtet ist, veröffentlicht worden; damit war eine der rechtlichen Voraussetzungen für sein Inkrafttreten erfüllt. Die Amnestie galt auch für die wegen des Putsches gegen den vormaligen sowjetischen Präsidenten Gorbatschow vom August 1991 Angeklagten, die freilich schon vor Beginn des Prozesses alle auf freien Fuß gesetzt worden waren, sowie für die Anführer einer gewalttätigen Demonstration am 1. Mai 1993 und für etwa 20 000 Personen, die wegen Verstößen gegen die Wirtschaftsgesetze der früheren Sowjetunion verurteilt worden waren.

## Jelzin will den starken Staat

Vor diesem Geschehen hatte der bedrängte Jelzin den Aufbau eines „starken russischen Staates" im Innern wie nach außen zum Leitmotiv seines Berichts über die Lage der Föderation gemacht, den er vor beiden Häusern des Parlaments abgab. Zugleich warb er bei den ihm mehrheitlich kritisch oder ablehnend gegenüberstehenden Deputierten um Eintracht und Zusammenarbeit zum Nutzen eines erstarkenden und sich seiner Weltgeltung bewußten Rußlands auf der Grundlage der neuen Verfassung.

Die Forderung nach dem starken Staat, ohne den es keinen „zivilisierten Markt", keine Demokratie und keine Kultur gebe, hatte er als eine der Hauptaufgaben der russischen Politik genannt. Das schließe die Bekämpfung der Kriminalität ein. Vorrang habe auch der Schutz der Interessen der 25 Millionen Russen, die im sogenannten „nahen Ausland", den früheren Republiken der Sowjetunion, leben, und zwar „nicht durch Worte, sondern durch Taten". Zu weiteren wichtigen Zielen erklärte Jelzin die Fortsetzung der Wirtschaftsreform, eine auf den Prinzipien internationaler Partnerschaft und der Wahrung der nationalen Interessen Rußlands beruhende Außenpolitik sowie die Herstellung von Recht und Ordnung auf gesetzlicher Grundlage und die Konsolidierung des föderativen Staatsaufbaus.

Die Rede des Präsidenten war nach langem Schweigen die erste politisch-programmatische Stellungnahme Jelzins seit der Parlamentswahl vom 12. Dezember 1993. Der Text bot wenig Angriffsflächen. Er wirkte aber insgesamt wenig inspirierend; zu vielen Themen blieb die Botschaft zweideutig. Typisch waren Aussagen über den wirtschaftspolitischen Kurs, über den seit dem Ausscheiden der Reformer Gajdar und Fjodorow aus der Regierung Tschernomyrdin Unklarheit herrscht. Nach der Zusicherung, daß er die 1992 begonnene und trotz mancher Fehler im Prinzip richtige Wirtschaftsreform verteidigen werde, solange er Präsident sei, fuhr Jelzin fort: „Der größte Fehler, der heute gemacht werden kann, wäre, die Gesellschaft vor eine falsche Wahl zu stellen – entweder die frühere Staats- und Kommandowirtschaft oder den sogenannten reinen, vom Staat absolut unabhängigen Markt." Beides sei für Rußland und die russische Wirtschaft gleichermaßen ruinös. Es gelte, „ein vernünftiges Verhältnis zwischen dem Tempo der Reformen und den realen sozialen Kosten" zu finden. Ohne einen starken Staat und eine (bisher fehlende) staatliche Struktur- und Investitionspolitik gebe es keinen Ausweg aus der schweren Wirtschaftskrise.

In den Passagen zur Außenpolitik merkte der Präsident an, daß es bisher einen Mangel an russischen „Initiativen" und „kreativen Ansätzen" gegeben habe; der diplomatische Erfolg in Bosnien sei „leider" die Ausnahme. Er deutete aber auch eine Abkehr von (im Westen bis dato positiv vermerktem) Ausgleich an. Die „einseitigen Konzessionen" gingen zu Ende. Das gelte besonders für die Verteidigungsausgaben, über die ja auch die wissenschaftliche Forschung oder der Wohnungsbau für Offiziere und ihre Familien finanziert würden. Auch im internationalen Waffenhandel werde man künftig mehr auf die eigenen Interessen achten. Priorität habe indes die Nichtverbreitung der Massenvernichtungswaffen und der modernen Militärtechnik. Rußland trete für eine Partnerschaft in den Beziehungen zu anderen Staaten ein; doch müsse sie auf wirklicher Zusammenarbeit und nicht nur auf dem Austausch von Höflichkeiten beruhen. Rußland lehne eine „Expansion der Nato durch die Aufnahme anderer europäischer Länder ohne Rußland" jedoch ab. In diesen Passagen zeigte sich bereits deutlich die Rückkehr zu jenem Großmachtanspruch, den Moskau auch in den Verhandlungen mit der Nato gewahrt wissen will.

Dieser Anspruch wird auch gegenüber den unmittelbaren Nachbarstaaten erhoben. Im sogenannten „nahen Ausland", dem Gebiet der früheren Sowjetunion, sei Rußland die einzige Macht, die mit Friedenstruppen ordnend in ethnische Konflikte eingreifen könne, sagte Jelzin. „Ständige

Aufmerksamkeit" müsse der „Diskriminierung" der in anderen Staaten lebenden Russen geschenkt werden. Das war vor allem an die baltischen, aber auch an die zentralasiatischen Staaten und an die Ukraine gerichtet. Und er wies damit bereits „legitimierend" auf den Tschetschenien-Krieg voraus.

Jelzins Einlassungen waren Ausfluß der Ergebnisse der Wahl vom 12. Dezember 1993. Daraus gingen die „alten", extrem russisch-nationalistischen, national-kommunistischen und militant-chauvinistischen Kräfte als Gewinner hervor. Wegen der Niederlage der demokratisch-reformerischen Gruppierungen und Parteien halten westliche Rußlandkenner die Bildung einer neuen Partei in Rußland für möglich, wie sie Ministerpräsident Tschernomyrdin im Mai 1995 gründete, die sich um den Präsidenten schart, sofern der auch für die Zeit nach 1996 (Ablauf der Amtszeit) noch einmal anzutreten gewillt ist. Das wird gewiß auch von seinen gesundheitlichen Problemen abhängen, die kaum noch zu übersehen sind. Insofern bietet sich Tschernomyrdin als Nachfolger an.

Die Stimmen für den Nationalisten Schirinowskij sind damit zu erklären, daß sieben antikommunistische Parteien, die als „Weiße Patrioten" für die Wiedergeburt eines großen Rußland eintreten, nicht zu den Wahlen zugelassen waren, weil sie Wahlrechtsanforderungen nicht erfüllen konnten. Die Stimmen ihrer potentiellen Wähler sind wohl Schirinowskij zugute gekommen. Zu ihnen gesellten sich traditionelle Nationalisten, wie sie auch in anderen demokratischen Gesellschaften vorkommen, und ein Teil der alten und neuen „Mittelklasse" aus Technik und Industrie. Das sind Leute, die es leid sind, auf die Unterstützung der Machthaber zu warten; daher könnten sie diese mit Hilfe des radikalen Populisten Schirinowskij erzwungen haben wollen.

Der Wahlerfolg Schirinowskijs ist vor allem ein Hinweis auf die Popularität eines einzelnen. Falls dieser auf irgendeine Weise von der politischen Bühne verschwindet, beispielsweise durch Aufdeckung dunkler Kontakte, könnte von einem bedeutsamen Einfluß auf die Präsidentenwahlen 1996 kaum mehr die Rede sein. In nächster Zeit wird die Partei Schirinowskijs wohl versuchen, sich den Wählerstamm zu erhalten, den sie mehr oder weniger zufällig gewonnen hat. Dazu wird sie bemüht sein, ein breitgefächertes Netz von Grundorganisationen zu schaffen, dabei aber vermutlich an finanzielle und personelle Grenzen stoßen. Außerdem gibt es in der „Liberal-Demokratischen Partei" Schirinowskijs zwei

Flügel, von denen der eine zur linken Ecke des Parteienspektrums tendiert: zur Kommunistischen Partei, aus der sich ursprünglich die Mitglieder rekrutierten. Der andere gilt als antikommunistisch und tendiert zu den traditionellen Nationalisten, Ultrapatrioten und Monarchisten, die zum Teil mit Jelzin sympathisieren. Dem Kampf zwischen diesen beiden Flügeln könnte Schirinowskij selbst zum Opfer fallen.

Auch die „Kommunistische Partei der Russischen Föderation" (KPRF) hat zwei Flügel, deren einer die „Roten Patrioten" unter dem Parteiführer Sjuganow umfaßt, während der andere mit seinem Stellvertreter Kupzow an der Spitze zum eher „sozialdemokratischen" Spektrum gerechnet wird; er tendiert zu Gorbatschow. Die KPRF mußte von ihrer früheren Behauptung abrücken, die neue Verfassung sei illegal und die Parlamentswahl sei verfassungswidrig. Es könnten Anschuldigungen der Fundamentalisten aus der kommunistischen Bewegung, die Partei sei sozialdemokratisch, dazu führen, daß Sjuganow seinen Posten als Vorsitzender des zentralen Exekutivkomitees räumen muß. Deshalb gilt es als möglich, daß die KPRF alsbald wieder radikalere Positionen vertritt, um damit die orthodoxen Kommunisten zu neutralisieren.

Außerhalb des Parlaments stehen die „Rußländische Kommunistische Arbeiterpartei" und die „Allunionspartei der Bolschewiken", die der neugebildeten „Rußländischen Kommunistischen Union" beigetreten sind. Diese Gruppierung am äußersten Rand ist etwa ebenso stark wie die im Parlament vertretene KPRF. Sowohl die „Rußländische Kommunistische Union" als auch die „Kommunistische Partei der Russischen Föderation" möchten Einfluß auf das gesamte linke Spektrum und die reformfeindlichen Wähler gewinnen. Es ist mit Versuchen der nicht im Parlament vertretenen Linksparteien zu rechnen, ihre Autorität bei den reformfeindlichen Bevölkerungsteilen mit außerparlamentarischen Aktivitäten wie Massendemonstrationen zurückzugewinnen. Noch bedeutsamer dürften ihre Versuche werden, die KPRF und die Agrarpartei zu radikalisieren. Die gegenüber Jelzins Reformversuchen oppositionelle Agrarpartei steht zwischen den im Parlament vertretenen Kommunisten unter Sjuganow und den stalinistisch geprägten außerparlamentarischen Kommunisten.

Der demokratische Block „Rußlands Wahl" um den früheren (stellvertretenden) Ministerpräsidenten Gajdar hätte, falls er im Parlament die Mehrheit gewonnen hätte, Jelzin veranlassen können, sich ihrem Reformkurs anzuschließen. Jetzt behalten sich Politiker des Blocks das Recht zur mindestens punktuellen Opposition vor. Die Rivalität zwischen Gajdar und Ministerpräsident Tschernomyrdin um Jelzins Nachfolge bestimmt das Klima; starke Rivalen sind die Extremisten Schirinowskij und Ruzkoj. Es ist kaum möglich, daß „Rußlands Wahl" alle demokratischen Fraktionen im Parlament zu einer Koalition zusammenfassen kann. Zwei ungleiche Teile existieren im Block „Rußlands Wahl": das ehemalige „Demokratische Rußland" mit besonders weitreichenden Reformvorstellungen und etliche Splittergruppen um Jelzins ehemaligen Berater Burbulis. Nach bisherigen Analysen würde der Versuch, auf dieser Grundlage eine ernstzunehmende Partei zu gründen, zwischen diesen Gruppierungen vermutlich einen Wettkampf um Einfluß herbeiführen, der den Zerfall des Blocks zur Folge haben könnte. Auch der Block um den gemäßigten Reformer Jawlinski und andere ist gespalten. Doch scheinen Jawlinski und Schachraj mit ihren Erfolgen bei der Listenwahl auf Kandidaturen bei der Präsidentenwahl zu setzen.

Weil keine der politischen Kräfte im Parlament bestimmendes Gewicht hat und mit stabilen Koalitionen nicht zu rechnen ist, bilden sich bei Abstimmungen über Einzelfragen jeweils Bündnisse und Blöcke. Gelegentlich wirken bei der Erörterung innenpolitischer Fragen und des Staatsaufbaus die demokratisch gesinnten Fraktionen, vor allem „Rußlands Wahl", sogar mit Schirinowskijs Fraktion zusammen. Damit könnten Präsident und Regierung selbst beim Widerstand der Agrarpartei und der Kommunisten bestimmte Entscheidungen durchsetzen. Dagegen ist in der Außenpolitik mit Blockaden der Regierungslinie bei Parlamentsabstimmungen durch die Kommunisten und Schirinowskijs Abgeordnete zu rechnen. In Wirtschaftsfragen dürften sich die einzelnen Fraktionen beweglich verhalten. Dann besteht die Chance, daß die Regierung jeweils Entscheidungen in ihrem Sinne aushandeln kann. Es gilt als möglich, daß zahlreiche Abgeordnete zu irgendeinem Zeitpunkt die Legitimität der neuen Verfassung anfechten, weil sie ihnen nur begrenzte Vollmachten einräumt. Diese Frage könnte zu einer der wenigen werden, in der sich die Mehrheit der Abgeordneten aufgrund von Gruppeninteressen zusammenschließt. Insgesamt sind die Möglichkeiten Jelzins und der Regierung wegen der Zersplitterung des Parlaments und der notfalls korrigierenden Wirkungen des Föderationsrats, der zweiten Kammer, als nicht durchweg ungünstig zu bewerten. Um so wichtiger wird die Kursbestimmung des Präsidenten und des Ministerpräsidenten.

„Rußlands Wahl" stellt im Unterhaus des neuen Parlaments, in der Staatsduma, die stärkste Fraktion. Ihr folgen die nationalistischen „Liberaldemokraten" Schirinowskijs und die Kommunisten. Von den etwas mehr als 106 Millionen Wahlberechtigten hatten gut 58 Millionen (54,8 Prozent) über die 225 Sitze der Duma abgestimmt. Fast 2,3 Millionen Wähler hatten auf den Wahlzetteln „Gegen alle Listen" angekreuzt. Von den 13 Parteien und Blöcken, die sich an den Wahlen beteiligten, hatten acht die Fünf-Prozent-Hürde übersprungen und waren damit in der Staatsduma.

Stärkste Fraktion bei der Listenwahl wurden die „Liberaldemokraten" mit 22,8 Prozent und 59 Mandaten. Schirinowskijs Partei folgt die Bewegung „Rußlands Wahl" unter Gajdar mit 15,9 Prozent (40 Mandaten). Drittstärkste Kraft wurde die „Kommunistische Partei Rußlands" unter Sjuganow mit 12,4 Prozent (32 Mandate). Danach kam die Bewegung „Frauen Rußlands" mit 8,1 Prozent (21 Mandate). An fünfter Stelle lag die „Agrarpartei" mit 7,9 Prozent (21 Mandate). Der Reformerblock „Jawlinski-Boldyrjew-Lukin" erhielt 7,8 Prozent und 20 Mandate, die „Partei Russische Einheit und Eintracht" des vormaligen Vizepremiers und Nationalitätenministers Schachraj kam auf 6,8 Prozent und 18 Mandate, die „Demokratische Partei" Trawkins auf 5,5 Prozent und 14 Mandate.

Bei der Direktwahl von 225 Abgeordneten führte „Rußlands Wahl" mit 56 Mandaten. Ihr folgten die Kommunisten mit 33, die Agrarpartei mit 26 und die „Bürgerunion" mit 18 Sitzen. Die „Liberaldemokraten" hatten elf Mandate erhalten und lagen damit an sechster Stelle. Unabhängige Direktkandidaten erhielten 27 Mandate. Stärkste Fraktion ist daher in der Duma „Rußlands Wahl" mit 96 Sitzen. Die „Liberaldemokraten" sind mit 70 und die Kommunisten mit 65 Mandaten im Parlament. Die Kommunisten, die Agrarier und die Demokratische Partei einigten sich auf eine Zusammenarbeit und mögliche Koalition im Parlament. Sie verfügen über 123 der 450 Sitze in der Staatsduma. Die Radikaldemokraten und Reformer mit zusammen 155 Sitzen sind zu einer Koalition nicht bereit.

## Jelzins Verfassung

Die neue Verfassung der Russischen Föderation, über die zusammen mit der Parlamentswahl in einem Referendum abgestimmt wurde, gibt dem Präsidenten des Landes umfassende Rechte und Vollmachten. Sie stärkt, im Vergleich zu früheren Entwürfen, auch die Macht der Zentralgewalt gegenüber den Regionen, Republiken und Gebieten Rußlands und postuliert die Gleichberechtigung aller 89 „Subjekte der Föderation". Ein ausführlicher Abschnitt gilt den Menschen- und Bürgerrechten.

In den „Schluß- und Übergangsbestimmungen" war festgelegt worden, daß das aus Staatsduma und Föderationsrat bestehende Zweikammernparlament nur ein Mandat von zwei Jahren hat; in der Verfassung selbst sind jeweils Wahlperioden von vier Jahren vorgesehen. Außerdem heißt es in den Übergangsbestimmungen, daß der amtierende, nach der alten Verfassung gewählte Präsident seine Vollmachten aufgrund der neuen Verfassung vom Tage ihres Inkrafttretens an „bis zum Ablauf der Frist, für die er gewählt worden ist", ausübt. Damit ist Jelzin verfassungsrechtlich die Möglichkeit gegeben, bis zum Juni 1996 im Amt zu bleiben. Erst kurz vor dem Referendum war er selbst von dem ursprünglichen Plan vorgezogener Präsidentenwahlen am 12. Juni 1994 abgerückt und hatte gesagt, er wolle lieber bis 1996 im Amt bleiben, dann nicht wieder kandidieren und bis dahin einen geeigneten Nachfolger heranziehen.

Nach der neuen Verfassung ist der Präsident unbestritten die erste und stärkste Macht im russischen Staat. Er ist Staatsoberhaupt, bestimmt die „Hauptrichtlinien der Innen- und Außenpolitik" und spielt die entscheidende Rolle bei der Bildung und Entlassung der Regierung und einzelner ihrer Mitglieder. Er garantiert die Verfassung sowie die Menschen- und Bürgerrechte, schützt die „Souveränität, Unabhängigkeit und staatliche Integrität" Rußlands und sorgt für das „einvernehmliche Funktionieren und Zusammenwirken der Organe der Staatsmacht". Er ist Oberbefehlshaber der Streitkräfte und ernennt oder entläßt die Führung des Militärs. Er schlägt dem Parlament den Zentralbankpräsidenten und die Richter der höchsten Gerichte vor und bestätigt in Abstimmung mit den zuständigen Parlamentsausschüssen die Diplomaten des Landes. Er kann die Duma auflösen und vorzeitige Wahlen ausschreiben, darf Volksabstimmungen ansetzen und für die gesamte Föderation gültige Verordnungen erlassen.

Hauptaufgabe der Staatsduma ist die Gesetzgebung für die Föderation. Der Präsident ernennt mit ihrer Zustimmung den Ministerpräsidenten. Lehnt die Duma dreimal den vorgeschlagenen Kandidaten ab, „ernennt der Präsident den Vorsitzenden der Regierung der Russischen Föderation, löst die Staatsduma auf und schreibt neue Wahlen aus" (Artikel 111,4). Andere Mitglieder des Kabinetts werden vom Präsidenten auf Vorschlag des Regierungschefs – aber ohne Mitwirkungsrechte der Duma – berufen oder entlassen. Die Duma hat zwar das Recht, der Regierung mit einfacher Mehrheit ihr Mißtrauen auszusprechen; doch der Präsident entscheidet, ob er daraufhin die Regierung entläßt oder nicht. Kommt es binnen dreier Monate zu einem zweiten erfolgreichen Mißtrauensantrag, hat er die Wahl, entweder eine neue Regierung zu bilden oder die Duma aufzulösen und vorzeitige Wahlen auszuschreiben (Artikel 117,3). Die enge Bindung zwischen Präsident und Regierung kommt auch darin zum Ausdruck, daß er selber die Sitzungen des Kabinetts leiten kann.

Die Alleinherrschaft Jelzins nach dem Einsatz des Militärs gegen die Reste des reformfeindlichen Obersten Sowjets und seine Anhänger führte dazu, daß viele Kompromisse, die aus politisch-taktischen Rücksichten vorher eingegangen werden mußten, nicht mehr nötig waren. Das kam im Blick auf die neue Verfassung vor allem den Bestimmungen über den Aufbau der Föderation zugute. Der in früheren Entwürfen aufscheinende Gegensatz zwischen der Souveränität der Russischen Föderation und der der Republiken wurde getilgt, indem nun von „souveränen Republiken" nicht mehr die Rede und der Föderationsvertrag, in dem diese Formulierung ebenfalls enthalten war, nicht mehr Bestandteil der Verfassung ist. Unzweideutig heißt es in Artikel 4: „Die Souveränität der Russischen Föderation erstreckt sich auf ihr gesamtes Territorium. Die Verfassung der Russischen Föderation und föderale Gesetze haben Vorrang auf dem gesamten Territorium der Russischen Föderation. Die Russische Föderation sichert die Ganzheit und Integrität ihre Territoriums." Die Föderation wird von 89 Subjekten gebildet; diese sind in ihren „Beziehungen zu den föderalen Organen der Staatsmacht gleichberechtigt".

Unter den Subjekten wird unterschieden nach: 21 Republiken (einschließlich der Kaukasus-Republik Tschetschenien, die trotz ihrer Unabhängigkeitserklärung im Text genannt wird und somit unter die vom Präsidenten notfalls mit Waffengewalt zu erzwingende territoriale Integrität Rußlands fällt), sechs Regionen, 49 Gebieten, den Städten Moskau und Sankt Petersburg sowie 11 autonomen Körperschaften. Die nationalen Republiken – oft nach Territorium und Bevölkerungszahl kleiner und wirtschaftlich unbedeutender als viele Gebiete – werden weiterhin als „Staaten" gekennzeichnet und zusätzlich dadurch hervorgehoben, daß ihnen eine eigene Verfassung und ihre eigene Staatssprache neben dem Russischen zugestanden wird. Andere staatliche Attribute, wie etwa eine eigene Staatsbürgerschaft, sind ihnen genommen worden. Zugleich ist der Status der anderen Subjekte durch die Bestimmung angehoben worden, daß sie nun auch ein verfassungsähnliches „Statut" und ihre eigene Gesetzgebung haben dürfen. Die überbordenden Sonderrechte aus dem Föderationsvertrag werden außerdem durch die elegante Formulierung in den Übergangsbestimmungen eingeschränkt, wonach Widersprüche zwischen der Verfassung und dem Föderationsvertrag automatisch zugunsten der Verfassung entschieden werden. Der Präsident kann darüber hinaus Beschlüsse von Machtorganen der Subjekte der Föderation vorübergehend außer Kraft setzten, wenn sie der Verfassung widersprechen; die endgültige Entscheidung darüber fällt das Verfassungsgericht.

Die Verfassungs Jelzins beruht auf einem früheren Text, den der Sankt Petersburger Bürgermeister und Jurist Sobtschak zusammen mit anderen Fachleuten als Alternative zu dem vom Verfassungsausschuß des früheren Obersten Sowjets ausgearbeiteten Entwurf vorbereitet hatte. Der Entwurf war in überarbeiteter Form als Präsidentenentwurf eingebracht worden. Eine von Jelzin einberufene Verfassungskonferenz hatte im Juni und im Juli 1993 – freilich von Anhängern und Vertrauten des Präsidenten in seinem Interesse gesteuert  versucht, einen Kompromiß zwischen dem Entwurf des Präsidenten und dem des Obersten Sowjets zustandezubringen. Umstritten war jedoch die Frage der Annahme des Textes, da Jelzin und seine Mitarbeiter das eigentlich dafür zuständige Verfassungsorgan, den mehrheitlich reformfeindlichen Kongreß der Volksdeputierten, umgehen wollten, es dafür aber keine ausreichende Unterstützung gab. Nach der am 21. September per Präsidialukas angeordneten Auflösung des Obersten Sowjets und des Deputiertenkongresses und der Erstürmung des Weißen Hauses am 4. Oktober war Jelzin, nach eigenem Verständnis, aufgrund des Referendums vom April 1993 die einzig legitime Macht im Staate; dazu gehöre auch das Recht, eine neue Verfassung zu stiften. Der im Juli 1993 von der Verfassungskonferenz gebilligte Entwurf wurde von den beiden Kammern der Konferenz noch einmal überarbeitet und schließlich nach letzten Korrekturen, die Jelzin sich selbst vorbehalten hatte, fertiggestellt und veröffentlicht.

## Der Weg zum Putsch

Jelzin hatte den Sturm auf das Weiße Haus angeordnet, nachdem mehrere tausend prokommunistische Demonstranten die von den Sicherheitskräften um das Weiße Haus errichteten Absperrungen durchbrochen und versucht hatten, mehrere Gebäude in Moskau zu besetzen. Bei dem Versuch der Verteidiger des Weißen Hauses, das Fernsehzentrum Ostankino zu erobern, kam es zu einer erbitterten Schießerei, bei der nach damaligen Angaben zwischen 18 und 30 Personen den Tod fanden. Nach Angaben der Moskauer Gesundheitsbehörden wurden 192 Menschen verletzt. Das russische Innenministerium ergänzte, daß bei der Erstürmung der ersten vier Etagen des Weißen Hauses weitere 20 Personen getötet worden seien.

Der Präsident Jelzin hatte in einer Fernsehrede an die Nation den Einsatz der Armee gerechtfertigt: die bewaffnete Opposition habe in der Nacht die Macht in der Stadt mit allen Mitteln an sich reißen wollen. „Diejenigen, die sich gegen eine friedliche Stadt gestellt und ein Blutbad entfesselt haben, sind Verbrecher. Alles, was jetzt in Moskau geschieht und noch geschieht, ist von kommunistischen Revanchisten, faschistischen Anführern und einem Teil der ehemaligen Deputierten, den Vertretern der Sowjets, entfesselt worden", sagte der Präsident.

Dem entscheidenden Vorgehen waren wochenlange Verhandlungen vorausgegangen. Verteidigungsminister Gratschow hatte die im Gebäude verbliebenen Bewaffneten zur bedingungslosen Kapitulation aufgefordert. Nach der gewaltsamen Erstürmung des Sicherheitskordons um das Weiße Haus durch etwa 10 000 nationalkommunistische Demonstranten hatten Ruzkoj und Chasbulatow zum Angriff auf Ostankino und auf das Moskauer Bürgermeisteramt aufgerufen. Jelzin hatte daraufhin den Ausnahmezustand über Moskau verhängt. Die Zeitungen „Prawda", „Rabotschaja Tribuna", „Glasnost" und „Narodnaja Gaseta" waren mit der Begründung verboten worden, ihre Gründer bzw. Leiter seien an den Rechtsverstößen in Moskau beteiligt gewesen. Zuvor hatte Patriarch Alexii II. von Moskau und ganz Rußland einen letzten Versuch unternommen, durch Verhandlungen Blutvergießen zu verhindern. Im

Danilow-Kloster, dem Sitz des Oberhaupts der Russischen Orthodoxen Kirche, fanden Gespräche zwischen Vertretern Jelzins und Abgesandten der im Obersten Sowjets Ausharrenden über eine Entschärfung der Konfrontation statt. „Grundzüge einer prinzipiellen Übereinkunft" waren sodann allerdings von den im Weißen Haus zurückgebliebenen Volksdeputierten zurückgewiesen worden. Mitglieder des Kabinetts hatten überdies das Land bereist, um auf Regionalkonferenzen vor Vertretern der dortigen Sowjets und Exekutivorgane für die Position des Präsidenten zu werben und die Stimmung in der russischen Provinz zu testen. In Moskau war alles vergeblich.

Die Entschlußlosigkeit des russischen Präsidenten Jelzin hatte am 21. September 1993 ein Ende. In einer Fernsehansprache an die Nation hatte er bekanntgegeben, daß er per Dekret den Obersten Sowjet, das ständig tagende Parlament, und den Kongreß der Volksdeputierten, das höchste Verfassungsorgan, für aufgelöst erklärt habe. Die Mehrheit des Obersten Sowjets setze sich über den Willen des Volkes hinweg. Im Obersten Sowjet habe eine Gruppe die Macht an sich gerissen, die Rußland in den Abgrund führen wolle.

Der parlamentarische Hauptgegner Jelzins, Chasbulatow, hatte eilends eine Sondersitzung des Obersten Sowjets einberufen, auf der sich der von Jelzin suspendierte Vizepräsident Ruzkoj zum Staatsoberhaupt und Jelzin für abgesetzt erklärte: „Gemäß der Verfassung nehme ich die Arbeit als russischer Präsident auf." Indes hatte Jelzin noch in derselben Nacht die Regierung reorganisiert. Den stellvertretenden Regierungschef Schumejko setzte er wieder in sein Amt ein. Ferner holte er den im Dezember 1992 auf Druck des Parlaments entlassenen Ministerpräsidenten Gajdar wieder zurück und ernannte ihn zum Ersten Stellvertreter Ministerpräsident Tschernomyrdins und zum Wirtschaftsminister.

Tschernomyrdin hatte ebenso wie Verteidigungsminister Gratschow und Innenminister Jerin eine Loyalitätserklärung für den Präsidenten abgegeben. Ruzkoj hingegen, der „Gegenpräsident", hatte Wiktor Barannikow in das Amt des Sicherheitsministers wiedereingesetzt, aus dem ihn Jelzin zwei Wochen zuvor entfernt hatte. Zum „Gegen-Innenminister" ernannte er Andrej Fjodorowitsch Dunajew, einen Gefolgsmann Chasbulatows, der während des Augustputschs 1991 stellvertretender Innenminister und Gefolgsmann Jelzins war. Und Generaloberst Wladislaw Aleksejewitsch Atschalow war zum „Gegen"-Verteidigungsminister ernannt worden. Damit war die Doppelherrschaft, die zuvor schon den ohnehin schwachen russischen Staat lahmlegte, perfekt gewesen: Jede Seite verwarf per Dekret die jeweiligen Anordnungen der Gegenseite.

Wie konnte es dazu kommen? Die eingeleiteten Reformen hatten an die Grundfesten des zentralstaatlich gelenkten Verteilungsapparats mit all seinen aus dem Sowjetsystem herrührenden Pfründen- und Patronagestrukturen, kurzum: an die Herrschaft der Nomenklatura, gerührt. Die war sowohl im Obersten Sowjet, dem ständig tagenden „Parlament", als auch im Volksdeputiertenkongreß, dem höchsten Verfassungsorgan Rußlands, erhalten geblieben; denn deren Mitglieder waren noch nach den Regularien von „Wahlen" auf der Grundlage der alten Verfassung aus der Breschnew-Zeit bestimmt worden.

Der Sowjetismus war trotz der formellen Auflösung der Sowjetunion am 31. Dezember 1991 vor allem personell hinübergerettet worden in die Russische Föderation. Lediglich Jelzin hatte für sein Amt demokratische Legitimation aus einer Volkswahl beanspruchen können; er hatte im Juni 1991 57,3 Prozent der Stimmen erhalten. Getragen von diesem Vertrauenserweis, versprach er bei der Amtseinführung im Beisein des damaligen sowjetischen Präsidenten Gorbatschow die „Wiederauferstehung Rußlands" und eben „radikale demokratische und wirtschaftliche Reformen". Sie durchzusetzen hatte er den Ökonomen Gajdar beauftragt, der einen Teil seiner Ausbildung in den Vereinigten Staaten erhalten hatte und keinen Hehl daraus machte, daß sein Reformkonzept in enger Fühlung mit amerikanischen Wirtschaftsfachleuten erarbeitet werde.

Boris Nikolajewitsch Jelzin war aus dem gescheiterten Augustputsch des selbsternannten Staatskomitees unter dem einstigen Vizepräsidenten Janajew und dem KGB-Chef Krjutschko gegen den auf der Krim weilenden Gorbatschow als neuer „starker Mann" hervorgegangen. Unvergessen sind jene Bilder, wie Jelzin in Moskau einen Panzer besteigt und seine Anhänger aufruft, sich den Frondeuren und ihren Helfern – Teilen des Militärs – entgegenzustellen. Das „Weiße Haus", das russische Parlamentsgebäude, war damals zum Hort der „Verteidigung der Freiheit" geworden, Jelzins später erbittertste Widersacher, der Tschetschene Ruslan Chasbulatow und der Luftwaffengeneral des Afghanistan-Krieges, Alexander Ruzkoj, hatten sich auf seine Seite geschlagen und zusammen mit aufgeschlossenen Militärkommandeuren bewirkt, daß die auf Moskau zufahrenden Verbände gestoppt wurden, Jelzin nicht festgesetzt wurde und nach zwei Tagen und Nächten der Wirren Gorbatschow von seinem Urlaubsdomizil auf der Krim zurückkehren konnte. Bis heute ungeklärt ist die wirkliche Rolle Gorbatschows in jenen heißen Augusttagen 1991; es gibt ernstzunehmende Indizien und Hinweise darauf, daß er selbst über die Verhängung des Ausnahmezustands sinniert und das Vorgehen des von seinem Stellvertreter geführten Komitees stillschweigend gebilligt haben mochte.

Der Besonnenheit der Verteidiger des „Weißen Hauses" war es auch zu verdanken gewesen, daß es nicht zu einem Blutbad gekommen – obwohl es wenige Tote zu beklagen gab – und der Aufstand rasch zusammengebrochen war. Der populäre Sieger Jelzin untersagte daraufhin der seit 70 Jahren allmächtigen KPdSU die weitere Tätigkeit, löste deren Führung auf und ließ das Parteivermögen beschlagnahmen.

Mehr und mehr demütigte er auch Gorbatschow, der wohl noch immer daran geglaubt haben mochte, das System könne unter Wahrung der führenden Kraft des Staates, der Partei, „reformiert" werden. Einen schwerwiegenden Fehler beging der russische Präsident allerdings, als er es versäumte, damals den sowjetischen und den russischen Volksdeputiertenkongreß aufzulösen und sofort Parlamentswahlen auszurufen. Statt dessen hatte er nach mehreren Anläufen im November 1991 seinen Kandidaten Chasbulatow als Vorsitzenden des Obersten Sowjets durchgesetzt.

Zum Ende des Jahres erklärten Jelzin, der weißrussische Parlamentspräsident Schuschkjewitsch und der Ukrainer Krawtschuk in Minsk die Sowjetunion für aufgelöst. Zusammen mit dem Kasachen Nasarbajew begründeten sie die Gemeinschaft Unabhängiger Staaten (GUS), der aber nicht alle früheren Sowjetrepubliken, die sich nach und nach für unabhängig und souverän erklärten, beitraten.

Der Volksdeputiertenkongreß gestand Jelzin außerordentliche Sondervollmachten zur Reform der Wirtschaft zu. Der Präsident übernahm selbst die Führung der Regierung. Im Januar 1992 verkündete er erste Reformschritte, die unter Gajdars Planung zustande kommen sollten. Zentraler Punkt war die sofortige Freigabe der Preise, somit die Abschaffung des zentralen Kontrollkomitees; die Unternehmen durften selbständig über Ein- und Verkauf bestimmen und in Eigenverantwortung kalkulieren und produzieren. Vorgesehen war die allmähliche Privatisierung der Schlüsselindustrie und die Umstellung der Schwerindustrie von der Rüstungs- auf die Gebrauchsartikelproduktion. Das sollte über Gajdars „500-Tage-Programm" auf den Weg gebracht werden.

Vor allem die Folgen des „Preisschocks" führten zu erheblichem Unmut in einer völlig unvorbereiteten und weitgehend lethargischen Gesellschaft. Schon in Erwartung des Kommenden wurden Güter des täglichen Bedarfs von potentiellen Geschäftemachern, die sich größtenteils aus dem Reservoir der Parteikader rekrutierten, gehortet. In den staatlichen Läden war so gut wie nichts mehr zu haben. Überall schossen zwar Privatgeschäfte und Märkte aus dem Boden, doch die breite Masse konnte sich das dort in Fülle, aber zu hohen Preisen Angebotene kaum leisten. Rasch schnellten die wöchentlichen Teuerungsraten in die Höhe; die „Anpassung" der (staatlich verordneten) Mindestlöhne konnte damit nicht Schritt halten. Die Stimmung im Lande sank.

Es kam zu ersten Demonstrationen. Im Obersten Sowjet formierte sich Widerstand gegen die in Dekrete des Präsidenten gekleideten Verordnungen des Kabinetts. Schon im April 1992 mußte sich Jelzin dem Druck des Volksdeputiertenkongresses beugen und seinen engsten Vertrauten, Gennadij Burbulis, als stellvertretenden Regierungschef entlassen sowie Gajdar vom Amt entbinden. Erst als die Regierung geschlossen mit Rücktritt drohte, erhielt sie vom Kongreß das Mandat für weitere Reformen. Im Sommer gelang es Jelzin zwar noch einmal, seinen „Wirtschaftsarchitekten" zum amtierenden Regierungschef zu ernennen. Angesichts der hohen Inflation und des massiven Rückgangs der Produktion, angesichts auch der hohen Wirtschaftskriminalität bei Zunahme der allgemeinen Verbrechensrate verlangte aber der Volksdeputiertenkongreß im Dezember 1992 die „wirtschaftliche Kehrtwende" und das „Ende des Ausverkaufs des Volksvermögens".

Über die mit dem wirtschaftlichen Niedergang und der fehlenden Mehrheit für die Durchsetzung der Reformen einhergehende Verfassungsdiskussion zeichnete sich der Machtkampf immer deutlicher ab. Das „Parlament" versuchte, die Regierung der Kontrolle des Präsidenten zu entziehen. Gajdar mußte im Dezember 1992 endgültig gehen, an seine Stelle trat der frühere Funktionär Wiktor Tschernomyrdin. Jelzin konnte zwar dafür eine auf den 11. April angesetzte Volksabstimmung über die neue Verfassung durchsetzen. Chasbulatow berief aber im März abermals den Volksdeputiertenkongreß ein, der das Referendum verwarf und Jelzins Handlungsspielraum weitgehend einengte; vor allem wurde er der Möglichkeit beraubt, mittels Dekreten die aktuelle Tagespolitik zu bestimmen. Daraufhin drohte Jelzin am 20. März mit der Einführung einer begrenzten Präsidialherrschaft und setzt das Referendum auf den 25. April an. Am 27. März lenkte der Kongreß ein, nachdem zuvor ein Amtsenthebungsverfahren gegen Jelzin gescheitert war.

Aus der Volksabstimmung „über die Politik des Präsidenten" war Jelzin gestärkt hervorgegangen. 58,7 Prozent der Abstimmungsberechtigten sprachen ihm das Vertrauen aus. Allerdings erhielt er nicht die notwendige Mehrheit für die Neuwahl des Parlaments. Aus dieser Lage suchte sich Jelzin dadurch zu befreien, daß er im Juni jene „Verfassungsversammlung" einberief, an der sich nach anfänglichem Zögern und „Gegenentwürfen" für ein neues russisches Grundgesetz auch der Verfassungsausschuß des Volksdeputiertenkongresses beteiligte. Insgesamt wirkten 760 Vertreter der verschiedenen politischen Lager mit, unter ihnen auch je zwei Vertreter der Gebiete und der selbständigen Subjekte der Föderation. Der am 12. Juni verabschiedete Verfassungsentwurf auf der Grundlage einer Vorlage Jelzins und seines Präsidialrats sah die Bildung eines Zweikammernparlaments vor. Der Oberste Sowjet lehnte das Vorhaben ab und verwies auf die nächste Sitzung des Volksdeputiertenkongresses, der als höchstes Verfassungsorgan darüber zu befinden habe. Dort waren die Gegner der „eigenen Abschaffung" naturgemäß weit in der Überzahl.

Während sich Jelzin im Sommerurlaub befand, erließ das Parlament eine Reihe von Beschlüssen zur Revision wirtschaftlicher Reformmaßnahmen, um die „Spaltung der Gesellschaft" zu beenden. Außerdem verlangte es, führende Berater des Präsidenten wegen Korruption vor Gericht zu stellen. Am 12. August erklärte der Präsident, er werde mit allen Mitteln, notfalls unter Umgehung der Verfassung, eine Neuwahl des Parlaments durchsetzen. Doch „die entscheidende politische Schlacht in Rußland" komme im September, ließ er verlauten. Kaum jemand hatte damals die kryptische Andeutung verstanden.

Schließlich nahmen am 21. September 1993 die Dinge ihren Lauf. Entscheidend war, welche Haltung die bewaffnete Macht einnahm. Wie die Ereignisse zeigten, schlug sie sich denn doch auf die Seite des Präsidenten – nicht ohne dafür einen Preis zu verlangen. Jelzin lohnte es den Militärs, indem er in einer verbal auf Defensive gerichteten neuen Verteidigungsdoktrin die Rolle der Armee als Garantin der Sicherung der Ordnung nach Innen und Außen festlegte.

Trotz allem hat die Demokratie in Rußland eine neue Chance erhalten. Jelzin ist nicht zum rücksichtslosen, seine Macht mehrenden Diktator geworden; die von seinen Kritikern angestimmten, zuweilen von einem Anflug der Schadenfreude begleiteten Abgesänge auf eine an westlichen Maßstäben zu messende Entwicklung des Landes haben sich allerdings als vorschnell erwiesen. Wozu hat Jelzin seine Machtfülle genutzt? Er hat vor allem Wahlen und endlich eine Verfassung durchgesetzt. Und er hat sich bemüht, bis zur Bildung neuer legitimer Machtstrukturen möglichst wenig Zeit verstreichen zu lassen. Es sind auch in den Regionen neue, kleinere Parlamente gewählt worden, überdies fanden Kommunalwahlen statt. Das bedeutet, in Rußland wurden alle noch während des Bestehens der Sowjetunion gebildeten Machtorgane durch neu gewählte Institutionen ersetzt. Das schloß freilich nicht aus, daß in den Provinzen trotzdem wieder ein Teil der alten kommunistischen Nomenklatura an die Macht kam.

Mittelfristig ist manches Zugeständnis an die Kräfte des Beharrens und jene der Rechten zu erwarten. Außenpolitisch erwachsen daraus Gefahren. Anwandlungen großrussischer Machtgelüste, wie soeben militärisch in Tschetschenien, das Schwingen der Tatze des Bären, sind weiter zu gewärtigen. Auf dem Balkan sind russische Soldaten, wenn auch (noch) unter dem blauen Barrett der UN-Truppen, (wieder) präsent. Keine Frage, daß die Staaten Mittelost- und Osteuropas, die einst zum sowjetischen Glacis gehörten, mit Unmut das moskowitische Gerede vom „nahen Ausland" hören. Gewiß wird in Rußland nicht von einem Tag auf den anderen der große Sprung aus den Trümmern des einst die Weltrevolution propagierenden kommunistischen Systems zu einer Demokratie nach dem Westminster-Modell gelingen. Realisten werden sich auf einen langen, immer wieder gefährdeten Übergangsprozeß einstellen. Rückschläge sind nicht auszuschließen. An „Wirren" ist die tausendjährige Geschichte Rußlands reich.

Christiane Hoffmann

# „Moskowiter" und „Kleinrussen". Das russisch-ukrainische Verhältnis nach dem Ende der Sowjetunion

„Kein Russe, mit dem ich gesprochen habe, hat akzeptiert, daß die Ukraine wirklich unabhängig sein kann", schrieb Henry Kissinger nach einem Besuch der Gemeinschaft Unabhängiger Staaten (GUS) im Februar 1992. Dagegen hätten alle Ukrainer, vom ersten bis zum letzten, von der Gefahr des russischen Imperialismus gesprochen. Wenige Monate zuvor hatte sich die Ukraine, nachdem das alte System der Sowjetunion sich mit dem Augustputsch selbst liquidierte, am 24. August 1991 durch einen Parlamentsbeschluß zum unabhängigen Staat erklärt. Am 1. Dezember desselben Jahres bestätigten in einem Referendum 90 Prozent der Bewohner des Landes diesen Parlamentsbeschluß. Sie stimmten für die staatliche Selbständigkeit des weitaus größten europäischen Volkes, das – abgesehen von einem kurzen Intermezzo 1917/18 – jahrhundertelang keine eigene Staatlichkeit gekannt hatte. Bald darauf wurde der neue Staat zuerst von Polen und dann auch von den anderen Staaten der Weltgemeinschaft diplomatisch anerkannt.

Nur die Russen taten sich schwer. Bereits zwei Tage nach der ukrainischen Unabhängigkeitserklärung hatte das Presseamt Präsident Jelzins die Unverletzlichkeit der russisch-ukrainischen Grenzen in Frage gestellt, indem es verlauten ließ, diese müßten nach dem Ende der Sowjetunion neu gezogen werden. Man argumentierte, die unter den Bedingungen der Sowjetunion im September und November 1990 geschlossenen russisch-ukrainischen Abkommen, gemäß denen die beiden Republiken gegenseitig auf territoriale Ansprüche verzichteten, hätten mit der Unabhängigkeit der Ukraine ihre Gültigkeit verloren. Das Schockierende derartiger Äußerungen lag für die Ukraine vor allem darin, daß sie im Lager der russischen Demokraten laut wurden. Mit der Wirklichkeit der ukrainischen Unabhängigkeit konfrontiert, waren es nicht mehr allein die russischen Nationalpatrioten vom Schlage Solschenizyns, die Anhänger einer Union á la Gorbatschow und die unverbesserlichen Sowjetpatrioten, die imperialistische Töne anschlugen, sondern auch prominente Demokraten wie etwa die Bürgermeister Moskaus und St. Petersburgs, Gawriil Popow und Anatolij Sobtschak, die noch kurz zuvor Verbündete der ukrainischen Nationalbewegung gegen das alte Regime gewesen waren.

Die russische Ablehnung der ukrainischen Unabhängigkeit, die selbst Zeitungen wie die „Komsomolskaja Prawda" und die „Iswestija" ergriff, kann nur als Ausdruck jener politischen und kulturellen Identitätskrise verstanden werden, in die Rußland nach dem Ende des sowjetischen Imperiums und besonders durch den „Verlust" der Ukraine geraten ist. Diese Krise hat zum einen historische Gründe: Russen wie Ukrainer betrachten die Kiewer Rus' als Vorläufer ihrer Nationalstaaten, jenes erste ostslawische Großreich auf dem heutigen Gebiet der Ukraine, das im 9. Jahrhundert entstand, lange bevor der Aufstieg Moskaus seinen Anfang nahm. Bis ins 13. Jahrhundert war Kiew, die „Mutter der russischen Städte", politisches, wirtschaftliches und kulturelles Zentrum der Rus'. Die nationalgeschichtliche Inanspruchnahme entspricht freilich in keinem Fall der historischen Wirklichkeit, da zu dieser Zeit weder russische noch ukrainische Nationalkultur, -sprache oder -bewußtsein ausgeprägt oder gegeneinander abzugrenzen waren.

Zum anderen verstehen sich die Russen in ihrer Mehrzahl noch immer – wie schon im Zarenreich und zur Sowjetzeit – als zentrales Volk eines großrussischen Staates. Ausdruck dieser Haltung ist die Bezeichnung der Ukrainer als „Kleinrussen", ihre Einbeziehung in ein umfassenderes Russentum, innerhalb dessen ihnen die Rolle eines „kleinen Bruders" oder „Juniorpartners" zugewiesen wird. Umgekehrt versuchen die ukrainischen Nationalisten, die Russen aus der Tradition der Kiewer Rus' auszugrenzen, indem sie sie als „Moskowiter" bezeichnen. „Millionen von Russen sind überzeugt, daß es ohne die Ukraine nicht nur unmöglich ist, von Großrußland zu sprechen, sondern überhaupt von irgendeiner Art von Rußland", faßt Len Karpinskij, Herausgeber der „Moskowskije Nowosti" das russische Identitätsproblem zusammen.

In der ukrainischen Führung ist die Schwierigkeit, aber auch die Notwendigkeit, sich mit dem mächtigen Nachbarn im Nordosten zu arrangieren, stets erkannt worden. Rußland ist nach Ansicht des ehemaligen Präsidenten Krawtschuk für die Ukraine „das Problem aller Probleme". Hauptstreitpunkte zwischen beiden Ländern waren und sind die Rolle und Funktion der GUS, die Schwarzmeerflotte, die ukrainischen Atomraketen und immer wieder die Grenzen, besonders brisant im Falle der Krim. Die desolate wirtschaftliche Situation der Ukraine, ihre innere Zerrissenheit und die Unfähigkeit, die politischen Kräfte des Landes zur Konsolidierung der Unabhängigkeit und zu wirtschaftlicher Reformpolitik zu bündeln, haben dazu geführt, daß die Ukraine sich immer häufiger zum Nachgeben gezwungen sah. Von seiten des großrussischen Bären bedurfte es dabei kaum mehr als eines Tatzendrucks auf den Gashahn – zur Erinnerung an die wirtschaftliche Abhängigkeit der Ukraine von Rußland, woher sie 90 Prozent ihrer Energie bezieht.

### Die GUS – Konkursverwalter oder Konföderation?

Das Abkommen über die Gründung der GUS kam im Dezember 1991 auf Bestreben der Präsidenten Jelzin und Krawtschuk zustande. Der gerade vom Volk mit deutlicher Mehrheit zum ersten ukrainischen Präsidenten gewählte Krawtschuk – der „Fuchs", der sich im letzten Moment vom kommunistischen Parteifunktionär zum gemäßigten Nationalisten gewendet hatte – wußte dabei die Mehrheit der überwiegend national, aber nicht nationalistisch gesinnten Ukrainer hinter sich. Es herrschte ein breiter Konsens darüber, daß der Übergang von der Sowjetrepublik zum selbständigen Staat nur schrittweise geschehen konnte, wenn er gewaltfrei verlaufen sollte. Selbst viele Vertreter der Nationalbewegung „Ruch" akzeptierten anfangs das Abkommen als einen Schritt zur Auflösung der Union. Dementsprechend versteht die Ukraine die GUS als Instrument zur Verwaltung der Konkursmasse der untergegangenen Sowjetunion, als Hilfsmittel des „zivilen Übergangs" (Krawtschuk). Rußland dagegen sieht die GUS eher als Fortsetzung der Sowjetunion mit anderen Mitteln, als dauerhaftes Instrument der Integration und Zusammenarbeit, aber auch der Durchsetzung von Hegemonialansprüchen.

Lange Zeit hatte sich die Ukraine russischen Vorstößen verweigert, die GUS zu einer Konföderation mit supranationalen Strukturen auszubauen, die die Souveränität der Mitgliedsstaaten einschränken könnten. So wurden wichtige Dokumente über die Aufstellung gemeinsamer GUS-Streitkräfte und die Konstituierung einer interparlamentarischen Versammlung von der Ukraine nicht unterzeichnet. Auf wirtschaftlichem Gebiet markierte der Austritt der Ukraine aus der Rubelzone einen Schritt auf dem Weg zur Verwirklichung der Unabhängigkeit. Nun ist die Ukraine aufgrund ihrer wirtschaftlichen Misere und der kompromißlosen Haltung Rußlands bezüglich der Öl- und Gaslieferungen und der ukrainischen Schulden von ihrer Haltung abgerückt und hat im Dezember 1993 einen Rahmenvertrag über eine GUS-Wirtschaftsunion unterzeichnet. Die Union sieht die Schaffung supranationaler Strukturen zur Koordinierung der Wirtschaftspolitik aller Mitgliedsstaaten unter russischer Führung vor. Der immer unverhohlener vertretene russische Vormachtanspruch in der GUS läßt unter den national gesinnten politischen Kräften der Ukraine die Forderung nach einem Austritt des Landes aus der Staatengemeinschaft laut werden.

Auf der anderen Seite konnten bei den Parlamentswahlen im März 1994 jene Kandidaten, die einer engeren Anlehnung an Rußland das Wort reden, deutliche Erfolge verbuchen. Dazu gehören nicht nur Kommunisten und Sozialisten sowie die Vertreter der russischen Minderheit, sondern auch viele – nicht unbedingt reformfeindliche – Vertreter des „Militärisch-Industriellen Komplexes" (MIK). Auf dem GUS-Gipfeltreffen in Moskau im April 1994 bestätigte Krawtschuk noch einmal die Absicht der Ukraine, der Wirtschaftsunion beizutreten, indem er einen Vertrag über die assoziierte Mitgliedschaft des Landes unterzeichnete. Die GUS würde sich damit für die Ukraine von einem Übergangsphänomen zur Grundlage einer dauerhaften Konföderation zumindest auf ökonomischem Gebiet wandeln. Mit Leonid Kutschma wurde dann im Juli ein erklärter Anhänger einer stärkeren Bindung an Rußland zum Präsidenten gewählt. Seither hat die Ukraine eine Politik betrieben, die versucht, die Vorteile einer wirtschaftlichen Zusammenarbeit innerhalb der GUS zu nutzen, ohne die politische Unabhängigkeit der Ukraine einzuschränken.


## Die Schwarzmeerflotte: Russische Tradition auf ukrainischem Territorium

Der heikelste Zankapfel zwischen Rußland und der Ukraine ist die Schwarzmeerflotte, jener traditionsreiche Flottenverband, gegründet von Katharina der Großen, die im 18. Jahrhundert nicht nur die Krim für das Zarenreich eroberte und den Hafen von Sewastopol als Marinestützpunkt ausbauen ließ, sondern auch das ukrainische Kosakentum als letzte Bastion der Selbständigkeit zerschlug. Für Rußland war daher der Verzicht auf die Schwarzmeerflotte aus Prestige- wie aus strategischen

Gründen von Anfang an ebenso undenkbar, wie für die Ukraine das Einverständnis in die dauerhafte Präsenz russischer Streitkräfte auf ihrem Territorium.

Bereits Anfang 1992 hatte die Ukraine mit dem Aufbau eigener Streitkräfte begonnen und dabei als ihren Erbteil des sowjetischen Militärimperiums alle auf ihrem Territorium stationierten Streitkräfte – einschließlich der Schwarzmeerflotte, ihres Hauptquartiers Sewastopol und aller anderen Marinehäfen entlang der ukrainischen Schwarzmeerküste – gefordert. Der Ukraine, die der militärischen Komponente der Selbständigkeit – ebenfalls aus historischen Gründen – große Bedeutung beimißt, ist die Kontrolle aller Streitkräfte auf ihrem Territorium notwendige Bedingung ihrer Unabhängigkeit. Im Mai 1992 goß das russische Parlament Öl in das schwelende Feuer des Flottenstreits, indem es erklärte, die 1954 anläßlich des 300. Jahrestags der „Wiedervereinigung der Ukraine und Rußlands" unter Chruschtschow vollzogene „Schenkung" der Krim an die Ukraine sei nicht rechtskräftig. Durch diesen Beschluß sah sich die russische Mehrheit der Angehörigen der Schwarzmeerflotte, allen voran der Admiralität und des Offizierskorps, in ihrem Widerstand gegen eine Vereidigung auf die Ukraine bestärkt.

Dagegen fügten sich Jelzin und Krawtschuk, nachdem im April zunächst beide die Flotte ihrer Jurisdiktion unterstellt hatten, in die Notwendigkeit einer Verhandlungslösung. Seither ist der Streit über die Schwarzmeerflotte eine lange Geschichte mühsam ausgehandelter Kompromisse, die sich entweder als nicht durchführbar erwiesen oder von den Parlamenten gar nicht erst gebilligt wurden. So hatte man sich im Sommer 1992 auf Gipfeltreffen in Dagomys und Jalta auf ein gemeinsames Oberkommando bis 1995 geeinigt. Dieser Kompromiß vermochte aber Zwischenfälle – wie die Entführung von Schiffen und die Besetzung von Hafenanlagen – und Provokationen – wie das Hissen der russischen Andreasflagge – nicht zu verhindern. Diese drohten zu gewalttätigen Auseinandersetzungen zu eskalieren.

Im Sommer 1993 sah sich die Ukraine zum Nachgeben gezwungen. Die Reise Präsident Krawtschuks zu einem weiteren Gipfeltreffen nach Moskau geriet ihm gleich einem Gang nach Canossa: Die Ukraine mußte sich den russischen Vorstellungen über eine Aufteilung der Flotte und vor allem eine langfristige Stationierung der russischen Kriegsmarine in Sewastopol beugen. Man habe den Ölhahn etwas zugedreht und schon habe es im Flottenstreit einige Fortschritte gegeben, ließ Jelzin unverblümt wissen. In Moskau war man geneigt, hierin das Einverständnis Kiews zu sehen, daß die vollständige Unabhängigkeit nicht zu erreichen sein würde. In Kiew befürchtete man eine Stärkung der separatistischen Kräfte auf der Krim und eine Einschränkung der staatlichen Souveränität – zu recht, wie schon das folgende Gipfeltreffen Ende September in Massandra auf der Krim zeigen sollte. Dort wurden die Ukrainer ultimativ aufgefordert, den ukrainischen Teil der Schwarzmeerflotte zur Begleichung ihrer Schulden an Rußland zu verkaufen. Krawtschuk beugte sich russischem Druck, das ukrainische Parlament dagegen billigte das Abkommen nicht.

Angesichts der drohenden Eskalation des Konflikts nach einem Zwischenfall kamen im April 1994 die Verteidigungsminister beider Länder abermals auf der Krim zusammen. Wiederum einigte man sich auf eine paritätische Aufteilung der Flotte, die Ukraine mußte sich aber damit zufrieden geben, nur 20 Prozent zu behalten und den Rest der Flotte an Rußland zu verkaufen. Trotzdem endete das Treffen in einem Eklat, da über die Stationierung der beiden nationalen Flotten keine Einigung erzielt werden konnte. Es ist aber anzunehmen, daß es Rußland auch diesbezüglich gelingen wird, seine Vorstellungen weitgehend durchzusetzen. Die russische Politik in der Flottenfrage entspricht damit der im Herbst 1993 verabschiedeten neuen Militärdoktrin, die nicht nur für Rußland den Anspruch einer Ordnungsmacht auf dem Territorium der ehemaligen Sowjetunion erhebt und ein System kollektiver Verteidigung für die GUS anstrebt, sondern auch den Unterhalt russischer Militärbasen im sogenannten „nahen Ausland" vorsieht.

### Die Nuklearwaffen: Bedrohung oder Sicherheitsgarantie?

Mit dem Ende der Sowjetunion wurde die Ukraine zur drittstärksten Atommacht der Welt. Im Minsker Abkommen 1991 waren allerdings alle Atomwaffen der ehemaligen Sowjetunion dem GUS-Oberkommando unterstellt worden. Die Entscheidung über ihren Einsatz sollte beim russischen Präsidenten liegen, der Ukraine wurde lediglich ein Vetorecht zugestanden. In der Ukraine herrschte zunächst die Ansicht vor, daß unter diesen Umständen die Nuklearwaffen die Souveränität des Landes einschränkten. Deshalb, und weil sie auf eine rasche wirtschaftliche und politische Anbindung an Westeuropa hoffte, hatte die Ukraine die Absicht erklärt, dem Atomwaffensperrvertag beizutreten. Die taktischen Atomwaffen wurden schon im ersten Jahr der ukrainischen Unabhängigkeit nach Rußland transportiert. Im Mai 1992 wurde dann die Ukraine mit der Unterzeichnung des sogenannten Lissaboner Zusatzabkommens Signatarstaat des Start-1-Abkommens. Trotzdem entbrannte um die strategischen Waffen auf dem Territorium der Ukraine – 176 Interkontinentalraketen und 37 strategische Bomber – Streit.

Rußland beanspruchte, als Alleinerbe der sowjetischen Atomwaffen anerkannt zu werden. Der Vormachtanspruch auf dem Gebiet der ehemaligen Sowjetunion wurde mit der Forderung nach russischer Kontrolle über alle Atomwaffen verbunden. Hierin sah sich Rußland sogar vom Westen bestärkt, der es vorzog, die atomare Bedrohung in einer Hand unter der Obhut des mittlerweile altbewährten Abrüstungspartners zu wissen. Nolens volens ist er so zum Sekundanten russischer Ordnungsmachtansprüche geworden. Die Ukraine, die ihre Hoffnungen auf eine rasche Anbindung an den Westen bald enttäuscht sah, begann ein riskantes Spiel, in dem die Atomwaffen als wirtschaftlicher und politischer Trumpf eingesetzt werden sollten. Mit ihrer Hilfe sollte nicht nur das Staatssäckel – man wollte sich den Abtransport und vor allem das wertvolle Plutonium bezahlen lassen – gefüllt, sondern auch westliche Sicherheitsgarantien eingehandelt werden. Das ukrainische Sicherheitsbedürfnis, das durch das russische Gebaren gegenüber dem „nahen Ausland" gewachsen ist, kann nur durch derartige Garantien oder durch die Beibehaltung der Atomwaffen befriedigt werden. Vom Westen aber erhalte man nichts als Schulterklopfen, so die Ansicht vieler Ukrainer.

Trotzdem mußte die Ukraine im Januar 1994 dem vereinten russischen und internationalen Druck nachgeben. In einem in Moskau unterzeichneten ukrainisch-russisch-amerikanischen Dreierabkommen stimmte die Ukraine dem Abtransport der etwa 1800 ukrainischen Atomsprengköpfe nach Rußland zu, ohne daß die internationalen Sicherheitsgarantien gewährt oder die finanziellen Forderungen im gewünschten Maß erfüllt worden wären. Der Beitritt des Landes zum Atomwaffensperrvertrag im Dezember 1994 machte dann aber den Weg für umfangreichere amerikanische und internationale Kredite frei. Ob dem ukrainischen Sicherheitsbedürfnis mit den Garantien des Budapester KSZE-Gipfels tatsächlich entsprochen wurde, ist aber fraglich

**Die Grenzfrage und die russische Minderheit in der Ukraine**

Auf die russischen Tendenzen, der Ukraine die bedingungslose Anerkennung ihrer territorialen Integrität zu verweigern, hat diese stets besonders sensibel reagiert, nachdem der Verlauf der russisch-ukrainischen Grenzen sofort nach der Unabhängigkeitserklärung von russischer Seite in Frage gestellt worden war. Rußland hat sich zwar seither wiederholt bereiterklärt, die Sicherheit der Ukraine sowie die Unverletzlichkeit ihrer Grenzen zu garantieren; dabei galt aber der Verbleib der Ukraine in der GUS als Bedingung der Garantie. Zudem wurde der Ukraine deutlich vor Augen geführt, wie es um ihre Grenzen bestellt wäre – sollten einmal nicht mehr die Jelzin'schen Nationaldemokraten an der Macht sein –, als im Juli 1993 das damalige, von Altkommunisten und Chauvinisten beherrschte russische Parlament Sewastopol zur russischen Stadt erklärte.

Ethnische Grundlage der Zweifel am russisch-ukrainischen Grenzverlauf ist der hohe russische Bevölkerungsanteil in der Ukraine (zwischen 20 und 25 Prozent). Zudem ist die russische Minderheit auf den Osten – vor allem auf die Industrieregion des Donbass – und auf den Südosten der Ukraine – auf „Neurußland" (das Gebiet um Odessa) und die Krim – konzentriert, wo die Minderheit sich selbst und anderen als Mehrheit erscheint. Nationalität und nationale Identität sind oft nicht eindeutig festzulegen, was vor allem auf die kulturelle und sprachliche Russifizierung zurückzuführen ist; so bezeichneten sich bei der letzten sowjetischen Volkszählung 1989 zwar 51 Prozent der Bewohner des Donbass als Ukrainer, nur 32 Prozent gaben aber das Ukrainische als Muttersprache an, während 66 Prozent Russisch als solche ansahen.

Das Oszillieren nationaler und kultureller Identität vermindert die Gefahr extremer Nationalismen und rückt bei möglichen separatistischen Tendenzen sachliche Argumente in den Vordergrund. Es ist auch einer der Gründe dafür, daß sich in der Ukraine die russische Minderheit nicht – wie in Estland und Lettland – zur Kardinalfrage der Unabhängigkeit auswuchs. Das Minderheitengesetz der Ukraine ist von vielen europäischen Staaten, einschließlich solcher, die in der Ukraine eine Minderheit zu „schützen" haben wie zum Beispiel Ungarn, lobend erwähnt worden. Es macht den Wohnsitz – und nicht die Nationalität – zur Bedingung für die Zuerkennung der ukrainischen Staatsbürgerschaft, räumt den Minderheiten Autonomierechte ein und ist nicht auf eine forcierte Ukraini-

sierung ausgelegt. Dementsprechend gibt die ukrainische Minderheitenpolitik weit weniger als diejenige der baltischen und mittelasiatischen
Staaten Anlaß zur Einflußnahme Rußlands zum Schutz seiner Minderheit.

Genährt werden die separatistischen Tendenzen vor allem durch den
wirtschaftlichen Verfall der Ukraine. Noch beim Referendum im Dezember 1991 hatten selbst auf der zu zwei Dritteln von Russen bewohnten
Krim eine knappe Mehrheit und im Donbass gar 84 Prozent der Wähler
für die Unabhängigkeit des Landes gestimmt. Bei den jüngsten Parlamentswahlen gab dagegen eine deutliche Mehrheit Kandidaten ihre
Stimme, die für eine engere Anbindung oder gar für einen Anschluß der
Gebiete an Rußland eintreten. Damals wie heute haben die Menschen für
die Wurst gestimmt, das heißt für das Land, das ihnen am ehesten wirtschaftlichen Wohlstand zu verheißen schien. Ende 1991 hoffte man, daß
die Ukraine – wie auch westliche Wirtschaftsfachleute vorausgesagt hatten – aufgrund ihrer geographischen Lage, ihrer natürlichen Resourcen,
des Entwicklungsstands der Industrie und des professionellen Niveaus
der Erwerbstätigen rascher als die übrigen Länder der GUS Anschluß an
den Westen finden würde. Anfang 1994 sah man diese Hoffnungen enttäuscht; die ukrainische Wirtschaft befindet sich im freien Fall, vier Fünf-
tel der Bevölkerung leben unter der Armutsgrenze, so daß der inflatio-
näre russische Rubel gegenüber dem hyperinflationären ukrainischen
Karbowanez (3500 Prozent im Jahre 1993) als harte Währung erscheint.


**Ein zweites Jugoslawien?**

Richard Nixon hat davor gewarnt, ein Konflikt zwischen Rußland und
der Ukraine könne das Geschehen in Bosnien als „von den Zöglingen einer Sonntagsschule organisiertes Picknick" erscheinen lassen. Er war bei
weitem nicht der einzige, der einen Bürgerkrieg wie im ehemaligen Jugoslawien als Schreckensbild der ukrainischen Zukunft entworfen hat,
man hat mannigfaltige Parallelen gezogen; um nur einige zu nennen: Die
Russen könnten in der Ukraine eines Tages ähnliche Ziele mit ähnlichen
Mitteln verfolgen wie die Serben in Kroatien und Bosnien. Aus historischen Gründen könne Moskau auf die Ukraine ebensowenig verzichten
wie Serbien auf das Amselfeld (Kosovo). Der Ukraine könne die Hilflo-

sigkeit des Westens als Warnung gereichen, wie wenig im Ernstfall die diplomatische Anerkennung als Staat bedeute.

Zum Glück zeigt der Vergleich aber auch Unterschiede auf und läßt das Bürgerkriegsszenarium in der Ukraine alles andere als unabwendbar erscheinen. Zum einen ist die russische Politik gegenüber der Ukraine keineswegs eindeutig und konstant. Aus der Gemengelage von imperialistischen Drohgebärden und Sicherheitsgarantien, Unnachgiebigkeit und Kompromißbereitschaft scheint sich jedoch eine Linie herauszukristallisieren, die zwar die Staatlichkeit der Ukraine erhalten, diese aber in einer Art semikolonialer Abhängigkeit von Rußland wissen möchte. Für Rußland sei die Bewahrung der politischen Unabhängigkeit, real aber der wirtschaftlichen Halbabhängigkeit der Ukraine, nicht die schlechteste Wahl, schrieb Anfang 1994 die russische Wochenzeitung „Moskowskije Nowosti": „Bei einem solchen Modell der Beziehungen können wir uns von einer Melkkuh in einen Staat verwandeln, der von der Bürde des Imperiums befreit ist, aber viele Vorteile seiner früheren geostrategischen und geoökonomischen Lage zu bewahren vermag."

Zum anderen ist die schrittweise Einschränkung der ukrainischen Souveränität keineswegs allein einem „russischen Aggressor" zuzuschreiben. Wie schon häufig in der Vergangenheit machte die innere Schwäche der Ukraine es Rußland leicht, im Nachbarland Einfluß zu nehmen und seine Interessen durchzusetzen. Präsident Krawtschuk und das Parlament haben den Vertrauensverlust zum großen Teil selbst verschuldet, indem sie wirtschaftliche Reformen verhindert und die lebenswichtigen Handelsadern nach Rußland gewaltsam durchtrennt haben. Ein nationaler Konsens über die Gestaltung des Staates – föderalistisch oder zentralistisch, mit starkem oder schwachem Präsidenten – ist noch nicht gefunden. Der neue Präsident Kutschma scheint nun aber ernsthaft Reformen anzugehen. Nur wirtschaftlicher Aufschwung und eine föderale Verfassung werden weitere Souveränitätsverluste oder gar Spaltung und Bürgerkrieg in der Ukraine verhindern können. Voraussetzung ist auch, daß sich in Rußland nicht die Anhänger eines aggressiven Revisionismus durchsetzen. Einstweilen wird wohl der gigantische stählerne Regenbogen – säkularisiertes Symbol unverbrüchlicher Freundschaft –, der in Kiew am Steilufer des Dnjepr zur Sowjetzeit als Abbild der russisch-ukrainischen Beziehungen errichtet wurde, ein Zeichen mehr des Wunsches als der Wirklichkeit bleiben.

# II. Wirkungsrichtung medienpolitischer Praxis

Waldemar Weber

# (Nach-)Wirkungen marxistisch-leninistischer Medienpolitik

Ausländische Beobachter, die Publikationen in der russischen Presse verfolgen, äußern die Auffassung, Rußland habe zur Zeit die unzensierteste Presse der Welt. Es gebe keinerlei Tabus, keine Verbote – nicht nur in bezug auf liberale Ideen, sondern auch auf jeglichen verbalen Extremismus sowohl des linken, als auch des rechten Schlages. Ich glaube, diese Meinung ist ziemlich oberflächlich. So eine Art Pressefreiheit könnte eher als das Fehlen des Gesichts bezeichnet werden. Das betrifft die Presse im ganzen wie auch ihre Organe im einzelnen.

Zeitungen und Zeitschriften der „freien Welt" vertreten mehr oder weniger konkrete Gesellschaftsschichten, bringen Interessen dieser Schichten zum Ausdruck. In den neuen Staaten der zerfallenen Sowjetunion sind solche Schichten erst im Entstehen, die Parteien haben sich noch nicht ganz herausgebildet, und wenn auch manche von ihnen an politischem Gewicht gewonnen haben, so sind sie immer noch keine Parteien im klassischen Sinne dieses Wortes, sie vertreten nicht die Interessen der sozialen Schichten der Gesellschaft oder bestimmte Ideologien, sie sind meistens Wortführer der Konjunkturideologie ihrer Begründer. Mit einem Wort, die Presse dieser Länder hat noch kein Gesicht.

„Rechtslinke" Presseorgane vereinigen sich mit den „linksrechten". Rechtsextreme veröffentlichen die Linksextremen und umgekehrt. Es gibt „Patrioten" unter den „Demokraten" und „Demokraten" unter den „Patrioten". Das Gesicht der Zentristen ist dermaßen unbestimmt, daß es Abgleitungen in jede Richtung zur Folge hat. Mir scheint, solche Situation hat es in der Geschichte der Presse noch nie gegeben, wie es auch nie in der Geschichte der Menschheit eine solche Gesellschaft gab, wie sie sich in den GUS-Staaten etabliert hat.

## Wurzeln im alten System

In der Vergangenheit hat der Zusammensturz von Reichen, ja ganzen Gesellschaftsformationen den Übergang in die neue Qualität, in das neue Wirtschaftssystem, in die neue Ideologie bewirkt. Das Koordinatensystem der nachkommunistischen GUS ist unverständlich, strukturlos, amorph. Dieser Zustand wird offensichtlich noch lange Bestand haben. Zu stark, zu verwurzelt war das alte System, um sich leicht durch das andere ersetzen zu lassen. Um die sich zur Zeit in Rußland und in anderen GUS-Ländern vollziehenden Prozesse verstehen zu können, sollte das alte System unbedingt aus heutiger Sicht betrachtet und bewertet werden. Wichtig ist auch die Kenntnis der Geschichte seiner Presse, die bei der Entstehung dieses Systems wie auch bei der Aufrechterhaltung seiner Existenz im Laufe von Jahrzehnten die wichtigste Rolle spielte.

Lange Zeit war die westliche Welt über die Prozesse auf dem Gebiet der Medien besser informiert als über jene in der Sowjetunion. Die Gründe dafür sind offenkundig. Das Regime dort verstand es perfekt, sich zu tarnen, bewußte Desinformation auszustreuen. Die Desinformation gehörte unter anderem zu den Aufgaben und Zielen der sowjetischen Presse. Deren Desinformationstätigkeit erreichte Dimensionen, die nur noch mit der Tätigkeit des KGB auf diesem Gebiet gleichkamen.

Aber auch Beobachter, die das Wesen der sowjetischen Presse erkannt hatten, waren über den Grad ihrer ideologischen Totalität erstaunt, über ihre überwältigende Bedeutung für das System, nachdem sich die Grenzen mehr als nur einen Spalt breit geöffnet haben. Dem Pressewesen kam von der ersten Stunde der Existenz des sowjetischen Staates an eine sehr große Bedeutung zu. Die zensierte Presse wurde von Karl Marx „demoralisierendes Mittel" genannt, weil in diesem Falle die Regierung nur die eigene Stimme höre. Sie sei sich dessen bewußt, aber mit der Zeit vergesse, verdränge sie es. Sie beginne zu glauben, die Stimme des Volkes zu hören. Letzten Endes verlange die Regierung vom Volk, diese Lüge für wahr zu halten.

Lenin hat später Marx uminterpretiert. Er erkannte sehr früh die Bedeutung der Presse für seine Partei. Durch die legalen und illegalen bolschewistischen Zeitungen der vorrevolutionären Zeit, solche wie „Iskra", („Zeichen"), "Golos Truda", („Stimme der Arbeit"), „Nowaja Schisn" („Neues Leben"), „Borba" („Kampf") oder „Prawda" („Wahrheit"), bahnten sich die Bolschewiki den Weg zu den Massen. Als sie nach der Februarrevolution 1917 zwar nicht die Macht erreichten, aber legal existierten und arbeiten durften, fingen sie sofort mit unglaublichem Eifer an, ein Netz eigener großer und kleinerer Zeitungen aufzubauen. Es gab Parteien, die wesentlich größer waren und breitere Schichten der Bevölkerung vertraten, die aber nur über einige Zeitungen verfügten. Lenin ist es gelungen, in kürzester Zeit etwa 50 bolschewistische Zeitungen zu gründen. Heute wissen wir einiges darüber, woher Lenin und Trotzkij die finanziellen Mittel dafür nahmen (in Amerika, England und Deutschland hatten sie ihre kapitalistischen Sponsoren).

Lenin baute eine „Presse neuen Typs" auf. Marx' Vorstellungen waren nicht mehr für ein Land neuen Typs gültig, weil seine Presse eine Führungs- und keine Vermittlerrolle übernahm. Lenin verstand unter Pressefreiheit etwas ganz anderes. Seine Presse hatte eine andere Klassenbasis, andere Klassenziele und -aufgaben, sie war vom Joch des Kapitals befreit, und da es im Lande keinen Klassenkampf mehr gab (Stalin änderte diese Formel mit der Zeit), so waren auch oppositionelle Zeitungen überflüssig. Zuerst galt der revolutionäre Kampf als die Aufgabe der Presse im Interesse der Machtübernahme. Sie war Instrument der sozialen Revolution; jetzt sollte sie Instrument des Aufbaus werden. Im Unterschied zur bürgerlichen Presse, so Lenin, sei die sozialistische nicht nur Informationsquelle, sondern sie habe auch erzieherische Funktion: die Propagierung des Neuen, die Bekämpfung des Alten. Diese zweite Funktion kam sehr bald an die erste Stelle. Die Information war diesen erzieherischen Aufgaben unterstellt und nur bis zu der Grenze toleriert, an der sie die Festigkeit des Systems zu bedrohen schien.

1903 schrieb Lenin: „Solange die Rede- und Pressefreiheit nicht verkündet ist, wird das schmachvolle russische Ketzergericht nicht verschwinden. .... Weg mit der Zensur!" Eine andere Äußerung Lenins, gleich nach der Machtergreifung: „Die Pressefreiheit unterstützt die Macht der Weltbourgeoisie. Die Pressefreiheit würde als Waffe in der Hand der Weltbourgeoisie dienen." In diesem Sinne waren Stalin und andere spätere sowjetische Machthaber nur gute Schüler Lenins, wenn sie ständig behaupteten, daß es in der Sowjetunion „keine Pressefreiheit für die Reichen" geben werde, solange die Diktatur des Proletariats bestehe. Die Pressefreiheit gebe es („bei uns") nur für das Proletariat. Immer wieder wurde das Argument gebraucht, im Sozialismus bedeute Pressefreiheit

Verantwortung vor der Gesellschaft, im Kapitalismus herrsche dagegen eine Freiheit von der Verantwortung vor der Gesellschaft. Es ist interessant, daß manche Punkte der sowjetischen Verfassung wie auch vieler sozialistischer Länder des ehemaligen Ostblocks, die das Pressegesetz betreffen, sich von denen der westlichen Staaten fast nicht unterscheiden – bis auf Passagen wie: „in Übereinstimmung mit den Interessen der Werktätigen" oder „zum Zwecke der Festigung des sozialistischen Systems". Diese Einschränkungen lassen uneingeschränkte Interpretationsmöglichkeiten des Pressegesetzes zu.

## Organe der Kommunistischen Partei

Auch wenn es in der Verfassung solche Äußerungen nicht gegeben hätte, wäre die praktische Pressepolitik nicht anders ausgefallen, weil es am demokratischen Mechanismus im allgemeinen fehlte, am demokratischen Mechanismus eines Staates, dem das Monopol der gesamten Presse ohne Ausnahme gehörte. Mehr noch: Die gesamte Presse der Sowjetunion war länger als 70 Jahre das Organ der regierenden Kommunistischen Partei. Daß das Recht, Zeitungen und Zeitschriften herauszugeben auch anderen Staatsorganen zustand, bedeutete wenig, denn sie alle wurden von ihr gelenkt und kontrolliert. Es ist mit der Presse nicht anders gewesen als mit der Struktur des gesamten Staates, in dem eine unabhängige Wirtschafts- oder Kulturinstitution, eine unabhängige Justiz nicht existierten.

Dieses Informationsmonopol wurde von Anfang an durch die parteitreuen Telegraphenagenturen kanalisiert, bald nach der Oktoberrevolution durch „Rosta", dann durch „Tass". Tass hat Anfang der siebziger Jahre täglich 2,5 Millionen Wörter und gegen 13 000 Schreibmaschinenseiten „Information" geliefert. Sie hatte in der ganzen Welt über mehr als 100 Korrespondenten sowie über ein dichtes Netz an Korrespondenten in der Sowjetunion verfügt.

Die formelle Dezentralisierung in den sechziger und siebziger Jahren haben dieses System kaum verändern können; sie hatte ja auch ein anderes Ziel. Für Informationen aus dem Ausland und fürs Ausland wurde eine neue Presseagentur geschaffen: APN. Aber sie war nicht als Konkurrenz für Tass gedacht, sie war eigentlich keine richtige Presseagentur. Sie diente reinen Propagandazwecken – um im Ausland „Informationen" zu verbreiten und die sowjetische Bevölkerung mit dem Leben fremder Völker bekanntzumachen. Sie unterhielt Kontakte zu mehr als 100 ausländischen Agenturen und zu fast 200 Radio- und Fernsehgesellschaften. Selbständige TV-Gesellschaften produzierten TV-Filme; APN hatte Büros in mehr als 80 Ländern.

Auch die wichtigsten Zentralzeitungen der Sowjetunion hatten mit Beginn der sechziger Jahre eigene Korrespondenten im In- und Ausland. Ihre Berichte wurden aber mit den Tass-Meldungen ständig abgestimmt. Die Koordination der Informationspolitik zwischen Tass, APN, Zentralzeitungen und Presseagenturen in den Ostblockstaaten funktionierte ausgezeichnet, zumal das sowjetische Pressesystem auf das System dieser Staaten übertragen wurde und die Ostblockpresse die führende Rolle der Tass „anerkannte".

Seit den frühen zwanziger Jahren mußten sich alle sowjetischen Journalisten an bestimmte Regeln gewöhnen und sich an Grenzen der politischen Information halten. Die sowjetischen Presseideologen haben nie verleugnet, daß nach ihrer Auffassung die Information die Funktion der Propaganda erfüllt, daß sie eine Form der ideologischen Arbeit ist. Und wenn auch Kritik oder Selbstkritik geübt wurde, war sie auf die Verwirklichung der Linie der Partei gerichtet, um sozusagen die im Wege stehenden Hindernisse zu beseitigen. Demzufolge war vorwiegend der optimistische Ton sowohl in der inländischen als auch in der ausländischen Berichterstattung angebracht – in der Innenberichterstattung, weil die Planaufgaben erfüllt werden mußten, weil ein neuer Menschentyp trotz aller Schwierigkeiten erzogen werden mußte; in der Auslandsberichterstattung, weil der Sieg des Sozialismus trotz des Kalten Krieges und momentaner provisorischer wirtschaftlicher Erfolge des Kapitalismus unabwendbar war.

Die Methoden der sowjetischen Presse unterschieden sich in der Verbreitung innenpolitischer Informationen nur unwesentlich von denen der ausländischen; sie hatten nur andere Ziele. Innenpolitische Information hatte organisatorische Aufgaben zu erfüllen. Es ging in erster Linie um die Bekanntmachung der Beschlüsse aus dem „Zentrum", um ihre Kommentierung im positiven Sinne, um die Kritik jener Stellen, welche die Erfüllung dieser Kritik behinderten, zu nivellieren. Aber auch in dieser Kritik blieb man meistens an der Oberfläche. So war es einfacher und sicherer. Manche wichtigen innenpolitischen Ereignisse durften überhaupt nicht erwähnt werden. Die Deportation von Völkern während des Zweiten Weltkriegs wurde der Bevölkerung gänzlich verschwiegen. Erst nach vielen Jahren konnte der Aufmerksame darauf aufmerksam werden, daß deren Republiken im Nationalitätensowjet des Obersten Sowjets nicht mehr vertreten waren. Die Deportation der Rußlanddeutschen im August 1941 wurde in der Presse deswegen angekündigt, weil diese Ankündigung auch anderes zum Ziel hatte, und zwar, den Haß gegen den Feind im Volk zu schüren. Nach dem „glorreichen Sieg" aber konnte man der Bevölkerung nur schwer erklären, warum die Rußlanddeutschen nicht in ihre Heimat zurückkehren durften. So war es einfacher, deren Existenz ganz zu verschweigen.

### Rücksichtslose Manipulation

Auch über Naturkatastrophen oder Unfälle durfte im Innern nicht berichtet werden. Wenn es sich aber nicht umgehen ließ, wurde die Zahl der Opfer vermindert oder überhaupt nicht bekanntgegeben. Viele Themen wie Drogen, Kriminalität der Jugend, oppositionelle Tendenzen in der Bevölkerung und besonders in der jungen Generation, Probleme des kirchlichen Lebens, innere Probleme der Parteiorganisationen, wirtschaftliche Defizite, Daten des Außenhandels, offene gerichtliche Berichterstattung – alles, was die „Ruhe der Bevölkerung" gefährden und das Vertrauen in die richtige Linie der Partei erschüttern konnte –, wurden rücksichtslos und ohne jegliche Scham vor der ganzen Welt verschwiegen. Inlands- und Auslandsberichterstattung waren aufeinander abgestimmt. Die ausländische Berichterstattung hatte der innenpolitischen behilflich zu sein, die Situation im Innern des Landes zu stabilisieren. In all den Jahren der Sowjetmacht ist es außerordentlich selten gewesen, daß in der Presse positive Berichte über das kapitalistische Ausland erschienen. Es ging eher um Mafia, Gangstergeschichten, politische Affären und Skandale, um Demonstrationen der Kriegsdienstgegner, um den Klassenkampf und den angeblich nicht demokratisch geführten westlichen Wahlkampf.

Das Feindbild über den Westen blieb trotz der Entspannung in den siebziger Jahren unverändert. Das betraf besonders die Berichterstattung über die NATO und die westlichen Armeen, um die Notwendigkeit der eigenen starken und großen Armee zu rechtfertigen. Auch das Feindbild über das westliche ökonomische System hat bis in die späten achtziger Jahre kaum anders ausgesehen als in den fünfziger Jahren. Man wollte damit beim sowjetischen Leser den Glauben an die eigene gesunde Wirtschaft festigen. Diesen Eindruck wollte man auch in den Ländern der Dritten Welt erwecken.

Es wäre aber falsch, die Rolle der Kritik in der sowjetischen Presse zu unterschätzen. Nach der Parteitheorie war die kritische Methode eines der wichtigsten Instrumente zur Erkenntnis der Wirklichkeit und eines der grundlegenden Elemente der Dialektik. Es wurde dabei aber immer unterstrichen, daß die Parteilichkeit der Kritik zu den Aufgaben der Arbeiterklasse beizutragen habe. Es sollte immer die Frage gestellt werden: Wem dient das? Solche Kritik wurde meistens nach gewissen Schemata geübt, als Teil der Kampagnen, die von der Partei selbst initiiert wurden.

Ich habe nicht zufällig mit der Zensur begonnen, denn sie war eine der zentralen Fragen der sowjetischen Presse. Die gesamten Druckerzeugnisse wurden mehrfachen Zensuren und Prüfungen unterworfen. Die globale Zensur fing mit der Selbstzensur des Autors an, wurde vom Redakteur fortgesetzt, dann folgten zuständige Parteibehörden und staatliche Instanzen. Die Zensur hatte in erster Linie zu verhindern, daß in öffentlichen Medien Geheimnisse „verraten" wurden. Der außenpolitische Gegner konnte über die UdSSR wenig aus ihrer Presse erfahren. Der Leser im Innern durfte auch nicht dazu gebracht werden, an der Unfehlbarkeit der Partei und des Staates zu zweifeln. GLAVLIT, die Hauptverwaltung für Literatur- und Verlagsangelegenheiten wurde 1922 gegründet. Das Wort Zensur durfte in der Bezeichnung dieser Organisation, in ihren Dekreten, nicht erwähnt werden. Während der ganzen Sowjetzeit vermied man jeglichen Hinweis auf die Existenz einer solchen Zensur. Und außer GLAVLIT gab es noch die Zensur durch Militär, Geheimdienst, Atom- und Raumfahrtbehörden.

Um sich den Umfang des Presseimperiums der Sowjetunion vorzustellen, lohnt es, einige Zahlen zu nennen: insgesamt erschienen in der Sowjetunion mehr als 8000 Zeitungen und 5000 Zeitschriften in 56 Sprachen ihrer Völker. Allein die Tageszeitungen erschienen in einer Auflage von 180 Millionen Exemplaren; damit nahm die UdSSR in der Zahl der Zeitungen pro Einwohner den ersten Platz in der Welt ein. Sehr groß war die Zahl der Fachzeitschriften, der wissenschaftlichen und literarischen Magazine, die für Fachjournalisten wie für viele Publizisten die Nischen relativer Freiheit bedeuteten.

## Belehrendes auch im Rundfunk

Das Dargelegte gilt auch für Rundfunk und Fernsehen. Anfang der achtziger Jahre gab es in Moskau acht Programme des Zentralen Rundfunks, viele lokale Sender in verschiedenen Teilen des Landes und selbstverständlich in den verschiedenen Sprachen der Sowjetunion. All diese Programme betreuten das ganze Land, seine entlegendsten Gebiete und das Ausland. In Moskau waren vier Fernsehprogramme zu empfangen; seit 1965 konnten mit Hilfe der Nachrichtensatelliten immer neue Gebiete erreicht werden. Ende der achtziger Jahre empfingen fast 100 Prozent der Bevölkerung Fernsehprogramme, 1980 kamen auf 1000 Einwohner 244 TV-Geräte und 250 Radiogeräte. Der sowjetische Rundfunk sendete in 68 Sprachen für die Völker der Sowjetunion und in 70 Fremdsprachen. Diese große Informationsmaschinerie, an der Tausende mitwirkten, war auf Verwirklichung der historischen Beschlüsse der Parteitage der KPdSU und auf die allseitige Vorführung der Errungenschaften des Sowjetstaats gerichtet.

Der wesentliche Unterschied der sowjetischen Presse zur westlichen war ihre „belehrende" Zielsetzung; deswegen wurde der Unterhaltung weniger Zeit eingeräumt als den Sendungen über die Produktion der Volkswirtschaft oder die bildenden Kultur-, Schul- und Jugendprogramme. Seitdem Lenin die Bedeutung des Rundfunks für die Propagierung seiner Ideen erkannt hatte, spielte er eine wichtige Rolle in der Förderung der Sowjetkultur. Und doch gab es in der Informationstätigkeit der Presse einerseits und von Rundfunk und Fernsehen andererseits einen wichtigen Unterschied. Die Zeitungen und Zeitschriften arbeiteten unabhängig voneinander, die Redaktionen des Rundfunks und des Fernsehens waren zentralisiert und unterstanden dem Staatskomitee für Rundfunk und Fernsehen. Alle Sendungen wurden geplant. Es gab Redaktionen, die sich nur mit der Ausarbeitung der Programme beschäftigten.

Die Informationen des Rundfunks und des Fernsehens verdrängten die Rolle der Presse in der politischen Erziehung auf verallgemeinernde Aufgaben. Die Aufgaben der Medien waren zwischen Presse, Rundfunk und Fernsehen nach Plan verteilt. Zwischen ihnen bestand in der Tat keine Konkurrenz wie im Westen. Die politischen Kampagnen im Zentrum und in den Regionen waren gut koordiniert. Die Presse hatte die ausführliche Erörterung der Geschehnisse zur Aufgabe, der Rundfunk die schnelle Mitteilung, das Fernsehen anschauliche Darstellung. Die offizielle Pressepolitik stimmte in diesem Falle mit der Realität seltsamerweise überein.

## Wandel durch Glasnost

Man schrieb das Jahr 1986, als in der Sowjetunion zum ersten Mal von der hohen Tribüne verkündet wurde, daß sich zwischen Wort und Tat eine große Kluft aufgetan habe. Der XXVII. Parteitag der KPdSU wird als Beginn der Glasnost bezeichnet. Daß es keine richtige Freiheit des Wortes in der Sowjetunion gebe, wurde tatsächlich auf diesem Parteitag zugegeben. Aber man spürte Glasnost erst Anfang 1987, als Gorbatschow beim Treffen mit den Leitern der Medienorgane eine „Bilanz der neuen Offenheit" zog. Es ging ihm im Kampf mit der Nomenklatura und der Bürokratie um die Beseitigung der Mißstände des Systems mit Hilfe der öffentlichen Kritik. Er suchte die Journalisten für sich zu gewinnen. Im Februar 1987 verstand auch Gorbatschow: um die neue Offenheit zu erreichen, mußte die Zensur abgeschafft werden.

Tatsächlich berichtete in den ersten zwei Jahren der Perestrojka die sowjetische Presse nicht nur informativer, sondern auch kontroverser. Die Sowjetgesellschaft erfuhr die Wahrheit über nationale Probleme, über katastrophale Mißstände in der Wirtschaft. Der Krieg in Afghanistan und der Reaktorunfall in Tschernobyl waren Beschleuniger der Informationsexplosion. Das, was früher Gerücht war, wurde Realität. Alkoholiker, Drogenabhängige, Prostituierte, verwahrloste Kinder, kriminelle Banden wurden willkommene Gäste der sowjetischen Publizistik. Man sprach offen über Korruption, schlechte Arbeitsmoral, Schwarzhändler, über den illegalen Reichtum. Glasnost wurde zu einer Form der Opposition.

Neu waren auch Tendenzen des Jahres 1987: Wahrheit wurde nicht nur für die Gegenwart, sondern auch für die Vergangenheit gefordert. Dennoch wurde in diesem Stadium ausdrücklich hervorgehoben, daß unter dem Meinungspluralismus nicht die Pressefreiheit im westlichen Sinne gemeint sei. Im Januar 1988 gab Gorbatschow zu verstehen: „Wir sind für

Glasnost ohne jegliche Einschränkungen, ohne Begrenzungen, aber für Glasnost im Interesse des Sozialismus." Presse, Hörfunk und Fernsehen waren damals noch fest in der Hand des Staates und der Partei. Die Lenin'sche These über die Presse als kollektiver Organisator behielt noch ihre Gültigkeit. Die Medien wurden noch als mobilisierende Kraft für die Parteiaktionen verstanden. 1987 und 1988 ging es noch um den sozialistischen Wettbewerb und den sogenannten sozialistischen Wirtschaftsmarkt.

Kontroverse Berichterstattung und mehr Wahrhaftigkeit beim Recherchieren störten die sowjetische Presse in den ersten Jahren der Perestrojka nicht, in alte Methoden zu verfallen, wenn es um die Grundfragen des Systems ging. Das Dilemma war offenkundig: man ermunterte die Journalisten, freier zu berichten, aber die grundlegenden Parteientscheidungen blieben für die Medien verpflichtend. „Kritisch und loyal" zugleich zu sein – das fiel den meisten schwer. Es klang so widersprüchlich wie der Begriff „sozialistische Marktwirtschaft".

Fast bis Anfang 1989 hatten nur leitende Redakteure freien Zugang zu allen Quellen der Information. Die anderen waren von Archiven, Datenbanken, Informationspools etc. abgeschnitten. Es fehlten auch die technischen Voraussetzungen. In den Händen der KPdSU lagen vor allem Produktionsmittel wie Papier, Redaktionsräume, Vertriebssysteme. Deswegen konnte sie auch weiter über die Besetzung der leitenden Stellen in den Massenmedien entscheiden. Der konservative (im sowjetischen Sinne) Teil der Presse und seine Journalisten fühlten sich verunsichert und gingen in die Offensive, sie sprachen über den „Terror der Reformatoren": sie meinten dabei die sich als liberal gebenden Medien. Noch Ende der achtziger Jahre waren Zeitungen und Journalisten, die für den Kurs der Glasnost eintraten, in der Minderheit. Auch die Interpretation des Schlüsselbegriffs war unterschiedlich.


**Totalitäre Tendenzen im Hintergrund**

Offiziell wurde die Zensur am 1. August 1990 abgeschafft. Gleichwohl hatten die Zensurbehörden trotz der offenen fundamentalen Kritik an Lenin und seinen Ansichten sowie am Marxismus-Leninismus als Basisideologie zu tun. Denn man hatte zu der Zeit öffentlich zugegeben, daß die Zensur existiert und praktiziert wird. Offiziell wurde zwar mitgeteilt, daß die Liste von Angaben, deren Veröffentlichung verboten ist, um ein Drittel gekürzt sei; aber weil es kein Gesetz über die Zensur gab, blieb lange unklar, was unter Punkten zu verstehen war, die verbaten, die Interessen der Sowjetunion schädigende Informationen zu verbreiten. Es gab noch viele Geheimnisschleier im Lande.

Das Schicksal des Journalisten Sergej Grigorjanz, der die Zeitschrift „Glasnost" als Alternative zur Gorbatschows Glasnost herausgab, spiegelt in vielem die reale Situation jener Jahre wider. Zum ersten Mal war Grigorjanz 1975 verhaftet und der Verbreitung antisowjetischer Literatur angeklagt worden. Der eigentliche Grund seiner Festnahme war aber die Ablehnung der Zusammenarbeit mit dem KGB. Erst 1980 wurde er aus der Haft entlassen, 1983 wegen der Herausgabe eines illegalen Informationsblattes abermals festgenommen. Erst im dritten Jahr der Perestrojka wurde er auf „freien" Fuß gesetzt.

Gleich danach begann er, eine Zeitschrift mit dem provokanten Namen „Glasnost" herauszugeben. Die erste Nummer erschien im Juni 1987. Unter den von der herrschenden Macht (KGB, Regierung) inspirierten demokratischen Verhältnissen sah die Zeitschrift „Glasnost" für sich keine Möglichkeit, mit den „Regierungsdemokraten" zusammenzuarbeiten. Die Zeitschrift wollte ihr volle Freiheit behalten und ließ sich lange nicht registrieren; erst 1991 ist die Redaktion darauf eingegangen. Ausgerechnet damals kamen in der Umgebung Gorbatschows unverkennbar totalitäre Tendenzen zum Vorschein, man hörte plötzlich mit jeglichen Gesprächen über die Demokratie auf. Unter diesen Bedingungen beschloß die Zeitschrift „Glasnost", sich doch registrieren zu lassen, um einen größeren Leserkreis ansprechen zu können. Zur gleichen Zeit erschien in Moskau die Zeitung „Glasnost", das Organ des ZK der KPdSU; das war kein Zufall.

Keine andere Zeitschrift wurde in den Jahren der Perestrojka von der herrschenden Macht so verfolgt und diffamiert wie Grigorjanz' „Glasnost". Den Chefredakteur hat man, wenn auch nur für kurze Zeit, dreimal verhaftet und eingesperrt. Anfang 1988 demolierte man die Räume der Redaktion. In die Siedlung Kratowo in der Nähe von Moskau, wo sich damals die Redaktion befand, wurden 160 Milizionäre, KGB- und Staatsanwaltschaftsangestellte abkommandiert. Ohne jede rechtliche Begründung, ohne Durchsuchungsgenehmigung wurden der Computer, das Archiv, private Sachen beschlagnahmt, genauer: gestohlen. Alles andere wurde zertrümmert und unbrauchbar gemacht. Vier Redaktionsmitglieder wurden festgenommen. Interessant, daß die Tass-Meldung über die Festnahme der Redaktionsmitglieder noch vor deren Festnahmen publiziert wurde. Eine Woche danach ertrank unter merkwürdigen Umständen der Angestellte einer Moskauer Druckerei, der mit der Vervielfältigung der Zeitschrift beauftragt war. Vier Monate lang konnte man niemanden finden, der gewillt gewesen wäre, „Glasnost" zu drukken. Im Herbst 1990 wurden zwei Verbreiter der Zeitschrift brutal verprügelt, obwohl die Redaktion die Verkaufsgenehmigung hatte. Das Dilemma war offenkundig: man ermunterte die Journalisten, freier zu berichten, aber die grundlegenden Parteientscheidungen blieben für die Medien verpflichtend. „Kritisch und loyal" zugleich zu sein – das fiel den meisten schwer.

Was der Zeitschrift „Glasnost" Grigorjanz' in den Jahren der Perestrojka zugestoßen war, ist bei weitem kein Einzelfall. Man ist auch gegen andere kompromißlose Zeitschriften hart vorgegangen, die in Opposition zur Gorbatschow'schen Glasnost standen, die für die Nomenklatura eine wunderbare Möglichkeit bot, mit Hilfe der „Perestrojka" das parteikommunistische Geschäft zu betreiben. Just zu dieser Zeit hat das Ministerium der Justiz der KPdSU eine Schutzurkunde ausgestellt, die sie berechtigte, Eigentum zu besitzen, eigene Bankkonten zu haben und kommerzielle Tätigkeiten auszuüben. Die Parteifunktionäre waren im Begriff, Monopolisten zu werden. Das KGB und die Leitung der Militärindustrie privatisierten in die eigene Tasche – durch Gemeinschaftsunternehmen, durch staatliche Konzerne, durch die damals hoch angeschriebenen Kooperativen. Es war die Verteilung des Staatseigentums an die Nomenklatura geplant, der Kapitalismus für die eigene Kaste unter der Kontrolle der eigenen Kaste. Und die Presse mußte der Partei bei diesem Vorhaben helfen. Gorbatschow formulierte es damals für die eigenen Parteigenossen sehr klar: „Es ist Zeit, die Schützengräben zu verlassen".


## Die alten Kader in Lauerstellung

Die Putschisten des 18. August 1991 haben nicht begriffen, welche Chance sie hatten, das Leben dieses Systems zu verlängern. Ihnen schien es, daß Gorbatschow „zu weit" gegangen sei. Das war eine Fehlkalkulation. Die westliche Hilfe wäre dem parteikommunistischen Privatisierungsgeschäft garantiert gewesen, wäre in den Taschen der Partei hängengeblieben. Sie haben den Ast abgesägt, auf dem sie saßen.

Wir werden noch lange an diese Tage zurückdenken müssen, sowohl an den Putsch selbst, als auch an die Periode nach dem Putsch. Die ganze Gesellschaft war gespalten. Diese Spaltung vollzog sich in erster Linie in den Massenmedien. Erinnern wir uns, wie sich damals während der Putschtage die als „liberal" geltende Gorbatschow-„Prawda" verhielt, wie ihre gesamte Redaktion sich auf die Seite der Putschisten stellte. Die Arbeitskollektive vieler Massenmedien traten mit ihren kühnen Protesterklärungen gegen den Putsch erst auf, als klar wurde, daß er mißlungen war. Die Sprecher des Fernsehens Ostankino lasen brav Putschistendeklarationen vor: kein Wunder, ihr Intendant hatte sich von Anfang an auf die Seite der Putschisten gestellt. Wir haben es erlebt, wie schnell fast alle unsere traditionellen Zeitungen, „Prawda", „Krasnaja Swesda", „Sowjetskaja Rossija", „Trud" und andere bereit waren, der neuen Macht zu dienen, wie schnell sie einen anderen Ton anschlugen. Und ich bin sicher, hätten die Putschisten gesiegt, wären sie rasch mit dem Widerstand jener Zeitungen und Rundfunkstationen, die in diesen Tagen mutig in der Illegalität kämpften, fertig geworden. Die Macht verfügte über die tausendköpfige Reserve der ihr ergebenen Armee von Journalisten, die nur darauf wartete, um zur alten Sprache zurückzukehren.

Keiner hat sie ausgewechselt, diese Armee. Man ließ sie in aller Ruhe die Farbe wechseln, weiterarbeiten, ihre Rente abwarten, koexistieren. Es interessiert auch fast niemanden, wer was in der Vergangenheit geschrieben hat. Es gilt, was jetzt geschrieben wird. Ich habe schon seit langem festgestellt, daß Journalisten ihre eigene Moral haben, auch die westlichen. Als ich Ende der achtziger Jahre versuchte, einem von ihnen die Augen zu „öffnen" und ihm das Buch der Auslandsreportagen des Chefredakteurs der Perestrojka-Zeitschrift „Ogonjok", Korotitsch, zeigte, das kurz vor der Perestrojka noch ganz im Breschnew-Geist geschrieben war, verblüffte mich seine Reaktion: „Das ist uninteressant", sagte er, „wichtig ist, was er jetzt denkt". Besonders kurios kam mir das Wort „denkt" vor.

Der heutige russische Journalismus kann aus dem Sumpf des sowjetischen politischen Lebens nur durch Befreiung von der tiefverwurzelten Tradition der Intoleranz, die die Presse als Kampforgan betrachtet, gerettet werden. Und das ist ein langwieriger Prozeß. Deshalb wunderte es mich nicht, als ich im Sommer 1993 unter den Abgeordneten des Obersten Sowjets den bekannten sowjetischen Journalisten Iona Andronow sah, den langjährigen Korrespondenten der „Neuen Zeit" und der „Literaturnaja Gaseta" in New York, genaugenommen den sowjetischen Agenten, der die Tätigkeit eines Journalisten mit der Tätigkeit eines KGB-Kundschafters gleichzeitig auszuüben vermochte; denjenigen Andronow, der auf ausdrückliche Empfehlung des KGB-Chefs Juri Andropow nach New York berufen wurde; denjenigen Iona Andronow, der die Pressehetze gegen Sergej Grigorjanz mitorganisieren half; denjenigen Iona Andronow, der sich in den achtziger Jahren mit der Diskreditierung der amerikanischen Journalistin Ludmila Torn befaßte, einer Mitarbeiterin der Menschenrechtsorganisation „Freedom House", der es unter Lebensgefahr gelungen war, 17 sowjetische Kriegsgefangene aus afghanischer Gefangenschaft zu befreien. Ich wundere mich auch jetzt nicht, wenn ich seine Artikel in den führenden russischen Zeitungen lese. Die Putsche wechseln, Iona Andronow publiziert weiter.

**Warnung vor übertriebenen Erwartungen**

Die neue Mehrparteienpresse der Perestrojka-Ära entstand 1988. Damals wurde auf den Straßen der großen Städte neben der Pariser Zeitung „Russkaja Mysl" und der „Glasnost" Grigorjanz' auch die ersten Zeitungen verschiedener Parteien zum Verkauf angeboten. In den folgenden drei Jahren erlebte die Parteienpresse ihre Blütezeit. 1990 wurde das Pressegesetz verabschiedet. Nach dem Erscheinen der neuen, professionell gestalteten liberalen, unabhängigen Zeitschriften und Zeitungen (solcher wie „Stoliza", „Kuranty", „Nesawissimaja gaseta") ist die Parteienpresse praktisch untergegangen. Die Zeitungen mußten eine nach der anderen schließen. Sie sind unrentabel geworden. Ihre Parteien waren nicht besonders reich, offizielle Zuschüsse erhielt keine von ihnen.

Der freigewordene Raum wurde durch früher kaum auffallende Zeitungen pseudonationalpatriotischer bis chauvinistischer Prägung ausgefüllt. Die demokratische Presse büßte an Vitalität ein. An Stelle der Reformversprechungen und des lästigen Zeitungsgezeters ist die Realität der Perspektivlosigkeit getreten. Die Zeitung „Denj" nutzte diese Situation. Ihr ist es gelungen, weite Schichten der russisch-national gesinnten Bevölkerung, sowohl der linken als auch der rechten Richtung, zu solidarisieren. Die dominierende Popularität dieser Zeitung im Laufe des Jahres 1993 zeigte, wie weit entfernt die Perestrojka-Demokraten vom eigenen Volke waren. Der Erfolg Schirinowskijs im Dezember 1993 demonstrierte das noch krasser.

Noch lange werden widernatürliche Bündnisse der unvereinbaren politischen Richtungen und ihr anormales Zusammenleben die russische Presselandschaft kennzeichnen. Noch lange wird für sie die naturwidrige Synthese der offenen, ehrlichen, direkten Parteilichkeit mit dem Underground-Bewußtsein oder mit der sogenannten „diplomatischen Objektivität" charakteristisch sein. Man darf nicht vergessen, daß die bekanntesten jüngeren sowjetischen Journalisten von heute Söhne der bekanntesten und einflußreichsten Journalisten und der Funktionäre der Breschnew-Zeit sind, jener Journalisten und Funktionäre, die entweder jahrelang in den ideologischen „Höhlen" des Feindes gewirkt oder die sowjetische Presse „organisiert" haben. Diese Söhne wurden von ihren Vätern auf die Fakultäten für Journalistik geschickt, um ihnen durchaus eine sowjetische Karriere zu garantieren. Und so haben all diese Perestrojka-Jungs, die Jakowlew, Borowik, Gurkow, Dodelew und anderen, ihren Lebenslauf auch angefangen als musterhafte angehende sowjetische Journalisten. Die Zeit hat ihnen die Chance gegeben, sich zu verändern, ohne das eigene Gesicht zu verlieren. Vielleicht gelingt es ihnen doch noch, eine russische Presse mit Gesicht ins Leben zu rufen.

Elfie Siegl

# Einflußnahme auf die russischen Medien der Gegenwart

Als Boris Jelzin am 4. Oktober 1993 das russische Parlamentsgebäude militärisch stürmen ließ, hielten die Fernsehzuschauer in Rußland den Atem an: zum ersten Mal in seiner Geschichte dokumentierte das russische Staatsfernsehen brisante politische Ereignisse in einer Direktübertragung. Doch die Ironie des Schicksals wollte es, daß nicht russische Journalisten bis in den letzten Winkel des Riesenreichs den Beschuß des „Weißen Hauses" am Ufer der Moskwa und die Festnahme der Jelzin-Gegner, allen voran Ruslan Chasbulatow und Alexander Ruzkoj, kommentierten, sondern amerikanische. Der Nachrichtensender CNN aus Atlanta wurde auf den russischen Kanal geschaltet und erlebte seine Sternstunde bei russischen Zuschauern. Präsident Jelzin persönlich ehrte später die CNN-Reporter für ihren Einsatz. Das Vertrauen des Kremlchefs in den amerikanischen Fernsehjournalismus schien größer als das in die eigenen Medien.

Wie schon nach dem gescheiterten Putsch der Kommunisten gegen die Demokraten um Jelzin im August 1991, verfügte der erzürnte Präsident auch im Oktober 1993 wieder ein Verbot für kommunistische und nationalistische Presseorgane und ließ die Kontrolle des Staatsfernsehens verschärfen. Sein Zorn richtete sich besonders gegen das einst legendäre KPdSU-Zentralorgan „Prawda" („Wahrheit") und die Zeitung „Sowjetskaja Rossija" („Sowjetrußland"). Beide Zeitungen wurden wie im August 1991 so auch im Oktober 1993 eingestellt, konnten aber auf internen und internationalen Druck hin dann wieder erscheinen. Daß zunächst auch die dem russischen Industriellen- und Unternehmerverband nahestehende Zeitung „Rabotschaja Tribuna" („Arbeitertribüne") dem Verbot zum Opfer fiel, gestand man in Jelzins Umgebung später als Irrtum ein.

## Anschläge auf Journalisten

Der folgenschwere Präsidentenerlaß Nr. 1400 vom 21. September 1993 über die Auflösung des russischen Parlaments leitete für die russischen Medien eine „Zeit der Besorgnis" ein, wie es der Chef des Moskauer Büros des „Amerikanischen Komitees für den Schutz von Journalisten", Oleg Panfilow, in der Zeitschrift „Ogonjok" („Feuerchen", Nr.6-7/ Februar 1994) formulierte. Vom 21. September an habe man in Moskau damit begonnen, Journalisten zu verprügeln. So etwas habe es noch nie gegeben: binnen weniger Tage seien während der blutigen Oktoberereignisse sieben Journalisten getötet und 72 verletzt worden. Nur in sechs Fällen seien Journalisten von Anhängern der Opposition angegriffen worden. Die anderen seien von Mitarbeitern der Polizei und der Omon-Spezialtruppen geschlagen worden. Es habe seit dem 21. September „sehr viele Versuche" gegeben, Zeitungen zu schließen und in Moskau die Zensur einzuführen. „Überaus beunruhigend" sei auch die Lage der Medien in der Provinz: so explodierte in der Redaktion des „Kuban-Kurier" im Nordkaukasus eine Bombe, und der erste noch zu Sowjetzeiten gegründete unabhängige Radiosender „Magnitogorsk-1" wurde geschlossen.

Jelzins damaliger Informationsminister und Vizepremier Wladimir Schumejko – später Vorsitzender des Oberhauses des Parlaments, des Föderationsrates – forderte nach den blutigen Oktoberereignissen die russischen Journalisten offen und unverhohlen zur Selbstzensur auf. Wer nicht bereit war, die Schere im Kopf anzusetzen, war vor Unannehmlichkeiten nicht gefeit. So auch die jungen Fernsehjournalisten Alexander Ljubimow und Alexander Politkowskij. Sie und ihre Kollegen hatten in der Gorbatschow-Zeit der Perestrojka (Umgestaltung) und Glasnost (Offenheit) mit eigenen, unkonventionellen Ideen und Filmen zu politischen, historischen und gesellschaftlichen Tabus Sendungen wie etwa „Wsgljad" („Blick") und dann „Wsgljad is podpolja" („Blick aus dem Untergrund") zu Publikumsmagneten gemacht. Nun wurden sie „durch nichts begründet", so Panfilow, von den Bildschirmen des staatlichen Fensehens verbannt.

Der Umgang der herrschenden Nomenklatura mit Funk, Fernsehen und Presse in Rußland zeigt, daß die Massenmedien zwar im Vergleich zu Sowjetzeiten aus dem starren Lenin'schen Ideologie-Korsett des „kollektiven Organisators, Propagandisten und Agitators" befreit wurden, daß sie aber längst noch nicht wirklich entideologisiert sind. Hinzu kommt, das der Staat den Großteil der Presse subventioniert oder sogar ganz finanziert. Ökonomisch unabhängige Medien wie die Zeitung „Segodnja" („Heute"), sind immer noch die Ausnahme. „Segodnja" wird ebenso wie das „Nesawissimoje Telewidenije" („Unabhängiges Fernsehen") von der „Mosbank"-Gruppe finanziert. Sie vertritt die wirtschaftspolitische Linie der radiakalreformerischen Monetaristen wie Jegor Gajdar, einst Vizepremier und Wirtschaftsminister, und Boris Fjodorow, einst Vizepremier und Finanzminister, und wünscht das auch von „ihren" Journalisten. Der Grad der Abhängigkeit der Medien in Rußland ist unterschiedlich und – bezogen auf die staatlichen – an den Einfluß geknüpft, den ein Presseorgan auf die russische Gesellschaft hat. So ist es zu erklären, daß die staatlichen Rundfunk- und Fernsehgesellschaften in Rußland vom Präsidentenapparat am genauesten „beobachtet" werden.

### Schönfärberei – auch unter Jelzin

Wie sehr die Medien auch im „neuen Rußland" in altbewährter Weise vom Staat gegängelt und als Manipulationsmittel der öffentlichen Meinung benutzt werden, zeigt das Schicksal der Zeitung „Rossijskaja Gaseta" („Rußländische Zeitung"). Zweimal in den drei Jahren ihres Erscheinens wurde sie verboten. Im August 1991 verfügten die kommunistischen Putschisten die Einstellung der Zeitung, weil das Blatt die Demokraten um Jelzin unterstützte. Im September 1993 ließ Premier Wiktor Tschernomyrdin die „Rossijskaja Gaseta" schließen, da sie sich zu einem Sprachrohr des von Jelzin bekämpften Parlaments und dessen Vorsitzenden Chasbulatow entwickelt hatte. Das erste Verbot hat Chefredakteur Walentin Logunow, einst Jelzin-Anhänger, politisch überlebt, das zweite nicht.

Die Zeitung durfte wieder erscheinen – unter demselben Titel, aber mit anderem Inhalt. Zum Chefredakteur ernannte man eine Frau: Natalja Poleschajewa. Unter Anleitung des Jelzin-Vertrauten Michail Poltoranin, des Chefs des Parlamentsausschusses für Informationspolitik, wurde aus der „Rossijskaja Gaseta" eine Zeitung der russischen Regierung. Sie entwickelte sich mit einer Auflage von mehr als einer Million Exemplaren nach der „Komsomolskaja Prawda" („Komsomolzen-,Wahrheit'") und „Trud" („Arbeit") zur drittgrößten Tageszeitung Rußlands. Doch schon im November 1993 war sie wieder von der Schließung bedroht, da das Finanzministerium dem Blatt die Subventionen schuldig blieb. Zudem waren nicht alle Mitarbeiter mit dem neuen Kurs einverstanden: 40 Redakteure kündigten binnen dreier Monate. Sie hätten, so Logunow gegenüber der „Nesawissimaja Gaseta" („Unabhängige Zeitung", 29.1.1994), ihre politischen Überzeugungen nicht ändern wollen. Logunow schob die Schuld für die Misere der Zeitung Präsident Jelzin zu. Er frage den „Vater der russischen Demokratie", worin seine Demokratie bestehe, wenn ein Journalist nicht die Möglichkeit habe, seine berufliche Pflicht zu erfüllen und in seiner Zeitung über das zu schreiben, was wahr und wovon er aufrichtig überzeugt sei.

Der Chefredakteur der zweiten Regierungszeitung, „Rossijskije Westi" („Rußländische Nachrichten"), Walerij Kutscher, wurde zur selben Zeit noch deutlicher. Er warf dem russischen Premier Wiktor Tschernomyrdin und dem Regierungsapparat „Allmachtgelüste" und versuchte Schönfärberei der ökonomischen Lage unter Mißbrauch der Regierungszeitung vor. Tschernomyrdins Sprecher Walentin Sergejew, im Rang eines Ministers und im Frühjahr 1994 Leiter eines Presseapparats von 156 Mitarbeitern, forderte, die Presse solle mehr über Siege schreiben und neue, positive Bilder zeichnen, die Präsident und Regierung erfreuten. Nicht gefragt sei „politisches Geschwätz", das die Leser nicht interessiere. Kutscher reagierte bitter auf solche „Ideologisierungsversuche". Für die Bürokraten im Kabinett spiele die Meinung von Profis und das Recht der Leser auf objektive Informationen keine Rolle. „Ich sollte nur ein Apparatschik in der Zeitung sein, die wieder – wie in Sowjetzeiten – ‚Organ' der Herrschenden ist und nicht Informationen vermittelt, sondern Machtpropaganda."

Dazu vereinigte man die „Rossijskije Westi" mit dem Wochenblatt „Prawitelstwennyj westnik" („Regierungsbote"), seit Mai 1992 erschien sie als Tageszeitung. Jelzin ernannte damals Kutscher zum Chefredakteur und beauftragte ihn, eine neue Zeitung aufzubauen und ein Redaktionsprogramm sowie eine Satzung auszuarbeiten. Beides sollte dann von der Regierung bestätigt werden. Das geschah jedoch nicht – für Kutscher ein Beweis, wie wenig sich die Regierungsapparatschiks um die Ausführung von Präsidentenverordnungen sorgten. Konnte die Zeitung, von der Regierung aus Steuermitteln finanziert, zunächst unabhängig arbeiten und die Auflage in kurzer Zeit auf über eine halbe Millionen Exemplare steigern, so änderte sich das Bild, als Tschernomyrdin im Dezember 1992 Ministerpräsident wurde. Tschernomyrdins Mitarbeiter hätten, so Kutscher, jede Information der Zeitung, jeden Kommentar analysiert und gefordert, Regierungsbeschlüsse und -verlautbarungen zu dokumentieren, jegliche Kritik am Premier und dessen Politik jedoch zu unterlassen.

Der Konflikt blieb nicht aus: im Juli 1993 verurteilte das Blatt die Umtauschaktion alter Rubelscheine durch die Zentralbank. Ein halbes Jahr später übernahm die aus 200 Mitgliedern bestehende Belegschaft gleichsam im Husarenstreich die „Rossijskije Westi" als Herausgeber. Kutscher ließ den Vermerk „Regierungszeitung" aus dem Impressum streichen. Früher wäre er dafür sofort entlassen, ja womöglich belangt worden. Doch er blieb im Amt, „denn ich habe Rückhalt in der Umgebung des Präsidenten". Tschernomyrdin, der sich stets geweigert hatte, Kutscher zu empfangen, ließ umgehend die Finanzierung der Zeitung einstellen. Das Presseministerium verweigerte die Umregistrierung des Blattes und plante zunächst die Herausgabe einer neuen Regierungszeitung mit dem Titel „Derschawa" („Herrschaft"). Doch nichts geschah, wahrscheinlich auch deshalb, weil der Titel bereits vergeben war. (Kommunistenchef Gennadij Sjuganow hatte ein gleichnamiges Buch verfaßt.)

Die Redaktion arbeitete, als wäre nichts geschehen, an demselben priviligierten Ort in einem früheren Ministerium unweit der Twerskaja-Straße mit denselben Journalisten. Dann gelang es, einen Waggon Papier zu beschaffen. Er reichte für den Druck der Moskauer Auflage von 30 000 Exemplaren für einen Monat. Doch bevor diese Galgenfrist abgelaufen war, erzielte man mit Tschernomyrdin einen Burgfrieden. Die „Rossijskije Westi" wurden eine vom Redaktionskollektiv herausgegebene Regierungszeitung. Chefredakteur Kutscher schrieb fortan kritische Kommentare zur Wirtschaftspolitik unter Pseudomym.

Die einzige Moskauer Zeitung, die sich – nicht zuletzt wegen der bissigen Leitartikel ihres Chefredakteurs Witalij Tretjakow – zu Recht „unabhängig" nennen kann und das auch stolz tut, ist die „Nesawissimaja Gaseta". Die einflußreiche und zuvörderst von Intellektuellen gelesene Zeitung wurde wegen ihrer Jelzin-kritischen Artikel und politisch breitgefächerten Analysen zur Lage in Rußland dem Kreml schnell ein Dorn im Auge. Die Zeitung mit einer gedruckten Auflage von höchstens 100 000 Exemplaren kämpft angesichts ständig steigender Papier-,

Druck- und Vertriebskosten wie viele Blätter wirtschaftlich ums Überleben. Daß sie ihren dritten Gründungsjahrestag feiern konnte, verdankt sie dem Idealismus ihrer Redakteure und prominenten freien Autoren. Ein Vizechefredakteur der Zeitung verdiente Anfang 1994 etwa zehnmal weniger als ein Apparatschik in Jelzins Sicherheitsrat und die Hälfte des statistisch errechneten durchschnittlichen Monatslohns. Zum wirtschaftlichen Druck auf die Zeitung kommt der politische: die Redaktion der „Unabhängigen Zeitung" warf Jelzins Pressedienst (Nesawissimaja Gaseta 25.2.1994) vor, er behindere die Arbeit ihrer Korrespondenten. Seit 1993 sei die Zeitung für Auftritte des Präsidenten – wie etwa Jelzins Rede vor dem neuen Parlament – mit der Begründung, es gebe keinen Platz, nicht mehr akkreditiert worden. Vielen Mitarbeitern werde von Pressesprechern des Präsidenten nahegelegt, die Redaktion zu verlassen, dann würden sie auch akkreditiert. In einzelnen Fällen hatten diese Versuche, Druck auszuüben, Erfolg. So fragte Jelzins Pressesekretär Wjatscheslaw Kostikow auf der Präsidentenpressekonferenz im Kreml im Dezember 1993 eine junge Korrespondentin vorwurfsvoll, ob sie etwa immer noch bei der „Nesawissimaja Gaseta" arbeite. Die sichtbar Verwirrte wechselte wenig später zum Staatsfernsehen und tauchte publizistisch nicht mehr auf.

### Der Staat dominiert den Rundfunk

Der russische Staat „leistet" sich heute drei föderale und 90 regionale Fernsehgesellschaften. Aus dem einstigen sowjetischen Staatsrundfunk und -fernsehen „Gosteleradio" gingen das in der gesamten Gemeinschaft Unabhängiger Staaten (GUS) zu empfangende „Ostankino"-Fernsehen, das „Russische Fernsehen" sowie der Leningrader – später St.Petersburger – Kanal als überregionale Programme hervor. Die Finanzierung von „Ostankino" kostet den Staat 1994 nach Angaben der „Nesawissimaja Gaseta" (12.1.1994) weit mehr als eine Billion Rubel. 88 Prozent machen die Gehälter des technischen Personals aus. Wer das Orchester bezahle, sagt man in Rußland, bestelle die Musik. Das ist auch beim russischen Staatsfernsehen nicht anders. Doch der Staat bringt das Geld angesichts seiner großen Etatverschuldung nicht auf. Die bescheidene Privatwirtschaft allerdings auch nicht.

Mindestens 95 Prozent aller Fernseh- und 85 Prozent aller Hörfunkprogramme, schätzte die „Iswestija" (4.2.1994), werden immer noch über staatliche Sendestationen ausgestrahlt. Mit seinem Vorschlag, das Staatsfernsehen als solches überhaupt abzuschaffen, weil es zu teuer sei, stößt Regierungschef Tschernomyrdin bei Präsident Jelzin auf taube Ohren. Denn gerade das vom Staat finanzierte und gelenkte Fernsehen ist in Rußland das wichtigste Verbreitungsmedium für die Politik des Präsidenten. Hier gilt immer noch und nahezu ungebrochen das „Telefonrecht" aus Sowjetzeiten: ein Anruf eines Führungsmitglieds beim Fernsehchef – und eine Sendung wird abgesetzt oder ins Programm geschoben. Das wissen auch Jelzins Gegner. Einer von ihnen, durch Anonymität geschützt, soll Mitte März 1994 beim Funk- und Fernsehchef Alexander Jakowlew telefonisch vorgesprochen haben, um mit seiner Hilfe einen den Präsidenten diskreditierenden Film im „Ostankino"-Programm zu plazieren – als Auftakt für einen Machtwechsel in Rußland wegen der sich verschlechternden Gesundheit des Präsidenten. Der loyal zu Jelzin stehende Jakowlew lehnte ab. Russische Medien stellten die Episode später entweder als möglichen Auftakt für einen neuen Umsturz oder plumpe Fälschung und Desinformation dar. Als mögliche Drahtzieher in Verdacht geratene Personen wiesen alles als politische Provokation brüskiert zurück. Die Wahrheit blieb, wie so oft in Rußland, im Dunkeln verborgen.

Die allgemeine Zahlungskrise in Rußland hat längst auch die staatlichen elektronischen Medien eingeholt. Am 10. Februar 1994 legten zum ersten Mal in der Geschichte des russischen Rundfunks und Fernsehens die Kommunikationstechniker die Arbeit nieder. In sechzig Regionen Rußlands blieben die Bildschirme grau. Lediglich die Hauptnachrichten wurden ausgestrahlt. Beobachter sprachen von einem „schwarzen Tag" in den Annalen des Fernsehens. Der Grund für den eintägigen Warnstreik: das Staatsfernsehen konnte seinen Technikern die Gehälter nicht mehr zahlen. Ende März 1994 haben Journalisten und das technische Personal des Staatsfernsehens eine eigene Gewerkschaft gegründet. Sie hat sich zum Ziel gesetzt, die sozialen und beruflichen Rechte der Fernsehmitarbeiter zu schützen. So will man zunächst den Abschluß eines Tarifvertrags zwischen den großen Fernsehanstalten, dem „Föderationsdienst für Funk und Fernsehen Rußlands" und dem russischen Arbeitsministerium aushandeln. Fernziel sind dann die Schaffung einer Art Pensionskasse für die Belegschaften sowie Kollektivverträge über Ar-

beitsnormen und die Gründung einer Art Arbeits- und Weiterbildungs-
börse für Funk- und Fernsehleute.

Bisweilen suchen Fernsehgewaltige einen delikaten, individuellen Weg
aus der Finanzmisere. So wie die Chefin der staatlichen Fernsehgesellschaft „Petersburg – Kanal 5", Bjela Kurkowa. Sie vergab Reklame-Sen-
dezeiten an ausländische Partner und soll aus dem davon einbehaltenen
Gewinnanteil von 35 Prozent mit mindestens zwölf Millionen Rubeln
monatlich die Zeitung „Newskij Glaschataj" („Newa Herold") ihres Ehe-
manns „gesponsort" haben. Der Skandal zog Kreise: so ermittelte die
Staatsanwaltschaft gegen die streitbare Journalistin wegen Korruption
und Finanzmißbrauchs. Die Stimmen mehrten sich, die eine Absetzung
der Kurkowa forderten und dabei auch gleich das von ihr geführte Fernsehen erneuern wollten. Man warf der Radikaldemokratin vor, sie habe
im Fernsehen Jelzin, den Petersburger Bürgermeister Anatolij Sobtschak
und weitere prominente Radikaldemokraten überschwenglich und zu
vielen Gelegenheiten mit Lob bedacht und sich diese Bildschirmreklame
später mit Privilegien „auszahlen" lassen, etwa mit einer geräumigen
Wohnung.

Der Petersburger Kanal sei noch vor wenigen Jahren der beste in ganz
Rußland gewesen, schrieb die Moskauer „Obschtschaja Gaseta" („Allgemeine Zeitung", 25.3.1994). Sendungen wie „Öffentliche Meinung", eine
Diskussionsrunde zu brisanten aktuellen Themen, „600 Sekunden", eine
Kriminalchronik, „Das fünfte Rad", ein politisches Magazin, seien jede
für sich Ereignisse im politischen, gesellschaftlichen und kulturellen Leben des Landes gewesen. Moderatoren wie Alexander Newsorow, Bjela
Kurkowa, Tamara Maximowa seien von den Zuschauern verehrt, von
den Apparatschiks aller Färbungen „tödlich gefüchtet" worden. Im Leningrader Fernsehen wurde in der Gorbatschow-Ära in der Tat das für
Rußland völlig neue Genre des Enthüllungsjournalismus hoffähig gemacht, das allerdings inzwischen den Genres der Seifenopern, Actionfil-
me sowie Billigserien aus Amerika zum Opfer fiel.

Geschäftstüchtige Eigeninitiatoren, im Staatsfernsehen nicht gewünscht,
gehören in den kommerzialisierten Lokalprogrammen allerdings zur Ta-
gesordnung. Um sich ihr schmales Gehalt aufzubessern, sehen sich Redakteure des Staatsfernsehens zu illegalen Nebenverdiensten auf
vielfältige Art gezwungen. So kopieren sie etwa aktuelles Bildmaterial
politischer Spitzenereignisse und stellen es gegen Devisen ausländi-

schen Kollegen zur Verfügung, bevor es im eigenen Fernsehen gesendet wird. Manchmal werden auch Aufnahmen verkauft, die im eigenen Fernsehen nicht gezeigt werden dürfen, etwa ungeschnittene Bilder des gesundheitlich angeschlagenen russischen Präsidenten. Mit dieser Gewohnheit der Gehaltsaufbesserung „linksherum" aber werden die Staatskontrollen des Fernsehens unterlaufen sowie Willkür und Korruption Tor und Tür geöffnet. Außerdem sind diese Redakteure daran interessiert, daß der Kreis der zu wichtigen Anlässen akkreditierten Journalisten möglichst klein und auf russische Kollegen beschränkt bleibt. Dazu aber müssen sie sich die Presseapparate der Politiker „kaufen", die über Akkreditierungen entscheiden. So schließt sich der Kreis.

Doch nicht diese Praktiken haben das Staatsfernsehen in Rußland ins Gerede gebracht, sondern der Triumph des Ultranationalisten Wladimir Schirinowskij bei den Parlamentswahlen am 12. Dezember 1993. Kaum zeichnete sich ein Erfolg Schirinowskijs und seiner „Liberaldemokratischen Partei Rußlands" ab, gab es seitens der unterlegenen Radikaldemokraten Schuldzuweisungen. Auf die in Rußland nach jeder Katastrophe gestellte Frage „Kto winowat?" („Wer ist schuld?") folgte prompt die Antwort: die Journalisten des Staatsfernsehens. Ihnen schob man flugs den Schwarzen Peter zu, kaum daß die ersten Stimmenauszählungen vom Sieg Schirinowskijs kündeten. Daß vor allem das Fernsehen ins Schußfeuer der Kritik geriet, ist leicht zu erklären. Im Unterschied zu den zentralen Tageszeitungen, die in Moskau beachtet werden, deren Abonnements aber für Leser in der russischen Provinz inzwischen zu teuer geworden sind, strahlen „Ostankino" und das „Russische Fernsehen" ihre Programme bis ins entfernteste Dorf aus.

Hat also das Fernsehen versagt und Schirinowskij geholfen? Präsident Jelzin und seine Berater waren von einer solchen Wahlhilfe offenbar so überzeugt, daß sie „Ostankino"-Chef Wjatscheslaw Bragin feuerten. Bragin, ein gelernter Landmaschinentechniker und altgedienter Apparatschik, hatte vom Fernsehen etwa soviel Ahnung wie Lenins berühmte Melkerin von der Lenkung des Staates. Doch er stand keinesfalls im Verdacht, mit Schirinowskij zu sympathisieren. Im Gegenteil. Bragin war Jelzin treu ergeben und kandidierte zunächst sogar für die Jelzinisten-Bewegung „Wybor Rossii" („Rußlands Wahl"). Da das die Optik einer wahlneutralen Position des Staatsfernsehens empfindlich gestört hätte, mußte er seine Kandidatur zurückziehen. Es sah so aus, als habe man mit

Bragin den Bock zum Gärtner gemacht. Denn nicht Bragin, sondern die Präsidentenberater ließen es zu, daß der Schirinowskij-Bogen im Staatsfernsehen überspannt wurde. Ihr taktisches Ziel war, Schirinowskij Wähler zuzuführen, die sonst für die Kommunisten gestimmt hätten. Dadurch sollte der vermeintliche Erzfeind der Radikaldemokraten, Kommunistenführer Sjuganow, geschwächt werden. Das geriet zum Bumerang. Schirinowskij gewann Stimmen zuungunsten der Radikaldemokraten und gemäßigten Reformer. Auch konzentrierte er die Wähler des einstigen Vizepräsidenten Alexander Ruzkoj auf sich, den Jelzin nach dem Sturm des „Weißen Hauses" als Aufwiegler ins Lefortowo-Gefängnis sperren ließ. Bragin hatte ferner die Entscheidung, allen dreizehn am Wahlkampf teilnehmenden Bewegungen, Blöcken und Parteien drei Wochen lang jeden Abend kostenlose Werbezeiten in beiden Programmen des Staatsfernsehens einzuräumen, nicht selbst zu verantworten. Auch nicht auf Bragins Konto ging wohl, daß Schirinowskij im Fernsehwahlkampf privilegiert war und für 200 Millionen Rubel auf Kredit Reklamezeit kaufen konnte, während seine Rivalen anscheinend bar bezahlen mußten.

Die Wahlkampfschlappe des Staatsfernsehens nutzten die „Ostankino"-Direktoren, um endlich ihren ungeliebten Chef loszuwerden. In einem Brief an Jelzin forderten sie die Ablösung des „politischen Konjunkturritters" Bragin. Als Begründung nannten sie den Fernsehwahlkampf und die besonders unprofessionelle Reklame, die seit dessen Amtsantritt das Fernsehen überschwemmt hatte. So störte die Direktoren die schrille Werbung für ausländische Luxuslimousinen, teure Modemarken, Westschokolade, importiertes Futter für glückliche Hunde und Katzen. Allabendlich wurden russische Normalverbraucher, die allmählich Mühe haben, ihren Hunger zu stillen, mit dem Angebot westlicher Luxusmarkengüter berieselt und zynisch aufgefordert: „Gehen sie einfach los und kaufen Sie."

Auf Bragin folgte im Januar 1994 Gorbatschows einstiger Chefideologe und „Vater der Glasnost", Alexander Jakowlew, der erst kurz zuvor seinen 70. Geburtstag gefeiert hatte und von Jelzin persönlich zum Leiter des „Föderationsdienstes für Funk und Fernsehen Rußlands" ernannt wurde. Jakowlew ist wohl der erste Fernsehchef Rußlands, der nicht fernsieht. Er wolle sich in das Programm des Staatsfernsehens nicht einmischen, sagte er gegenüber der Wochenschrift „Argumenty i Fakty".

Das sei vielleicht ein Mangel. Er sehe noch nicht einmal jene Sendungen, die am selben oder am nächsten Tag liefen. Das sei nicht seine Sache, sondern es gebe Leute, die dafür die Verantwortung trügen. Doch er bestehe auf der Berichterstattung über bestimmte Themen: Eigentümer, Apparatschiks, Farmer, Bürokraten, Kleinunternehmer.

Der unabhängige Kanal „NTV" („Nesawissimoje Telewidenije") warb inzwischen dem Staatsfernsehen die besten Kräfte ab. Der Fernsehchef freute sich für sie: Moderatoren wie Jewgenij Kisseljow und Tatjana Mitkowa seien dorthin gegangen, wo man ihnen am meisten zahle, wo sie sich psychologisch am besten fühlten, meinte Jakowlew. Aber gemischte Gefühle hatte er doch. Denn in Rußland muß sich die Staatskontrolle nun dem Wettbewerb mit der Qualitätskonkurrenz stellen.

Dietrich Ratzke

# Mongolei: Der weite Weg zur Pressefreiheit

Freiheit ist für die Mongolen ein ganz besonderes Wort. Es gibt in der Welt kaum ein zweites Volk, das über Jahrtausende wirklich so frei gelebt hat wie dieses – frei im eigentlichen Sinne des Wortes: etwa die Hälfte der Bürger sind auch heute noch Nomaden, die das weite, 2400 Kilometer breite Land durchstreifen. Sogar große Teile der Bevölkerung in den Städten, wie Ulan Bator (mit etwa 575 000 Einwohnern) oder Darchan (90 000 Einwohner), wohnen in Jurten, zerlegbaren, transportablen Wohnzelten des Hirtenvolkes. Kaum ein zweites Land der Welt war im Laufe seiner Geschichte aber auch so wenig frei wie dieses. Das hängt zusammen mit der geopolitisch brisanten Lage, eingeklemmt zwischen dem gigantischen Nachbarn Rotchina und dem riesigen Russischen Reich, das über eine kurze Periode seiner Geschichte Kerngebiet der Sowjetunion war. Dieses kleine, wegen der besonderen, kargen Lebensbedingungen auf die Freiheit existentiell angewiesene Volk der 2,2 Millionen Mongolen führte nach einer unblutigen Revolution 1990 das Mehrparteiensystem ein und befreite sich damit von den Fesseln der kommunistischen Kolonialherren in Moskau. Zum großen, ungeliebten Nachbarn im Süden, der Volksrepublik China, besteht ein distanziertes Verhältnis, wenngleich er der wichtigste Handelspartner ist und bleiben wird.

Freiheit kann man – auch wenn man sie braucht und will – nicht einfach einführen. Die Geburtswehen vom Übergang aus einem totalitären in einen demokratischen Staat sind schwer und fortwirkend. Sie sind dort besonders heftig, wo es um die Schaffung und die Verankerung von Grundfreiheiten geht, beispielsweise von Pressefreiheit. Der schwierige und langwierige Weg zur Pressefreiheit in der Mongolei ist ein anschauliches Exempel für die Konversion einer Volksdemokratie in eine Demokratie des Volkes. Sie ist auch hier noch lange nicht abgeschlossen.

Die wenigen großen Städte der Mongolei, vor allem die Hauptstadt Ulan Bator („Roter Held"), sind besonders stark geprägt von der sowjetischen

Herrschaft. Das bedeutet im Falle einer unterentwickelten Region wie der Äußeren Mongolei in diesem Fall durchaus Gutes: die Stadt hat ein eindrückliches – wenn auch sowjetrussisch geprägtes – Gesicht, sie hat eine funktionierende Infrastruktur, ein Erziehungs- und Gesundheitswesen, auf dem demokratische Strukturen aufgebaut werden könnten. Nun, da die Russen das Land verlassen haben, bemerkt man erstaunt, daß sie es waren, die für die Infrastruktur gesorgt hatten, Energiekombinate aufbauten und leiteten, sowie Verkehrswege schufen. Trotz des hohen Anteils an Nomaden gibt es praktisch kein Analphabetentum, 90 Prozent der Kinder, die die Grundschule absolvierten, haben eine Ausbildung von acht oder mehr Jahren hinter sich.

## Pressefreiheit als Verfassungsgebot

Das Land wird nach der unblutigen Revolution seit 1990 von einem Einkammerparlament, dem „Großen Volkshural" mit 76 Abgeordneten, die direkt und auf vier Jahre gewählt werden, regiert. Die langjährige Einheitspartei „Mongolische Revolutionäre Volkspartei" (MRVP) konnte sich trotz ihrer kommunistischen Vergangenheit in der ersten Wahl auf der Grundlage der neuen Verfassung am 12.Februar 1992 (bei der sich 13 Parteien um die Sitze bewarben) mit 57 Prozent Stimmenanteil 70 der Mandate sichern. Als Begründung für diesen Sieg der Kommunisten wurde seitens der Opposition das Wahlsystem und die Zersplitterung der neuen Parteien genannt; eher scheint der Grund der zu sein, daß das Volk an sich – wie alle ländlich orientierten Völker – konservativ ist. Hinzu kommt, daß sich die langjährige Einheitspartei MRVP schon lange vor der Parlamentswahl vom Kommunismus distanziert hatte. Die neue Verfassung vom 12. Februar 1992 anerkennt staatliches wie auch privates Eigentum, Glaubensfreiheit – was man an der großen Zahl von etwa 200 wieder aktivierten oder neu gebauten lamaistischen Tempeln erkennt – und auch die Pressefreiheit.

## Die neue alte Sprache

Presse und Medien – das hat vor allem etwas mit Sprache zu tun. Die mongolische Sprache klingt für den Ausländer völlig anders als beispielsweise das Chinesische: es fehlt der chinesische Singsang des

Sprachklangs, stattdessen zeichnet sie sich durch eine für europäische Ohren wohlklingende, aber wegen völlig anderer Wortstämme nahezu unverständliche Ausdrucksform aus. Mit dem Kommunismus wurde auch die kyrillische Schrift eingeführt, um die wichtigste nationale Besonderheit – die eigene Sprache – auszumerzen. Folge: die Vergewaltigung einer wunderschönen poetischen und kalligraphischen Schrift durch eine rauhe, derbe Transskription. Verständlich, daß die neue frei gewählte Regierung umgehend die mongolische Schrift wieder einführte – allerdings in überstürzter Hast und Eile. Damit wurde eine der wenigen kommunikativen Nabelschnüre zur Außenwelt – in diesem Fall die in der Welt weit verbreitete kyrillische Schrift – abgeschnitten. Ein Rückschritt vor allem auch unter dem Aspekt, daß die englische oder deutsche Sprache in der Mongolei kaum verbreitet ist: etwa 5 Prozent der Bevölkerung sprechen Englisch, etwa ein Prozent Deutsch. Immerhin ist die Bevölkerung erstaunlich jung: mehr als 70 Prozent der mongolischen Bürger sind jünger als 29 Jahre. Sie sind sehr an ausländischen Sprachen interessiert, die Wünsche nach Sprachunterricht in Englisch, vor allem aber in Deutsch können mangels Geld nur zum geringsten Teil erfüllt werden. Zudem müssen sie zunächst die eigene Sprache, die mongolische, mit einem völlig anderen Schriftsystem erlernen, das in den Grundschulen 1991 eingeführt wurde. Die Medien aber werden noch über viele Jahre hin mindestens drei Schriften benutzen müssen: die mongolische Sprache in kyrillischer Schrift, die mongolische Sprache in mongolischer Schrift und fremde Sprachen in lateinischer Schrift. Das erschwert die Einführung neuer Publikationen ganz erheblich. Die Mongolen, vor allem aber die besonders nationalbewußte Intelligenz, nehmen diese Schwierigkeiten gerne auf sich, da die eigene Sprache die Identität des neuen Staates und seiner Bürger in ganz besonderer Weise stärkt.

## Staatsmedien dominieren

Trotz der postulierten Pressefreiheit sind die wichtigsten Massenmedien auch Jahre nach der demokratischen Revolution noch unter Staats- oder Regierungskontrolle. Etwa 200 Zeitungen und 100 Magazine warben 1994 um Leser. Die größte Tageszeitung mit einer Auflage von etwa 60 000 Exemplaren ist „Ardyn Erkh" (Menschenrecht), sie wird vom Staat herausgegeben. Auch die Nachrichtenagentur „Montsame" („Mongol Tsahilgaan Medeeniy Agentlag"), wie auch „Mongol Radio" und „Mongol TV" („Mongoltelevidz") sind staatlich. Die auch heute noch wichtige Staatszeitung „Unen" (Wahrheit) wurde bereits 1924 gegründet und war von Anfang an das Sprachrohr der kommunistischen Partei; sie war bis hin zur Gestaltung des Titels eine Kopie der Moskauer „Prawda".

Am Beispiel „Unen" wird der Zustand der Medien in der vormaligen Mongolischen Volksrepublik deutlich. 1989 waren in der Mongolei 70 Publikationen auf dem Markt mit insgesamt 1,5 Millionen Exemplaren Auflage. Davon hatte „Unen" 180 000 tägliche Auflage. Wie in anderen Ostblockländern üblich, brauchten mit den Medien keine Gewinne gemacht zu werden, da die Presse und der Rundfunk aus Steuermitteln bezahlt wurden. Die „Abteilung Ideologie" des „Zentralkomitees der Kommunistischen Partei" gab generelle Vorschriften für die Redaktionspolitik und einzelne Kampagnen verbindlich vor. Die Redaktionen mußten jährlich und vierteljährlich ihre inhaltlichen Planungen der Regierung vorlegen. In jedem Verlag gab es ein Parteikomitee, die Partei wählte die Redakteure und Medienmanager aus. Journalisten waren gut bezahlt, hatten Vorrechte und gute Karrierechancen in der Partei. Bevor ein Artikel gedruckt werden konnte, mußte er durch das Zensurbüro. Die übrigen Zeitungen mußten Information und Tonart von „Unen" nachdrucken; das galt sogar für Naturkatastrophen, bei denen die Zeitungsredakteure anderer Blätter so lange mit der Veröffentlichung zu warten hatten, bis „Unen" die „richtige" Interpretation gedruckt hatte (Lutaa Badamhand, „Mongolian Media In Transition: Programms and Challenges Study", Ulan Bator 1994, Focus Media Studies Centre, im Auftrag der Konrad Adenauer-Stiftung, Seite 5).

Nach dem politischen Umbruch wurden 1990 zwar die Zensurbüros geschlossen, die Funktion der Zensoren jedoch wurde den Zeitungsredakteuren selbst übertragen: sie erhielten eine Liste mit mehr als 200 Punkten, die sie bei der Berichterstattung beachten mußten. Diese Liste enthielt „verbotene Themen" wie die gesundheitliche Situation der Bevölkerung einschließlich der Anzahl der Kranken, Epidemien, Unglükke, Militärgeheimnisse, Produktionszahlen usw. Die allmählich entstehende private Presse kümmerte sich um diese Vorgaben zwar immer weniger, aber dennoch lebten sie in den Köpfen der Journalisten fort. Zu allen Zeiten waren in den mongolischen Medien übrigens jene Journalisten bevorzugt, die Gedichte schreiben konnten. Auf diese Weise konnte die Bevölkerung am stärksten emotionalisiert werden (L.B., ebd.): eine Absicht, die auch in den neuen freien Medien eine wesentliche Rolle spielt.

## Die Geburt einer freien Presse

1990 demonstrierten tausende Mongolen in Ulan Bator für Freiheit und Demokratie, und die erste Ausgabe des „Neuen Spiegel" kündigte die Geburt einer unabhängigen mongolischen Presse an. Bis Juli 1991 erschienen, zusätzlich zu den bestehenden 70 Publikationen, 128 Zeitungen und 27 Magazine neu auf dem Markt. Die neue Regierung war nicht in der Lage, eine derartige Fülle von Publikationen zu kontrollieren oder zu zensieren. Alle Instanzen wurden abgeschafft. Die Presse erreichte eine nie gekannte Popularität. Diese „Medien-Anarchie" wurde der Regierung jedoch schnell unheimlich. Im Herbst 1991 ordnete sie an, daß alle Publikationen beim Justizminister registriert werden müßten. Die Angaben, die hierbei gemacht werden mußten, waren eher harmloser Art: Wesen der Publikation, Finanzierung, Adressen der Redaktion und des Verlagsbüros. Keiner Publikation wurde die Registration verweigert. Dennoch wurden die Journalisten bereits mißtrauisch. Die eigentliche Restriktion der gerade erst begonnenen, nahezu unbegrenzten Pressefreiheit kam jedoch auf ökonomischem Wege: Papierknappheit und schlechte technische Druckausstattung erwiesen sich als Haupthindernisse für eine weite Verbreitung freier Zeitungen. Das Zeitungspapier wurde knapp, als Rußland 1992 seine Lieferungen einstellte; die Regierungsblätter verfügten über Reserven, die privaten nicht. Hinzu kam der Kollaps der mongolischen Wirtschaft: die wenigen Anzeigen, die bisher geschaltet wurden, entfielen, Staatsbetriebe sperrten den freien Medien die Anzeigen, die Bürger hatten immer weniger Geld, sich eine Zeitung zu kaufen. Mit einiger Zeitverzögerung erreichte die Papierkrise auch die Regierungspublikationen. „Ardyn Erkh" mußte die Auflage von 70 000 auf 30 000 herunterfahren, „Unen" mußte sein Erscheinen auf zweimal in der Woche beschränken. Chemikalien für die Herstellung von Klischees wurden knapp, die Zustellung chronisch verspätet, weil Stromunterbrechungen eine zeitgerechte Herstellung der Zeitung nicht zuließen. Immer mehr Journalisten wurden arbeitslos. Im Sommer 1992 machte eine Gruppe von Journalisten die Regierung auf die für die Pressefreiheit untragbare Situation aufmerksam, die Regierung erklärte sich für unzuständig. Doch die Journalisten ließen nicht locker, eine besonders heiße Story – die mißglückte Spekulation mit 100 Millionen Dollar durch die Zentrale Staatsbank – sorgte für Diskussion im Land und für ein weiter wachsendes Interesse der Bürger an den Medien. Die Resonanz auf die Berichterstattung über die Staatsbank war so stark, daß die Regierung eine offizielle Untersuchungskommission einsetzen mußte und die Schuldigen ermittelte. 1993 verbesserte sich wieder die Versorgung mit Druckpapier, weil Privatunternehmen alte Verbindungen mit Rußland reaktivierten. Zeitungen fanden Marktnischen und bekamen allmählich wirtschaftlichen Boden unter die Füße, das galt vor allem für die Boulevardpresse. Besondere Aufmerksamkeit unter den Publikationen fand bei der Bevölkerung das Erotikblatt „Das heiße Laken".

**Privilegien für die Staatsmedien**

Das Hauptproblem jedoch war und ist nicht gelöst: Eine möglichst flächendeckende, gleichmäßige Verbreitung von staatsunabhängigen Zeitungen. Eine Umfrage im Mai 1994 zeigte, daß nur zehn Prozent der Informationen in der Mongolei von unabhängigen Blättern, dagegen 67 Prozent von Regierungszeitungen verbreitet werden, in den ländlichen Gegenden wird die Bevölkerung fast nur durch Regierungsblätter erreicht. Nach wie vor ist die Regierungspresse im Vorteil. Die dort tätigen Journalisten haben Privilegien und vor allem Priorität bei allen wichtigen Ereignissen und den Regierungsinformationen. Als im September 1994 der Dalai Lama die Mongolei besuchte, bekannte die Polizei nach intensiven Recherchen, „daß sie angewiesen gewesen sei, Reporter fernzuhalten, ausgenommen jene von Ardyn Erkh, des Regierungsfernsehens und des Radios". Dem Chefredakteur der unabhängigen Zeitung „Il Tovcho" („Offene Chronik"), Akim, und anderen Reportern wurden von Regierungsvertretern Informationen verweigert, mit dem Hinweis darauf, daß sie schon alles „Ardyn Erkh" gesagt hätten. Im staatlichen Druckhaus mußten alle Zeitungen solange auf die Produktion warten, bis „Ardyn Erkh" fertig war. Zudem sind die Druckkosten für die privaten Zeitungen höher. „Ein Exemplar einer privaten Zeitung kostet bei derselben Größe 8 Tugrik, während Ardyn Erkh für 1,50 Tugrik gedruckt wird" (Magmarsambuu, Chefredakteur der Zeitung „Demokratie"). Eine der wenigen privaten Publikationen, die unabhängig sind und auch ein gewisses journalistisches Niveau haben, ist die Zeitung „Il Tovcho".

Ihre klare kritische Einstellung gegen Regierung und Politik führte sehr schnell dazu, daß sie aus dem Büro in der regierungsamtlichen Nachrichtenagentur entfernt und Redakteure und Journalisten regelmäßig vor Gericht geladen wurden. Wenn Politiker der Regierungspartei von Reportern des „Tovcho" interviewt werden sollen, so schweigen sie. Die Freie Demokratische Journalistenunion zeichnete „Il Tovcho" 1993 als unabhängigste Zeitung Mongolens aus.

Die Entwicklung hin zu einer freien demokratischen Presse wird in der Mongolei auch dadurch erschwert, daß die Journalisten 70 Jahre lang keine Gelegenheit hatten, freien Journalismus kennenzulernen. Peter Hannam, der Reuter-Korrespondent in Ulan Bator, stellt fest: „Es gibt im Grunde nur zwei Typen von Informationen in den mongolischen Medien: einerseits stark meinungsorientierte Beiträge von Journalisten oder Experten und andererseits Interviews mit Offiziellen." Im Mai 1992 besuchten zwei Amerikaner, William Ringle, ein altgedienter Journalist der Gannet News Agency, und Daniel Southerland von der „Washington Post", die Mongolei. Sie stellten fest, daß der Begriff „freie Presse" und die „Rolle der Medien in der Demokratie" sowohl für die Journalisten als auch für Regierung und Bürger schlechthin „sehr verwirrend" seien. Geringe Erfahrung und Ausbildung der Journalisten in den journalistischen Standardtechniken wie Recherchieren und Berichten sowie ein niedriger ethischer Standard seien festzustellen. Die Vermischung von Bericht und Kommentar sei das Hauptproblem in den Artikeln. Zudem sei vom Schreiben her noch der alte TASS-Stil gängig, kaum eine Zeitung habe ein Archiv, viele Journalisten könnten den Stellenwert einer Nachricht nicht richtig einordnen, Journalisten setzten sich häufig über die Grenzen guten Geschmacks und auch über gesetzliche Vorschriften hinweg, sie verleumdeten Politiker.

### „Am Anfang der Freiheit"

Interessante Ergebnisse brachte eine Meinungsumfrage im Mai 1994, bei der 15 Prozent aller Journalisten aus Ulan Bator sowie in den zwei größten mongolischen Provinzen befragt wurden. 61 Prozent sind der Ansicht, daß es eher darum geht, die Professionalität der Journalisten zu erhöhen als deren Gehälter, 64,4 Prozent der Meinung, daß die Medien an Glaubwürdigkeit verloren haben, und 81,4 Prozent sagten, Fernsehen, Radio und Presse seien noch nicht wirklich frei, bestenfalls am Anfang der Freiheit. Auf die Frage, was „Pressefreiheit" bedeute, antwortete die überwiegende Mehrheit (50,9 Prozent), „über die Wahrheit des Lebens zu schreiben". Diffuser und poetischer kann das nicht ausgedrückt werden. Die Frage, ob ethische Normen für die Journalisten festgelegt werden müßten, beantworteten 89,8 Prozent mit „ja". Dies sollten aber die Journalisten selber tun (50 Prozent); nur 22,9 Prozent sind der Ansicht, daß dies Aufgabe der Gesetzgebung sei. Bei einer Meinungsumfrage unter Mediennutzern im April 1994 sagten 36 Prozent der Befragten, Faktentreue sei am wichtigsten im Journalismus, die Aktualität stand mit 9,1 Prozent am Ende der Skala. 59,1 Prozent der Befragten postulierten, daß die Informationen in der Mongolei nicht frei seien.

**Für die privaten Sender „keine Luft zum Atmen"**

80 Prozent der Bevölkerung werden durch das Regierungsfernsehen und den Regierungsrundfunk „Mongolian TV" und „Mongolian Radio" erreicht. Direkt zuständig für die elektronischen Medien ist der Premierminister. Rundfunk wird aus dem Staatsbudget finanziert. Die technische Ausstattung ist schlecht. Der frühere Direktor von NBC, Mulhollad, stellte 1993 fest: „Die Nachrichtenabteilung hat beispielsweise eine Schreibmaschine für alle Reporter, zwei tragbare Kameras für den gesamten Stab, einen Schreibtisch für alle nationalen und internationalen Nachrichten". Neben dem Regierungsrundfunk und dem kommunalen Fernsehsender von Ulan Bator gibt es zwei private Fernsehstationen und eine Radiostation. Im Dekret Nr.59 hatte die Regierung am 12. April 1993 den einzigen für die privaten Sender vorhandenen Kanal genehmigt, um „die Qualität des Rundfunks zu erhöhen, Wettbewerb einzuführen und marktwirtschaftliche Prinzipien zu propagieren". Die Freude währte nur bis 1994, als die Regierung die Mietverträge für die privaten Stationen nicht verlängerte: die privaten Sender konnten die geforderten Mietgebühren nicht aufbringen. Garam Ochir, Direktor der Sendestation „Tenkhleg" (Kreis): stellt fest: „Wir hätten überleben können, wenn das staatliche Fernsehen als eine öffentlich finanzierte Institution auf seine Werbeeinschaltungen verzichtet hätte, damit wir etwas Luft zum Atmen gehabt hätten".

Die zweite private Fernsehstation „Sumu" produziert Werbespots, Videoclips und Dokumentarfilme, die allerdings von der staatlichen Fernsehanstalt nicht abgenommen werden, weil man kein Geld für externe Produktionen habe. Die einzige private Hörfunkstation, „Weißer Falke", sendet seit 1993 ein sehr populäres Programm von vier Wochenstunden.

### Der unendliche Streit: Pressegesetz ja oder nein?

„In der Vergangenheit war die strikte Kontrolle der Medien durch die kommunistische Partei so effizient, daß kein besonderes Mediengesetz nötig war. Die einzigen gesetzlichen Regelungen betrafen die Vergehen ‚Volksverhetzung' und ‚Landesverrat', die im Strafgesetzbuch standen." (L.B. aaO. Seite 21). Die Partei hatte alles im Griff: beispielsweise verbannte das Zentralkomitee eine Gruppe von Redakteuren und Journalisten 1979, weil sie einen Bericht über einen Busfahrer veröffentlicht hatte, der mehrere Passagiere aus einem brennenden Bus gerettet hatte. Später stellte man fest, daß das Feuer durch die Kollision mit einem russischen Lastwagen verursacht worden war. Somit war die Geschichte geeignet, „einen Schatten auf die mongolisch-sowjetische Freundschaft zu werfen"." (L.B. aaO. Seite 21)

Die neue Verfassung der Mongolei von Februar 1992 enthält den Grundsatz der Freiheit von Rede und Wort, sowie das Recht der Bürger, Informationen zu sammeln und zu empfangen. Diese grundrechtliche Festlegung in einem Mediengesetz zu präzisieren und somit zu festigen, war die Absicht einiger Politiker quer durch die Parteien. Eine etwa gleichgroße Zahl war dagegen, aus Furcht, ein neues Mediengesetz könnte die mühselig errungene Pressefreiheit wieder einengen. Und so begann eine unendliche Geschichte. Die Meinung der mongolischen Journalisten zu einem Pressegesetz war von Anfang an ebenfalls gespalten: die einen waren der Ansicht, daß unbedingt ein Pressegesetz her müsse, um die konstitutionellen Festschreibungen zu präzisieren. Eine genauso große Gruppe ist strikt dagegen, weil sie der Ansicht ist, daß jede neue rechtliche Regelung zu Ungunsten der Pressefreiheit ausfallen würde. Letzteres scheint nicht ganz abwegig zu sein. Denn trotz aller Bekenntnisse zur Pressefreiheit sieht die Regierung nach wie vor die Aufgabe der Medien vor allem darin, die Regierungspolitik bekanntzumachen. Die Vorstellung, daß Medien so viele Ideen der Bürger wie möglich aufgreifen, um die Politik zu verbessern, ist ihnen fremd. Vor allem bewegt die Regierungspolitiker natürlich die Frage, wie die Kontrolleure zu kontrollieren seien. Eine unkontrollierte Presse ist für sie nach wie vor eine Schreckensvision. Als die Journalistenunion der Mongolei 1992 den Journalisten eine modifizierte Kopie des russischen Pressegesetzes zur Abstimmung vorlegte, stimmte die Mehrheit dagegen. Viele der oppositionellen Journalisten in der Mongolei sind der Ansicht, daß das Fehlen eines Pressegesetzes bisher den Journalisten nur Gutes gebracht hat. Denn unter den bestehenden Gesetzen ist eine Bestrafung der Journalisten fast nicht möglich. Die Strafandrohung von 500 oder 1000 Tugrik (1993 fünf bzw. zehn Mark) bei einer Inflationsrate von 30 Prozent (1992) kann vernachlässigt werden.

Die Diskussion über ein Pressegesetz wurde im Frühjahr 1994 wieder lauter, als in den regierungsamtlichen Medien ein zweiwöchiger Hungerstreik der Opposition einseitig dargestellt worden war. Die oppositionelle Mongolische Demokratische Union (MDU) hatte am 13.April 1994 auf dem Suhbaatar-Platz vor dem Regierungsgebäude eine von der Stadt nicht genehmigte Versammlung organisiert, an der etwa 50 000 Bürger teilnahmen. Die Regierung wurde zum Rücktritt aufgefordert, weil sie zuwenig gegen Korruption und Bestechung tue. Anschließend begannen 17 Teilnehmer der Versammlung mit einem Hungerstreik. Die Regierung setzte ihren gesamten Medien-Apparat ein, um die Demonstration zu diskreditieren und Ziele wie Urheber zu verschleiern. Der Opposition verweigerte sie eine Stellungnahme im Regierungsrundfunk. Daraufhin wurde die Frage des Staatsrundfunks und eines Mediengesetzes abermals zum Gegenstand heftiger politischer Auseinandersetzungen. Schließlich sagte die Regierung zu, den Status der Medien zu überdenken und ein Pressegesetz zu verabschieden. Am 26. April legte Präsident Ochirbat ein Dekret über die Grundsätze eines Pressegesetzes vor und setzte eine Untersuchungskommission mit den Repräsentanten der wichtigsten Medien ein. Bemerkenswert und bezeichnend für die Situation, in der sich alte politische Verhaltensweisen widerspiegeln, war, daß während der Vorbereitungen für und der Diskussion über das Pressegesetz die Journalisten „draußen vor der Tür" blieben. Am 21. Juni 1994 organisierten daher unabhängige Jounalisten ein Treffen. Dabei wurde festgestellt, daß das beabsichtigte Gesetz die herrschende Realität nicht widerspiegeln und daher nicht funktionieren würde. Vor allem plädierten die Teilnehmer dafür, das Rundfunkgesetz aus dem geplanten Mediengesetz herauszulösen. Eine große Zahl von Journalisten wehrte sich besonders dagegen, daß im künftigen Pressegesetz strenge Regeln ethischer und moralischer Art verankert werden sollten, Regeln, die in anderen westlichen Mediengesellschaften lediglich in berufsständischen Kodizes festgelegt sind.

Die Asia-Foundation der Vereinigten Staaten wurde auf Bitten des Präsidenten in die weiteren Vorbereitungen eingeschaltet. Als sie im Juli 1994 ihre Vorschläge unterbreitete, war die Sitzungsperiode vorüber, und das Projekt wurde auf die Herbstperiode 1994 verschoben. Grundlage für die weiteren Diskussionen ist seitdem der Regierungsentwurf vom 29. August 1994, der im wesentlichen alle Elemente westlicher Mediengesetze enthält: Verbot der Zensur und des staatlichen Medienmonopols; das Recht der Bürger und der Medien, von öffentlichen Stellen Informationen zu erhalten; das Jedermann-Recht, Medienunternehmen zu gründen; Lizenzerteilung für Sender durch ein Nationales Rundfunk-Komitee; Datenschutz und Gegendarstellungsanspruch. Ein Wunsch der Journalisten wurde erfüllt: ethische und moralische Regeln fehlen. Ein anderer wurde nicht erfüllt: das Rundfunkgesetz ist in das Mediengesetz integriert. Besonderheiten minderen oder größeren Gewichts gibt es in zwei Punkten: die Regierungspräsidenten der Städte oder Provinzen dürfen „Prozeduren für den Verkauf erotischer Publikationen" vorschreiben. Das dürfte die Pressefreiheit weniger tangieren. Aber: Zeitungen und Zeitschriften dürfen nicht mehr als ein Viertel ihres Gesamtumfangs mit Anzeigen füllen. Damit ist die Wirtschaftlichkeit von Printmedien von Anfag an in Frage gestellt. Und damit auch die Pressefreiheit.

Dieter Weirich

# Programme für Hörer und Zuschauer in Osteuropa und der GUS. Das Beispiel Deutsche Welle

„Das Bundesinformationszentrum der Russischen Föderation dankt der Russischen Redaktion der Deutschen Welle für ihre aktuelle und objektive Berichterstattung vom 3. und 4. Oktober in Moskau. Ihre Informationen, die Korrespondentenberichte, Situationsanalysen, die Interviews mit Politikern und Vertretern der Öffentlichkeit sowie die Stellungnahmen der deutschen Experten und Journalisten, die Sie den Radiohörern geboten haben, waren für viele von ihnen in diesen schweren Tagen eine große Hilfe. Glasnost und journalistisches Augenmaß, die Ihnen stets zu eigen waren, haben dazu beigetragen, die Demokratie in Rußland zu verteidigen. Dafür seien Sie bedankt! Michail Poltoranin, Leiter des Russischen Informationszentrums, 13. Oktober 1993, Moskau."

Wer hört nicht gern solches Lob? Und dann noch aus Moskau! Selbstverständlich ist das nicht, im Gegenteil. In den vergangenen Jahrzehnten wurde besonders das Russische Programm der Deutschen Welle (DW), das in Botho Kirsch einen der besten Kenner Osteuropas, einen hervorragenden Publizisten und scharfsinnigen politischen Analytiker als Leiter hat, von offiziellen sowjetischen Stellen meist als „Feindsender" verteufelt. Solange die Kremlherren den Klassenkampf propagierten, gaben sie für die Störsender Milliarden aus – nicht Rubel, sondern Dollar –, um die Programme der westlichen Auslandssender nicht an das Ohr der Menschen im früheren Ostblock dringen zu lassen. Lenins Erben fürchteten jede Information, die sie nicht zensieren und verfälschen konnten, wie der Teufel das Weihwasser. „Solange die rote Fahne über dem Kreml wehte, konnte man nur von den Auslandssendern erfahren, was im eigenen Land und draußen in der Welt vorging", sagte Michail Woslensky 1992, als das Russische Programm der DW sein dreißigjähriges Bestehen beging. Der frühere Dissident, bekannt durch das Buch „Nomenklatura", ist seit vielen Jahren Teilnehmer an den „Stammtischgesprächen" im Russischen Programm.

## Störsender gegen Dissidenten

Gefragter Interviewpartner der DW war und ist auch der russische Schriftsteller Lew Kopelew. Dieser berichtete während der Feierlichkeiten anläßlich des vierzigjährigen Bestehens des deutschen Auslandssenders am 3. Mai 1993 in Köln, wie einst das KGB in der Straße, in der der frühere Dissident Andrej Sacharow und seine Frau Jelena Bonner lebten, einen Störsender installierte, nur damit diese nicht die DW empfangen konnten. Sie verließen daher regelmäßig ihre Wohnung mit einem Kurzwellenradio und lauschten, wenn sie sich unbeobachtet glaubten, den Programmen der Auslandssender. Einmal, so erzählte Kopelew, hörten Sacharow und seine Frau die Stimme Heinrich Bölls, der sich über die DW direkt an sie wandte: „Da wurde es an diesem kalten Abend warm ums Herz", erinnerte sich der weißbärtige Schriftsteller aus Rußland. Nachdem der Friedensnobelpreisträger Sacharow verhaftet und verbannt worden war, sei die „Welle" eine „Quelle der seelischen Stärke" gewesen.

Ähnliche Erfahrungen wie Sacharow haben in der früheren Sowjetunion zahllose Menschen gemacht, ob prominent oder nicht. Die DW sorgte bereits für „Glasnost", als noch niemand diesen Begriff und seinen Erfinder Michail Gorbatschow kannte. Wer braucht aber die Programme der Auslandssender, nachdem es die Sowjetunion nicht mehr gibt und die Programme aus dem Westen nicht mehr gestört werden? Die westlichen Auslandssender haben nach wie vor wichtige Aufgaben zu erfüllen, meint Lew Kopelew. So müsse die DW den Ländern Osteuropas auch weiterhin eine geistig-moralische Hilfe zur Demokratie und zur Vernunft sein: mittels Aufklärung durch Information und des freien Wortes.

Wie wichtig die westlichen Auslandssender sind, zeigte der Umsturzversuch der Nationalisten und Kommunisten am 3. und 4. Oktober 1993. Die politischen Gegner in Rußland sind sich der Macht der elektronischen Medien bewußt. Während des Aufstands des von Jelzin aufgelösten Parlaments kam es in Moskau außer vor dem Weißen Haus besonders vor dem Fernsehzentrum „Ostankino" zu den heftigsten Gefechten. Während und nach den blutigen Auseinandersetzungen strahlte die Russische Redaktion der DW eine Woche lang täglich ein fünfstündiges Sonderprogramm aus. Dafür wurde auf dem Satelliten Eutelsat II-F1 ein spezieller Kanal geschaltet, der die Mittelwellensender der DW in Moskau und St. Petersburg versorgte. Ein DW-Mitarbeiter verfolgte in der russischen Hauptstadt nur wenige hundert Meter vom Parlamentsgebäude entfernt die Gefechte am Weißen Haus. Die Kämpfe am TV-Zentrum führten dazu, daß der landesweite Fernsehsender Ostankino zeitweise ausfiel. Für Millionen aufgebrachter Russen in den endlosen Weiten des Landes war das DW-Programm – die Sendungen wurden „live" moderiert – wie auch das Angebot der anderen Auslandssender die einzige aktuelle Informationsquelle. Nach dem Ende des Putschversuchs schrieb uns Nikolaj Krisjuk aus St. Petersburg: „In der Nacht der politischen Konfrontation in unserem Land hörte ich die Deutsche Welle. .... Ich kann mir nur wünschen, daß unsere eigenen Sender unseren Menschen alles so auseinandersetzen, daß jeder weiß, worum es eigentlich geht. Bei unserem Rundfunk hat man manchmal das Gefühl, er redet den Machthabern nach dem Munde." So wie dieser Hörer vertrauen die meisten Russen den „Stimmen" aus dem westlichen Ausland. Sie kennen und schätzen sie noch aus der Zeit der kommunistischen Herrschaft.

„Der Westen ist genötigt, die Reformprozesse (in Rußland) in ihrer universellen Bedeutung zu erkennen und zu unterstützen", so Bundespräsident Richard von Weizsäcker in seiner Rede über die deutsche Außenpolitik in Hamburg Anfang Dezember 1993. Immerhin habe die DW mit dazu beigetragen, so Poltoranin, die Demokratie in Rußland zu verteidigen. Demokratie und Meinungsvielfalt waren aber nur unmittelbar nach der Wende ein Exportschlager. Demokratie kann man nicht essen, und Pluralismus stoppt nicht die Inflation. Wenn sich die Kommentatoren der DW für die Reformprozesse in Rußland einsetzen, dann teilen viele Hörer diese Meinung nicht und schreiben das auch.

## Umfassendes Bild von Deutschland vermitteln

Davon abgesehen hat die DW einen konkreten Auftrag zu erfüllen: der Welt ein umfassendes Bild des politischen, wirtschaftlichen und kulturellen Lebens in Deutschland zu vermitteln. Seit dem 3. Oktober 1990, dem Tag der Wiedervereinigung, ist das Interesse für Deutschland überall, besonders aber in Osteuropa, deutlich gestiegen. Typisch für die Überlegungen vieler Hörer und Zuschauer im Osten über Deutschland ist der Brief des Russen Wladimir Kislow aus Tschernogolowka vom 1. 10. 93: „Ich hoffe und bin davon überzeugt, daß Deutschland heute nicht mehr das frühere ‚Deutschland, Deutschland über alles' ist und auch kein ‚Drang nach Osten' mehr zu erwaren ist. Nachdem Deutschland eine kräftige Dosis Amerikanismus geschluckt hat, ist es ein im positiven Sinne durchschnittliches bürgerliches Land mit absolut ehrenwerten Ansprüchen geworden. Auch wir (Russen) werden jetzt mit dem ‚American way of life' geimpft. Ist das nun gut oder schlecht? Was soll man davon halten? Wie seinerzeit bei den Deutschen geht manches dabei verloren, anderes ist ein Gewinn. Bei allen Unterschieden gehen unsere beiden Völker ähnliche Wege. Nur sind die Deutschen uns dabei beträchtlich voraus."

Das zunehmende Interesse für Deutschland dokumentiert auch die wachsende Zahl derer, die Deutsch als Fremdsprache erlernen. Derzeit sind es auf der ganzen Welt 20 Millionen. Davon leben zwei Drittel in den Ländern Ost-, Mittelost- und Südosteuropas. Natürlich werden über unsere Fremdsprachenprogramme auch Deutschsprachkurse verbreitet, so daß sich die DW mit Recht auch das „größte deutsche Klassenzimmer" nennen darf. Schon kurz nach ihrer Gründung im Jahre 1953 hatte die DW den ersten Radiosprachkurs „Lernt Deutsch bei der Deutschen Welle" im Programm.

Anfang der siebziger Jahre wurde dann in Zusammenarbeit mit dem Goethe-Institut, Inter Nationes und dem Deutschlandfunk (DLF) der Radiosprachkurs „Familie Baumann" entwickelt. Das Goethe-Institut stellte den Autor für die Grundmanuskripte, bei der DW wurden die Einspielbänder mit den deutschsprachigen Dialogen und Spezialszenen produziert. Inter Nationes steuerte die Lehrbücher bei und verschickte sie an die Hörer.

Weil Deutsch als Fremdsprache in Osteuropa immer beliebter wird, hören dort auch viele Menschen das Deutsche Programm der DW. Für den deutschen Auslandssender ist das Deutsche Programm natürlich eine Art Visitenkarte. Während des ganzen Tages werden im Vier-Stunden-Rhythmus die aktuellen Teile wie Nachrichten, Kommentare und Magazinbeiträge ständig erneuert. 1994 ging die DW vom Vier-Stunden- zu einem Acht-Stunden-Rhythmus über. Letztlich ist ein Informationsvollprogramm rund um die Uhr das Ziel, allerdings mit eingebetteten Wiederholungen. Das Programm ist im wesentlichen auf drei Zielgruppen gerichtet: zum ersten auf deutschstämmige Hörer in aller Welt, die sich auf Dauer in anderen Ländern niedergelassen haben, aber die Verbindung zu ihrer alten Heimat aufrechterhalten wollen; zum zweiten auf Urlauber und auf die immer größer und wichtiger werdende Zahl von Deutschen, die vorübergehend im Ausland lebt: als Geschäftsleute, Diplomaten, Techniker, Seeleute oder Wissenschaftler; die dritte Gruppe schließlich bilden die Deutsch lernenden und deutschsprachigen Ausländer, für die das Deutsche Programm nicht nur Informationsmittel, sondern auch sprachliches Übungsfeld ist.

Die Popularität der deutschen Sprache darf nicht darüber hinwegtäuschen, daß die meisten Hörer und Zuschauer in Osteuropa von der DW natürlich in ihrer Muttersprache angesprochen werden wollen. Das Russische Programm setzt dabei Akzente, die in vielen russischen Medien zu kurz kommen oder ganz fehlen. Dazu gehören etwa Themen wie der wachsende Nationalismus und Antisemitismus in den GUS-Staaten oder auch die zwischenstaatlichen Beziehungen. Früher prägten die Menschenrechtsproblematik wie auch die Auseinandersetzung mit dem Totalitarismus das Programm. Manchmal waren oder sind die Programme aus Köln auch eine Form der Lebenshilfe, so nach dem 26. April 1986, dem Tag der Reaktorkatastrophe in Tschernobyl. Zweieinhalb Wochen lang unterrichteten allein westliche Sender wie die Deutsche Welle die russische, weißrussische und ukrainische Bevölkerung über das Unglück und seine Folgen. Verwundert erfuhren die Hörer, daß in Deutschland die Menschen wegen der Strahlenbelastung kein Gemüse mehr aßen, die Kinder von den Spielplätzen fernhielten und daß Fahrzeuge, die aus dem Osten kamen, an den Grenzen auf Radioaktivität hin überprüft und gegebenenfalls zurückgeschickt wurden.

Das alarmierte viele Menschen in der damaligen Sowjetunion. Zum ersten Mal in deren Geschichte entstand so etwas wie öffentlicher Druck auf den Generalsekretär der KPdSU, der damals Michail Gorbatschow hieß. Wochen nach dem Explosionsunglück trat er vor die Presse, rasselte noch einmal mit den Desinformationsketten der roten Diktatur, vertuschte also, versuchte zu verharmlosen. Den Auslandssendern warf er verärgert vor, die sowjetische Bevölkerung unnötig zu beunruhigen.

Auch in späteren Jahren verschlug ihm dieser Mißerfolg wortreich die Sprache. Die Mitarbeiter der DW ließen sich zu keiner Zeit irreführen. Ihnen ging es stets um die Wahrheit. Besonders die – um mit Dostojewskij zu sprechen – „Erniedrigten und Beleidigten" in den ehemals sozialistischen Ländern, die von Lenins Jüngern über Generationen hinweg belo-

gen wurden, haben das Recht auf unverfälschte Information. Am Ende
siegte ja auch das freie und wahre Wort über die Lügenmärchen und Ver-
tröstungen der kommunistischen Alleinherrscher. Die Sowjetunion ging
sang- und klanglos unter. Mit voller Berechtigung hat Bundeskanzler
Helmut Kohl am 10. November 1993 vor der Generalversammlung des
Verbandes Deutscher Zeitschriftenverleger in Bonn gesagt: „Die Berichterstattung der freien Presse hatte entscheidenden Anteil an der Überwindung der kommunistischen Diktaturen in Mittel-, Ost- und Südosteuropa sowie in der ehemaligen Sowjetunion . . . Die Regime in Mittel-,
Ost- und Südosteuropa brachen auch deshalb zusammen, weil sie dem
Informationszeitalter nicht gewachsen waren. Sie stürzten auch deshalb
ein, weil sie der Kraft des freien Wortes nicht mehr standhalten konnten."

## Verständliches über Marktwirtschaft, Demokratie und Menschenrechte

Seit dem Untergang der UdSSR beleuchtet das Russische Programm
etwa in Form von Reportagen oder Hintergrundberichten mehr die
Schwierigkeiten beim Übergang von der Plan- zur Marktwirtschaft. Gewiß: Was Angst um den Arbeitsplatz oder Inflation bedeutet, wissen die
Hörer aus eigener Erfahrung. Sie kennen aber nicht die volkswirtschaft-
lichen Zusammenhänge. Sie fragen, warum immer noch gilt: reiches
Rußland, aber arme Russen? Weil für viele im Osten Marktwirtschaft ein
Fremdwort geblieben ist, werden die Reformer und nicht die sieben Jahrzehnte herrschenden Kommunisten für die ökonomischen Schwierigkeiten verantwortlich gemacht. Die Folge: die Ewiggestrigen bekommen
wieder Zulauf. 13 Millionen Russen haben bei den Parlamentswahlen im
Dezember 1993 für den Nationalisten Wladimir Schirinowskij gestimmt.
Man sieht: Wer einmal am Totalitarismus erkrankt war, ist deshalb noch
nicht dagegen immun. Irritierende Wahlergebnisse gibt es nicht nur in
Rußland. Man denke nur an die Erfolge der PDS in den neuen Bundesländern!

Apropos Ostdeutschland: Wie Firmen in der ehemaligen DDR ihren Weg
zum Markt meistern, das ist für DW-Hörer und -Zuschauer in den ehemaligen sozialistischen Staaten außerordentlich aufschlußreich. Kein
Wunder, denn nach der Wende haben es fast alle Betriebe zwischen Elbe
und Stillem Ozean mit ähnlichen Problemen zu tun. In den DW-Pro-

grammen finden die Hörer und Zuschauer klare, verständliche Aussagen zugunsten von Marktwirtschaft, Demokratie und Menschenrechten, die sich vom babylonischen Stimmengewirr in den jungen Demokratien Osteuropas klar abheben.

Unsere Sendungen sind auch ein Diskussionsforum. Einmal in der Woche erörtern Fachleute ein aktuelles Thema vor dem Mikrophon der Russischen Redaktion. Gelegentlich erhitzen sich die Gemüter dabei sehr, und man geht nach einer halben Stunde auseinander, ohne zu einem Ergebnis gekommen zu sein. Doch das macht nichts. Wichtiger ist, daß der Hörer erfährt, was Streitkultur bedeutet. Sie ist ein guter „Dünger der Demokratie", auch wenn sie so manchem kommunistischen Nostalgiker „stinkt". Die DW-Redakteure haben weniger Angst vor als vielmehr Sorge um Rußland.

Die Programme für Osteuropa sind auch eine Art „kulturelles Schaufenster". Kultur und Kulturschaffende – die vielzitierte „Intelligenzija" – spielen in Ländern wie Rußland oder Polen eine viel bedeutendere Rolle als in Westeuropa. Wenn die DW in ihrem Russischen Programm ein Interview oder einen Beitrag über den inzwischen nach Moskau zurückgekehrten Alexander Solschenizyn ankündigte, dann konnte sie sicher sein, daß fast jeder Zuhörer sein Ohr ganz eng an die Lautsprecher preßte, um ja kein Wort zu verpassen. In den siebziger und achtziger Jahren, als Solschenizyns Werke in Rußland verboten waren, gab ihm in seiner Heimat die DW eine Stimme. Einer der Hörer des Russischen Programms war Wladimir Oskolkow aus Jekaterinburg. Am 12. 8. 1993 schrieb er der DW: „Im Januar sind es zwanzig Jahre her, daß ich Ihr Hörer bin. Ich erinnere mich noch gut an die kalten Winterabende im Januar 1974, als unsere ganze Familie beim Abendessen die DW-Lesungen aus Alexander Solschenizyns Roman ‚Archipel GULag' verfolgte. Mein Vater war damals Dozent für die Philosophie des Marxismus-Leninismus, meine Mutter Englischlehrerin. 1983 unter Andropow mußte ich im 4. Studienjahr auf Betreiben des Gebietskomitees der KPdSU wegen Hörens der Deutschen Welle das Polytechnische Institut verlassen und wurde aus dem ‚Komsomol' ausgeschlossen. Die letzten Jahre hatte ich große Mühe, ohne Universitätsabschluß eine angemessene Stellung zu finden." Wer während des Kalten Krieges den Lesungen westlicher Auslandssender lauschte, mußte vorsichtig sein. Wenn ein Denunziant einen Hörer anzeigte, war diesem eine Strafe sicher. Es war nicht nur gefährlich, über die Kurzwelle DW zu hören, es war auch mühsam. Dafür sorgten schon die Störsender. Erst im Dezember 1988 wurden sie endgültig abgeschaltet.

1991 hatte ich die Idee, sie für unsere Zwecke zu nutzen. Schließlich waren die DW-Programme im asiatischen Raum im Vergleich zur britischen oder amerikanischen Konkurrenz schlecht zu empfangen. Die Anmietung dreier früherer sowjetischer Störsender hat dies schlagartig geändert. Nun strahlt die DW täglich 19,5 Stunden Programm vom Boden der früheren UdSSR aus. Die Hälfte der Sendezeit entfällt auf das deutschsprachige Programm. Die andere Hälfte verteilt sich auf Sendungen in Englisch, Bengali, Hindi, Urdu, Paschtu, Dari, Persisch, Japanisch und Chinesisch. Die Kosten für das Anmieten der früheren Störsender betragen etwa sechs Millionen Mark jährlich. Das Geld ist gut investiert. So hat sich seit der Zusammenarbeit mit den russischen Kollegen die Hörerpost des chinesischen Programms verzehnfacht. Übrigens war die DW der erste Auslandssender, der die ehemaligen Störsender „zweckentfremdete". Mittlerweile sind andere Auslandsfunkanstalten dem deutschen Beispiel gefolgt und haben russische Sender gemietet.

Was früher undenkbar war, ist seit dem Fall des Eisernen Vorhangs Routine geworden: Unsere Mitarbeiter suchen den unmittelbaren Kontakt zu ihren Hörern, werben an Ort und Stelle für die DW-Programme. So hat beispielsweise die polnische Redaktion 1990 und 1992 in den Ausstellungshallen von Posen und 1993 auf der Warschauer Buchmesse tüchtig die Werbetrommel gerührt. Gleiches taten in der Vergangenheit auch die tschechischen, bulgarischen, türkischen oder rumänischen DW-Mitarbeiter in ihren Zielgebieten.

Wie sehr sich die Zeiten geändert haben, ist auch daran zu erkennen, daß die Osteuropa-Redaktionen der DW nunmehr eine Vielzahl von eigenen Korrespondenten in den verschiedenen Hauptstädten des östlichen Europa unterhalten. Als die rote Fahne noch über dem Kreml oder den Regierungspalästen in Bukarest, Sofia oder Tirana wehte, wäre das unmöglich gewesen. Nicht nur unmöglich, sondern auch gefährlich, und zwar für jedermann, der für die DW arbeiten wollte. Jeder Versuch, für einen „Feindsender" tätig zu werden, wäre eine Häresie gegenüber den Kirchenvätern des Sozialismus gewesen und streng geahndet worden. Sogar die deutschen ARD-Korrespondenten in Moskau baten vor der Wende die Russische Redaktion in Köln eindringlich, keine Beiträge von ihnen ins Russische zu übersetzen und auszustrahlen. Sie hatten weniger Angst vor Repressalien als vielmehr vor möglichen Arbeitserschwernissen durch sowjetische Behörden. Das alles ist nun vorbei. Jetzt greifen unsere Programmacher selbstverständlich auf die Angebote der Korrespondenten in den jeweiligen osteuropäischen Zielländern zurück. Sie werden meist per Telefon in die Kölner Zentrale überspielt und von dort gesendet.

Früher waren Koproduktionen zwischen der DW und einer osteuropäischen Radiostation ebenfalls unmöglich. Dann wurde jede Form der Zusammenarbeit zur Sensation, machte Schlagzeilen. Inzwischen hat sich auch das geändert. Die Mitarbeiter des aktuellen, in Berlin produzierten Fernsehens der Deutschen Welle (DW-tv) gewähren ihren Kollegen aus Polen, Bulgarien oder Rußland Produktionshilfe; Koproduktionen funktionieren bei Hörfunk und Fernsehen problemlos. Gemeinschaftssendungen zwischen der DW und einem osteuropäischen Partner sind selbstverständlich geworden. Schwierigkeiten ergeben sich allenfalls dann, wenn die Geldquellen (meist liegen sie in Deutschland) versiegen.

Das Ende der Roten Herrschaft hat die Arbeit in den Ost- und Südosteuropa-Redaktionen wesentlich erleichtert. Plötzlich konnten in den Sendegebieten – auch in Rußland – gute und qualifizierte Mitarbeiter angeworben werden. Und natürlich wurde diese Chance genutzt. Das wirkt sich positiv nicht nur auf das Arbeitsklima, sondern auch auf die Qualität der Programme aus. Früher war die Osteuropa-Redaktion bei der Suche nach neuen Mitarbeitern auf ausgereiste Rußlanddeutsche oder Emigranten angewiesen. Jetzt war ein Neuanfang in der Personalpolitik möglich.

Seit dem Fall der Mauer konnten die Journalisten in Rußland wie auch in anderen ost- und südosteuropäischen Ländern zwar die Fesseln der Zensur abstreifen. Doch wurden sie schon bald mit neuen Schwierigkeiten konfrontiert: Das Geld reichte nicht mehr. Ein Redakteur bei der populärsten Nachrichtensendung im russischen Fernsehen verdient umgerechnet 85 Mark monatlich. Damit eine Familie zu ernähren, ist fast unmöglich. Darum sind viele osteuropäische Journalisten dankbar, wenn sie gelegentlich auch für einen westlichen Auslandssender arbeiten können.

Der Kommunismus im Osten ist zwar weitgehend abgestorben, doch die Zensur lebt in der einen oder anderen Form weiter. Das gilt besonders für die vom Krieg heimgesuchten Kaukasusrepubliken Tschetschenien, Aserbaidschan und Armenien. Dort sind die Menschen wie zur Zeit des Kommunismus auf die Informationen der Auslandssender angewiesen.

## Mangel an Freiheit und Geld

Medien in Osteuropa – das heißt: Pressefreiheit mit Abstrichen. Auch in Rußland. Die elektronischen Medien werden von der Administration des Präsidenten Jelzin kontrolliert. Von einer strengen Zensur zu sprechen, wäre gewiß übertrieben, aber eine wirkliche Pressefreiheit wie in den westlichen Staaten gibt es eben nicht. Radio und Fernsehen sollen, so Itar-Tass, das Funktionieren der Staatsorgane verbreiten. Ein Gesetzentwurf sehe vor, daß ein dem Staatspräsidenten unterstelltes Gericht die Objektivität der Informationen überwachen und den Pluralismus des Programms gewährleisten soll. Auch viele DW-Hörer machen sich Gedanken zum Thema Pressefreiheit. Alexej Artjominow aus dem russischen Bologoje schrieb im Oktober 1993: „Jetzt ist viel davon die Rede, daß in den ehemals kommunistischen Ländern volle Informationsfreiheit herrscht. Doch ist es . . . damit nicht weit her. Leider vermitteln unsere eigenen Massenmedien kein vollständiges Bild der Ereignisse im Lande. Daher setzen wir unsere Hoffnung auf die ausländischen Sender, darunter auch die DW."

Ein „vollständiges Bild der Ereignisse" im Lande w o l l e n die Medien in Osteuropa manchmal nicht vermitteln, eine ausreichende Auslandsberichterstattung k ö n n e n sie oft nicht gewährleisten. Dafür fehlt ganz einfach das Geld. Früher waren für die kommunistisch gelenkten Medien in den westlichen Hauptstädten eigene Korrespondenten tätig. Bekanntlich hatten die publizistischen Wasserträger der Diktatur ihre eigene Sicht der Dinge, die mit der Realität meist auf Kriegsfuß stand. So machte einst ein KP-Organ aus der Forderung der friesischen Friseurinnung nach besserem Arbeitsschutz eine „gerechte Sache der unterdrückten Werktätigen im Westen", während die demokratische Wahl eines neuen deutschen Regierungschefs in den kommunistisch gelenkten Medien zu einer Marginalie verkam. Jetzt, da die Korrespondenten etwa über das „Superwahljahr 1994" in Deutschland ausführlich und ohne ideologische Scheuklappen berichten konnten, gibt es sie kaum noch. Denn längst nicht alle Publikationen überlebten den Sprung ins eiskalte Wasser der Marktwirtschaft. Nur noch wenige Zeitungen oder Rundfunkstationen in Rußland und Osteuropa können sich eigene Mitarbeiter im Westen leisten. Deshalb übernehmen sie einen großen Teil der Berichterstattung von Auslandssendern wie der DW. Redakteure der wichtigsten Publikationen in Ost- und Südosteuropa hören regelmäßig unsere Programme, zeichnen sie auf und zitieren uns dann in ihren Zeitungen und Zeitschriften. Offensichtlich schätzen sie auch die Bewertungen und Analysen der DW-Mitarbeiter. So werden DW-Kommentare und -Berichte häufig abgedruckt von der Belgrader „Politika", vom Zagreber „Vjesnik", von den Sofioter Zeitungen „Duma", „Demokrazija" und „24 Tschassa", von den russischen Zeitungen „Sowjetskaja Rossija", der „Nesawissimaja Gaseta" und der „Prawda", von der Bukarester „Romania Libera" und vielen anderen Publikationen. Ein Moskauer Wochenblatt (Auflage 100 000) verbreitet sogar regelmäßig die Programmvorschau des Russischen Dienstes der DW.

Wer die Geschichte des Auslandsrundfunks Revue passieren läßt, etwa an die Zeit des Zweiten Weltkriegs und die des Kalten Krieges denkt, dem fällt auf, daß die Kurzwelle stets auch eine „Krisenwelle" war. Sie ist es immer noch. Die Sendungen der Deutschen Welle für die Nachfolgestaaten Jugoslawiens sind ein solcher „Krisenfunk". Es ist eine Binsenweisheit, daß die elektronischen Medien besonders in Serbien, aber auch in Kroatien und Bosnien, von den jeweiligen Machthabern zensiert oder doch zumindest an der „kurzen Leine" gehalten werden. Besonders das Fernsehen ist eine Beute der jeweiligen Machteliten geworden. Der britische Korrespondent Misha Glenny – einer der bedeutendsten Südosteuropa-Experten der Gegenwart – schreibt in seinem auf Deutsch erschienenen Buch „Jugoslawien – Der Krieg, der nach Europa kam": „Die kroatischen Medien, allen voran ‚HTV' (also das Kroatische Fernsehen), ergötzten sich zwar an den Berichten über hingemetzelte Kroaten, fungierten aber als eifrige Komplizen bei den Vertuschungsmanövern gegenüber an Serben verübten Verbrechen."

Das landesweit ausgestrahlte serbische Staatsfernsehen handelt ähnlich, nur mit umgekehrten Vorzeichen: Greueltaten serbischer Tschetniks werden gar nicht oder kaum gezeigt. Die Hauptnachrichtensendung des serbischen Staatsfernsehens versäumt es hingegen nie, die an der serbischen Zivilbevölkerung verübten Untaten anzuprangern. Nach dem Zweiten Weltkrieg hatte Tito die freie Meinung bei den elektronischen Medien in den Ruhestand versetzt. Der serbische und der kroatische Präsident haben ihr auch noch die Pension gekürzt. Nun gibt es Journalisten im früheren Jugoslawien, die ein politisches Loblied auf die neuen Herren anstimmen. Es gibt aber auch solche, die dazu aus Gewissensgründen nicht bereit sind. Darum flüchten sie ins Ausland. Einige davon arbeiten für die DW.

## Objektive Information und Lebenshilfe

Der deutsche Auslandssender kann nicht alle nationalistischen Sprengköpfe, welche die elektronischen Medien in Belgrad und Zagreb produzieren, entschärfen. Doch er kann seinen Hörern einiges an Lebenshilfe bieten. Seit Beginn des Krieges auf dem Balkan erhält die Südosteuroparedaktion der DW Briefe von Flüchtlingen. In der Regel suchen sie über die Programme aus Köln in serbischer und kroatischer Sprache Angehörige, die wie sie vertrieben worden sind. Da die Zahl der Briefe ständig stieg, wurde beschlossen, eine spezielle Sendung mit Suchmeldungen einzurichten. Sie wird seit dem 19. April 1993 von 9 bis 9.30 Uhr MEZ ausgestrahlt. Inzwischen erreichen die Südosteuropa-Redaktion per Post und Fax nicht nur bis zu 25 Briefe täglich, sondern auch fast ebenso viele Anrufe verzweifelter Menschen aus der Krisenregion. Die Zahl der Suchmeldungen ist so groß, daß sie manchmal erst nach Tagen gesendet werden können.

Vor allem aber gestalten die serbischen, kroatischen, slowenischen und mazedonischen Mitarbeiter der DW täglich ein aktuelles Programm für das Gebiet des früheren Jugoslawien. Regelmäßig kommt ein bosnisch-muslimischer Journalist aus Sarajevo in den serbischen und kroatischen Sendungen zu Wort. Vorwürfe der Berliner taz, die kroatischen Kollegen der DW redeten der Zagreber Regierung nach dem Munde und unsere serbischen Journalisten lägen „ganz auf der Propagandalinie des Belgrader Regimes", sind einfach nicht wahr. Wer so etwas behauptet, zeigt, daß er unser Programm nicht vom Hören, sondern nur vom Hörensagen kennt. Beim deutschen Auslandsfunk gibt es weder serbien-, noch kroatien-, noch bosnienfeindliche Programme, sondern nur eine an journalistischen Maßstäben orientierte Berichterstattung. Die meisten Mitarbeiter in der Slowenischen, Kroatischen, Serbischen und Mazedonischen Redaktion leben bereits seit Jahrzehnten in Deutschland, sind zum Teil sogar mit deutschen Ehepartnern verheiratet. Loyalitätskonflikte zwischen ihrem Arbeitgeber und ihrem Heimatland gibt es für sie nicht. Gewiß wäre es weltfremd anzunehmen, daß die Mitarbeiter in der Südosteuropa-Redaktion keine Sympathien für die eine oder andere Seite hätten. Doch das schlägt sich nicht im Programm nieder. Meinungsbeiträge werden im übrigen von deutschen Redakteuren verfaßt.

Daß viele Menschen in allen Teilen des früheren Jugoslawiens den „anderen Zugang" zu Informationen über Ereignisse in ihrer Heimat und der Welt schätzen, zeigt die Hörerpost. Was es für einen Angestellten in Serbien, Kroatien oder in Mazedonien bedeutet, an den Kölner Sender zu schreiben, kann man erst dann richtig beurteilen, wenn man weiß, was er dafür opfert: das Gehalt von mehreren Stunden oder gar eines Arbeitstages. Soviel kostet nämlich das Porto für einen Brief nach Deutschland. Im Armenhaus Europas, in Albanien, müssen viele der Hörer noch länger arbeiten, um das Geld für Briefmarken zusammenzubekommen. Noch schwieriger ist es, im „Land der Adlersöhne" überhaupt Briefpapier und -umschläge aufzutreiben. Dennoch erhält das Albanische Programm mehr als tausend Briefe im Jahr. Eine beachtliche Zahl, bedenkt man, daß diese halbstündige Sendung erst am 1. Juni 1992 eingerichtet wurde. Sie ist eine der wenigen unabhängigen Informationsquellen der Albaner. Radio Tirana ist nach wie vor ein Staatssender, der im Audiovisuellen eine uneingeschränkte Monopolstellung hat. In Nordgriechenland und in der mehrheitlich von Albanern bewohnten serbischen Provinz Kosovo verfügt eines der großen Balkanvölker nicht über eigene Hörfunk- und Fersehprogramme. Die einzige Ausnahme bildet die frühere jugoslawische Teilrepublik Mazedonien. Im Westen des Landes stellen die Albaner die Mehrheit der Bevölkerung und betreiben dort mehrere Privatsender. Die meist kleineren Radiostationen haben mit der DW Rebroadcasting-Verträge abgeschlossen und übernehmen das Albanische Programm aus der Domstadt. „Diese Sendungen sind für das albanische Volk überlebenswichtig", meinte Ibrahim Rugova, der politische Führer der Kosovo-Albaner in einem Interview. Für Albanien würdigte Präsident Sali Berisha das Programm der DW als einen der wichtigsten Aspekte der Aufbauhilfe Deutschlands für sein Land.

Jede Form kritischer Berichterstattung schätzen die Regierungen freilich weniger. In den meisten ost- und südosteuropäischen Staaten reagieren die Mächtigen nach wie vor empfindlich, wenn die Medien an ihren Entscheidungen etwas auszusetzen haben. Dennoch: die Informationen des deutschen Auslandssenders werden von der Albanischen Nachrichtenagentur täglich an alle staatlichen Institutionen und Abgeordneten verteilt. Das ist ein wichtiger Beitrag zur Meinungsvielfalt in einem Land, in dem es mit dem Pluralismus noch nicht zum besten bestellt ist. Fernsehen und Rundfunk sind eben nach wie vor der verlängerte Arm der jeweils Herrschenden. Da die Albaner im Kosovo nicht über eigene audiovisuelle Medien verfügen, schätzen sie die Sendungen aus dem Ausland, darunter auch aus Deutschland, umso mehr.

**Gegen das Gift der Lüge**

Kann der Auslandsfunk vielleicht eine Art Brückenfunktion zwischen den Völkern – etwa zwischen Serben und Albanern – übernehmen? Wohl kaum. Das anzunehmen, wäre übertrieben. Was schrieb doch der polnische Intellektuelle Adam Michnik über die akuten Nationalitätenkonflikte? „Schuld ist die totalitäre Diktatur, die über Jahre hinweg die Seelen unserer Nationen in Ost- und Südosteuropa vergiftet hat." Das Gift, um bei diesem Bild zu bleiben, ist das Gift der Lüge, der Lüge über die Welt, über die Nachbarn, über die Geschichte, über die Religion und Kultur, am Ende über sich selbst. Dem Gift der Lüge begegnet man am besten mit der Medizin der Wahrheit oder – um es etwas weniger pathetisch auszudrücken – mit der wahrheitsgetreuen Verbreitung von Informationen über das Geschehen in Osteuropa und in den verschiedenen Erdteilen. Genau das ist die Aufgabe der DW, ihre „Sendung" im tieferen Sinne des Wortes. Natürlich wäre es vermessen zu behaupten, der deutsche oder ein anderer westlicher Auslandssender könnte den zunehmenden Nationalismus – ob nun auf dem Balkan oder in einer anderen Region der Welt – eindämmen. Dennoch glaubt die DW, mit ihren Sendungen in 40 Sprachen zumindest dazu beizutragen, daß das Gift der Lüge nicht weiter um sich greift. Gegen Nationalismus setzen wir Demokratie, gegen Intoleranz Toleranz, gegen Desinformation wahrheitsgetreue Information, gegen Irrationalismus Vernunft, gegen den sich ausbreitenden Atavismus die nüchterne Analyse und gegen die Zerstörungswut Zivilität und Menschlichkeit.

Dabei erheben die DW-Redakteure nicht als „teutonische Oberlehrer" den moralischen Zeigefinger. Wer könnte es besser ausdrücken als unsere Hörer. So schrieb Michin Watschelkow aus dem russischen Kurgan nach dem Putschversuch vom Oktober 1993: „Sie unterscheiden sich von anderen Sendern .... durch ihren Tonfall. Da gibt es keine Ressentiments, keine Idolatrie, kein Auftrumpfen. Auf Ihrer Welle wird nicht von oben herab belehrt."

Die DW fühlt sich nicht dazu berufen, den ost- und südosteuropäischen Regierungen unerbetene Ratschläge zu geben. Das wäre ein großer Fehler. Dennoch fühlen sich die mehr als 2100 DW-Mitarbeiter aus 67 Nationen dem aufklärerischen Geist der Demokratie verpflichtet. Die Zuschriften an den deutschen Auslandssender beweisen, daß das auch die Hörer und Zuschauer im Osten spüren. Einer davon ist der bulgarische Präsident Schelju Schelew. Er schrieb: „Vor 1989 hat die DW .... eine außerordentlich wichtige Rolle für das Erwachen des bürgerlichen Bewußtseins, für die Herausbildung einer echten öffentlichen Meinung in Bulgarien gespielt. .... Unter ihnen (den Auslandssendern) erfreute sich die DW einer besonderen Autorität, besaß eine besondere Vorrangstellung – mit ihrem gemäßigten Ton, mit den sehr analytischen Kommentaren. .... Nach 1989 hat sich die Rolle der Auslandssender natürlich verändert. Doch unabhängig davon haben Sie ihre Bedeutung beibehalten."

In Bulgarien, aber auch in den anderen südost- und mittelosteuropäischen Staaten verliert die gute alte Kurzwelle an Attraktivität – und das in dem Maße, in dem die Medienmärkte liberalisiert werden. Folglich wird die DW in Zukunft verstärkt ihre Programme über UKW-Frequenzen ausstrahlen. Das Schlüsselwort in diesem Zusammenhang heißt „Rebroadcasting". Der deutsche Auslandssender schließt mit Rundfunksendern Verträge über die Wiederausstrahlung seiner Programme. Solche Vereinbarungen gibt es mit Partnerstationen in fast allen ehemaligen Ostblockstaaten: besonders vielen in Griechenland, mehr als 20. In Bulgarien sind es immerhin acht, mit steigender Tendenz. UKW-Sender – etwa in Sofia – verbreiten nicht nur das bulgarische, sondern auch das deutsche Programm.

Die Rumänen sind traditionell eher ein frankophiles Volk. Und gewiß haben sie unter der kommunistischen Diktatur auch den französischen, amerikanischen und britischen Auslandsfunk gehört. Doch auch das Rumänische Programm der DW wird hier seit Jahrzehnten von vielen Menschen geschätzt. Nach dem Sturz des „Conducators" Ceausescu gestaltet sich jedoch die Zusammenarbeit zwischen der DW und dem staatlichen Rundfunk in Rumänien etwas schwieriger als in einigen anderen östlichen Staaten. Denn die Regierung in Bukarest reagiert auf alles äußerst empfindlich, was sie als Kritik an der Machtelite versteht. Das neue Pressegesetz hat daran nichts geändert.

Verhältnismäßig unpolitische DW-Fernsehmagazine wurden und werden zwar von den staatlichen Medien Rumäniens übernommen. Doch der landesweite Rundfunk zeigt kein Interesse, unser rumänisches Hörfunkprogramm ganz oder teilweise auszustrahlen. Dagegen gibt es eine Zusammenarbeit mit einigen regionalen privaten Radiostationen in dem Land zwischen Donau und Karpatenbogen. Insgesamt sechs von ihnen übernehmen komplett die DW-Sendungen in rumänischer Sprache. Außerdem gibt es landesweit 14 lokale Rundfunkanbieter, die Transkriptionsprogramme (also sendefertige Beiträge) wie auch deutsche Sprachkurse verbreiten. (Zum Vergleich: im ganzen ehemaligen Ostblock sind es 55 Radiostationen, die deutschsprachige Transkriptionsprogramme übernehmen.) In Rumänien interessieren sich natürlich besonders die Deutschen (derzeit offiziell noch etwa 100 000 Menschen) für die Angebote der DW. Auch andere ARD-Anstalten tragen gelegentlich dazu bei, daß die Radioprogramme für die deutsche Minderheit in Rumänien etwas abwechslungsreicher werden. So haben sie 1993 über die DW selbstproduzierte Hörspiele nach Rumänien geschickt, wo sie von regionalen Rundfunksendern ausgestrahlt wurden.

Indessen wird Rumänisch nicht nur in Rumänien gesprochen, sondern auch in Moldova, der ehemals sowjetischen Republik Moldawien. Und auch dort hat die DW seit Jahrzehnten eine Vielzahl von Hörern. Einer davon betreibt jetzt selbst in der Hauptstadt Chisinau (Russisch: Kischinjow) eine private Radiostation und will mit Kollegen in Köln eng zusammenarbeiten. Möglicherweise wird auch er demnächst die Sendungen aus Deutschland übernehmen.

**Die Deutsche Welle ist direkt vor Ort**

Die Hörfunkprogramme der DW für Ost- und Südosteuropa werden über Satelliten verbreitet: über ASTRA 1A und über EUTELSAT II-F1.

Man braucht kein medienpolitischer Prophet zu sein, um vorauszusagen, daß die Zahl der Rebroadcasting-Verträge in Ost- und Südosteuropa auch in Zukunft deutlich steigen wird. Wie die DW handeln auch andere Auslandssender. Die Konkurrenz schläft nicht! Das gilt auch für die mitteleuropäischen Staaten, in denen die Medienmärkte liberalisiert und dereguliert wurden. Die Zahl der angebotenen Programme in der Tschechischen Republik, in Polen, Ungarn und in der Slowakei haben sich vervielfacht. Regionale und landesweite Privatsender erfreuen sich einer wachsenden Popularität. Da können ausländische Sender wie die DW nur schwer gegen die einheimische Konkurrenz bestehen. Folglich sinkt die Zahl unserer Hörer in Mitteleuropa. Doch das war vorauszusehen. Verzögert wird dieser Trend durch die vielen Rebroadcasting-Partner, die die DW in Mitteleuropa gefunden hat. Übrigens waren die Fremdsprachenprogramme für die ehemalige CSFR, für Polen und Ungarn bis zum 1. Juli 1993 nicht bei der DW, sondern beim Deutschlandfunk (DLF) angesiedelt. Durch die Neuordnung des nationalen Hörfunks kamen die Fremdsprachensendungen zurück zur DW, wo die drei genannten bereits bis 1977 zu Hause waren.

Wenn ein Kamerateam durch die öden Steppen Kasachstans zieht, die deutsche Minderheit zu suchen, wenn ein anderes die geheimnisvollen Kellergewölbe der portugiesischen Hafenstadt Porto ausleuchtet oder in Moskau Flüchtlingsschicksale nachzeichnet, dann ist die Wahrscheinlichkeit groß, daß es sich um Mitarbeiter des DW-Fernsehens handelt. Zwischen Portugal und Pazifik sind ständig mehrere Aufnahmeteams des deutschen Auslandssenders unterwegs, um zu zeigen, wie Europa zusammenwächst. Die meist jungen, engagierten Journalisten und Techniker gehören zu einer Redaktion, die einmal wöchentlich speziell für Osteuropa ein halbstündiges Magazin zusammenstellt, die „Drehscheibe Europa". In unregelmäßigen Abständen werden zudem Sondersendungen produziert, die Schwerpunktthemen behandeln, etwa den Rechtsradikalismus in Deutschland oder die Schwierigkeiten von Aussiedlern in ihrer neuen Heimat. Fast alle Beiträge werden entweder von festangestellten oder von freien Mitarbeitern selbst gedreht, was sehr kostspielig ist. Ohne die großzügige Unterstützung durch das Bundesinnenministerium, besonders die Hilfe des Parlamentarischen Staatssekretärs Horst Waffenschmidt, wäre dies nicht möglich.

Einen Schwerpunkt des Programms bildet das Alltagsleben in Deutschland. Das Magazin gibt es seit Herbst 1990. Offensichtlich interessiert nicht nur die Rußlanddeutschen, die Oberschlesier, die Banater Schwaben oder die Siebenbürger Sachsen, sondern alle Menschen östlich der Oder, wie am „Europäischen Haus" gezimmert wird. Denn die „Drehscheibe" entwickelte sich in Osteuropa binnen Monaten zum Publikumsrenner: Über 100 Fernsehstationen in 17 Ländern Osteuropas und fast 900 Bildungseinrichtungen – von der Grundschule bis zur Universität und zu Kulturzentren – übernehmen von der DW kostenlos die „Drehscheibe". Viele Abnehmer sind Lehrer, die das Magazin als Material für ihren Deutschunterricht verwenden. Östlich des Bugs bevorzugt man die russisch untertitelte Version des Programms. Estnische oder rumänische Fernsehstationen besorgen die Untertitelung in der jeweiligen Landessprache selbst. In Polen läuft die „Drehscheibe" sogar in einer synchronisierten Fassung. Die Partner der DW bekommen das Magazin entweder über Satellit oder als Videokassette per Post. In den Ländern der „Gemeinschaft Unabhängiger Staaten" (GUS) wie auch im Baltikum ist die „Drehscheibe Europa" bei den meisten großen Regionalstationen zu sehen, so etwa in Wolgograd, Saratow, Kiew, Tallinn (Reval) oder in Kaliningrad (Königsberg). Das Petersburger Fernsehen, welches in großen Teilen Rußlands zu empfangen ist, strahlt die „Drehscheibe" gleich zweimal wöchentlich aus. Darüber hinaus verbreitet auch das aktuelle, in Berlin produzierte Fernsehen des deutschen Auslandssenders, das am 1. April 1992 nach dem Zusammenschluß zwischen DW und Rias-TV erstmals auf Sendung ging, das Magazin über Satellit in der ganzen Welt. Am Rande sei erwähnt, daß auch viele Kabelstationen in den Vereinigten Staaten, in Kanada und Südamerika das Programm übernehmen, das eigentlich für die Zuschauer in Osteuropa bestimmt war. Die Zusammenarbeit mit den TV-Stationen im Osten wie auch mit den Vertretern der Rußlanddeutschen auf dem Gebiet der früheren Sowjetunion ist inzwischen zur Routine geworden. Selbst die größten Optimisten hätten das vor wenigen Jahren nicht zu hoffen gewagt. Im Windschatten der „Drehscheibe" haben dann auch andere Fernseh- und Hörfunkmagazine der DW ihren Weg zu den Partnerstationen in Osteuropa gefunden.

Um erfolgreich zu sein, müssen die Programmacher sich immer wieder fragen: Was kann einem Bergmann im Ural, einem Stahlgießer in der Ost-Slowakei oder einer Schneiderin am Schwarzen Meer vermittelt werden und was nicht? So ist den Hörern und Zuschauern im Osten kaum oder gar nicht zu erklären, warum die Stimmung in den jungen Bundesländern so ist, wie sie ist, warum, um mit Bismarck zu sprechen, die Deutschen wieder an ihre Lieblingsmauer zurückgekehrt sind: an die Klagemauer. Deutschland bewegt sich zwischen der objektiven Gunst des Wohlstands und der subjektiven Kunst des Jammerns, hieß es treffend in einer Zeitung. Für das „Jammern" der Deutschen „auf hohem Niveau" (Bundeskanzler Helmut Kohl) fehlt den zum großen Teil verarmten Menschen in Rußland, in der Ukraine oder in Bulgarien jegliches Verständnis. Die Völker des Ostens haben keinen „reichen Bruder im Westen", der jährlich mit Milliardenbeträgen die Wirtschaftsreformen sozial absichert. Wie soll man einem Zuhörer, der in den umweltverseuchten Gebieten Weißrußlands oder des Urals sein Dasein fristet, begreiflich machen, was den „deutschen Michel" schmerzt: daß die Brieftasche etwas dünner geworden ist, so daß er seinen Urlaub statt in der Karibik nun nur noch auf den Kanarischen Inseln verbringen kann?

Bei der Programmgestaltung für ausländische Hörer und Zuschauer ist es ein großer Vorteil, daß in den Funkhäusern in Köln und Berlin zwei Drittel der Redakteure Ausländer sind und das Land zwischen Rhein und Oder mit anderen Augen sehen als deutsche Journalisten. Keiner aus der schreibenden Zunft der DW hat bei seiner Arbeit eine „rosarote Brille" auf. Das Deutschlandbild der DW hat nichts mit Schönfärberei zu tun. Ihre Mitarbeiter sind weder der verlängerte Arm der Regierung noch das Sprachrohr der Opposition. Auch sind sie kein Instrument des Auswärtigen Amtes. So wird man in den DW-Sendungen Argumente für einen ständigen Sitz Deutschlands im Sicherheitsrat der Vereinten Nationen finden, aber auch Stimmen, die davor warnen. Unsere Mitarbeiter versuchen, Deutschland in weltanschaulicher Bescheidenheit so darzustellen, wie es sich aktuell präsentiert.

„Nationale Imagepflege" hat ihre Grenzen. Die DW kann das Ansehen Deutschlands in der Welt letztlich nicht verbessern. Das wäre ein Mißverständnis ihres Auftrags und eine Selbstüberschätzung zugleich. Aber sie kann umfassender, differenzierter und vielleicht auch analytisch besser als andere „von der Quelle" her berichten. Wenn DW-Reakteure über Gewalt gegen Ausländer oder Wahlerfolge rechtsradikaler Parteien berichten, dann macht ihnen das keine Freude. Diesen Teil der gesellschaftlichen Wahrheit der Republik unter den Teppich zu kehren, würde aber die Glaubwürdigkeit des Senders untergraben. Außerdem hat Deutschland neben den erwähnten häßlichen natürlich auch viele schöne Seiten zu bieten. Und auch die werden im Programm erwähnt. Allerdings: wer nur die „Schokoladenseite" Deutschlands in den Sendungen für Osteuropa zur Geltung brächte, würde nicht nur die Wirklichkeit grob verfälschen, er verhielte sich auch kontraproduktiv. Ohnehin ist Deutschland in den Augen vieler Menschen im östlichen Europa das Land, „in dem Milch und Honig fließen". Dieses Bild wird für sie durch die harte D-Mark bestätigt, die etwa in Serbien und Kroatien die Rolle einer Zweitwährung übernommen hat.

Wie haben sich doch die Zeiten geändert – auch im Auslandsfunk! Acht Jahre nach dem Zweiten Weltkrieg, am 3. Mai 1953, ging die DW erstmals auf Sendung. Damals sollte sie dazu beitragen, das mit dem Makel des Dritten Reiches behaftete Ansehen Deutschlands wiederherzustellen. 40 Jahre später ist Deutschland ein geachtetes Mitglied der internationalen Völkergemeinschaft, eine vorbildliche Demokratie und sogar ein politisches Modell für viele Staaten Osteuropas. Das Land in der Mitte Europas ist zu einem Bindeglied zwischen Ost und West geworden. Polen, Ungarn, Tschechen und Slowaken, Kroaten, Slowenen oder Bulgaren erwarten, ja fordern geradezu, daß ihnen Deutschland auf dem Weg in den wohlhabenden Teil des europäischen Hauses behilflich ist. Doch auch hier liegen Grenzen des Programms: Die DW kann leider nicht die „protektionistischen Eierschalen" (Ralf Dahrendorf) der Europäischen Union überwinden helfen. Noch ist der Westen nicht bereit, seine Märkte für Produkte aus dem Osten weit zu öffnen.

Zu den Besonderheiten der Deutschen Welle gehört der Monitordienst, der neben den zentralen Nachrichten eine zweite, eigene Informationsquelle ist, besonders für die Fremdsprachenredaktionen. Er hat die Aufgabe, durch kontinuierliche Beobachtungen ausländischer Hörfunk- und Fernsehsendungen die DW-Redaktionen über aktuelle Ereignisse und Entwicklungen im jeweiligen Sendegebiet, also auch in Osteuropa, rasch und umfassend zu unterrichten. Im Rahmen seiner technischen und personellen Möglichkeiten beobachtet der Monitordienst täglich die Programme ausländischer Rundfunkanstalten, wertet sie aus und leitet das Ergebnis entweder unmittelbar oder über den schriftlichen Abhörbericht den interessierten Stellen zu. Zu diesem Zweck verfügt er über einen qualifizierten Stab von Programmauswertern mit den erforderlichen Fremdsprachen- und Landeskenntnissen sowie über eine eigene Redaktion, die das anfallende Material sichtet, bewertet und archiviert.

Da mit den Empfangsanlagen der DW nicht alle Sendungen aus fremden Erdteilen aufgenommen werden können, wird mit anderen Auslandssendern kooperiert. Außerdem arbeitet der Dienst mit der Nachrichtenabteilung des Presse- und Informationsdienstes der Bundesregierung (im Interesse einer wirtschaftlichen Nutzung der Ressourcen) zusammen. Der Monitordienst rückt besonders dann ins Blickfeld der deutschen Öffentlichkeit, wenn internationale Krisen die Menschen bewegen. Als die Putschisten im August 1991 versuchten, den sowjetischen Präsidenten Gorbatschow zu stürzen, griffen Nachrichtenagenturen sofort auf das Material des Monitordienstes zurück, um die Medien in Deutschland unterrichten zu können. So ist dieser DW-Service, der inzwischen auch einen speziellen Wirtschaftsinformationsdienst herausgibt, vor allem für die Medien, aber auch für Ministerien und Botschaften, für multinational angelegte Wirtschaftsunternehmen, für wissenschaftliche Institutionen und auch für Mitglieder des Parlaments von Nutzen. Dem Monitordienst ist auch manche vielbeachtete Hintergrundanalyse zu Konfliktherden in Osteuropa und der Welt zu verdanken.

### Fortbildung ausländischer Kollegen

Das Bild der Deutschen Welle wäre nicht vollständig, würde es nicht das Ausbildungszentrum (DWAZ) für ausländische Rundfunkfachkräfte enthalten. Es ist in den Auslandsrundfunksender voll integriert, wird aber vom Bundesministerium für Wirtschaftliche Zusammenarbeit (BMZ) finanziert. Die Stipendiaten dieser gut geführten Institution kommen überwiegend aus der sogenannten Dritten Welt. Doch seit 1990 hat das DWAZ auch 15 Fortbildungskurse speziell für Teilnehmer aus Osteuropa veranstaltet, davon elf Seminare für Journalisten, drei für Techniker und einen für Fachleute der Hörerforschung. Insgesamt 163 Rundfunkleute aus 47 Rundfunkhäusern nahmen an den Fortbildungsveranstaltungen teil. Die Kurse für die Programmacher aus Osteuropa werden finanziell gefördert vom Auswärtigen Amt, vom Bundespresseamt sowie vom Bundesministerium für Wirtschaftliche Zusammenarbeit. Dem Ausbildungszentrum, in einem eigenen Schulungsgebäude neben dem DW-Funkhaus untergebracht, stehen ein großes Hörfunkstudio, audiovisuelle Geräte und technisch vielseitig ausgestattete Lehrplätze zur Verfügung. Den Unterricht erteilen sach- und sprachkundige sowie auslandserfahrene Dozenten. Dabei wird das Potential der Fremdsprachenredaktionen, der DW-Techniker mit Auslandserfahrung, aber auch der Universitäten genutzt. Zum Kursangebot gehören die allgemeine Fortbildung im Rundfunkjournalismus sowie Kurzkurse im In- und Ausland mit verschiedenen thematischen Schwerpunkten wie etwa Planung und Management in den Medien, Hörerforschung, Studio-, Meß- und Sendetechnik. Das DWAZ muß derzeit ebenso wie die DW das Fegefeuer Bonner Sparbeschlüsse auf sich nehmen. Um auf dem internationalen Medienmarkt konkurrenzfähig zu bleiben, müssen die Kräfte in den Programmen, in der Technik und in der Verwaltung besser genutzt werden.

Informationsfreiheit wird wahrscheinlich auch nach dem Jahr 2000 in einigen Staaten des östlichen Europa ein knappes Gut sein. Totalitäre Regime, autoritäre Systeme, Demokratien nach westlichem Vorbild und politische „Zwitterstaaten" mit eingeschränkter Informationsfreiheit – die Weltkarte wird von unterschiedlichen Informationsmärkten geprägt sein. Die Auflösung der bipolaren Welt bringt neue Herausforderungen mit sich. Auch vor diesem Hintergrund behält Auslandsrundfunk – ob Hörfunk oder Fernsehen – als glaubwürdige Informationsquelle künftig seine Bedeutung. Das Zeitalter der „Weltinnenpolitik", wie sie manche Staatsmänner beschworen haben, mag noch nicht angebrochen sein, das der Weltmedienpolitik aber sehr wohl.

Peter Sturm

# Im Kontakt mit Hörern in Osteuropa – BBC, RFE, Voice of America

Wenn in einem Haus die Türen abgeschafft werden, ist auch der Schlüsseldienst nicht mehr erforderlich. Während der Zeit des Kalten Krieges hatten alle westlichen Rundfunksender – wenn auch in unterschiedlichem Maße – die Funktion eines Schlüsseldienstes für die Bewohner in den Staaten des Ostblocks. Nach dem Ende des Blocks, der Öffnung von Grenzen und Massenmedien, stellte sich für einige dieser Sender die Frage nach dem Sinn ihrer Existenz.

Stationen wie BBC London und der Stimme Amerikas fiel es noch relativ leicht, ihre Geldgeber in den Regierungen davon zu überzeugen, daß Mittel- und Osteuropa weiter über die offizielle Position der Vereinigten Staaten informiert werden müsse, daß eine nur von der BBC gelieferte globale Nachrichtenversorgung weiter nötig sei. Zwei Stationen allerdings kamen in arge Erklärungsnöte. Radio Freies Europa (RFE) und Radio Liberty (RL) waren seit ihrer Gründung stets besondere „Kinder des Ätherkrieges". Finanziert wurden sie zwar von einem Staat, den Vereinigten Staaten. Sie waren aber nie d i e Stimme dieses Staates. Jahrzehntelang in Ost und West angefeindet, zeigte sich nach der Wende, daß die einzelnen Sprachendienste im jeweiligen Zielgebiet wirklich als „unser Radio" galten. Sie wurden von den Hörern als notwendiger Teil der einheimischen Medienlandschaft akzeptiert. Sie mußten wegen der politischen Situation in den Ostblockländern zwar aus dem Ausland senden, waren aber nicht im klassischen Sinne Auslandssender.

Die Idee zur Gründung von RFE entstand noch in den vierziger Jahren. George Kennan, der amerikanische Vordenker der „Eindämmungsstrategie", bat den im Ruhestand lebenden Diplomaten Joseph C. Grew, er solle eine Art Bürgerinitiative gründen, mit deren Hilfe Emigranten aus den sowjetisierten Ländern die Kommunikation mit der alten Heimat ermöglicht werden sollte. Das „Komitee für ein Freies Europa" wurde am 1. Juni 1949 gegründet. Diesem nachgeordnet war der „Kreuzzug für die Freiheit". Diese von Lucius D. Clay gegründete Organisation sollte für das Komitee Geld sammeln. Allen Beteiligten war klar, daß Spenden von Privatleuten nicht im erforderlichen Maß zusammenkommen würden. Eine offene Finanzierung der Aktivitäten der Emigranten durch die amerikanische Regierung war nicht möglich, weil Washington die neuen Regierungen in Mittel- und Osteuropa diplomatisch anerkannt hatte. In dieser Lage schien die Finanzierung durch den Geheimdienst CIA als ein akzeptabler Ausweg.

## Im Geflecht der Geheimdienste

Zwei Jahre später trat das „Radio Liberty Komitee" an die Öffentlichkeit. Auch diese Organisation war auf „Anregung" der Regierung gegründet worden. Sie arbeitete für die Hörer in der Sowjetunion. Als Geldgeber wurde wiederum der Geheimdienst engagiert. Bis zur Neuregelung der Finanzierung in den siebziger Jahren warben die Sender auch um Spenden von Privatleuten. Durch diese Aktionen wurden zwischen 1951 und 1975 insgesamt 30 Millionen Dollar eingenommen.

In den fünfziger Jahren waren RFE und RL auch auf Gebieten engagiert, die mit Journalismus nichts zu tun hatten. Sie unterstützten zum Beispiel Flüchtlinge sowie Organisationen von Emigranten aus den Ostblockländern. Diese Aktivitäten wurden in den sechziger Jahren stark eingeschränkt und endeten mit der organisatorischen Trennung von der CIA im Jahre 1971.

Stand bei beiden Sendern in den Anfangsjahren noch die „Befreiung" der Zielländer im Vordergrund, so änderte sich dies nach der Niederschlagung des Ungarn-Aufstands in Richtung „Liberalisierung". Ein Symbol für diese Neuorientierung war der Namenswechsel bei RL im Jahre 1959. Von da an hieß die Station nicht mehr „Radio Liberation", sondern – neutraler – „Radio Liberty". Nun legten die Sender im Programm auch mehr Wert auf Analysen, langfristige Glaubwürdigkeit war wichtiger als kurzfristig wirksame Propaganda.

Zuvor hatte die CIA den Sendern manchmal Informationen zugänglich gemacht, die diese auf „normalen" Wegen nicht bekommen hätten. Zwischen September und Dezember 1954 wurden zum Beispiel mehr als 100 Interviews mit einem übergelaufenen polnischen Geheimdienstoffizier gesendet. Dieser berichtete unter anderem über Korruption in der Warschauer Regierung. Im Dezember wurde in Polen der Sicherheitsminister entlassen und der gesamte Sicherheitsapparat umstrukturiert. Das Verdienst an der Entlassung des Ministers sprach sich RFE zu.

Ende der achtziger Jahre erinnerten sich langjährige Mitarbeiter der beiden Sender an die ersten Jahre in München. Ein Bediensteter der tschechoslowakischen Abteilung sagte, die Hingabe an die Mission der Sender sei in dieser Zeit besonders stark gewesen. Alle seien sicher gewesen, daß die kommunistischen Regime schnell wieder verschwinden würden. Erst die Niederschlagung des Ungarn-Aufstands habe diese Illusion zerstört. Aber nicht nur Heroisches blieb in Erinnerung. So erfuhr ein RFE-Bediensteter in der Endphase der Stalinzeit aus den Nachrichten des eigenen Senders von der Hinrichtung seines Vaters.

Die Verbindungen der beiden Münchner Sender mit dem Geheimdienst wurden im Jahre 1971 bekannt. Diese Nachricht war für die Propagandisten im Ostblock natürlich ein Gottesgeschenk. Aber auch im Westen regte sich Widerstand gegen eine Weiterführung der Sendetätigkeit, schienen RFE und RL doch nicht mehr in die von „Entspannung" geprägte politische Landschaft zu passen. Erst zwei Jahre später waren die unmittelbaren Schwierigkeiten überwunden. RFE und RL wurden einer neuen Aufsichtsbehörde unterstellt, ihre Budgets vom Washingtoner Kongreß zugewiesen.

Aber auch unter der neuen Führung waren die Sender den kommunistischen Regierungen ein Dorn im Auge. Erst nach dem Zusammenbruch des Ostblocks wurde offenbar, wie weit die gegen RFE und RL gerichteten Aktivitäten der östlichen Geheimdienste gingen. Der ehemalige KGB-General Kalugin berichtete im Sommer 1991, sein Dienst habe zehn Jahre zuvor den Bombenanschlag auf das Münchner Funkhaus verübt, bei dem großer Schaden entstanden war. Kalugin sagte, man habe niemanden verletzen wollen. Vielmehr hätten die in der Nähe des Funkhauses lebenden Deutschen verängstigt werden sollen, um sie zu Protesten gegen die Fortsetzung der Sendetätigkeit zu ermuntern.

Der sowjetische Geheimdienst setzte mehrere Agenten auf die Münchner an. Damit hoffte man in Moskau auch Zugang zur CIA zu bekommen, denn auch beim KGB glaubten viele der eigenen Propaganda, die auch noch in den achtziger Jahren unverdrossen behauptete, RFE und RL seien Sender der CIA.

Im September 1993 wurde in Prag ein ehemaliger RFE-Bediensteter zu vier Jahren Gefängnis verurteilt. Pavel Minarik hatte in den siebziger Jahren versucht, das Funkhaus in München in die Luft zu sprengen. Von 1968 bis 1976 für RFE tätig, lieferte der Mann genaue Lagepläne des Sendegebäudes an den Prager Geheimdienst. Er bot seinen Auftraggebern sogar an, den Anschlag selbst auszuführen. Als besten Termin nannte er die Zeit unmittelbar vor den Olympischen Spielen in München im Jahre 1972. Aus den beim Prozeß in Prag vorgelegten Akten ging hervor, daß Minarik auch später immer wieder einen Anschlag befürwortete. Prag entschied allerdings im Jahre 1973, die internationale Situation sei für ein solches Vorhaben nicht geeignet. Minarik wurde im Jahre 1976 nach Prag zurückgerufen. Dort betätigte er sich dann als Propagandist gegen den „CIA-Sender" RFE.

Zu diesem Zeitpunkt hatte die neue amerikanische Aufsichtsbehörde die „Mission" von RFE und RL neu definiert: „ . . . to encourage a constructive dialog (sic!) with the peoples of Eastern Europe and the Soviet Union by enhancing their knowledge of developments in the world at large and in their own countries." Es dürfe nicht allein deshalb über ein Ereignis berichtet werden, weil es den Ostblock in ein schlechtes Licht setze. Die Formulierungen in den Sendungen sollten zurückhaltend, nicht aufhetzend sein. Ratschläge zum Vorgehen gegen Regierungen waren ebenso verboten wie das Senden nicht überprüfbarer Gerüchte.

Im Jahre 1977 wurde für die Radios eine einheitliche Stationsidentifizierung eingeführt, d.h. die einzelnen Sprachendienste meldeten sich nicht mehr als „freie" Stimmen ihrer jeweiligen Heimatländer, sondern als RFE-Sektionen. Die Stationsansagen informierten die Hörer auch darüber, daß die Sender vom amerikanischen Kongreß finanziert wurden und auf Frequenzen sendeten, die von der Internationalen Telekommunikationsunion zugewiesen wurden. Hinter dieser Neuerung stand offenbar die Überzeugung, daß so ein Schritt in die „emotionale Legalität" getan werden könne. Wer offen sagt, wer den Betrieb finanziert, kann nichts mit Geheimdiensten zu tun haben. Diese Ansagen wurden bis zum Ende der achtziger Jahre beibehalten, zum Teil angereichert durch Auszüge aus der Allgemeinen Erklärung der Menschenrechte.

**Auf dem Weg zur Tolerierung**

Die Öffnungspolitik in der Sowjetunion unter Gorbatschow eröffnete den Münchner Sendern den Weg in den politischen „Mainstream". Am 29. November 1988 verstummten erstmals in der Geschichte des Senders die gegen RL gerichteten sowjetischen Störsender. Bis zum Ende des Jahres 1988 wurden alle Störsendungen eingestellt. Die Tschechoslowakei und Bulgarien waren die letzten Staaten des Warschauer Paktes, die den Äther freimachten.

Nun war auch die offizielle Akkreditierung von RFE/RL-Journalisten in Osteuropa möglich. Ein Mitglied der ungarischen Abteilung nutzte als erster die neue Freiheit. In der Sowjetunion wurde RL im Dezember 1988 zum ersten Mal öffentlich positiv erwähnt. Die Zeitung „Moscow News" lobte die Berichterstattung des Senders in russischer, armenischer und aserbaidschanischer Sprache über das große Erdbeben in Armenien. Im gleichen Artikel kritisierte das Blatt die schlechten Leistungen der sowjetischen Medien, die, bolschewistischer Tradition folgend, ihre Hörer, Zuschauer und Leser im Dunkeln gelassen hatten.

Der unmittelbare Kontakt mit Bediensteten der „Feindsender" fiel den sowjetischen Behörden allerdings weiter schwer. Zwei RFE/RL-Korrespondenten, die im Mai 1988 über „Gipfeltreffen" der Präsidenten Reagan und Gorbatschow in Moskau berichten wollten, wurde in letzter Minute ein Visum verweigert. Ein dritter durfte zwar einreisen, aber sein Visum wurde dann plötzlich für ungültig erklärt. Zum Besuch Bundeskanzler Kohls in der sowjetischen Hauptstadt im Oktober des gleichen Jahres erlaubten die Behörden einem RFE/RL-Journalisten die Einreise und die Ausübung seiner Arbeit.

Durch die positiven Signale aus dem Osten ermutigt, installierte die Münchner Sendeleitung noch 1988 einen Anrufbeantworter, auf dem Hörer aus Bulgarien, Ungarn und der Tschechoslowakei Mitteilungen, Beschwerden und Anregungen zum Programm hinterlassen konnten. Das Angebot wurde zunächst zögernd, schon nach relativ kurzer Zeit aber immer intensiver wahrgenommen. Parallel zur Öffnung im Osten wurde die Mission der Sender und die Notwendigkeit zu deren Fortführung im Westen zunehmend in Frage gestellt. Am Anfang stand ein Artikel im amerikanischen Nachrichtenmagazin „Time" im Dezember 1988.

Zur Abwehr solch kritischer Stimmen bemühten sich RFE und RL um eine stärkere Präsenz im Zielgebiet. Ein erster wichtiger Schritt gelang RFE im August 1990. Von da an wurden zwölf Stunden des tschechischen und slowakischen Programms über drei Mittelwellen-Sendeanlagen in der Tschechoslowakei verbreitet. Ein eher symbolischer Schritt nach Osten war die Sitzung des RFE/RL-Aufsichtsgremiums, die im September 1990 in Budapest stattfand.

Von nun an schritt die Einrichtung einer journalistischen Infrastruktur in den Ostblockländern zügig voran. War die Eröffnung des ersten RFE-Büros in Budapest für das Zielgebiet im Jahre 1989 noch ein Großereignis gewesen, so gerieten die Einrichtung von RFE/RL-Vertretungen in Sofia, Bukarest, Preßburg (Bratislava), Minsk und Almaty (Alma-Ata) fast zu Randnotizen.

Auch im sogenannten Re-Broadcasting, dem Ausstrahlen in München produzierter Programme über Sender im Zielgebiet, machte RFE/RL schnelle Fortschritte. Ein besonderer Coup gelang schon im Februar 1991 in der Tschechoslowakei. Das Prager Fernsehen erklärte sich bereit, zur besten abendlichen Sendezeit ein Programm von 40 Minuten Länge auszustrahlen, für das die entsprechende Abteilung bei RFE die alleinige redaktionelle Verantwortung erhielt. Das Thema der ersten Sendung spiegelte wider, was auch in den Hörfunksendungen ein immer größeres Gewicht bekam – die Bewältigung der kommunistischen Vergangenheit.

Ein Jahr später waren Re-Broadcasting-Abkommen mit Stationen in Polen, Estland, Lettland und Litauen dazugekommen. Der Schritt ins ehemals sowjetische Kernland gelang RL im Frühjahr 1992. Das russischsprachige Programm war im Raum Moskau erstmals auf Mittelwelle zu empfangen. Mit der Regierung der Ukraine erzielte RL eine Übereinkunft über die Nutzung von Mittelwellensendern. 85 Prozent der ukrainischen Bevölkerung konnten von nun an auf diese Weise erreicht werden.


**Rückschläge in Zentralasien**

Vielversprechend begann auch die Zusammenarbeit mit den Staaten Zentralasiens. Im Jahre 1992 wurden Re-Broadcasting-Abkommen mit Sendern in Kasachstan, Usbekistan und Kyrgystan (Kirgisien) für Programme in Russisch, Usbekisch und Kirgisisch geschlossen. Anrührende Beispiele für die Verbundenheit der Hörer zu „ihrem" Sender wurden gemeldet. So benannte eine Stadt im Süden Kasachstans eine Straße nach dem Chef des kasachischen Sprachendienstes.

Der turkmenische Präsident Nijasow sprach wohlwollend über Zusammenarbeit beim Aufbau der Demokratie und die wichtige Rolle, die RL dabei spiele. Turkmenische Journalisten sollten in München ausgebildet werden. Der Umgang mit der Freiheit fiel aber gerade den Behörden in Turkmenistan sehr schwer. Wenige Monate nach dem Interview des Präsidenten wurden mehrere freie Mitarbeiter von RL in ihrer Arbeit behindert, verhaftet oder unter Hausarrest gestellt. Sie hatten über die Aktivität oppositioneller Gruppen berichtet. Zuvor waren den RL-Mitarbeitern von den Behörden bessere Arbeitsplätze angeboten worden. Dafür hätten sie sich allerdings verpflichten müssen, künftig nicht mehr für den Münchner Sender zu arbeiten.

RL ließ sich zunächst nicht einschüchtern. Die Berichte über massive Behinderungen der Arbeit in Turkmenistan häuften sich allerdings. Mitarbeiter wurden tätlich angegriffen, ihre Tonbänder beschlagnahmt. Viele Bürger hatten schon wieder Angst, sich vor den Mikrophonen zu äußern. RL-Bediensteten „riet" man, keine regierungskritischen Sendungen mehr zu produzieren. Das führte dazu, daß einige freie Mitarbeiter dem Druck nicht mehr standhielten und ihre Arbeit für RL aufgaben.

Die von der Regierung kontrollierten Medien in Turkmenistan begannen im Sommer 1993 mit einer Kampagne gegen RL. Der Chef des Sprachendienstes vermutete, daß diese durch ein RL-Interview mit einem ehemaligen turkmenischen Außenminister hervorgerufen worden war, das RL ausgestrahlt hatte. Ein RL-Mitarbeiter wurde ins KGB-Hauptquartier nach Aschchabad einbestellt. Der Chef des Sicherheitsdienstes verlangte, er solle seine Arbeit für RL beenden. Zwei freie Mitarbeiter wurden aus dem turkmenischen Schriftstellerverband ausgeschlossen.

Ähnlich erging es RL-Mitarbeitern im benachbarten Usbekistan. Ein Mitarbeiter der russischen Abteilung wurde zweimal verhaftet. Unter anderem hatte er oppositionelle Demonstranten fotografiert. Auch der russische Ultranationalist Schirinowskij hatte etwas über RL zu sagen. In Jekaterinburg (ehedem Swerdlowsk) bemerkte er, RL habe in der Vergangenheit zwar meist wahrheitsgemäß berichtet. Eigentlich aber wolle der

Sender Rußland zerstören. Deshalb werde er, einmal an der Macht, alle RL-Journalisten des Landes verweisen.

Die slowakische Regierung unter Ministerpräsident Meciar war RFE gram. Ein von Radio Bratislava aufgezeichnetes Interview hatte der Regierungschef abgebrochen, als ihm die dort gestellten Fragen nicht mehr behagten. Er ließ dann einen Fragesteller kommen, der ihm zugetan war. RFE sendete später das abgebrochene Interview und sprach mit dem von Meciar abgelehnten Journalisten. Diesen Vorfall nutzte RFE als Argument in der Diskussion über die Weiterführung der Sendungen. Es habe sich gezeigt, daß RFE nicht an Weisungen einer Regierung gebunden sei. Da die Demokratie in Mittel- und Osteuropa noch nicht ausreichend gefestigt sei, sei ein Sender wie RFE als Korrektiv weiter notwendig.

Ähnlich argumentierten auch viele Regierungschefs der Zielländer. Sie appellierten an die Regierung der Vereinigten Staaten, die Vorschläge zur Haushaltskürzung bei RFE und RL nicht zu verwirklichen. In München wurde den Bediensteten derweil verkündet, keine Abteilung werde sich den Kürzungen entziehen können. In Washington mußte das RFE/RL-Aufsichtsgremium zunehmend gegen das Mißverständnis Stellung beziehen, die Arbeit der Münchner Sender sei mit der der „Stimme Amerikas" („Voice of America;VoA) identisch. Das Aufsichtsgremium wies unter anderem darauf hin, daß die polische Sendeabteilung von RFE 50 Prozent seiner täglichen Sendezeit für innerpolnische Themen verwendete, weitere 20 Prozent für Themen aus dem ehemaligen Ostblock. Drei Viertel der VoA-Sendezeit wurden hingegen von amerikanischen Themen gefüllt, nur 13 Prozent behandelten Polnisches, vier Prozent „Ostblock"-Themen. Das russische RL-Programm befaßte sich zu 80 Prozent mit inneren Angelegenheiten Rußlands, die VoA kam nur auf 35 Prozent.

Die Kritiker ließen sich aber von solchen Statistiken nicht beeindrucken. Senator Feingold sagte, RFE und RL seien nicht gegründet worden, um schwache Demokratien zu stützen. Sie hätten vielmehr totalitäre Regime unterminieren sollen. Diese Aufgabe sei erfüllt, so daß eine weitere Existenzberechtigung für die Sender nicht gegeben sei. Falls der Totalitarismus wiederkehre, könne man RFE und RL unter dem „Dach" der VoA ja wiederbeleben.

Wie wenig solche Überlegungen die Empfindungen im Zielgebiet wider-
spiegelten, zeigte sich in den Jahren 1992 und 1993, als mehrere Sprachendienste „runde" Jubiläen in ihren Heimatländern feierten. Die
polnische Abteilung wurde von Präsident Walesa und den meisten Re-
gierungsmitgliedern für ihre Arbeit gelobt. Der ehemalige Abteilungslei-
ter erfuhr an der „Basis", wie gut der Ruf der Münchner Sender war. Als
er sich ein Taxi nahm, erkannte ihn der Fahrer nicht nur sofort an der
Stimme. Der Mann weigerte sich schließlich sogar, sich seine Dienste bezahlen zu lassen. Er habe schließlich seit Jahrzehnten RFE gehört, ohne
dafür zu zahlen. Da könne er jetzt ja einmal eine Taxifahrt spendieren.

In Moskau feierte RL im März 1993 den 40. Jahrestag des russischen
Dienstes. Bei dieser Gelegenheit bekundete der ehemalige Staatspräsident Gorbatschow dem Sender seine Unterstützung. Er würde sich freu-
en, zum 50. Jahrestag wieder dabeisein zu dürfen. Rußlands Präsident
Jelzin sandte eine Grußbotschaft. Es sei nicht möglich, die Rolle von RL
bei der Zerstörung des totalitären Regimes in der Sowjetunion zu unterschätzen. Der Sender bleibe für die Russen eine wichtige Informationsquelle über die Geschehnisse im eigenen Lande. Der Sender schütze die
Demokratie. Dies zu beweisen, bemühte sich RL während der Krise im
Oktober 1993, als die russische Abteilung Sondersendungen von 31
Stunden Länge ins Programm aufnahm, um umfassend über den Sturm
auf das Weiße Haus in Moskau zu berichten.

Mehrere Bedienstete der Münchner Sender profitierten in besonderer
Weise von der Neuordnung in Mittel- und Osteuropa. So wurde der Chef
des estnischen Programms bei RFE im April 1993 zum Botschafter seines
Landes in den Vereinigten Staaten ernannt. Ein Redakteur des tschechischen Dienstes wurde Botschafter in London. Der Leiter des lettischen
Programms wiederum lehnte ein Angebot ab, einen Posten im Rigaer
Kabinett zu übernehmen. Er war vor allem durch mehrere Diskussions-
runden während des Wahlkampfs bekannt geworden, in denen er Kandidaten aller Parteien zusammengeführt hatte. Eine Umfrage in Lettland
hatte ergeben, daß etwa ein Viertel aller Wähler die Debatten über die
Sender von RFE verfolgt hatten.

Im Herbst 1993 zeigte eine Untersuchung der RFE/RL-Hörerforschung,
daß man den jeweiligen Sprachendienst im Zielland als „unser Radio"
ansah. Ausschlaggebend dafür war neben der im Vergleich zu anderen
Stationen längeren Sendezeit vor allem der hohe Anteil an innenpoliti-

schen Themen der jeweiligen Länder. Die Mission wird also offenbar noch immer erfüllt. Die Motivation vieler Mitarbeiter hat allerdings in jüngster Zeit nicht nur unter der Debatte über die Zukunft der Sender gelitten. Der geplante Umzug aller verbleibenden Redaktionen in die tschechische Hauptstadt hat die Stimmung in München rapide sinken lassen. Wie schnell sich dies auf die Programme auswirkt, kann derzeit nicht gesagt werden. Die Abwanderung bewährter Mitarbeiter jedenfalls kam schon kurz nach der Bekanntgabe des Umzugsbeschlusses in Gang. Es sieht also danach aus, als gehe ein Kapitel Mediengeschichte glanzlos zu Ende. Das Feld bleibt den RFE/RL-Konkurrenten VoA und BBC überlassen. Beide haben ebenfalls Verdienste um die Demokratisierung der Länder des ehemaligen Ostblocks. Zumindest die BBC hat sich aber nie als „Kampfsender" verstanden. Das hat ihr in der Vergangenheit wiederholt Vorwürfe von Dissidenten eingebracht, wirkt sich in der neuen Medienlandschaft aber durchweg positiv aus.

Peter Poppe

# Das Engagement westlicher Verlage in Osteuropa

Nach dem Zersägen des Eisernen Vorhangs haben westliche Konzerne die Medienlandschaft Osteuropas und der früheren Sowjetunion im Sturm erobert. Um das bis dahin staatlich gelenkte und kommunistisch beherrschte Presse- und Verlagswesen vor dem Zusammenbruch zu retten und den ungeheueren Nachholbedarf der Menschen an Information, Bildung und Unterhaltung zu befriedigen, waren die östlichen Länder auf Hilfe von außen angewiesen. Die zu behebenden Defizite im Presse- und Verlagswesen waren offensichtlich: Ein unabhängiger, informativer und den demokratischen Grundwerten verpflichteter Journalismus war kaum entwickelt, die Drucktechnik ziemlich veraltet, modernes Verlagsmanagement in Marketing und Vertrieb nicht vorhanden. Entsprechendes galt für die vollkommen unterentwickelten elektronischen Medien.

Westliche Medien- und Verlagskonzerne mußten nicht als Helfer gerufen werden; sie sind angesichts der unausgeschöpften Marktpotentiale und der vermuteten Geschäftschancen seit der Öffnung des ehemaligen Ostblocks gerne und rasch in ihr neues „Eldorado" gekommen. Eine zweigeteilte Entwicklung läßt sich beobachten: Ausländische Unternehmen haben massiv in Polen, Ungarn und der früheren Tschechoslowakei (jetzt Tschechische Republik und Slowakei) investiert. In diesen Ländern ist die Presselandschaft durch die privaten Initiativen bunter, vielfältiger und informativer geworden. Nach Rumänien und Bulgarien haben Privatinvestoren ihren Fuß erst zaghaft gesetzt. Um Rußland und die übrigen GUS-Staaten machen die Unternehmen aus dem Westen im Moment noch einen großen Bogen; hier ist die Medienwirtschaft noch weitgehend in staatlicher Hand und hängt am Subventionstropf. Rußland und die GUS-Staaten gelten, obwohl ihre schiere Größe verlockend ist, wegen der zusammengebrochenen wirtschaftlichen Strukturen und enormen politischen Risiken als „unendlich schwierige" Märkte. „Das ist schlimmer als in Afrika; da wird man sich noch zehn Jahre gedulden müssen", heißt es im Hamburger Bauer-Verlag. Allein der Bertelsmann-Konzern plant, etwa 150 Millionen DM in den staatlichen Schulbuchverlag Rußlands (nebst Druckerei) zu investieren.

Medienhäuser und Verlage aus dem deutschsprachigen Raum sind in Zentraleuropa besonders aktiv. In Polen, Ungarn, der Tschechischen Republik und in der Slowakei beherrschen Verlage aus Deutschland, der Schweiz und Österreich einen großer Teil der nationalen Tageszeitungen, einen Teil der Regionalpresse sowie eine Vielzahl von Publikums- und Fachzeitschriften. Nur im Blick auf Radio und Fernsehen müssen sich die westlichen Konzerne noch gedulden, weil hier Privatisierung und Kommerzialisierung auf sich warten lassen und auch die notwendigen Rahmengesetze (noch) fehlen.

Einige Verlage haben mit dem Aufbruch nach Osten ein enormes Wachstum ihrer Auflage verzeichnen können. Vor allem die beiden Schweizer Unternehmen, die Ringier-Gruppe und die Jürgen Marquard-Gruppe, haben Osteuropa zum Schwerpunkt ihrer Geschäftätigkeiten gemacht und erzielen dort inzwischen eine größere Auflage als auf dem deutschsprachigen Markt. Marquard hat in Polen nach eigenen Angaben schon eine marktführende Stellung inne. Eine ähnlich starke Position hat Ringier in der Tschechischen Republik aufgebaut. Nicht nur diese Pioniere beurteilen die Marktchancen in Ostmitteleuropa mit seiner anziehenden Wirtschaftsentwicklung und der fortschreitenden Kaufkraft der Bevölkerung als äußerst vielversprechend. Nach einer Studie des Basler Prognos-Instituts soll das Werbeaufkommen in Polen, Ungarn und in der Tschechischen Republik in einigen Jahren 18 Milliarden DM erreichen. In der Tat: die Anzeigenmärkte in diesen Ländern wachsen sprunghaft – auf der Basis eines gewiß sehr niedrigen Niveaus. Selbst in den „schwächeren" Ländern Osteuropas zeigen sich erste Entwicklungsansätze. Generell gilt, daß sich die staatlichen Fernsehgesellschaften durch ihre Dumpingpreise noch den größten Teil des Werbeaufkommens sichern können.

Auch bezüglich der Entwicklung der Vertriebssysteme zeigen sich trotz allgemeiner Unzufriedenheit über die immer noch am Markt tätigen früheren staatlichen Vertriebsmonopole Fortschritte. Private Vertriebsfirmen weiten ihre Marktanteile ständig aus; die Zusammenarbeit zwischen ihnen und den westlichen Konzernen verbessert sich von Monat zu Monat. Einige westliche Unternehmen sind dazu übergegangen, in Eigenregie Abonnements- oder Grossovertriebe sowie Systeme für die

Hauszustellung aufzubauen. Der Investitionsaufwand in Osteuropa ist beträchtlich, aber nicht überwältigend. Viel Geld wird für die Verstärkung des Managements ausgegeben. Die Umsätze sind wegen der geringen Verkaufs- und Anzeigenpreise noch verhältnismäßig gering. Dennoch werfen schon einige Projekte Gewinn ab und erreichen eine zufriedenstellende Kapitalverzinsung. Doch auch da, wo noch Verluste geschrieben werden, wird dies als notwendiger und nützlicher Aufwand betrachtet. Es geht darum, das Terrain abzustecken und frühzeitig Marktpositionen aufzubauen. Das werde in einigen Jahren unbezahlbar sein, lautet die allgemeine Erwartung.

Doch ungeachtet dieser positiven Aussichten ist die Begeisterung des Anfangs inzwischen einer gewissen Ernüchterung gewichen. Die Aufbauschwierigkeiten waren wegen unterschätzter wirtschaftlicher und politischer Risiken größer als zunächst vermutet. So schnell seien die osteuropäischen Märkte nicht zu erobern, heißt es in der Branche. Um aus dem Ost-Engagement lukrative Investitionen zu machen, sei viel Geduld und Geld nötig. Die Managementkapazitäten und das kreative Potential der Journalisten, Künstler und Autoren müsse sich in Ruhe entwickeln. Zudem müssen die westlichen Verlage vorsichtiger vorgehen, denn immer wieder entzünden sich politische Diskussionen am vermeintlichen „Ausverkauf der heimischen Presse an die ausländischen Kapitalisten".

## Starke Stellung bei Tageszeitungen

Vor allem an der Übernahme osteuropäischer Tageszeitungen durch westliche Unternehmen haben sich politische Proteste entzündet. Als der Axel Springer-Verlag 1990 neun Parteizeitungen in Ungarn aufkaufte, hagelte es Proteste der kommunistischen Partei. Die Passauer Neue Presse (PNP), die sich in böhmische Regional- und Lokalzeitungen eingekauft hat, mußte sich des Vorwurfs erwehren, sie mache sich einseitig zum Fürsprecher sudetendeutschen Interesses. Ein zwischenzeitlich zum Politikum gewordenes Kartellverfahren konnten die Niederbayern im Herbst 1993 zu ihren Gunsten entscheiden. Einige deutsche Verlage haben sich wegen dieser politischen Empfindlichkeiten im Zeitungssektor Zurückhaltung auferlegt: „In manchen Ländern, etwa in Polen, müssen deutsche Unternehmen sehr vorsichtig vorgehen", sagt Axel Ganz, Auslandsvorstand des Hamburger Verlagshauses Gruner + Jahr.

In der Zeitungslandschaft Osteuropas haben sich westliche Verlage eine starke Stellung aufgebaut. In Ungarn, Polen und in der Tschechischen Republik ist ein Teil der nationalen Tageszeitungen und der Regionalpresse in der Hand von Medienunternehmen deutschsprachiger Länder. Das Engagement der Pressehäuser – besonders durch massive Einkäufe, aber auch durch Neugründungen – hat sich bisher schon ausgezahlt. Viele Projekte warfen nach kurzer Zeit schon Gewinn ab. Kein Wunder, daß sich die westlichen Medienmanager äußerst zufrieden über ihre Zeitungsaktivitäten im Osten äußern.

Besonders die als politisch neutral geltenden Schweizer Verlage expandieren im Zeitungswesen Osteuropas. Ihrem Namen macht die von der Schweizer Ringier-Gruppe in der Tschechischen Republik lancierte Boulevard-Zeitung „Blesk" („Blitz") alle Ehre. Das Blatt mit einer Auflage von inzwischen 500 000 Exemplaren, das noch um ein wöchentlich beigelegtes Magazin und eine Sonntagsausgabe erweitert wurde, ist nach Verlagsangaben die mit Abstand erfolgreichste Zeitung in der Tschechischen Republik. Dies gilt auch in wirtschaftlicher Hinsicht: Die Neugründung hat schon vier Monate nach dem ersten Erscheinungstermin Gewinn gemacht, ihre Anzeigenseiten sind auf Monate im voraus ausgebucht. Kürzlich hat Ringier in Ungarn eine ähnliche Boulevard-Zeitung auf den Markt gebracht. Zum Ringier-Beteiligungskreis in der Tschechischen Republik gehören außerdem die angesehene Tageszeitung „Lidové noviny" und eine Regionalzeitung mit inzwischen erweiterter und modernisierter Druckerei in Nordmähren. Für die weitere Expansion im Zeitungssektor ist ein Gemeinschaftsunternehmen mit der amerikanischen Gannett-Gruppe gegründet worden. Die Interessen richten sich dabei vor allem auf den Markt in Polen.

Dort und in Ungarn hat die ebenfalls schweizerische Jürgen Marquard-Gruppe ihre Prioritäten gesetzt. In Polen will das Unternehmen über eine Beteiligung an der neu formierten Fibak-Marquard-Pressegruppe und der JMG Ost Presse Holding AG eines der bedeutendsten Medien- und Druckunternehmen des Landes aufbauen. Marquard gibt zwei führende Tageszeitungen („Express Wieczorny", „Sztandar Mlodych"), zwei regionale Wochenzeitungen und eine täglich erscheinende Sportzeitung heraus. Außerdem besitzt die Gruppe eine große Druckerei, die im Moment modernisiert wird. Während Marquard über Polen keine Ergebniszahlen veröffentlicht, werden die in Ungarn erwirtschafteten Gewinne besonders herausgestellt. Sowohl die seit April 1992 gehaltene Mehrheitsbeteiligung an der Tageszeitung „Magyar Hirlap" (96 Prozent) als auch die verlagseigene Druckerei werfen schon eine stattliche Rendite ab. „Magyar Hirlap", für die Verleger Jürgen Marquard als Herausgeber persönlich verantwortlich ist, soll mit einem Aufwand von mehreren Millionen Mark redaktionell und verlegerisch ausgebaut werden. 1993 hat der Titel die Auflage um 13 Prozent auf 90 000 Exemplare und das Anzeigenvolumen um 23 Prozent steigern können.

Deutsche Verlage sind vor allem bei tschechischen und ungarischen Regionalzeitungen engagiert. Sie kommen damit jeweils auf Auflagen zwischen 300 000 und 500 000 Exemplare. Springer hat neun Titel in Ostungarn und besitzt zwei Druckereien. G+J hält neben einer 50-Prozent-Beteiligung an der größten Tageszeitung Ungarns, „Népszabadság", Anteile an zwei kleineren Regionalzeitungen. Die WAZ-Gruppe kontrolliert über eine österreichische Zwischenholding fünf Titel in Westungarn. Außerdem halten die Essener nennenswerte Anteile an der größten privaten Zeitungsgrossogesellschaft in der Tschechischen Republik. Die „Rheinisch-Bergische Druck- und Verlagsgesellschaft" hat indes von Robert Hersants „Socpresse" deren 52-Prozent-Anteil an der tschechischen Tageszeitung „Mlada Fronta Dnes" (Auflage 400 000) erworben, die früher als Zentralorgan des Parteijugendverbands der KPCSSR fungierte.

Die „Passauer Neue Presse" besitzt 30 führende Regional- und Lokalzeitungen in Böhmen, vier Zeitungs- und zwei Akzidenzdruckereien. Als erster deutscher Zeitungsverlag will sie sich jetzt auch in Polen engagieren. Der Koblenzer Mittelrhein-Verlag ist an nationalen Tageszeitungen in der Tschechischen Republik beteiligt. Aktivitäten kleineren Umfangs ist auch die „Frankenpost" aus Hof in diesem Land eingegangen. Übereinstimmend beurteilen die deutschen Verlage die Entwicklung von Auflagen- und Anzeigenvolumen positiv. Die wirtschaftlichen Perspektiven bezogen auf Umsatz und Ergebnis seien sehr zufriedenstellend. Als größter Engpaß gelten – neben der veralteten Drucktechnik, die erhebliche Modernisierungsinvestitionen notwendig macht – die unterentwickelten Vertriebssysteme. So bauen die Verlage eigene Kioskketten mitsamt Belieferungssystemen auf und organisieren die Hauszustellung für ihre Blätter.

## Der Zeitschriftensektor

Weniger einheitlich als im Zeitungs- stellt sich die Entwicklung im Zeitschriftensektor dar, wo sich eine Vielzahl von Verlagen aus dem deutschsprachigen Raum auf den mittelost- und osteuropäischen Märkten tummelt. Insgesamt erscheinen einer Aufstellung des Branchenblattes „Werben & Verkaufen" zufolge etwa 80 Publikumszeitschriften aus Verlagen deutschsprachiger Länder im früheren Ostblock (Stand März 1994). Hinzu kommen etwa 80 bis 100 Fachzeitschriften. Inzwischen ist die Goldgräbermentalität, wie sie nach Öffnung des ehemaligen Ostblocks vorherrschte, nüchterner Einschätzung gewichen. Im Magazingeschäft gibt es Licht und Schatten; es verläuft in den einzelnen Ländern unterschiedlich und nicht für alle Verlage mit dem gewünschten wirtschaftlichen Erfolg. Je weiter sich die Unternehmen nach Osten wagen, desto schwieriger sind die Marktbedingungen, umso größer auch die Risiken. Bewährt hat sich die Strategie einiger Häuser, mit leicht übertragbaren Titeln der Jugendpresse die Anzeigenmärkte und Vertriebsstrukturen zu testen. Einen Markt scheint es auch für TV-Blätter und speziell für Wirtschaftszeitschriften zu geben, die schon gut mit Reklame westlicher Anzeigenkunden belegt sind. Für anspruchsvolle Magazine nach westlichem Vorbild ist es dagegen dem Augenschein nach noch zu früh.

Die Marquard-Gruppe ist mit Jugendzeitschriften schon vor dem Fall des Drahtverhaus gen Osten gezogen. Bereits 1988 erschienen ungarische Ausgaben von „Popcorn" und „Mädchen", deren international ausgerichtete Konzepte ohne großen Aufwand an die Lesegewohnheiten und Informationsbedürfnisse der osteuropäischen Jugendlichen angepaßt werden konnten. Inzwischen kommen die beiden Jugendzeitschriften auch in Polen und in der Tschechischen Republik heraus, „Popcorn" zusätzlich auch in Bulgarien, Rumänien und Rußland. Frühzeitig hat auch die Ringier-Gruppe begonnen, ihren heimischen Erfolgstitel „Cash" nach Osteuropa zu übertragen. Inzwischen wird er unter unterschiedlichen Titeln in Böhmen, Mähren und der Slowakei („Profit"), Ungarn („Kape"), Polen („Cash"), Bulgarien („Kesch") und Rumänien („Capital") publiziert. In Kooperation mit der Münchner Kirch-Gruppe verlegt Ringier in den böhmischen Landen und in der Slowakei einige TV- und Videozeitschriften.

Unter den deutschen Verlagen hat die Hamburger Bauer-Gruppe die umfangreichsten Aktivitäten in Osteuropa zu verzeichnen. Bauer gibt insgesamt 13 Titel in Polen, der Tschechischen Republik, der Slowakei, Ungarn, Rumänien und Rußland heraus. Die Blätter sind in der Regel Übernahmen deutscher Vorbilder („Bravo", „Tina"/"Bella", „Wochenend"). „Osteuropa wird im Vergleich zu unseren westlichen Märkten auf absehbare Zeit ein kleines Geschäft bleiben", sagt Verlagsleiter Günther Sell auch im Blick auf die Ertragsentwicklung. Eher moderate Töne sind auch vom Axel Springer-Verlag zu hören, der in Ungarn mit fünf Magazinen und Ausgaben von „Autobild" in Böhmen, Mähren und der Slowakei sowie in Rumänien vertreten ist. Vom „goldenen Osten" könne angesichts eines „steinigen Geschäfts" keine Rede sein, Verluste gebe es jedoch nicht, bekundet Reinhard Fraenkel, Leiter des Länderreferats Osteuropa. Die Gong-Gruppe, die bisher elf Titel in Osteuropa plaziert hat, verdient einer Verlagsauskunft zufolge damit bisher noch kein Geld. Bei den Programmzeitschriften, die zusammen mit dem Burda-Verlag verlegt werden, zeichne sich zudem ein harter Konkurrenzkampf mit anderen westlichen Verlagen ab. Gruner + Jahr mußte einige Ost-Zeitschriften gar wieder einstellen. Es herrschten „schwierige Bedingungen im Vertrieb und im Anzeigengeschäft", heißt es. In Polen ist die Tochtergesellschaft Jahr-Verlag mit einigen Titeln engagiert. Die Muttergesellschaft hat hier im Mai 1993 den ersten osteuropäischen Verlag gegründet und gibt die Frauen-Illustrierte „Claudia" heraus. Für teure Qualitätsmagazine, mit denen G+J in Westeuropa beachtliche Erfolge erzielt hat, reichen die schnell wachsende Kaufkraft und das Werbeaufkommen im Osten trotzdem noch nicht aus.

### Privatfernsehen noch in den Kinderschuhen

Im Gegensatz zu den privaten Zeitungs- und Zeitschriften-Aktivitäten steckt das Privatfernsehen in Osteuropa noch in den Kinderschuhen. Gesetzliche Grundlagen sind noch nicht überall gegeben, moderne Übertragungstechniken und Empfangsgeräte nur in beschränktem Umfang vorhanden. Der TV-Werbemarkt ist in den meisten Ländern Osteuropas wegen der geringen Wirtschafts- und Kaufkraft (noch) schwach entwickelt. Möglichkeiten, Reichweiten und Marktanteile zu erfassen, gibt es derzeit nicht. Schließlich wird die Marktentwicklung aufgrund einer Vielzahl illegaler Piratensender mit einem qualitativ schlechten Programm und wegen der Einstrahlung von Satellitenprogrammen aus dem westlichen Ausland erschwert.

Zwar sind in allen osteuropäischen Ländern kommerzielle Radio- und TV-Anbieter offiziell schon auf dem Markt; vor allem im lokalen Privatradiosektor hat es in Polen und der Tschechischen Republik einen regelrechten Boom gegeben. Doch haben sich westliche Medienkonzerne mit Investitionen größeren Stils bisher zurückgehalten. So sind Time Warner in Ungarn, Silvio Berlusconi in Polen, Ted Turner (CNN) in Rußland und das amerikanische Investmentunternehmen Central European Media Enterprises in der Tschechischen Republik vertreten. Unternehmen aus dem deutschsprachigen Raum sind bislang nicht präsent. Weil privates Fernsehen eine kostspielige Sache ist, wollen die Unternehmen erst dann investieren, wenn der Markt wirklich reif dafür ist. Im Moment bieten sich den westlichen Gesellschaften auf den heimischen Märkten noch ausreichend gewinnversprechende Investitionsmöglichkeiten. Für Osteuropa rechnen Fachleute mit einer raschen Marktentwicklung in Polen, Ungarn, in der Tschechischen Republik und in der Slowakei. Nach einer Schätzung des Basler Prognos-Instituts soll das TV-Werbeaufkommen in diesen Ländern bis zum Jahr 2000 ein Volumen von etwa 7,5 Milliarden Mark erreichen.

Mindestens zehn Jahre trennten die osteuropäischen Staaten vom erreichten Entwicklungsstand der elektronischen Medien im übrigen Europa, urteilen Fachleute. Nur schwer lassen sich offenbar kommunistisches Erbe, staatliche Kontrolle und parteipolitische Gängelung abstreifen. Die meisten Politiker, auch aus der früheren demokratischen Opposition, wollen keinen wirklich staatsunabhängigen Rundfunk. Verbreitet ist die Auffassung, daß das Fernsehen eine wichtige demokratische Erziehungsaufgabe habe. Jedoch könne nur durch eine starke staatliche Einflußnahme auf das Rundfunksystem verhindert werden, daß das politische System destabilisiert und die Regierungen unterminiert würden, argumentiert man. Immerhin aber wird in den meisten Ländern eine Entwicklung sichtbar, die auf dualen Rundfunk aus öffentlich-rechtlichen und privaten Programmanbietern hinausläuft.

In Polen, den aus der früheren Tschechoslowakei hervorgegangenen beiden Staaten, in Rumänien und Bulgarien sind entsprechende Mediengesetze in Kraft getreten. In Ungarn hingegen hatte ein erbitterter Medienstreit zwischen Regierung und Opposition zunächst die schon lange geplante Verabschiedung eines Rundfunkgesetzes blockiert. In Rußland und in den GUS-Staaten werden Sendelizenzen ohne klare gesetzliche Regelungen vergeben. Am größten ist das Interesse westlicher Investoren am polnischen Markt, wo die Voraussetzungen für Privatfunk inzwischen schon einigermaßen gediehen sind. Im Hörfunk ist seit der politischen Wende 1989 eine kaum zu übersehende Zahl von lokalen Privatstationen entstanden. Diese operieren zwar als „Piratensender", sind aber durch ein beachtliches Werbevolumen wirtschaftlich gesund. Polen ist nach Rußland mit mehr als zehn Millionen TV-Haushalten der zweitgrößte Fernseh-Markt in Osteuropa. Eine einheitliche Sprache und Kultur, eine große Zahl von Satellitenschüsseln und eine sich entwickelnde Infrastruktur mit Produktions- und Synchronbetrieben haben Polen zu einem attraktiven Investitionsziel gemacht. Zudem ist der amerikanische Kabelbetreiber Chase dabei, das Land mit einem 20-Milliarden-Dollar-Vorhaben flächendeckend zu verkabeln. Nach Verabschiedung des Mediengesetzes lagen Anfang 1993 mehr als 600 Anträge für private Hörfunklizenzen und 200 Anträge für eine Fernsehfrequenz vor.

Doch schon einige Zeit vor der Lizenzerteilung haben einige private Lokalstationen in Warschau und Danzig, ein Verbund mehrerer Regionalstationen unter den Namen „Polonia-1" – hinter dem das Medienimperium des gewesenen italienischen Ministerpräsidenten Silvio Berlusconi steht – sowie das Satellitenprogramm „PolSat" den Sendebetrieb aufgenommen. Anfang März 1994 hat das erste landesweite Privat-TV eine offizielle Sendeerlaubnis erhalten. Die westlichen Lizenzanwärter wie Time Warner, Ted Turners CNN, CLT oder Bertelsmann/Ufa gingen dabei leer aus. Zum Zuge kam die dem Polen Zygmunt Solorz gehörende TV-Station „PolSat". Allein der französische Pay-TV-Sender „Canal plus" sicherte sich zusammen mit polnischen Partnern den Zuschlag für zunächst ein Dutzend lokaler Frequenzen, die so etwas wie eine zweite nationale Sendekette darstellen. Die westlichen Konzerne hoffen nun darauf, sich durch eine Beteiligung an „PolSat" ihren Teil am polnischen Werbemarkt zu sichern. Denn die Anlaufkosten für das geplante terrestrisch zu empfangende Vollprogramm in Höhe von 80 bis 100 Millionen Dollar wird Solorz nicht ohne finanzkräftige Partner aufbringen können.

# III. Publizistik in Osteuropa

Werner D'Inka

# Die Befreiung der Medien in Estland, Lettland und Litauen aus unverschuldeter Unmündigkeit

Bilder von großer Symbolkraft haben die Rückkehr des Baltikums nach Europa begleitet: die „Singende Revolution" der Esten; die 600 Kilometer lange Menschenkette von Tallinn (Reval) über Riga nach Vilnius (Wilna) im August 1989; aber auch der Kampf um den litauischen Fernsehsender am 13. Januar 1991, der 14 Menschen das Leben kostete, und die Verteidigung des lettischen Innenministeriums gegen die „Schwarzen Barette" aus Moskau eine Woche später – unter den fünf Toten der Dokumentarfilmer Andris Slapins. Wer hätte damals gedacht, daß nur drei Jahre später ein junger Verleger in Tallinn und der Intendant des lettischen Fernsehens mit Blick auf Rußland ganz andere Sorgen haben würden – nämlich die, daß der Moskauer Fernsehsender Ostankino den Werbemarkt in den baltischen Ländern auszehren könnte?

## Ein Begriff, drei Länder

„Das Baltikum" – oft werden Estland, Lettland und Litauen in einem Atemzug genannt, gerade so, als sei die Rede von einem einzigen Staat. Doch bei näherem Hinsehen tritt das Trennende stärker zutage. Vier Jahrhunderte gemeinsamer Geschichte banden das katholische Litauen enger an Polen als an seine nördlichen, protestantischen Nachbarn. Eine „baltische" Geschichte im heutigen Wortsinn gibt es erst seit dem späten 18. Jahrhundert, als nach dem estnisch-lettischen Gebiet auch Litauen unter die Zarenherrschaft kam. Bis auf den heutigen Tag halten Esten und Letten die Litauer für etwas hinterwäldlerisch und umgekehrt die Litauer vor allem die Esten für reichlich hochnäsig. Als Werner Bergengruen, 1892 in Riga geboren, 1947 auf „unser altes Baltikum" zurückblickte, meinte er natürlich die „drei historischen Provinzen Livland, Estland und Kurland", also das Gebiet der heutigen Staaten Estland und Lettland, während Litauen „mit den alten drei baltischen Provinzen nichts zu tun gehabt hatte, vielmehr in jeder Hinsicht durch seine Nachbarschaft zu Polen bestimmt worden war". Dagegen waren Estland, Livland und Kurland seit dem 13. Jahrhundert Teil des Deutschen Reiches, dem die deutsche Oberschicht bis in die Zeit zwischen den zwei Weltkriegen ihren Stempel aufdrückte – weit mehr im Guten als im Schlechten.

Anders als die historisch-politische Grenze verläuft die sprachliche Scheidelinie zwischen den baltischen Sprachen Litauisch und Lettisch, zu denen auch das ausgestorbene Altpreußisch zählt, auf der einen und dem Estnischen auf der anderen Seite. Bergengruen war verloren, als es ihn auf einen kleinen Bahnhof in Estland verschlug: „Es war kein des Deutschen, Russischen oder Lettischen Kundiger zur Stelle. Jedes germanische, romanische oder slawische Idiom hätte mir doch irgendeinen Punkt geboten, an den sich hätte anknüpfen lassen. Das Estnische aber, von dem ich nicht mehr als fünfzehn oder zwanzig Worte wußte, hat mit keiner der großen europäischen Sprachen auch nur die entfernteste Stammesverwandtschaft." In der Gewißheit der Vergleichenden Sprachwissenschaft irrt Bergengruen: Als finno-ugrischer Zweig der ural-altaiischen Sprachfamilie können die Esten Finnisch leidlich verstehen – jedenfalls so gut, daß während der sowjetischen Zeit praktisch jedermann in Estland finnische Radioprogramme, in der Hauptstadt Tallinn auch Fernsehen hörte und sah. „Das war für uns ein Fenster zur Welt", sagt Aadu Hiietamm, Korrespondent der Zeitung „Eesti Sõnumid". Durch dieses Fenster wehte so viel frischer Wind herein, daß estnische Radiojournalisten schon 1987 kaum mehr ein Blatt vor den Mund nahmen und daß es Zensur im Fernsehen vom Sommer 1988 an so gut wie nicht mehr gab.

Als die deutsche Herrschaft in der Mitte des 16. Jahrhunderts zu Ende ging, rissen sich Rußland, Polen-Litauen, Schweden und Dänemark um das Baltikum. Im Livländischen Krieg (1558-1583) suchte Nordestland beim schwedischen König Schutz vor Iwan dem Schrecklichen, Teile Estlands fielen an Dänemark, Livland kam unter die Herrschaft Polen-Litauens. Gotthard Kettler, der letzte Ordensmeister, erhielt Kurland als Herzogtum unter polnischer Lehenshoheit. In dem anschließenden Krieg der Sieger nahm sich Schweden Riga und Livland, nur die Landschaft Lettgallen, katholisch geprägt bis heute, blieb polnisch. Somit begann 1629 die noch Jahrhunderte später so genannte „gute Schwedenzeit"; Gustav II. Adolf entzog den Gutsherren die hohe Gerichtsbarkeit über ihre Bauern und gründete 1632 die Universität Dorpat (heute Tartu), die ausdrücklich auch den Söhnen estnischer und lettischer Bauern offenstand. Schließlich formte der Große Nordische Krieg zwischen Schweden und Rußland (1700-1721) das Baltikum neu: Estland und Livland gerieten unter russische Herrschaft, Lettgallen (1772), Litauen und Kurland (1795) kamen während der Teilungen Polens dazu.

## Die ersten Zeitungen

Daß die ersten Zeitungen im Baltikum in deutscher Sprache erschienen, erklärt sich aus der Geschichte fast von selbst. Als die älteste gilt die „Ordinari Freytags" (später „Donnerstags Post-Zeitung"), sie wurde in den Jahren 1675 bis 1678 wahrscheinlich in Reval (Tallinn) verlegt. In Riga kam 1680 die „Rigische Montags (Donnerstags) Ordinari Post" heraus, die ein Jahr später ihren Namen in „Rigische Novellen" änderte. Der Große Nordische Krieg setzte dem Pressewesen zunächst ein Ende, mehr als fünfzig Jahre erschienen in den baltischen Provinzen keine Zeitungen, auch die „Revalsche Post-Zeitung", gegründet 1689, mußte 1710 ihr Erscheinen einstellen. Erst 1761 kam es zur Gründung der „Rigischen Anzeigen", und in Estland dauerte es sogar bis 1772, ehe die „Reval'-schen Wöchentlichen Nachrichten" herauskamen. Beide Zeitungen erschienen bis 1852.

Unter dem Einfluß der Aufklärung entstanden, gefördert von deutschen Intellektuellen, zu Beginn des 19. Jahrhunderts Zeitungen in estnischer und lettischer Sprache. Die Geistlichen Gustav Adolph Oldekop, Johann Philipp von Roth und Carl August von Roth gaben 1806 in Dorpat eine Wochenzeitung für die Landbevölkerung, „Tartomaa-rahwa Näddali-Leht", heraus. Sie wurde allerdings schon ein Jahr später auf Geheiß des Zaren Alexander I. geschlossen. Auch in Kurland war es ein Deutscher, der die erste Zeitung in lettischer Sprache gründete: 1822 brachte Karl Friedrich Watson in Mitau (heute Jelgava) „Latviesu Avizes" heraus. 1856 begann die erste rein lettische Zeitung, „Majas viesis", mit dem Erscheinen, ein Jahr später kam die estnische Wochenschrift „Perno Postimees" heraus, und 1883 wurde die litauische Zeitschrift „Ausra" in Königsberg gegründet und nach Litauen geschmuggelt.

**Die kurze Zeit der Unabhängigkeit**

Im Frieden von Brest-Litowsk 1918 mußte Rußland seine Gouvernements an der Ostsee aufgeben, Estland, Lettland und Litauen erlangten ihre staatliche Unabhängigkeit und wurden 1921 in den Völkerbund aufgenommen. Die jungen Staaten enteigneten in den Jahren 1919 und 1920 Grund und Boden der deutschbaltischen Oberschicht, der Peter der Große und Nikolaus I. weitreichende Selbstverwaltung zugestanden hatten. „Der Landbesitz, der Wohlstand, die Privilegien, die uralte Vormachtstellung – das alles wurde uns genommen", klagte Bergengruen. In ihrem Roman „Der Fangschuß" läßt Marguerite Yourcenar das Grauen der Kämpfe zwischen den weißen Freikorps und den Bolschewiken nach dem Ersten Weltkrieg aufscheinen, eines Bürgerkriegs, „den wir in Livland und Kurland führten und der wie eine tückische Krankheit oder ein halb erloschenes Feuer fortwährend wieder aufflammte."

Das Schlimmste stand Balten und Deutschen allerdings noch bevor: Nachdem Hitler und Stalin 1939 die baltischen Staaten der Sowjetunion zugeschlagen hatten, wurden Estland, Lettland und Litauen „Beistandspakte" aufgezwungen und mußten der Sowjetarmee Stützpunkte überlassen. Als die Baltendeutschen – als Folge des Hitler-Stalin-Pakts – im November 1939 in einer „Umsiedlung" genannten Aktion ihre Heimat verloren, höhnte ihnen der lettische Präsident Karlis Ulmanis „Uz neatgriesanos" („Auf Nimmerwiedersehen") nach. Ulmanis, der Mussolini verehrte und sich „vadonis" („Führer") anreden ließ, hatte im Mai 1934 die Macht in Lettland an sich gerissen. Im Sommer 1940 wurden die baltischen Staaten von der Sowjetunion besetzt. Ulmanis und der estnische Staatspräsident Konstantin Päts wurde verschleppt, Päts starb in einer sowjetischen Irrenanstalt. Nur dem litauischen Präsidenten Antanas Smetona gelang die Flucht. In der Nacht zum 14. Juni 1941 deportierten die Moskauer Kommunisten fast 50 000 Balten. Der Einmarsch der deutschen Truppen 1941 und die Rückkehr der Sowjetarmee 1944/1945 zerriß viele Familien: Nicht selten kämpfte der Vater in der Wehrmacht, der Sohn in der Roten Armee. Während der deutschen Besetzung wurde fast die gesamte jüdische Bevölkerung in den baltischen Ländern ermordet. 1945 begann in den baltischen Ländern ein aussichtsloser Partisanenkampf gegen die Sowjetunion, den die litauischen „Waldleute" bis 1952 hinzogen. Michail Suslow, vom Moskauer Zentralkomitee nach Vilnius entsandt, soll deswegen gedroht haben: „Litauen wird es geben, aber ohne Litauer."

Im März 1949 wurden noch einmal 90 000 Menschen aus den baltischen Ländern nach Sibirien deportiert. Die schlimme Erinnerung an diese Zeit und die Russifizierung ihrer Länder bestimmt die unnachsichtige Haltung vieler älterer Balten gegenüber den Russen bis heute. Der Autor Andrejs Urdze zieht einen eindrucksvollen Vergleich: „Man stelle sich vor, die Amerikaner hätten nach dem Zweiten Weltkrieg sechs Millionen Menschen aus der Bundesrepublik nach Alaska verschifft und sie dort unter schwierigsten Bedingungen arbeiten lassen; gleichzeitig wären 30 Millionen Amerikaner in der Bundesrepublik angesiedelt worden, um die deutsche Bevölkerung zu amerikanisieren. Englisch wäre zur Amtssprache erhoben worden (...), so daß man sich selbst in den Geschäften der englischen Sprache bedienen müßte. Natürlich ist eine solche Vorstellung absurd, doch für die Menschen im Baltikum war gerade dies bittere Realität."

### Gorbatschow und die „Morgenröte"

Letzlich war es Gorbatschow, der – ungewollt – den Balten die Tür zur Rückkehr nach Europa öffnete. Obschon ihm die meisten Balten mißtrauten und spürten, daß er das Haus des Kommunismus nur neu tapezieren wollte, packten sie beherzt die Chance beim Schopf, die „Glasnost" und „Perestrojka" ihnen boten. Im Juni 1987 habe er erstmals nicht mehr hinter vorgehaltener Hand davon gesprochen, daß Lettland „okkupiert" sei, berichtet der Dokumentarfilmer Abram Kletzkin in Riga. Am 23. August gingen Tausende zur Erinnerung an den 48 Jahre zuvor geschlossenen Hitler-Stalin-Pakt auf die Straße. Im Jahr darauf wurden in allen baltischen Staaten „Volksfront"-Bewegungen gegründet, die ihr Ziel erst tastend suchten. Vorstellungen von einer gewissen Autonomie innerhalb der Sowjetunion machten bald der Forderung nach dem Bruch mit Moskau und der Wiederherstellung der staatlichen Souveränität Platz. Von Anfang an, wenn auch auf unterschiedliche Weise, spielten die Medien eine aktive Rolle in der Unabhängigkeitsbewegung. In Estland ging der Anstoß zur Gründung der Volksfront „Rahvarinne" von einer Rundfunksendung am 13. April aus. „Sajudis" in Litauen und die lettische „Tautas Fronte" formierten sich im Juni. Peeter Vihalemm, Professor für Journalistik an der Universität Tartu, und seine Frau, die Politikern Marju Lauristin, stellen rückblickend fest: „Es ist nicht übertrieben zu sagen, daß die Massenmedien ganz wesentlich den Wandel der baltischen Gesellschaften von der Sowjetära 1987 bis zum Übergang zur Unabhängigkeit 1990 antrieben. Den baltischen Ländern fehlte politischer Pluralismus, Parteien gab es nicht, und der Untergrund war schwach. Die Massenmedien woben das Netzwerk, in dem der politische Widerstand sich entfaltete."

Mit Hinweis auf „Glasnost" begannen nach 1985 viele Journalisten wider den Stachel zu löcken. Zwar holten sich die Herausgeber der oppositionellen lettischen Zeitschrift „Auseklis" („Morgenstern") noch 1987 eine blutige Nase; sie konnte nur im Untergrund erscheinen, mußte in Schweden gedruckt und heimlich nach Lettland gebracht werden. Doch schon hatte „Glasnost eine Lawine ausgelöst, die nach der herkömmlichen Sowjetmethode nicht mehr aufzuhalten war: nämlich einen unbotmäßigen Redakteur vor ein Parteigremium zu zitieren und ihm einen Verweis zu erteilen", urteilt Inta Brikse, Leiterin des Journalistischen Seminars an der Universität Riga. „Im Rückblick zeigt sich nun, daß es schon nicht mehr um die Frage ging, ob es zu politischen Veränderungen kommen würde und welche Rolle die Massenmedien dabei spielten – es ging einzig und allein noch um das Tempo dieses Wandels."

Der Titel der Zeitschrift „Avots" („Strom") bezeichnet symbolhaft, was in jener Zeit überall in den baltischen Ländern geschah: Von Moskau gelenkt, sollten Blätter wie „Avots" in Lettland und in anderen Sowjetrepubliken Zeugnis geben von der „Demokratisierung" à la Gorbatschow, weshalb „Avots" auf Russisch und auf Lettisch erscheinen durfte. Doch bald überspülte der „Strom" die von Moskau vorgezeichneten Ufer. In unerhört scharfem, bisweilen rüdem Ton rechnete die Redaktion mit der sowjetischen Okkupation ab – etwas so nie Dagewesenes. Wie sehr „Avots" den Nerv der Zeit traf, beweist die Auflage: Daß eine avantgardistisch aufgemachte Kulturzeitschrift 115 000 Exemplare verkauft, und das in einem Land mit wenig mehr als 2,5 Millionen Einwohnern, kommt nicht alle Tage vor. (Auf deutsche Verhältnisse umgerechnet, entspräche das der Auflage der „Bild"-Zeitung.) Inta Brikse hält es nicht für Zufall, daß gerade Kultur- und Literaturzeitschriften in den Jahren des Wandels einen solchen Aufschwung erlebten, weil sie eher als die Tagesmedien den Traditionsfaden der fünfzig Jahre lang unterdrückten lettischen Geschichte, Kultur und Volkskunst wieder aufnahmen. So wuchs die Auflage der Wochenzeitschrift „Literatura un Maksla" („Literatur und Kunst") von 67 000 Exemplaren 1977 auf 104 000 im Jahr 1990.

Die Jahre 1985 bis 1990 können als die „Goldgräberjahre" des baltischen Pressewesens gelten. Das Publikum spürte den Lufthauch, der bald zum Wind auffrischte. Die lettische ZK-Zeitung „Lauku Avize" („Landblatt"), welche die nach Unabhängigkeit strebenden einheimischen Kommunisten gegen die Orthodoxen der KPdSU unterstützte, steigerte ihre Auflage von 186 000 im Gründungsjahr 1988 binnen zweier Jahre auf 316 000 Exemplare und fiel bis 1994 wieder auf 140 000 zurück. Nach 1988 schossen neue Zeitungen wie Pilze aus dem Boden. Wie in Deutschland nach der Aufhebung des Lizenzzwangs im Jahr 1949 oder nach dem Fall der Mauer kam es in den baltischen Staaten zu einer Welle von Zeitungsneugründungen. In Lettland kamen zwischen 1988 und 1993 etwa 560 neue Titel heraus, in Estland 500 – einem Land mit 1,5 Millionen Einwohnern, von denen etwa eine Million Estnisch spricht. 1989 kamen in Estland auf 1000 Einwohner 553 Zeitungsexemplare. Damit erreichten die Esten die Zeitungsweltrekordler aus Japan (558 Exemplare je 1000 Einwohner) und überflügelten die Deutschen (400) im politisch bewegten Jahr der Wende bei weitem. In Riga, mit 900 000 Einwohnern die größte Stadt des Baltikums, erschienen noch im Frühjahr 1994 nicht weniger als sechs lettischsprachige Tageszeitungen, von denen zwei zusätzliche Ausgaben in russischer Sprache herausgaben. In Estland warben sieben überregionale Tageszeitungen um die Aufmerksamkeit des Publikums, sechs in Tallinn und die größte, „Postimees" („Postbote"), in Tartu.

Endgültig ging über Lettland im Dezember 1988 die „Morgenröte" auf – „Atmoda", die Zeitung der lettischen „Volksfront", war die erste von der Kommunistischen Partei, deren Organisationen oder vom Staat wirklich unabhängige Zeitung in der damaligen Sowjetunion. Nach ihrem Vorbild entstanden überall im Land 19 sogenannte „kleine Atmodas". Keines dieser Kampfblätter huldigte dem Grundsatz „Audiatur et altera pars". Hitzig bis zur Unduldsamkeit – auch gegenüber Strömungen im eigenen „Lager" – verfochten sie die Sache der Unabhängigkeit. Dabei traten die Litauer und die Letten heißblütiger und entschiedener auf als die etwas kühleren Esten, deren „Volksfront" strenggenommen nie über eine eigene Zeitung verfügte, weil sie sich in den herkömmlichen Kanälen Gehör zu verschaffen vermochte.

Dem Beispiel von „Atmoda" taten es überall im Baltikum unzählige andere gleich, meist auf eigene Faust, teils mit Geld und Hilfe aus dem Ausland. Etlichen dieser Kampfblätter war nur ein kurzes Leben beschieden, oft war die Unterstützung der „Volksfront" ihr einziges Thema. Und wie in einem letzten Aufbäumen versuchten die Moskauer Machthaber, die längst ihre Kraft verloren hatten, die nun mehr oder weniger offen verkauften, genaugenommen illegalen Oppositionsschriften zu verbieten, mit Gewalt – und vermutlich mit Wissen Gorbatschows – an den „Blutsonntagen" in Vilnius und Riga das zusammenzuhalten, was auseinanderstrebte. Zuvor schon, am 3. Januar, hatten die „Schwarzen Barette" das Pressehaus mit der einzigen Zeitungsdruckerei in Riga besetzt, monatelang erschienen lettische Zeitungen und Zeitschriften nur unregelmäßig und mit Notausgaben, Zeitungsjournalisten traten in Radio und Fernsehen auf. Vor allem dem Hörfunk kam während dieser Zeit eine wichtige Rolle zu, weil er nicht nur unablässig informierte, sondern auch den Widerstand organisieren half. Während der Blockade des Fernsehturms in Vilnius strahlte das lettische Radio zusätzlich Sendungen in litauischer Sprache aus, und die Hörfunknachrichten vom Angriff auf das Innenministerium in Riga erreichten über Tallinn und Helsinki die Welt. Die Stelle, an denen Barrikaden das auf einer Düna-Insel gelegene Fernsehgebäude schützten, bezeichnet heute ein Denkmal.

### „Postimees": Tradition verpflichtet

In allen baltischen Ländern wurden von 1989 an die Staats- und Parteiverlage privatisiert, meistens indem sie den Beschäftigten übertragen wurden. Wer bemängelt, daß die Loslösung von Staat oder Kommunistischer Partei nicht in jedem Fall nach dem Lehrbuch der Privatisierung vonstatten ging, darf die Umstände nicht außer acht lassen, unter denen sich der Wandel vollzog. In fast allen Fällen fehlte eine gesicherte Rechtsgrundlage. Die staatliche Unabhängigkeit war so lange ein verletzliches Pflänzchen, wie die ehemalige Sowjetarmee im Baltikum stand – aus Litauen zog sie erst 1993 ab, aus Estland und Lettland im August 1994. Dem Freiheitswillen eine Stimme zu geben, war den Balten in den Jahren des Umbruchs wichtiger als feinsinnige „‚Management-Buy-Out'-Strategien". „Damals kam man mit jedem Trick durch, wenn man nur wie ein Geschäftsmann auftrat", erinnert sich Priit Hõbemägi, Chefredakteur der Zeitschrift „Eesti Ekspress", an die frühe Privatisierungsphase.

So gesehen, nötigt die durchdachte Privatisierung von „Postimees" Respekt ab. 1857 als Wochenschrift mit dem Titel „Perno Postimees" in Pärnu (Pernau) gegründet, ist „Postimees" die älteste heute noch erscheinende estnische Zeitung. Ihr Gründer, Johann Woldemar Jannsen, gilt in Estland als Ahnvater des Journalismus und als der erste, der vom „estnischen Volk" als einer Nation schrieb. In Tartu, dem Zentrum der estnischen Nationalbewegung, gründete Jannsen 1864 eine weitere Zeitschrift, „Eesti Postimees". Es waren die Jahre, in denen sich unter den gebildeten Esten ein eigenes Nationalbewußtsein entwickelte. Das Verlangen nach estnischsprachigem Schulunterricht wurde laut, es entstanden systematische Sammlungen estnischer Volkslieder und Märchen, Friedrich Reinhold Kreutzwald stellte aus alten Sagen das Nationalepos „Kalevipoeg" („Lied vom Sohn des Kaleva") zusammen. Zur gleichen Zeit verarbeitete Andrejs Pumpurs die mythischen Heldentaten des Bärentöters „Lacplesis" zum lettischen Gegenstück des „Kalevipoeg". Jannsen druckte in „Eesti Postimees" sowohl Beiträge, die dem erwachenden estnischen Aufbegehren gegen die deutsche Oberschicht Ausdruck gaben, als auch Widerreden konservativer Autoren. Seine Tochter Lydia Koidula, eine bekannte Lyrikerin, gilt als die erste estnische Journalistin.

„Perno Postimees" ging 1885 in die Hände eines anderen Besitzers über, verlegte ihren Sitz ebenfalls nach Tartu und erschien 1891 als erste estnische Zeitung täglich. Während der ersten Republik (1918 bis 1940) spielte „Postimees" unter ihrem Besitzer Jan Tönisson, Politiker und zeitweiliger Ministerpräsident, eine wichtige Rolle im politischen Meinungskampf, weshalb 1935 Tönissons Gegenspieler, Staatspräsident Konstantin Päts, die Zeitung übernahm. Nach der sowjetischen Okkupation wurde „Postimees", wie alle anderen estnischen Tageszeitungen, von den neuen Machthabern zunächst geschlossen. Bis Ende 1990 kam sie in Tartu unter dem Titel „Edasi" („Vorwärts") als Organ des Kulturministeriums heraus – fast ein Glücksfall, denn in der Universitätsstadt herrschte ein etwas liberaleres Klima als in Tallinn, wo die Zeitungen stärker unter Aufsicht des Zentralkomitees der Kommunistischen Partei standen.

Nach der Wiedererlangung der Unabhängigkeit plante Ministerpräsident Edgar Savisaar, „Postimees" – wie die meisten anderen Zeitungen – der Belegschaft zu übertragen. „Die Nachkommen des letzten rechtmäßigen Besitzers, Tönisson, zu übergehen, wäre jedoch undenkbar gewesen", erinnert sich Chefredakteur Vahur Kalmre – eines von vielen Zeugnissen, wie sehr die Balten die Erinnerung an die Erste Republik wachhalten und an deren Legitmität anzuknüpfen trachten. Deshalb wurde die Zeitung an Jan Tönissons Sohn, Heldur, zurückgegeben, der als Geschäftsmann in der Schweiz lebt. Er und die Jan-Tönisson-Stiftung halten etwa zwei Drittel der Anteile an dem Verlag, nach dem Tod Heldur Tönissons fallen seine Anteile ebenfalls der Stiftung zu. Deren Kuratorium ist so zusammengesetzt, daß die Zeitung die größtmögliche Unabhängigkeit genießt: Außer Tönisson selbst und einem früheren Leiter der Journalistischen Fakultät der Universität Tartu als persönliche Mitglieder sind im Kuratorium die Universität Tartu (durch den jeweiligen Rektor), das Verfassungsgericht (durch seinen Präsidenten) und der Stadtrat von Tartu vertreten. Von keiner Gesellschaftermehrheit zu verändern, ist im Statut der Zeitung festgelegt, daß „Postimees" unabhängig von politischen Parteien und anderen Interessengrupen zu führen sei. Die Berichterstattung sowohl über die „großen" Ereignisse in der Welt und in Estland als auch über das Geschehen in Tartu ist der Redaktion ebenfalls in der Satzung aufgetragen. Wollte ein Chefredakteur die seriöse Abonnementzeitung mehr auf einen Boulevardstil verpflichten, bedürfte er dazu einer qualifizierten Mehrheit unter den Gesellschaftern. Einen geringen Teil der Anteile halten Mitarbeiter der Zeitung.

Trotz vieler Widrigkeiten sieht Kalmre die Zeitung auf gutem Weg. Der Auflage nach ist sie die größte in Estland. Daß sie als solche ihren Sitz in Tartu und nicht in der knapp 200 Kilometer entfernten Hauptstadt Tallinn habe, mache zwar manches etwas komplizierter, aber der Hauptsorgen sei man ledig: Ein von der Post unabhängiger Vertriebsapparat sichert die pünktliche und zuverlässige Zustellung, und eine eigene Druckerei gibt der Zeitung auch mehr technische Unabhängigkeit. Der hohe Anteil fester Abonnenten (etwa achtzig Prozent) verleiht der Zeitung ein solides finanzielles Fundament, allerdings müsse der Anteil des Anzeigengeschäfts am Gesamterlös (1994 knapp ein Drittel) noch ausgebaut werden, meint Kalmre.

### „Rahva Hääl" oder „Der Staat als Verleger"

Alle nach-sowjetischen Regierungen im Baltikum gaben zunächst eigene Zeitungen heraus. Doch „Diena" („Der Tag") in Lettland ist heute ebenso privatisiert wie „Lietuvos Aidas" („Litauens Echo"). Und wenn es noch eines Beweises bedurft hätte, wie ungeeignet der Staat ist, eine Zeitung

zu führen, das estnische Regierungsblatt „Rahva Hääl" („Volksstimme")
hätte ihn geliefert. Weil Rechtsstreitigkeiten die Privatisierung seit dem
Sommer 1993 verzögert hatten, riß dem Chefredakteur Toomas Leito im
März 1994 der Geduldsfaden: Als die Regierung ihn wegen einiger Artikel über staatliche Korruption entließ, zog er mit der gesamten Redaktion aus und gründete eine eigene Zeitung, „Eesti Sõnumid" („Estnische
Nachrichten"). Ihm folgten nicht nur die Redakteure, sondern auch die
Leser. 25 000 Abonnenten kauften die neue Zeitung, allenfalls 10 000 blieben „Rahva Hääl" treu. Trotzig ließ die Regierung als „Verleger" dennoch Tag für Tag 47 000 Exemplare von „Rahva Hääl" drucken. Als die
Remissionen sich in der Druckerei zu Bergen türmten, wurden die nicht
gelesenen Exemplare gehäckselt und in einer großen Hühnerfarm als
Streu verwendet. Unterdessen fand „Eesti Sõnumid" im April 1994 neue
Besitzer: 51 Prozent der Anteile übernahmen die Mitarbeiter der Zeitung, 49 Prozent teilen sich der Verleger Hans H. Luik („Eesti Ekspress")
und ein Direktor der staatlichen Metallgesellschaft Emex, der sagte, er
handle als „estnischer Staatsbürger", nicht als Staatsangestellter. Mit ihrer Halsstarrigkeit hatte die Regierung den Konflikt um einen Chefredakteur so weit getrieben, daß er ohne Not außer Kontrolle geriet – und
sie hat Leito, einen hochrangigen früheren Kommunisten, zum Volkshel-
den gemacht.

### „Diena": ein ehemaliges Regierungsblatt hat Erfolg

Hingegen hat sich das ehemalige Regierungsblatt „Diena" in Riga zu einer der besten Tageszeitungen im Baltikum und zur größten in Lettland
entwickelt. Im November 1990 von der Regierung als Mitteilungs- und
Verlautbarungsorgan gegründet, weil keine andere Zeitung Gesetzes-
texte abdruckte, wurde „Diena" 1991 privatisiert und in eine Kapitalge-
sellschaft umgewandelt. 51 Prozent der Anteile halten die etwa 180
Beschäftigten, 49 Prozent besitzt der schwedische „Expressen"-Verlag.
„Diena" hält ihrerseits Anteile an der Wirtschaftszeitung „Dienas Bizness" (zusammen mit „Dagens Industri" aus Schweden), gibt außerdem
eine Wochenzeitung und eine Kinderzeitschrift heraus und unterhält
eine Werbeagentur. Im Frühjahr 1994 betrug die Auflage von „Diena" 70 000 (samstags 100 000) Exemplare in der lettischen und 17 000
(samstags 25 000) in der russischsprachigen Ausgabe. Trotz ihrer Markt-
führerschaft hat die Zeitung Sorgen, die Kosten im Zaum zu halten. Die

Druckkosten seien um mehr als die Hälfte gestiegen, die Post habe ihre Zustellgebühren verdoppelt, berichtet Chefredakteurin Sarmite Elerte, eine energische junge Frau. Der Anzeigenerlös trägt mit 34 Prozent etwa ein Drittel zu den Einnahmen bei, 39 Prozent stammen aus dem Abonnement, 28 Prozent aus dem Einzelverkauf.

Wie „Postimees" in Estland pflegt „Diena" die konsequente Trennung von Nachricht und Meinung. Zum Renommée der Zeitung trägt außerdem bei, daß die Redakteure keine Gefälligkeitsgeschenke annehmen dürfen. Im Parlamentswahlkampf 1993 verzichtete die Zeitung wegen beleidigenden Inhalts auf bezahlte Anzeigen der aggressiv nationalistischen „Lettischen Unabhängigkeitsbewegung" des Deutschen Joachim Siegerist.

An Auflage gewonnen hat die Zeitung „Labrit" („Guten Morgen"), die bis Ende 1993 unter dem Titel „Latvijas Jaunatne" („Lettlands Jugend") erschienen war. Sie wird herausgegeben von der Gesellschaft „Bizness Latvijai", einem Zusammenschluß großer Unternehmen, darunter die Computerfirma „Software-House Riga", deren Radiostation gleichen Namens sich großer Beliebtheit unter jungen Leuten erfreut. Gerüchte, daß KGB-Geld in „Radio SWH" stecke, jagt kaum mehr jemandem einen Schauder über den Rücken. „Wo ist kein KGB-Geld?", gibt Sarmite Elerte die Frage zurück und erläutert, daß derlei Gerüchte letztlich nie zu beweisen seien. „Labrit" gilt als wirtschaftsnahe Zeitung, modern und gefällig aufgemacht, allerdings nicht ganz so seriös wie „Diena". In ernste Schwierigkeiten geriet „Labrit" im Mai 1995, als die Zeitung wegen der gestiegenen Papierpreise eine Weile nicht erschien.

Der Auflage nach an zweiter Stelle in Lettland liegt „Neatkariga Cina" („Unabhängigkeitskampf"), früher die Zeitung der Lettischen Kommunistischen Partei. Was „Diena" für das städtische Publikum, ist „Neatkariga Cina" für die Landbevölkerung. Im Nachrichtenteil schwächer entwickelt, druckt sie vor allem Reportagen und Meinungsbeiträge. Die in der russischsprachigen Bevölkerung, die in Lettland fast die Hälfte der Einwohnerzahl ausmacht, am meisten gelesene Zeitung ist „SM-Segodnja".

## „Eesti Ekspress", eine Erfolgsstory

Trotz seiner Jugend ist Hans H. Luik ein Mann der ersten Stunde. 1989 gründete der gelernte Theaterkritiker und Aktivist der Unabhängigkeitsbewegung den ersten privaten Verlag in Estland. Seine Wochenzeitschrift „Eesti Ekspress" erreicht mit verkauften 50 000 Exemplaren 300 000 Leser, fast ein Drittel der estnischsprachigen Bevölkerung. Wirtschaftsorientiert und mit ambitioniertem Kulturteil hat es die junge Redaktion – Durchschnittsalter 27 Jahre – geschafft, die Zeitschrift von dem Boulevard-Image zu befreien, das ihr anfangs anhaftete. Die Gesellschaft „Cronoes", die Luik als Vorsitzender der Geschäftsführung leitet, ist außerdem an einer privaten Radiostation und an zwei anderen Zeitungen beteiligt. Luik und sein Chefredakteur Hõbemägi sind typische Vertreter der überall im Baltikum anzutreffenden jungen Generation, die ihr Land möglichst schnell an Westeuropa heranführen möchten. Sie haben sich jenseits der Grenzen umgesehen, ihre Schlüsse daraus gezogen und engagiert und unternehmungslustig ans Werk gemacht.

## Fernsehen: Weg vom Staat

Auch der Generaldirektor des staatlichen lettischen Fernsehens weiß, daß noch viel Arbeit vor ihm liegt, wenn der Anschluß an Westeuropa schnell gefunden werden soll. „Mit einem Staatsfernsehen können wir in der Europäischen Gemeinschaft nicht bestehen", sagt Imants Rakins 1994 in seinem Büro im Fernsehgebäude auf der Düna-Insel, von dem der Blick weit über die Stadt hinweggeht. Als sein Ziel bezeichnet Rakins den Übergang vom staatlichen zum öffentlichen Fernsehen im westlichen Sinn, etwa nach dem Modell von ARD und ZDF oder der BBC, die Einführung einer Fernsehgebühr anstelle der Staatsfinanzierung und die zunehmende Konkurrenz privater Stationen, die bisher allerdings nur lokale Programme senden. Rakins kennt seine Pappenheimer: „Wenn es in einem ordentlichen Land wie Deutschland sieben Prozent Schwarzseher gibt, die ihre Fernsehgebühr nicht zahlen", sagt er schmunzelnd unter Hinweis auf eine Auskunft des ZDF-Intendanten Stolte, „was wird dann bei uns wohl geschehen?" 20 Prozent seiner Erlöse erwirtschaftet das lettische Fernsehen aus der Werbung, ihr Anteil am Gesamtprogramm darf acht Prozent nicht überschreiten. Den weitaus größten Teil der Einnahmen kommt freilich aus dem Staatssäckel – „und wer bezahlt, bestimmt die Musik", weiß Rakins.

Das Gesetz schreibt dem lettischen Fernsehen zwei Programme vor: Im ersten werden alle Sendungen in lettischer Sprache ausgestrahlt, während ein Teil des zweiten auf Russisch gesendet wird, ferner Bildungsprogramme in englischer, deutscher und französischer Sprache, an Werktagen von 18 bis 24 Uhr, am Wochenende von 9 Uhr an. Die abendliche Nachrichtensendung „Panorama" wird im Durchschnitt von 800000 Menschen gesehen. Als stärkste Konkurrenz sieht Programmdirektor Harijs Lavkinaitis nicht die Privatsender, sondern das populäre Programm des Moskauer Senders „Ostankino", der sich immer mehr wie ein kommerzielles Unternehmen gebärde und von 75 Prozent der Bevölkerung empfangen werden kann. Was mit dem Sendenetz geschieht, auf dem das Ostankino-Programm ausgestrahlt wird, steht dahin. 1994 wurde erwogen, es zu bestimmten Tageszeiten lettischen Privatsendern zur Verfügung zu stellen.

Diesen Schritt hat Estland bereits vollzogen und die drei früher von den russischen Fernsehsendern Petersburg, „Rossija" und „Ostankino" genutzten Kanäle privaten Anbietern zugeteilt. Der staatliche Sender finanziert sich zu gleichen Teilen aus Werbung und aus dem Staatsbudget, dazu kommen Einnahmen aus einer Programmzeitschrift, die in Estland wie in Lettland exklusiv vom Staatsfernsehen herausgegeben wird. In Litauen ergänzen zwei unabhängige Sender, „Baltijos Televizija" und „Tele-3", das stark der Regierung verbundene Programm des Staatsfernsehens.

### „Die Hexe und der Regen"

Die Presselandschaft in Litauen ähnelt derjenigen in den nördlichen Nachbarstaaten. Die großen Zeitungen – „Lietuvos Rytas" („Litauischer Morgen", vormals Organ des kommunistischen Jugendverbandes Komsomol), „Respublika" (1988 von der „Volksfront Sajudis" gegründet), „Lietuvos Aidas" („Litauens Echo", ebenfalls 1988 als Regierungs- und Parlamentszeitung entstanden) sowie „Tiesa" („Wahrheit"; seit 1917 Organ der KP; sollte Mitte 1994 in „Diena", „Der Tag", umbenannt werden) – wurden zwischen 1989 und 1991 in private Kapitalgesellschaften umgewandelt. In allen Fällen liegt die Mehrheit der Anteile bei den Redakteuren der jeweiligen Zeitung, ausländische Unternehmen dürfen sich in Litauen an Zeitungen nicht beteiligen.

Marius Lukosiunas, Journalistik-Professor an der Universität Vilnius, bescheinigt den Zeitungen große Fortschritte auf dem Weg zu einer unabhängigen Presse. Auch internationale Beobachter haben keine systematischen Verletzungen der Pressefreiheit festgestellt. Das „Internationale Presse-Institut" (IPI) rügte für 1993 allenfalls „Hüter des öffentlichen Anstands", die das Buch „Die Hexe und der Regen" der bekannten Autorin Jurga Ivanauskaite wegen angeblich pornographischen Inhalts verbieten ließen. Natürlich fand es nach dem Verbot erst recht reißenden Absatz. Auch daß in Vilnius um Mitternacht zeitweilig der deutsche Fernsehsender Sat-1 abgeschaltet wird, weil die Stadtverwaltung unverhüllte Busen für unzüchtig hält, läßt eher eine gewisse Engstirnigkeit als finstere Repressionsabsichten vermuten.

Aufsehen, auch im Ausland, fand der Mord an einem Redakteur von „Respublika", Vytautas Lingys. Vieles deutet darauf hin, daß er ein Opfer des organisierten Verbrechens wurde, dem seine mutigen Recherchen mißfielen. Auch Luik in Tallinn hat Drohungen für den Fall erhalten, daß „Eesti Ekspress" Informationen über die Geschäfte der „Mafia" veröffentliche. Journalisten selbst betrachten es als ein großes Manko in der Berichterstattung, daß über die organisierte Kriminalität nicht geschrieben wird, weil ein Journalist, der das versuchte, seines Lebens nicht mehr sicher wäre und auch von der Polizei keinen Schutz erwarten könnte.

### Die Politiker und die Pressefreiheit

Aufs Ganze gesehen erfreut sich die Presse in Estland, Lettland und Litauen einer Unabhängigkeit und Vielfalt, die in den Ländern der ehemaligen Sowjetunion ihresgleichen sucht. „Die Journalisten haben begriffen, daß es meistens mehr als einen Standpunkt gibt, und sie versuchen, die Nachrichten von ihrer eigenen Meinung zu trennen", sagt Karlis Streips. Wie einige andere kam der lettischstämmige Amerikaner Anfang der neunziger Jahre nach Riga. Hier half er mit seiner amerikanischen Erfahrung, zwei private Fernsehstationen aufzubauen („NTV-5" und „Riga Business Service"), ferner unterrichtet er an der Universität Riga junge Journalisten. Den neuen, weltoffenen Massenmedien fehle es allerdings an noch gut ausgebildeten Journalisten, mit manchen alten sei nicht viel anzufangen, „denn früher wurden keine unangenehmen Fragen gestellt", meint Streips. Andererseits machten einige Zeitungen von der neuen Freiheit so zügellos Gebrauch, daß sie sich weder um Handwerks- noch um journalistische Anstandsregeln scherten.

Eine der so apostrophierten ist die Wochenschrift „Pavalstnieks", die der lettischnationalen Partei „Vaterland und Freiheit" nahesteht. „Lächerlich" nennt Chefredakteur Elmars Vebers den Vorwurf des Staatsanwalts, seine Zeitung habe zur Gewalt gegen Russen in Lettland aufgerufen, als es im Frühjahr 1994 um die Verträge über den Abzug der Truppen der früheren Sowjetarmee und über die Zukunft der russischen Militärpensionäre in Lettland ging. Vebers findet nichts Schlimmes an Sätzen wie „Um das Nest der russischen Agenten müssen wir Barrikaden bauen" und „Das Ziel ist klar: Arrest und Isolierung der russischen Agenten und Bildung einer Übergangsregierung." Auch daß seine Zeitung die Namen, Anschriften und Telefonnummern pensionierter russischer Offiziere veröffentlichte, hält er für legitim. So könne man diese Offiziere anrufen und „ganz höflich" fragen, ob sie nicht lieber nach Rußland zurückkehrten. Wegen ähnlicher Töne war 1992 die Zeitung „Pilsonis" („Bürger") verboten worden – und kurz darauf unter dem Titel „Pavalstnieks" („Untertan") wieder herausgekommen.

Verstimmungen zwischen Politikern und Journalisten liegen in der Natur einer unabhängigen Presse. In den baltischen Ländern erhält dieses Kraftfeld zusätzliche Spannung: Während der „Singenden Revolution" traten alle Meinungsunterschiede hinter dem gemeinsamen Ziel der Unabhängigkeit zurück, bekannte Journalisten arbeiteten in führenden Positionen der „Volksfront"-Bewegungen. Diesem großen Einvernehmen trauert mancher Politiker heute noch nach. Es komme vor, daß Abgeordnete oder Minister ihn mit vor Enttäuschung bebender Stimme fragten: „Wir waren doch zusammen auf der Universität und in der ‚Volksfront', warum kritisiert ihr uns heute?", berichtet Luik. Kalmre erhielt eine Weile regelmäßig Anrufe des Staatspräsidenten, der ihm anbot, seine Ansicht zu diesem oder jenem zu „erläutern", damit die Leser „die Politik besser verstehen". Doch alles in allem wüßten die Politiker in Estland eine unabhängige Presse zu schätzen, bescheinigt ihnen Kalmre, vielleicht seien „die Journalisten nur etwas schneller erwachsen geworden als die Politiker".

Das gleiche Bild bietet sich in Lettland: Zwar klagt auch Ivars Busmanis, Chefredakteur von „Labrit", über eine gewisse Wehleidigkeit der Politiker, wenn sie von der Presse kritisiert werden, aber Sarmite Elerte meint, sie hätten überwiegend verstanden, was es heiße, „auf der Bühne zu stehen". Daß „Diena" im August 1991 mit einem weißen Fleck und einer Schere darin auf der ersten Seite erschien, wird von allen Beteiligten der Anspannung – in Moskau war soeben der Putsch gescheitert – und der Unerfahrenheit der Regierung im Umgang mit einer freien Presse zugeschrieben. Sie hatte den Zeitungen verboten, über einen geheimgehaltenen Besuch Boris Jelzins in Riga und über den nach schwierigen Verhandlungen erreichten Abzug der „Schwarzen Barette" zu berichten.

Noch zehrt die Presse von dem Ruf, den ihr das mutige Eintreten für die Unabhängigkeit eintrug. Doch die wirtschaftlich schwierigen Jahre des Übergangs zur Marktwirtschaft machen auch den Verlagen zu schaffen. „Wenn eine Megalopolis wie New York nur drei Tageszeitungen ernährt, wie können in Riga sechs oder in Estland sieben überleben?", fragt Streips. Kaum jemand gibt sich Illusionen darüber hin, daß weder der Leser- noch der sich erst entwickelnde Anzeigenmarkt auf Dauer alle Titel am Leben erhalten wird. Auch in der Presse rächt sich jetzt der wirtschaftliche Irrsinn künstlich niedriggehaltener Preise zu Zeiten der sowjetischen Kommandowirtschaft.

Berthold Kohler

# Medienfreiheit in der Tschechischen Republik und in der Slowakei.

Pressefreiheit! Das war eine der Forderungen, mit denen Hunderttausende im November 1989 auf dem Prager Wenzelsplatz das kommunistische Regime der Tschechoslowakei ins Wanken und schließlich zum
Stürzen brachten. Wie die anderen Völker in Mittel- und Osteuropa hatten auch die Tschechen und Slowaken über Jahrzehnte hin aus den zentral gelenkten Medien nur das erfahren, was der Kommunistischen
Partei recht und billig war. Allein die kurze Lebensspanne des „Prager
Frühlings" 1968 hatte couragierten Schreibern journalistische Freiräume
eröffnet, die bis dahin in der gleichgeschalteten und parteihörigen Presse
undenkbar gewesen waren. Die Hoffnungen auf die Rückkehr eines blü-
henden Zeitungswesens, wie es die Erste Republik erlebt hatte, wurden
jedoch von den sowjetischen Panzern ebenso niedergewalzt wie der
Glaube an einen Sozialismus „mit menschlichen Antlitz". Mit der
Breschnew-Doktrin zogen auch wieder die Beschränktheiten und Lügen
der kommunistischen Propaganda in die tschechoslowakischen Zeitungen ein. Damit fand sich ein Gutteil der Bevölkerung ab, ein anderer Teil
jedoch nicht. In den Jahren der Repression, von den Kommunisten „Normalisierung" genannt, gebrauchte die Bürgerrechtsbewegung „Charta
77" das geschriebene und im Untergrund verbreitete Wort als Hauptwaf-
fe gegen die Absurditäten des real existierenden Sozialismus. Für die
Dissidenten und ihre Anhänger wurde die Freiheit der Meinungsäußerung und ihre Verbreitung zu einem Synonym für die Demokratie. Nicht
zufällig sprachen daher im November 1989 die Wortführer der Opposition, darunter der Dramatiker Václav Havel, vom Balkon eines Hauses
zum Volk, in dem die Zeitung „Svobodné slovo" („Freies Wort") ihren
Sitz hat.

Die Überzeugung, daß man die Macht freier Medien gar nicht unterschätzen könne, sahen die Prager Dissidenten noch in den ersten Tagen
der „samtenen Revolution" bestätigt. Eine Meldung, von der Agentur
Reuter in die Welt und von Voice of America zurück nach Böhmen gesendet, wonach ein Student von der Staatspolizei zu Tode geprügelt worden

sei, trug erheblich zur Mobilisierung der Bevölkerung bei: aus dem Protestzug von ein paar Hundert Studenten wurden tagelange Massendemonstrationen. Der „Todesfall" war jedoch die letzte große Falschmeldung des Regimes gewesen. Der „Tote" erwies sich nämlich als ein recht lebendiger Stasi-Agent, dessen „Tod" eigentlich die Aufrührer hatte einschüchtern sollen. Selbst die westlichen Medien waren diesem makabren Theater also auf den Leim gegangen, dem Ansehen der freien Presse schadete das freilich nicht. Nach der Wende schien der Hunger der Bevölkerung nach endlich „richtigen" Nachrichten kaum zu stillen zu sein. Während die Auflage des kommunistischen Parteiorgans „Rude pravo" („Rotes Recht") drastisch zusammenschrumpfte, explodierten förmlich die Verkaufszahlung der traditionsreichen, aber unter den Kommunisten verbotenen „Lidove noviny" („Volkszeitung"), die seit 1988 im Untergrund wieder als Samisdatblatt herumgereicht worden war. Gut 400 000 Exemplare dieser Intellektuellen-Zeitung gingen in den besten Zeiten täglich über den Ladentisch und belegten, daß das freie und wahrhaftige Wort endgültig über die Lügen, Phrasen und Worthülsen der Kommunisten gesiegt hatte.

### Die Spaltung der Medienlandschaft

Sechs Jahre sind seit dem Sturz des alten Regimes inzwischen vergangen. In Prag und Preßburg (Bratislava) etablierten sich Demokratie und Marktwirtschaft mit ihren positiven wie negativen Zügen. Die Freiheit der Medien erscheint den Bürgern inzwischen ebenso selbstverständlich wie die Möglichkeit, den Urlaub in Florida oder auf den Seychellen zu verbringen. Seit 1989 hat sich die Medienlandschaft in Böhmen, Mähren und der Slowakei freilich so durchgreifend verändert wie wohl kaum in einem anderen Land Mittelost- und Osteuropas. Das hing nicht nur mit der Verwestlichung aller Medienformen zusammen, die ein ähnlich stürmisches Tempo zeigte wie die Veränderungen in Politik und Wirtschaft. Besonders in den elektronischen Medien, Rundfunk und Fernsehen also, führte der Untergang der Tschechoslowakei und die Entstehung zweier unabhängiger Staaten am 1. Januar 1993 zu grundlegenden Veränderungen. Der föderale Rundfunk und das föderale Fernsehen wurden wie die Föderation sogleich aufgelöst. Ihre Nachfolge traten nationale Rundfunk- und Fernsehanstalten an, die aber kaum noch kooperieren. Mehr Anbieter, das mußten Tschechen und Slowaken alsbald erfahren, bedeuteten in diesem Fall nicht zwangsläufig mehr Information. Im Gegenteil: Mit der Spaltung der Tschechoslowakei – auf deren Verlauf die Presse wenig Einfluß hatte – nahm der Nachrichtenfluß von der einen in die andere Nachfolgerepublik drastisch ab, sowohl in den elektronischen als auch in den Printmedien. Obwohl die „Brudernationen" problemlos ihre Sprachen verstehen, produzieren die beiden Fernsehanstalten nur sehr selten gemeinsame Sendungen. Auch Programmaustausch findet kaum noch statt. Nur die Hauptnachrichten werden mit Zeitverzögerung auch im jeweiligen Nachbarland ausgestrahlt. „Überläufer", slowakische Journalisten, die seit der Trennung für das tschechische Fernsehen arbeiten, wurden vom tschechischen Publikum erst akzeptiert, als sie in ihren Sendungen nicht länger Slowakisch sprachen. Die beiden staatlichen Presseagenturen, die „Ceska Tiskova Kancelar (CTK) und die „Tlacova Agentura Slovenskej Republiky" (TASR), zerstritten sich heillos über die Aufteilung des Vermögens der früheren tschechoslowakischen Nachrichtenagentur und konnten sich bisher nicht zur Zusammenarbeit entschließen. Nur noch eine einzige Tageszeitung, das Wirtschaftsblatt „Hospodarske noviny", leistet sich eine tschechische und eine slowakische Ausgabe. Während die großen tschechischen Zeitungen in Preßburg noch an verschiedenen Kiosken zu kaufen sind, verschwanden die slowakischen Blätter vollkommen aus dem Prager Stadtbild. Die immer noch staatliche Vertriebsgesellschaft PNS in Prag, im Vertrieb der einheimischen Blätter fast Monopolist, liefert abonnierte slowakische Zeitungen nur widerstrebend und grundsätzlich mit wenigstens einem Tag Verspätung aus. Die kämen doch jetzt aus dem Ausland, bekommt zu hören, wer sich über die Verzögerung beklagt. Private Vertriebsfirmen, die sich auf ausländische Presseerzeugnisse spezialisieren, haben die slowakischen Blätter meist gar nicht im Angebot, da die Nachfrage zu gering sei. Das Interesse der Tschechen an den Vorgängen in der früheren „Bruderrepublik" nahm nach der Spaltung der Tschechoslowakei derart auffallend ab, daß Spötter von einem „kollektiven Racheakt" sprechen – man straft die „undankbaren" (weil abgefallenen) Slowaken mit Nichtbeachtung.

## Die Printmedien

Dafür wenden sich die tschechischen Leser mit immer noch wachsender Begeisterung den Ereignissen in der eigenen Republik zu. Diese Nachfrage rief in der sich entwickelnden Marktwirtschaft vergleichsweise rasch neue Anbieter auf den Plan. In Böhmen und Mähren, freilich auch in der Slowakei, kam es nach dem Sturz des alten Regimes mit der Verzögerung von etwa einem Jahr zu einer massiven Vermehrung von Zeitungen und Zeitschriften. Dieser Ausweitung folgt jetzt jedoch eine Kontraktionsphase, der vor allem einige Neugründungen schon wieder zum Opfer gefallen sind. In Prag erscheint derzeit mehr als ein Dutzend Tageszeitungen. Nach Schätzungen von Verlagskaufleuten soll davon langfristig höchstens die Hälfte überleben können. Gute Chancen haben bei der seriösen Tagespresse die traditionellen Blätter, die entweder einen großen Teil ihrer früheren Leserschaft behalten oder neue Leser gewinnen konnten. Die Leser verübeln offenbar früheren Parteizeitungen wie „Rude Pravo" oder „Mlada Fronta Dnes" („Junge Front heute") nicht ihre kommunistische Vergangenheit. Mit einer Auflage zwischen 350 000 und 500 000 (am Wochenende) hält „Rude pravo", inzwischen „unabhängig", aber immer noch entschieden links, einen relativ festen Leserstamm, der sich aus dem linken politischen Lager und besonders den Anhängern der reformunwilligen Kommunistischen Partei rekrutiert. Das Blatt macht sich im Einklang mit der eigenen publizistischen Tradition die Nationalismen und die Xenophobie der tschechischen Bevölkerung zu Nutze und versucht, sich selbst als Hüter der nationalen Interessen (besonders gegenüber der „deutschen Gefahr") zu stilisieren. „Rude pravo" war auch nach der Wende finanziell noch so gut gestellt, daß es – anders als die meisten anderen Tageszeitungen – nicht auf ausländisches Kapital angewiesen war. Auch sah die Zeitung weniger als die anderen Blätter Anlaß zu personellen Veränderungen in seiner Redaktion, so daß sie immer noch auf relativ „erfahrene" Journalisten – einer Mangelerscheinung in Mittelost- und Osteuropa – zurückgreifen kann.

Populärer ist jedoch die Zeitung des früheren kommunistischen Jugendverbands, „Mlada Fronta Dnes", die eine durchschnittliche verkaufte Auflage von mehr als 400 000 Exemplaren aufweisen kann. Das Blatt, an dem der französische Verleger Hersant zur Hälfte beteiligt war (siehe Seite 235), siedelt sich selbst politisch „in der Mitte" an und unterstützt nachhaltig den Reformkurs der Regierung. Die ursprünglich linksliberale „Dissidentenzeitung" „Lidove noviny" dagegen hat im zunehmend materialistisch geprägten Zeitgeist nicht an die Erfolge der unmittelbaren postkommunistischen Zeit anknüpfen können. Die Auflage ging zuletzt auf unter Hunderttausend zurück, was die Eigner zum Verkauf von 51 Prozent der Anteile an das Schweizer Verlagshaus Ringier zwang. Ringier hält Beteiligungen an 18 tschechischen Presseerzeugnissen und damit 16 Prozent der Tagesauflage in der Tschechischen Republik. Der Schweizer Verlag kann auch die eigentliche „Erfolgsgeschichte" der tschechischen Medienwelt an seine Fahnen heften: Das Boulevard-Blatt „Blesk" („Blitz") kam im April 1992 mit einer Startauflage von 250 000 Exemplaren auf den Markt und erreichte binnen Jahresfrist eine Spitzenauflage von 600 000. Inzwischen hat es sich bei durchschnittlich 350 000 eingependelt. In Umfragen wird das nach den einschlägigen westlichen Vorbildern gestaltete Blatt im Wechsel mit „Mlada Fronta Dnes" als beliebteste Lektüre angegeben. Auch in der Slowakei ist die einzige Tageszeitung, die eine Auflage von 250 000 und ähnliche Profitzahlen aufweisen kann, das Sensationsblatt „Novy Cas" („Neue Zeit").

Der Erfolg solcher Blätter läßt eine Tendenz deutlich werden, die in den Jahren nach der „samtenen Revolution" in der Tschechoslowakei immer offenkundiger geworden ist: die Trivialisierung und Boulevardisierung der Printmedien. Die Elemente der Boulevardpresse ziehen zunehmend auch in die „seriösen" Blätter ein. „Mlada Fronta Dnes" etwa verdankt ihre jüngste Auflagensteigerung vor allem einer populären Lotterie, deren Lose in der Zeitung abgedruckt worden waren. Die tschechische und auch die slowakische Leserschaft in ihrer Gesamtheit offenbaren wachsendes Desinteresse an politischen und kulturellen Themen, wie auch das Siechtum angesehener Kulturzeitungen beweist. Selbst eine gut gemachte politische Wochenzeitung wie die in Prag erscheinende „Respekt", die fast ein Monopol auf politische Hintergrundberichterstattung hat, hielt sich mit einer verkauften Auflage von 28 000 nur mit Mühe über Wasser und landete am Schluß auch in den Armen Hersants. Vom neuen Materialismus und Konsumgeist, der das böhmische Becken durchweht, profitieren dagegen alle Periodika, die als Zielgruppe die wachsende Schicht von Unternehmern und „Managern" im Auge haben.

Das Zeitungswesen insgesamt leidet darunter, daß Druck und Vertrieb immer noch weitgehend zentralisiert sind. So werden 80 Prozent der

tschechischen Zeitungsauflage in einer Großdruckerei in Prag hergestellt. Die staatliche Vertriebsgesellschaft PNS arbeitet noch immer mit
Methoden, die vielleicht einmal in der Vorkriegszeit probat waren. Viele
Blätter wollen daher ihren Vertrieb künftig in Eigenregie organisieren,
was aber zunächst erhebliche Kosten verursacht. Die Einnahmen aus
dem Anzeigengeschäft sind allerdings vergleichsweise bescheiden und
tragen noch nicht in jenem Umfang zur Finanzierung der Zeitungen bei,
wie das im Westen der Fall ist.

Die geringen Erlöse und der Zwang zur Modernisierung der Redaktionen und Verlage führte in vielen Zeitungen beider Republiken dazu, ausländische Beteiligungen zu akzeptieren. So sind an 16 der 25 populärsten
tschechischen Periodika ausländische Kapitalgeber beteiligt. Warnun-
gen vor „zuviel fremdem Einfluß" in der tschechischen und slowakischen Medienlandschaft gab es fast in jedem einzelnen Fall. Zu einem
wahren Politikum jedoch wurde das Engagement des Verlagshauses
„Passauer Neue Presse" in der Tschechischen Republik. Die Gruppe hält
Beteiligungen an einigen populären Illustrierten und an einer Prager
Abendzeitung. Aufsehen erregten die Passauer jedoch erst, als sie über
vier Tochtergesellschaften mehrere Dutzend Lokal- und Bezirksblätter
(aus der publizistischen Konkursmasse der Kommunisten) in Böhmen
aufkauften und erfolgreich das im bayerischen Verbreitungsgebiet bewährte Konzept der Regionalpresse einführten. Das rief Mißtrauen im
Ministerium für Wirtschaftlichen Wettbewerb hervor, das dem bayerischen Investor eine unzulässige Monopolstellung und die Mißachtung
von Fusionsvorschriften vorwarf. Dahinter stand jedoch die allseits ge-
äußerte Furcht vor der „Germanisierung" der tschechischen Provinz-
presse. Der zuständige Minister äußerte, es bestehe ja die Möglichkeit,
daß ausländische Investoren im Pressewesen „die öffentliche Meinung
zu ihren Gunsten beeinflußen" wollten. Vor der rückwirkenden „kalten
Enteignung" (so die Qualifizierung aus Passau) von 11 Blättern schreckte
die Prager Regierung dann aber doch aus Sorge zurück, damit auch andere Investoren zu verschrecken. Es gibt jedoch nach wie vor Vorschläge,
nach denen im neuen Pressegesetz der ausländische Anteil an einheimischen Medien begrenzt werden soll.

## Der Rundfunk

Eines der auffallendsten Zeichen der wiedergewonnen Medienfreiheit und deren kommerzieller Ausrichtung in beiden Republiken ist die Vermehrung privater Radiosender. 40 Lizenzen wurden an private Sender vergeben, von denen manche nur bessere Familienbetriebe sind. Allein in Prag konkurrieren 15 Stationen mit den drei Sendern des öffentlich-rechtlichen Tschechischen Rundfunks. Das Überangebot ist so groß, daß die meisten Sender bisher nur einen Bruchteil der gesetzlich zulässigen Werbezeiten auch mit Werbung füllen konnten. Fachleute schätzen, daß höchstens die Hälfte der Stationen den kapitalintensiven Verdrängungswettbewerb überleben wird. Zielgruppe fast aller Privatsender sind die kaufkräftigen jungen Bevölkerungsschichten, weil die am ehesten westliches Konsumverhalten an den Tag legen (können). Politische Hintergrundberichte sucht man in diesen Sendern daher vergeblich; Hitparaden, Anrufsendungen und Gewinnspiele beherrschen das tägliche Programm. Der öffentlich-rechtliche Rundfunk dagegen, der mit seinen drei Stationen in Prag immerhin noch 40 Prozent der Höhrer an sich bindet, betreibt „mediale Grundversorgung". Auch dort prägen freilich traditionell Musiksendungen das Programm.

Auf den öffentlich-rechtlichen Frequenzen laufen auch die Programme für die nationalen Minderheiten, zu deren Ausstrahlung der Rundfunk verpflichtet ist. Die entsprechenden Sendezeiten und Redaktionen schrumpften seit 1989 jedoch deutlich zusammen. Große Begeisterung entwickeln die tschechischen Radiomacher nicht für die Deutschen, Polen und Ungarn in ihrem Sendegebiet. „Nach einer vollen Stunde in deutscher Sprache schalten die tschechischen Hörer ab, und es ist fraglich, ob sie wieder einschalten", sagt der junge Generaldirektor Vlastimil Jezek. Anders als die BBC und ein französischer Sender (für die sich Margaret Thatcher und François Mitterand persönlich verwendet hatten), durfte der Deutschlandfunk in Böhmen nicht auf Sendung gehen, weil im Prager Kultusministerium die Ängste vor der angeblich drohenden kulturellen „Germanisierung" des Landes zu groß und die politische Unterstützung aus Bonn zu klein waren.

## Das Fernsehen

Auch das Tschechische Fernsehen, seit 1991 als Anstalt des Öffentlichen Rechts konstituiert, hat seit Februar 1994 mit einem privaten Konkurrenten zu kämpfen. Hinter der Station „Nova" steht eine amerikanisch-kanadische Fernsehgesellschaft, die ganz Mitteleuropa mit einem Netz von Fernsehsendern überziehen will. „Nova" ist der erste private Sender in Mittel- und Osteuropa, der landesweit ausstrahlt. Die Slowakei hat sich ebenfalls für das duale System entschieden, dort bekam ein inländisches Unternehmen die Lizenz für privates Fernsehen. „Nova" hat die Erfolgsrezepte der westlichen Vorbilder kopiert und erreichte mit seinem Spielfilmangebot aus dem Westen bisher im Lande ungekannte Einschaltquoten. Mit einer aggressiven Programm- und Personalpolitik ist es zu einem ernsthaften Konkurrenten des staatlichen Anbieters geworden, der zwei Vollprogramme und ein nur regional verbreitetes Drittes Programm ausstrahlt. Der bisherige Monopolist, der nach der Wende kaum Anlaß zu innerer Reform gesehen hatte, reagierte jedenfalls wenig gelassen auf die Behauptungen des Privatsenders, in einigen Sektoren schon höhere Einschaltquoten zu haben. Um die Übertragungsrechte aus den Fußballstadien entbrannte im Frühjahr 1994 ein regelrechter „Fernseh-Krieg". Ursprünglich hatte sich die Leitung des öffentlich-rechtlichen Fernsehens „ganz froh" darüber geäußert, einen der drei Kanäle an einen privaten Anbieter abgeben zu können. Denn das „Löcherstopfen" im Programm, das nach dem Wegfall der slowakischen Zulieferer notwendig geworden war, hatte erhebliche Mittel verschlungen. Seit der Trennung werden das Tschechische wie das Slowakische Fernsehen gleichermaßen von Finanznöten geplagt, wobei die tschechischen Fernsehmacher wegen der größeren Zuschauerzahl (3 Millionen Haushalte) höhere Einkünfte aus den Fernsehgebühren erzielen als die slowakischen. Eine beliebig belastbare Einkommensquelle sind die Zuschauer freilich nicht. Als die monatlichen Fernsehgebühren auf 50 Kronen (umgerechnet etwa drei Mark) angehoben wurden, meldeten Tausende Tschechen ihr Fernsehgerät ab. Die Leitung des Fernsehens schätzt die Zahl der „Schwarzseher" auf wenigstens 300 000, für den Rundfunk rechnet man sogar damit, daß ein Drittel der Hörer keine Gebühren entrichtet. Während das tschechische Fernsehen vom Staat finanziell unabhängig ist, müssen in der Slowakei die öffentlichen Kassen ordentlich zuschießen, um den Sendebetrieb im Fernsehen und im Rundfunk aufrechtzuerhalten. Nach Einschätzung tschechischer Fernsehleute wird das slowakische Fernsehen auf absehbare Zeit ein „Staatsfernsehen" bleiben. Für die politische Neutralität und Ausgewogenheit des Fernsehens, dem in beiden Republiken von den Politikern enormer Einfluß auf die Bevölkerung zugeschrieben wird, sollen Fernsehräte sorgen, über deren Besetzung das Parlament bestimmt. Darüber gibt es immer wieder heftigen Streit zwischen den Parteien. Besonders in der Slowakei resultierte das Ringen der Regierung Meciar mit der Opposition auf diesem Gebiet zu häufigem Personalwechsel in den Führungsetagen von Rundfunk und Fernsehen. Aber auch in der Tschechischen Republik waren immer wieder offene und verdeckte Versuche zu erkennen, die Berichterstattung der elektronischen Medien in größeren Einklang mit den Positionen der Regierung zu bringen.

## Die deutschsprachige Presse

Die Wende eröffnete auch den deutschen Minderheiten in Böhmen, Mähren und der Slowakei erstmals seit Jahrzehnten – genauer gesagt: seit dem „Prager Frühling" – selbst wieder die Möglichkeit, frei über ihr Leben und ihre Anliegen zu berichten. Dies wurde allerdings in unterschiedlicher Weise genutzt. Das offizielle Organ des kommunistisch dominierten deutschen „Kulturverbands", die „Prager Volkszeitung" (von 1951 bis 1965 „Aufbau und Frieden"), schaffte es auch nach 1989 nicht, sich von der untertänig gebliebenen Spitze des Kulturverbands abzusetzen. Die Zeitung blieb ein unkritisches Verbands- und Folkloreblatt. Es stellt gleichwohl das deutschsprachige Presseerzeugnis in der Tschechischen Republik dar, das gegenwärtig noch die größte Verbreitung bei der verstreuten, isolierten deutschen Minderheit (in der letzten Volkszählung bekannten sich 54 000 Bürger in den böhmischen Ländern zur deutschen Nationalität, tatsächlich sollen es jedoch mehr als 100 000 sein) findet. Das Überleben des Blattes, das nach eigener Angabe 3500 Abonnenten aufweist, wird allein durch die Zuschüsse des Kultusministeriums garantiert, die über den „Rat für nationale Minderheiten" der Regierung verteilt werden. Der Versuch eines konkurrierenden Verbandes der Deutschen, der mit dem Kulturverband und seinem Organ unzufrieden war, eine Konkurrenzzeitung herauszugeben, kam nur auf sechs Nummern. Auch ein weiteres, an der Moldau erscheinendes kommerzielles deutschsprachiges Druckerzeugnis, das „Prager Wochenblatt", spielt keine nennenswerte publizistische oder gar politische Rolle.

So blieb es einer Gruppe von engagierten Tschechen und in Böhmen lebenden Deutschen aus der früheren DDR vorbehalten, die traditionsreiche Fahne der deutschsprachigen Presse in Prag (bekanntestes Beispiel ist das „Prager Tagblatt") hochzuhalten. Die von der Bernard Bolzano-Stiftung herausgegebene „Prager Zeitung" erschien mit einer einmaligen Starthilfe der tschechischen, der deutschen und der österreichischen Regierung zum ersten Mal im Dezember 1991 und hat sich seither gegen vielerlei Widrigkeiten und Widerstände als einzig ernstzunehmende deutschsprachige Zeitung in der Tschechischen Republik behauptet. Das „Wochenblatt für Politik, Wirtschaft, Kultur und Tourismus" erreicht im Sommer (Touristensaison) eine Auflage von 20 000 Exemplaren. 4500 davon gehen an Abonnenten in Deutschland, in Österreich und in der Schweiz. Die Erlöse aus Anzeigen und Vertrieb reichen jedoch kaum, um die Kosten zu decken. Die schlechte Zahlungsmoral der Inserenten spannt die Finanzlage zusätzlich an. Große Schwierigkeiten hat die „Prager Zeitung" auch, qualifizierte deutschsprachige Mitarbeiter zu finden. Anders als in Amerika, von wo laufend überreichlicher Journalistennachschub für die beiden englischsprachigen Wochenzeitungen in Prag kommt, interessieren sich in Deutschland offenbar nur wenige Nachwuchsschreiber dafür, an der Moldau für ein tschechisches Gehalt journalistische Erfahrungen zu sammeln.

In der Slowakei, wo sich in der letzten Volkszählung gerade einmal 5629 Karpatendeutsche bekannten (die wirkliche Zahl wird auf 15 000 bis 20 000 geschätzt), steht es um die deutsche Presse freilich noch schlechter. Das „Karpatenblatt" in Poprad (Deutschendorf), herausgegeben vom Karpatendeutschen Verein, wird von einem Rentner gemacht, dem dafür „eine Schreibmaschine, ein Tonbandgerät und ein geliehener Tisch" zur Verfügung stehen. Das Monatsblatt kam erstmals im Juni 1992 heraus und ist seit Kriegsende die erste deutschsprachige Zeitung in der Slowakei. Die gesamte Auflage von 2500 Exemplaren geht an Abonnenten, davon 260 im Ausland. Auch das Überleben dieser Zeitung hängt allein von den Zuschüssen des Kultusministeriums in Preßburg ab.

## Das Verhältnis von Politik und Journalismus

Das innere Verhältnis zwischen Politik und Medien ist in beiden Republiken noch nicht so entwickelt, wie die äußere Verwestlichung des politischen und journalistischen Geschäfts glauben machen könnte. Ohne Zweifel herrscht in Prag und in Preßburg Pressefreiheit. Das heißt freilich noch nicht, daß dort auch schon ein Presseverständnis verbreitet ist, wie man es aus aus den westlichen Demokratien mit ungebrochenen Pressetraditionen kennt. Dem nach der „Revolution" deutlich verjüngten Journalistenkorps fehlt es an Erfahrung. So tun sich Leitartikler zuweilen schwer, die richtige Tonlage bei der Qualifizierung und Kommentierung von politischen Vorgängen zu finden, obwohl ihre Artikel oft erst Tage nach dem Ereignis erscheinen. Die zuweilen leichtfertige Präsentation von Behauptungen und Vorwürfen ohne hinreichende Beweise hat ein Lamento der Politiker hervorgerufen, das gleichwohl manchmal auch über die Grenzen des Berechtigten hinauszugehen droht. So sah ein früherer Regierungsentwurf für das geplante Pressegesetz in der Tschechischen Republik vor, daß nicht nur der Text jedes Interviews, sondern auch jede wörtlich wiedergegebene Äußerung von dem Betreffenden vor Abdruck genehmigt werden müsse.

Unter vielen Politikern hält sich vielfach die Vorstellung, die Medien sollten genau das wiedergeben, was sie das Volk wissen lassen wollten – und sonst gar nichts. Der tschechische Ministerpräsident Klaus, der den einheimischen Journalisten in Pressekonferenzen regelmäßig spüren läßt, wie wenig er von seiner Zunft hält, klagt gewöhnlich darüber, daß die Presse unbedeutende Sachverhalte aufblähe, skandalisiere oder „politisiere". Andererseits warf er dem Fernsehen aber einen „böswilligen und absichtlichen Akt" vor, als in den Hauptnachrichten nicht über seine – journalistisch wenig interessante – Eröffnungsrede auf der Brünner Maschinenbaumesse berichtet worden war. Diese Auslassung, klagte Klaus, sei einer der Faktoren, welche die postrevolutionäre Entwicklung des Landes gefährdeten (!). Das Fernsehen, das sich erst gegen diese Anschuldigung verwahrte, brachte dann am folgenden Tag einen ausführlichen Beitrag über die Rede und widmete den Äußerungen und Tätigkeien des Regierungschefs in den Wochen danach außerordentliche Aufmerksamkeit. Im Jahresbericht für 1993 sah sich der Fernsehrat dazu gezwungen, zu bemerken, daß das öffentlich-rechtliche Fernsehen den tschechischen Regierungspolitikern mehr Sendezeit widme, als das „in

Standarddemokratien üblich" sei. Eine Zeitung berichtete, daß 94 Prozent der politischen Berichte der Regierungskoalition gegolten hätten und nur sechs Prozent der Opposition. Dem Prager Kabinett schien jedoch auch das noch zuviel Aufmerksamkeit für den politischen Gegner zu sein, denn zwischenzeitlich kursierte im Regierungslager die Idee, das öffentlich-rechtliche Fernsehen in eine dem Staat gehörende Aktiengesellschaft umzuwandeln. Harsche Kritik der Regierungspartei ODS an Gesellschaftern des Privatsenders „Nova", die früher politisch aktiv gewesen waren, wurde als Sorge darüber interpretiert, die Berichterstattung des Privatsenders nicht in dem Maße in eine wohlwollende Richtung lenken zu können, wie es offenbar im öffentlich-rechtlichen Fernsehen möglich ist.

Mit besonderer Überraschung nahm die Medienwelt im April 1994 auch die Ankündigung des tschechischen Präsidenten Havel auf, in- und ausländischen Nachrichtenagenturen keine Interviews mehr zu geben. Havel, der sich vor 1989 als Dissident und danach als Präsident entschieden für die freie Presse eingesetzt hatte, ließ diese Verweigerungshaltung durch seinen Sprecher damit begründen, daß man bei Nachrichtenagenturen nicht beeinflußen könne, in welcher Form das Gespräch den Leser erreiche. Nach Protesten der einheimischen Presse, die auf der Prager Burg den Geruch der Zensur witterten, hieß es dann, Nachrichtenagenturen bekämen deswegen keine Exklusivinterviews mehr, weil das publizistische Ergebnis bei den Agenturen (nämlich einfache Meldungen) nicht in Verhältnis zu der aufgewandten Zeit des Präsidenten stehe.

Wesentlich problematischer gestaltet sich freilich das Verhältnis der Regierung der unabhängigen Slowakischen Republik zu den heimischen und zu den internationalen Medien. Das hing und hängt vor allem mit der Person des Ministerpräsidenten Vladimir Meciar zusammen, dessen politische Karriere von ständigen Konflikten mit der Presse begleitet wurde. Während der kurzen Lebensspanne der „Tschechischen und Slowakischen Föderativen Republik" sah sich Meciar einer Kampagne der tschechischen und föderalen Medien (mit Sitz in Prag) ausgesetzt, die den in Böhmen wenig beliebten Politiker zum Teil tatsächlich mit unbewiesenen Behauptungen und Unterstellungen in ein schlechtes Licht zu stellen suchten. Die Angriffe gegen die Person des „Nationalisten" Meciar, der sich in dieser Hinsicht als äußerst dünnhäutig zeigte, erwiesen sich im Sinne ihrer Zielsetzung als kontraproduktiv und dürften mit zu seiner Wandlung vom „Föderalisten" zum „Separatisten" beigetragen haben. Seit seinem Wahlerfolg vom Juni 1992 entwickelten sich jedoch auch die slowakischen Zeitungen mehr und mehr zu Kritikern seiner Regierung. Allein die Zeitung „Republika", herausgegeben von der staatlichen Nachrichtenagentur TASR, schlug sich nibelungentreu auf seine Seite und wurde dafür mit umfangreichen Subventionen aus dem Staatshaushalt über Wasser gehalten. Mit einer Druckauflage von 30 000 (verkaufte Auflage nach Schätzungen weniger als 20 000) und zeitweilig völlig verzerrender Kommentierung genoß sie jedoch nur begrenzte publizistische Wirkung. Den inländischen Medienkrieg gegen die journalistischen „Nestbeschmutzer", die als Saboteure der slowakischen Unabhängigkeit und als bezahlte Agenten ausländischer Interessen dargestellt wurden, versuchte das Kabinett Meciar über personelle Umbesetzungen in Rundfunk und Fernsehen, über die Streichung von Subventionen für unliebsame Blätter und mit der Propagierung einer „ethischen Selbstkontrolle" für Journalisten Einfluß zu gewinnen. Zugang zum Ministerpräsidenten wurde vorrangig Mitgliedern des „Clubs für ein wahrhaftes Bild der Slowakei" gewährt, den regierungsnahe Journalisten in der Hoffnung auf die Beschleunigung ihrer Karriere gegründet hatten. Die Versuche der Regierung, die Berichterstattung in und über die Slowakei in ihrem Sinne zu beeinflußen, hatten jedoch wenig Wirkung in die gewünschte Richung. Im Gegenteil, die eher plumpe „Medienpolitik" des Kabinetts stachelte die journalistischen Kritiker Meciars eher noch an und machte auch die Auslandspresse auf die Vorgänge in der Slowakei aufmerksam. Vor allem amerikanische und britische Blätter meinten in Preßburg „Gleichschaltungsversuche" und andere autoritäre Tendenzen zu erkennen; eine Entwicklung, die mit der abermaligen Regierungsbildung Meciars nach dem relativ moderaten Zwischenspiel des Premiers Moravcik Ende 1994 in eine völlige Gängelung in Form eines regierungseigenen Medieninstitus umzuschlagen droht.

Immer wiederkehrende verbale Ausfälle Meciars, wie etwa seine Äußerungen über die Zigeuner in der Slowakei, verschafften seinem Kabinett eine sehr schlechte Presse im Ausland. Die slowakische Regierung versuchte dabei immer, die ausländische Kritik an ihr selbst als Angriffe auf das ganze Land darzustellen. Für mit Medienfragen befaßte Politiker von Meciars „Bewegung für eine Demokratische Slowakei" (HZDS) war es ausgemacht, daß es eine publizistische Weltverschwörung gegen die

Slowakei gebe, die aus jüdischen, tschechischen und ungarischen Quellen gespeist werde, und der „nützliche Idioten" in der Slowakei zuarbeiteten. Diese Überzeugung nahm bei manchen führenden slowakischen Politikern psychotische Züge an, die etwa in den Aufruf an die Exilslowaken mündeten, Kritik an der Slowakei „in die Heimat" zu melden, damit dagegen gerichtlich vorgegangen werden könne. Die Drohung mit Prozessen gegen Journalisten und Zeitungen geriet zum Hauptinstrument der Öffentlichkeitsarbeit des zweiten Kabinetts Meciar. Freilich wurden solche Verfahren nur selten angestrengt und noch seltener gewonnen. Auch die Versuche, unliebsame ausländische Stimmen zum Schweigen zu bringen, scheiterten sämtlich. So mußte der slowakische Minister Hofbauer seine Entscheidung zurücknehmen, dem Sender „Radio Free Europe", der die Politik Meciars kritisch kommentierte, die Sendelizenz in der Slowakei zu entziehen.

Wie immer man die Medienpolitik Meciars auch qualifizieren mag – als einfach nur dumm und plump, oder als Ausfluß eines autoritären Politik- und Presseverständnisses -, das Ziel, die Berichterstattung und Kommentierung in den Medien zu seinen Gunsten zu beeinflußen, erreichte sie bisher nicht oder nur in unwesentlichem Ausmaß. Die Slowakische Republik hat die Pressefreiheit in Artikel 26 ihrer Verfassung festgeschrieben. Trotz mancher Unzulänglichkeiten und entgegen vielen Widrigkeiten hat die slowakische Publizistik bewiesen, daß sie diese Freiheit zu würdigen und zu wahren wußte. Gebe Gott, daß sie dazu auch künftig willens und in der Lage sein wird.

Michael Ludwig

# Medien der Deutschen und für die Deutschen in Polen

Die Bekanntschaft mit den „Volksgenossen" in Mitteldeutschland war
für das kleine Mädchen, das mit Mutter und Schwester im Februar 1945
aus Niederschlesien vor den Russen geflohen war und sich dann auf einmal auf dem Marktplatz eines Fleckens in der Nähe von Wittenberg wie-
derfand, ein Schock: „Macht, daß ihr fortkommt, Polacken!" Dabei
hatten die auf diese Weise Angeredeten – eine vorübergehend vaterlose
deutsche Familie aus Frankenstein bei Liegnitz (heute: Zabkowice Slas-
kie bei Legnica) – sowieso nicht bleiben wollen; denn, wie das Kind aus
Gesprächen der Erwachsenen wußte, rechnete die Mutter zwar fest damit, daß die deutschen Verbrechen, die auch in ihrem Namen begangen
worden waren, nicht ungesühnt bleiben würden. Aber weder die Mutter
noch der Vater, der in Kriegsgefangenschaft war, hatten sich vorstellen
können, die Heimat auf Dauer zu verlieren. Deshalb packte die Mutter,
nachdem um den 8. Mai herum jemand an der Haustür geklingelt und
das Ende des Krieges verkündet hatte, die wenigen Habseligkeiten und
kehrte mit den Kindern nach Schlesien zurück.

Nicht für lange. „Im August 1945 wurden wir wieder hinausgeworfen",
erzählt die Schriftstellerin Ursula Höntsch, jenes kleine Mädchen von damals, Jahrzehnte später im Gespräch in einem Posener Hotel. Daß die
Heimat endgültig verloren war, sei den Eltern, inzwischen Bürger der
DDR, erst 1950 klargeworden, als der Görlitzer Vertrag unterzeichnet
wurde. Das sei vielen so gegangen: Selbst ein Mann wie Johannes R. Be-
cher habe, während sie 1945 schon auf dem Treck nach Westen gewesen
seien, in Agnetendorf (Jagniatkow) noch versucht, Gerhard Hauptmann
für eine neue Kulturarbeit in Schlesien zu gewinnen. Irgendwann hätten
dann aber alle verstanden, daß es kein Zurück mehr geben werde. Der
Verlust der Heimat von Millionen Menschen wurde mit offiziellem
Schweigen belegt, und den Vertriebenen verbot man sogar die Trauer. So
entstand eines der für die kommunistische DDR typischen Tabus.

Die Schriftstellerin Höntsch hat die Verbundenheit mit ihrer Heimat viele Jahre auf verschlungenen Wegen dennoch aufrechterhalten. Den Behörden war zwar nicht entgangen, daß ihr Geburtsort in Schlesien lag, und das Standesamt versuchte schließlich sogar, vermittels der Heiratsurkunde das schlesische Frankenstein nach Sachsen zu verlegen. Unbemerkt bezog die Bürgerin der DDR mit dem schlesischen Stammbaum aber bis weit in die fünfziger Jahre die „Arbeiterstimme", jene Zeitung, die nach dem offiziellen Abschluß der Zwangsaussiedlung der Deutschen aus den unter polnische Verwaltung gelangten Ostgebieten des Reichs (1949) in Breslau (Wroclaw) und Köslin (Koszalin) herausgegeben wurde. Diese Lektüre vermittelte ihr eine sonst kaum mögliche Kenntnis über die Geschehnisse in ihrer Heimat; sogar Leserbriefe schrieb sie.

Die „Arbeiterstimme" (sie erschien zuerst als Wochenzeitung, von 1955 an als Tageszeitung), in der auch SED-Größen zu Wort kamen, wandte sich wie die Zeitung „Wir bauen auf" der deutschen Bergleutegewerkschaft in Waldenburg oder der in Köslin als Beilage zur „Arbeiterstimme" erscheinende „PGR-Arbeiter" an bestimmte Gruppen der deutschen Bevölkerung Niederschlesiens, Pommerns und der Neumark. Eigentlich hätte es weder deutsche Zeitungen noch deutsche Leser in diesen Gebieten mehr geben dürfen, weil die polnische Propaganda und Politik die völlige Polonisierung der deutschen Ostgebiete zum Ziel erklärt hatten und die Austreibung der Deutschen offiziell abgeschlossen war.

Ein Teil der in den Ostgebieten ansässigen Bevölkerung, Facharbeiter und Spezialisten aus der Gruppe der sogenannten „ethnischen Deutschen", wurde dennoch weiterhin im Land nicht nur geduldet, sondern sogar zum Bleiben aufgefordert, weil in schlesischen Kohlegruben – die auch die Sowjetische Besatzungszone (SBZ) mit der dringend benötigten Steinkohle belieferten –, in der Landwirtschaft und in der Binnenschiffahrt auf der Oder Fachkräfte gebraucht wurden, um die Produktion in Gang zu halten. Partei-Journalisten unterstützten die Gründung und Herausgabe der deutschen Zeitungen im sozialistischen Geist, der auf beiden Seiten der „Oder-Neiße-Friedensgrenze" an die Macht gelangt war.

Ursprünglich (1946) hatten 115 000 Spezialisten und Facharbeiter samt ihren Familien (etwa 300 000 Personen) bleiben sollen. Viele, angeblich fast ein Drittel, verließen dennoch die Heimat. Polnischen Angaben zufolge zählte diese Gruppe 1950 noch zwischen 160 000 und 200 000 Menschen. Die Ausreisewelle Mitte der fünfziger Jahre verringerte deren Zahl auf rund 65 000. Nach amtlichen polnischen Angaben waren es 1969 schließlich nur noch etwa 4000.

Für die geduldeten Deutschen stellten die polnischen Behörden anfangs Meldekarten aus, auf denen die Nationalität mit „deutsch" angegeben wurde, während die Staatsangehörigkeit als „nicht feststellbar" galt. Das Staatsbürgerschaftsgesetz von 1951 machte sie und die Gruppe der sogenannten „Autochthonen" (siehe unten) schließlich zu polnischen Bürgern. Nach Auffassung der deutschen Bundesregierung und des deutschen Parlaments galten beide Bevölkerungsgruppen, sofern sie in den Grenzen des Reichs von 1937 ansässig gewesen und die deutsche Staatsbürgerschaft besessen hatten, hingegen weiter als deutsche Staatsbürger. Das Bonner Kriegsfolgenrecht war darauf gerichtet, den Anspruch dieser Menschen auf die deutsche Staatsbürgerschaft trotz der Sammeleinbürgerung zu untermauern.

Dem Vernehmen nach besaß ein Teil der Deutschen, die geblieben waren, in den fünfziger Jahren DDR-Ausweise. Das habe, wurde berichtet, die Einsicht in Akten des Außenministeriums der DDR nach der Wende ergeben. Welche Motive zur Ausgabe der Dokumente führten, ist (noch) unbekannt. Der gegenwärtige Kenntnisstand erlaubt es auch nicht zu entscheiden, zu welcher Bevölkerungsgruppe die Inhaber von Ausweispapieren der DDR gehörten, ob es sich nur um „anerkannte Deutsche" handelte oder ob auch solche unter ihnen waren, deren Deutschtum polnischerseits bestritten und die als „Autochthone" bezeichnet wurden. Im neuen polnischen Staat waren indessen beide Gruppen, gleichgültig zu welcher Kategorie sie zählten, zu Bürgern zweiter Klasse geworden.

Die offiziell geduldeten Deutschen erhielten aber wenigstens die Möglichkeit, ihre Kinder in mehr als 100 Grundschulen (in der Regel Zwergschulen) und in zwei allgemeinbildende höhere Schulen mit Deutsch als Unterrichtssprache zu schicken. Darüber hinaus standen für sie zwei bergmännische Berufsfachschulen und eine Abteilung am lehrerbildenden pädagogischen Lyzeum in Schweidnitz (Swidnica) sowie mehrere Abendschulen zur Verfügung. Das Unterrichtsmaterial stammte größtenteils aus der DDR. Die polnischen Behörden gestatteten den Waldenburger (Walbrzych) Deutschen sogar die Gründung einer „Sozialkulturellen Gesellschaft" als Dachorganisation der deutschen Ortsvereine.

Das überall spürbare deutschenfeindliche Klima nach dem Krieg, die Polonisierungspolitik gegenüber der sogenannten „autochthonen Bevölkerung", die der erklärten Absicht der polnischen Führung entsprach, das Land von allem Deutschen zu säubern und nichts Gutes für die Zukunft verhieß, all das führte jedoch dazu, daß die Mehrzahl der „anerkannten Deutschen" im Laufe eines Jahrzehnts ausreiste. Die Zeitungen gingen ein, Schulen wurden geschlossen und das deutschsprachige kulturelle Leben in Niederschlesien versiegte schließlich mit der Zeit.

Ein polnischer Forscher (Sakson) hat jüngst eingestanden, daß die alteingesessene Bevölkerung in den ehemaligen Ostgebieten des Reiches (Oberschlesier, Kaschuben, Ermländer und Masuren) bei Kriegsende vor einer dramatischen Wahl gestanden habe, und kritisierte die Politik der polnischen Behörden gegenüber diesen Menschen. Die sogenannten Autochthonen hätten nur die Möglichkeit gehabt, entweder die Zwangsaussiedlung und den Verlust ihres Vermögens hinzunehmen oder für Polen zu optieren, um in der Heimat bleiben zu dürfen.

Die neue Ideologie, der zufolge Polen – das von Stalin wieder ungefähr in die Grenzen verschoben worden war, die das Piasten-Reich um die erste Jahrtausendwende innehatte – zu einem ethnisch homogenen Nationalstaat zu machen, richtete sich nach der Vertreibung in aller Schärfe gegen die „Autochthonen". Zu ihnen, die sie angeblich ursprünglich dem polnischen Volkstum angehört hatten und diesem nun wieder zugeführt werden sollten, wurden die Oberschlesier (Schlonsaken), Kaschuben, Ermländer und Masuren gezählt. Diese hatten oft über Jahrhunderte in Gebieten gelebt, die zu deutschen Territorialstaaten und zum Reich gehörten. Anpassung an das Umfeld, Überschichtungsprozesse und Vermischung führten dazu, daß sich unter ihnen vielerorts eine deutsche Identität herausbildete, wenngleich andererseits Zwei- und Dreisprachigkeit sowie ein vor allem regionales Bewußtsein sehr häufig ebenso zu den Merkmalen dieser Bevölkerungsgruppen zählten. Die Nationalsozialisten suchten Teile dieses „schwebenden Volkstums" aufzusaugen, indem sie das Instrument der „Volkslisten" anwandten. Im neuen polnischen Staat galten diese Menschen, denen man sagte, sie seien von polnischem Stamm und wohnten in „urpolnischen", jetzt „wiedergewonnenen" Gebieten, durchweg als unsichere Kantonisten, wenn nicht gar als Verräter an der polnischen Nation. Nach polnischen Angaben lebten 1950 in den westlichen und nördlichen Territorien, die unter Polens Verwaltung gekommen waren, rund eine Million „Autochthone".

## „Nationale Verifizierung" nach dem Krieg

Viele dieser Menschen mußten sich nach dem Krieg einer entwürdigenden Überprüfung ihres Werdegangs und ihrer nationalen Einstellung durch die Behörden unterziehen und Loyalitätserklärungen an den polnischen Staat und das Polentum unterzeichnen, bevor sie schließlich in den Verband polnischer Staatsbürger aufgenommen wurden. Aber wie für jene Niederschlesier, die hatten bleiben dürfen, weil sie benötigt wurden und die von diesem Verfahren befreit waren, war die polnische Hochsprache für viele „Autochthone" – beispielsweise für die evangelischen Masuren, aber auch für die untereinander oft „Wasserpolnisch" (Schlonsakisch) sprechenden katholischen Oberschlesier in den Gebieten, die zum Deutschen Reich gehört hatten – eine Fremdsprache, die sie erst mühsam erlernen mußten. Wo aber Zehntausende sich weigerten, an dem Verfahren teilzunehmen, half man – wie der Nationalkommunist Moczar in der Wojewodschaft Allenstein (Olsztyn) – mit brutaler Härte nach. Außer in Masuren sollen sich auch im Oppelner Land die Menschen gegen die „nationale Verifizierung" gewehrt haben. Rund 200 000 Deutsche im Oppelner Schlesien, hieß es jüngst, hätten sich nach dem Krieg geweigert, die geforderten Loyalitätserklärungen abzugeben. Die polnische Führung hinderte das aber keineswegs daran, schon zu Beginn des Jahres 1946 zu verkünden, die Wojewodschaft Oppeln sei frei von Deutschen.

Daß der Gebrauch der deutschen Sprache unter den „Autochthonen", ganz zu schweigen von der Herausgabe deutschsprachiger Medien für diese Bevölkerungsgruppe, unterdrückt wurde, weil beides die sogenannte „Re-Polonisierung" dieser angeblich „germanisierten" Polen hätte gefährden können, lag in der Logik dieser Politik. In ihr kann man zwar sicher auch die Antwort auf die nationalsozialistische Polenpolitik und die Volkslisten unseligen Angedenkens erblicken. Aber auch polnische Wissenschaftler sagen inzwischen offen, daß die Polonisierungspolitik bis hin zur Leugnung der Existenz einer deutschen Minderheit im sozialistischen Volkspolen ein großer Fehler gewesen sei. Sie habe nicht nur Hunderttausende, die der Vertreibung unmittelbar nach dem Krieg entgangen waren, aus dem Lande gejagt, sondern auch die ersehnte nationale Integration nicht wirklich zustande gebracht, weil sie das Bekenntnis zum Polentum habe erzwingen wollen.

Viele der mißtrauisch überwachten und schikanierten „Autochthonen" bekennen sich heute, nachdem in Polen demokratische Verhältnisse eingekehrt sind und nachdem der erste „Solidarność"-Ministerpräsident Mazowiecki in einer bahnbrechenden Regierungserklärung die nationalen Minderheiten (Deutsche, Ukrainer, Weißrussen, Litauer) als eine Bereicherung des Landes gewürdigt hatte, offen zur deutschen Volksgruppe, selbst wenn sie der deutschen Sprache kaum noch mächtig sind. Die Siedlungsgebiete der deutschen Minderheit liegen vorwiegend im Südwesten Polens, im Oppelner Land und in der Wojewodschaft Kattowitz (Katowice), wo insgesamt zwischen 90 und 95 Prozent der auf rund 700 000 geschätzten Deutschen siedeln. Kleinere Gruppen leben verstreut vor allem in Masuren, Hinterpommern und Pommerellen, aber auch in Niederschlesien und im Tschenstochauer (Czestochowa) Gebiet.

Der deutsch-polnische „Vertrag über gute Nachbarschaft und freundschaftliche Zusammenarbeit" von 1991 hat diesen Menschen wieder die Möglichkeit zur Entfaltung ihrer eigenständigen Kultur gegeben. Der neuen Offenheit ist es auch zu verdanken, daß die Deutschen am politischen Leben Polens teilnehmen können. Man hat in dem Vertrag aus gutem Grund darauf verzichtet, eine Liste sogenannter „objektiver Kriterien" festzulegen, nach denen entschieden werden könnte, welche Personen zur Minderheit zählen. Nicht Sprachfertigkeit im Deutschen, mit der nach Jahrzehnten der Unterdrückung nicht zu rechnen war, sondern das Bekenntnis zur deutschen Kultur, Sprache und Tradition genügt, um als Deutscher in Polen zu gelten.

Die Minderheit hat sich in „Deutschen Freundschaftskreisen" und „Sozial-kulturellen Gesellschaften" organisiert, die wiederum in einem „Dachverband der deutschen Gesellschaften" (VdG) zusammengefaßt sind. Vorsitzender der VdG ist gegenwärtig Senator Gerhard Bartodziej aus Groß-Strelitz (Strzelce Opolskie). Im Kattowitzer Raum haben sich die Deutschen darüber hinaus auch in der „Deutschen Arbeitsgemeinschaft Versöhnung und Zukunft" organisiert, welcher der Soziologe Dietmar Brehmer vorsteht.

Bei den Wahlen auf kommunaler Ebene und bei den Wahlen zum Parlament bewerben sich inzwischen regelmäßig Kandidaten der deutschen Minderheit. Da Minderheiten, die eigene Listen für die Wahlen zum Abgeordnetenhaus (Sejm) aufstellen, von der in Polen geltenden Fünf-Prozent-Sperrklausel befreit wurden – ein Beispiel für die sogenannte „positive Diskriminierung" – haben die Deutschen jedesmal gute Chancen, eine Reihe ihrer Kandidaten durchzubringen. Gegenwärtig stellt die Minderheit einen Senator und drei Abgeordnete in Warschau. Die Parlamentsfraktion der Deutschen wird von Heinrich Kroll aus Krappitz (Krapkowice) geführt. Darüber hinaus haben die Deutschen im Oppelner Land, wo sie in einem kompakten, ländlich geprägten Siedlungsgebiet leben, in den vergangenen Kommunalwahlen die Mehrheit in zahlreichen Gemeindevertretungen errungen und dadurch größeren Einfluß auf die Gestaltung ihre eigenen Angelegenheiten erlangt.

Die Organisation der Minderheit und deren innerer Zusammenhalt, wie wichtig auch immer sie für das tägliche Leben in Städten und Gemeinden sind, in denen Deutsche wohnen, sind nicht alles. Die Deutschen betrachten den Aufbau eigener und das wohlwollende Interesse polnischer Medien an ihrer Volksgruppe als ebenso dringend erforderlich. Was Letzteres angeht, dürfen sie hoffen, daß der regionale Rundfunksender des Bistums Oppeln, der auch dank der Unterstützung der „Stiftung für deutsch-polnische Zusammenarbeit", in Betrieb genommen wird, die Deutschen nicht ausschließt, sondern – wie es dem erklärten Ziel der Kurie entspricht – offen für alle sein wird, die im Oppelner Land leben.

Was aber die eigenen Medien betrifft, so hat Heinrich Kroll deren Aufgaben folgendermaßen formuliert: „Sie sollen die Deutschen über ihre besonderen, zumeist in der Region verwurzelten Belange in ihrer eigenen Sprache informieren; sie haben aber auch den Auftrag, die polnische Mehrheit über das Leben der Minderheit zu unterrichten; sie könnten schließlich auch eine Brückenfunktion erfüllen, indem sie über die Minderheit nach Deutschland berichten." Bis eigene deutsche Medien allen diesen Aufgaben gerecht werden, wird freilich noch einige Zeit vergehen, und zwar nicht nur, weil die Mittel für Herausgabe und Betrieb knapp bemessen sind, sondern auch wegen des Mangels an deutschsprachigen Fachleuten. Überdies wäre es fast aussichtslos, meinen selbst Vertreter der Minderheit, Zeitungen, Rundfunk- und Fernsehsendungen allein auf Deutsch zu gestalten. Der Polonisierungsdruck der vergangenen Jahrzehnte hat dazu geführt, daß die Deutschkenntnisse in der Bevölkerung, vor allem in der jüngeren Generation, nur gering sind.

Das in Oppeln erscheinende Wochenblatt der „Sozial-kulturellen Gesellschaft der Deutschen im Oppelner Schlesien", die „Oberschlesische Zeitung" (OZ), hat aus diesem bedauerlichen Umstand Konsequenzen gezogen. Die OZ hat nicht nur einen zweiten, polnischen Titel. Die meisten Artikel sind abwechselnd auf Deutsch oder Polnisch verfaßt und jeweils mit einer kurzen Zusammenfassung in der Komplementärsprache versehen. Auf der letzten Seite kommt mitunter auch der regionale Dialekt (Schlonsakisch) zu Wort. Nach dem Kalkül der Herausgeber soll die Zweisprachigkeit auch dafür sorgen, daß die polnischen Schlesier zu dieser Zeitung greifen. Das wäre schon deshalb gut, weil die örtlichen Medien der polnischen Mehrheit zumeist nur dann über die Minderheit berichten, wenn es zu Schwierigkeiten in den gemeinsamen Beziehungen kommt. Weitergehende Überlegungen, die OZ zu einer Konkurrenz für die regionale polnische Presse auszubauen, gehen schon wegen des Mangels des dafür notwendigen Geldes und der beschränkten Verfügbarkeit von Fachleuten, die beide Sprachen und dazu noch den Beruf beherrschen, an der Realität vorbei. Hinzu kommt, daß die OZ dann ihr Profil als Zeitung der Minderheit, die – vor allem – für die Minderheit bestimmt ist, verlöre – und damit auch die Förderer, ohne deren Hilfe sie nicht existieren kann.

Ein alter Zeitungsfuchs aus Deutschland, der journalistische Veteran Kluge-Lübke, den das Institut für Auslandsbeziehungen in Stuttgart im Rahmen des „Senioren-Experten-Dienstes" für sechs Monate als Berater zur OZ entsandte, hat das Blatt auf Vordermann gebracht, so daß es sich jetzt gut lesen läßt. Aber auch ihm ist es nicht gelungen, eine regelmäßige Berichterstattung aus Warschau auf die Beine zu stellen, in der die Arbeit des Parlaments und der deutschen Abgeordneten eine wichtige Rolle spielen sollte. Eine solche Berichterstattung müßte aber schon sein, wenn das Blatt die Aufmerksamkeit der polnischen Leser auf sich ziehen will und der Kontakt zwischen den Abgeordneten in Warschau und ihren Wahlkreisen nicht verkümmern soll. Das Geld fehlt indessen auch für den Abdruck von Agenturmeldungen, die dem Blatt mehr Aktualität verleihen könnten. Immerhin ist es dem Mann aus dem Ruhrgebiet gelungen, eine Seite neu ins Blatt zu bringen, die unter der Überschrift „Zwischen Ostsee und Karpaten" über Oberschlesien hinausweist und den verstreut lebenden Deutschen in Polen die Gelegenheit bietet, das Wort zu ergreifen und über sich zu lesen.

Wenn es gelingt, dieses Konzept beizubehalten, könnte die OZ größere Bedeutung für die gesamte deutsche Minderheit im Lande erlangen. Möglicherweise würde dann auch die verkaufte Auflage steigen. Bisher betrug die gedruckte Auflage rund 14 000 Exemplare, während nur zwischen 5000 und 6000 Exemplaren verkauft werden konnten. Das hängt zum einen damit zusammen, daß die Zeitung über kein eigenes Vertriebswesen verfügt und von anderen abhängig ist. Andererseits ist die geringe Verbreitung der OZ wohl auch auf die Konkurrenz der deutschen Zeitung „Die Welt" zurückzuführen, die in Oberschlesien ein eigenes Vertriebswesen aufgebaut hat und deshalb täglich an vielen Orten verfügbar ist. In den Haushalten, in denen gute Deutschkenntnisse vorhanden sind, wird diese Zeitung auch eifrig gelesen. Wie groß die Leserschaft der „Schlesischen Nachrichten" ist, die von der „Landsmannschaft Schlesien" herausgegeben wird und jene des „Deutschen Ostdienstes", den der Bund der Vertriebenen verbreitet, ist indes nicht bekannt.

Die Bundesregierung hat die OZ mit einer Start- und Aufbauhilfe unterstützt, die für die Produktionskosten und die technische Ausstattung genutzt wurde. Die Personalkosten für vier Redakteure und Bürokräfte trägt das Warschauer Kultusministerium. Seit Beginn dieses Jahres wird die Höhe des Zuschusses deutscherseits jedoch von der verkauften Auflage abhängig gemacht. Auch deshalb ist es notwendig, die Verbreitung des Blattes durch neue Konzepte und mit neuen Ideen für den Vertrieb zu verbessern.

### „Erziehung zur Versöhnung"

Während die OZ versucht, eine möglichst breite Leserschaft mit aktuellen Themen und Nachrichten anzusprechen, wenden sich die „Hefte für Kulturbildung" des „Joseph von Eichendorff-Konversatoriums", mit dem Oppelner Wilhelm Kremser als Chefredakteur, eher an Intellektuelle. Dennoch scheint es auch Kremser geraten, die teilweise recht anspruchsvollen Texte, deren Erscheinen ebenfalls von der Bundesregierung gefördert wird, in deutscher und polnischer Fassung zu veröffentlichen.

An der Wand des Konferenzraums der „Deutschen Arbeitsgemeinschaft Versöhnung und Zukunft" ist das Leitmotiv des Vereins in großen Lettern angebracht: „Erziehung zur Versöhnung heißt Erziehung zur Wahrheit". Dietmar Brehmer, der in Kattowitz die Zeitung „Hoffnung" herausgibt, hat sich mit dieser Losung keineswegs nur Freunde gemacht bei den Polen, unter denen die deutsche Epoche in der Geschichte Schlesiens noch immer gern übersehen wird, obwohl sie Jahrhunderte währte. Den deutschen Schlesiern treibt es wiederum die Zornesröte ins Gesicht, wenn man ihnen das Gefühl gibt, sie seien hier, wo angeblich immer nur die polnische Geschichte gewaltet habe, lediglich zu Gast. In diesem Widerstreit kann eine kritische Äußerung über den polnischen Nationalhelden Korfanty, weil der mit seinem Kampf für ein polnisches Oberschlesien nach dem Ersten Weltkrieg eben auch zu dessen Teilung beigetragen habe, schon zum Skandal werden. Aber auch Artikel in der „Hoffnung", die von der Geschichte der Deutschen in Kattowitz handeln, stoßen auf heftigen Widerspruch manches in seiner Selbstgewißheit erschütterten Polen.

Brehmer berührt das wenig, weil er andererseits nie müde geworden ist, für die Versöhnung der beiden Volksgruppen in Schlesien einzutreten. Dagegen machen ihm der Geldmangel und die Schwierigkeiten beim Vertrieb der Zeitung Sorgen. Es steht freilich zu hoffen, daß die Mittel der Bundesregierung für diese Zeitung in Zukunft etwas reichlicher fließen. Das wäre schon deshalb zu wünschen, weil dieses Blatt nicht nur ein sehr schönes Äußeres aufweist, sondern dem Leser mit Artikeln in polnischer und deutscher Sprache eine weites Spektrum von Themen anbietet. Vielleicht ist die Zeitung auch deshalb nur auf drängende Nachfrage am Kiosk zu haben. Da hat man die gleichen Schwierigkeiten mit dem Vertrieb wie die Oppelner.

Sehr viel bescheidener als die beiden oberschlesischen Zeitungen nimmt sich die „Masurische Storchenpost" aus, eine Monatsschrift, die von der „Masurischen Gesellschaft" in Allenstein herausgegeben wird. Chef der Mini-Redaktion ist Tadeusz Wilan, die Beiträge – sie machen meist einen großen Bogen um aktuelle politische Fragen, handeln dafür viel von Erinnerungen und nehmen mögliche polnische Leser gar nicht erst in den Blick – erscheinen in der Regel nur in deutscher Fassung. Sie wenden sich an die kleine Gruppe deutscher Masuren, die vor allem noch in Allenstein, Sensburg (Mragowo) und Deutsch-Eilau (Ilawa) zu Hause ist.

Auch in Danzig soll es versprengte Leser geben. Unterstützt wird auch diese Initiative aus Mitteln der deutschen Regierung.

Eigene Rundfunk- oder Fernsehstationen der Deutschen sind angesichts der finanziellen Schwierigkeiten, unter denen schon ihre Zeitungen zu leiden haben, eine wohl unerfüllbare Hoffnung. Es wird sogar bisweilen die Frage gestellt, ob denn deutsche Sender überhaupt sein müßten, wenn doch im Oppelner Land und anderwärts fast jeder die Satellitenantenne auf dem Dach hat. Dagegen läßt sich freilich anführen, daß der von allen Grenzen befreite Äther es versäumt, aus dem Westen, aus Deutschland, Lokalnachrichten zu transportieren, mit denen ein Masure oder Schlesier etwas anfangen kann. Die Oppelner haben deshalb, als der Himmel über Polen unter privaten Betreibern aufgeteilt wurde, eine Rundfunk- und Fernsehlizenz beantragt. Ohne Erfolg.

Wenn sie schon keine eigenen Sender haben können, wollten die Deutschen wenigstens Sendungen der polnischen Fernseh- und Radiostationen, die für sie bestimmt sind, selbst gestalten dürfen. Das ist ihnen, wenn auch viel zu selten, gelungen, und zwar wesentlich besser als dem privaten Oppelner Fersehsender mit Nachrichtensendungen in deutscher Sprache oder „Radio Oppeln" mit der Sendung „Nasz Heimat" („Unsere Heimat"), die kaum auf die Belange der Minderheit eingeht und ohne deren Beteiligung entsteht.

**Nur begrenzte Möglichkeiten im Rundfunk**

1993 haben die Oppelner Deutschen mit Unterstützung der Bundesregierung und des Warschauer Kultusministeriums mehrfach das „Oberschlesienjournal" im regionalen polnischen Fernsehen herausgebracht, das sich großer Beliebtheit erfreute. Das sei aber viel zu wenig, meint Heinrich Kroll, der mit der Starthilfe Bonns wenigstens ein eigenes Fernsehteam gründen möchte, um mehr Sendungen für und über die Minderheit zu produzieren, deren Ausstrahlung sich das öffentliche Fernsehen kaum entziehen könne, weil es zur Information über die Minderheit verpflichtet sei. Mehr noch, er habe ermutigende Signale erhalten, daß das Kattowitzer Fernsehen, das für ganz Oberschlesien zuständig ist, und das zentrale Fernsehen an einer solchen Zusammenarbeit interessiert seien. Überdies könne ein solches Team durch Auftragsarbeiten für das polnische Fernsehen Geld verdienen, das für die Produktion von Sendungen für die Minderheit benötigt werde.

Der Kattowitzer Dietmar Brehmer konnte im Fernsehen bisher nicht Fuß fassen. Gegen Sendungen über die Deutschen hat er aber kaum etwas einzuwenden. Sie seien ziemlich zahlreich und in einem freundlichen Ton gehalten. In Radio Kattowitz darf Brehmer dafür seit drei Jahren Woche für Woche das „Oberschlesische Magazin der deutschen Minderheit" gestalten. Das Magazin erfreut sich auch im Oppelnschen großer Beliebtheit. Leider ist die Sendung, die regelmäßig mit einer „Brehmer-Predigt" endet, in der er allen seinen schlesischen Landsleuten auf Deutsch oder Polnisch Lebensmut in schwierigen Zeiten einzuflößen sucht, auf eine ungünstige Sendezeit verlegt worden.

Solche Nadelstiche gehören zu den Alltagsschwierigkeiten, mit denen andere Minderheiten ebenfalls zu kämpfen haben. Manchmal werden sogar politische Probleme daraus. Doch ändert das nichts daran, daß sich die Lage der in Polen lebenden Deutschen seit der politischen Wende 1989/90 und aufgrund der Annäherung zwischen Polen und Deutschland entscheidend verbessert hat: Von der offiziell beschworenen Nicht-Existenz haben es die Deutschen zur respektierten Volksgruppe mit politischen Rechten und eigenen Medien gebracht.

In vollem Umfang gilt das freilich nur für Oberschlesien, wo der größte Teil der Deutschen wohnt. Denn in Masuren ist an die Herausgabe einer Tages- oder Wochenzeitung vorläufig nicht zu denken, ganz zu schweigen von deutschen Rundfunk- oder Fernsehsendungen. Aber wenn man andererseits bedenkt, daß – wie es Siegfried Lenz beschrieben hat – auch in den „guten alten Zeiten" bisweilen kaum mehr als der"Masurenkalender" gelesen wurde – oft mehrere Jahre lang einunddasselbe Exemplar -, dann ist auch hier der Fortschritt nicht zu übersehen: Einmal im Monat bringt der Storch die Post mit Lesestoff in deutscher Sprache. Und niemand hält Adebar deswegen schon für einen Feind des Polentums oder wirft ihm vor, er begünstige die „fünfte Kolonne".

Hans Frick

# Deutschsprachige Medien in Rumänien

Seit einigen Jahren schon sagen Auguren das unmittelbare Aus für die rumäniendeutsche Presse voraus. Sie stützen sich dabei auf Entwicklungen, die eine solche Schlußfolgerung zu bestätigen scheinen. Deportation, Enteignung, Verschleppung und Diskriminierung sowie der nach den Ereignissen im Dezember 1989 einsetzende massive und schier unaufhaltsame Exodus haben der deutschen Minderheit in Rumänien zweifellos stark zugesetzt. Der Aderlaß der letzten Jahre hat so sehr an der Substanz gezehrt, daß eine rumäniendeutsche Journalistin die Deutschen in Rumänien als eine kränkelnde Minderheit sieht, die so geschwächt sei, daß sie es aus eigener Kraft nicht mehr schaffe, sich wieder aufzuraffen und zu erholen. Die selbstgestellte Diagnose über den Zustand der Minderheit könnte im Grunde auch auch auf die deutschsprachige Presse in Rumänien ausgeweitet werden.

Dabei hatten gerade die deutschsprachigen Zeitungen in Rumänien jahrzehntelang eine besondere Stellung in der Medienlandschaft deutscher Minderheiten in Ost- und Südosteuropa eingenommen. Im Unterschied zu anderen osteuropäischen Ländern, in denen nach dem Krieg Pressepublikationen in deutscher Sprache eher die Ausnahme waren, sind für die Deutschen in Rumänien – mit einer kurzen Unterbrechung – Zeitungen in der Muttersprache herausgebracht worden. Auch wenn diese politisch unter Kuratel der herrschenden kommunistischen Ideologie standen und sich den zuweilen recht harten Zensurbestimmungen unterwerfen mußten, so spielten sie für die deutsche Minderheit doch eine sehr wichtige Rolle. Und zwar nicht nur als Informationsträger, sondern vielmehr auch als ein Stück der verlorenen Heimat und Identität, des eingebüßten Selbstbewußtseins.

In diesem Punkt ist eine gewisse Parallelität festzustellen mit den Anfängen der deutschen Presse auf dem Boden des heutigen Rumäniens, die auf eine mehr als zweihundertjährige Tradition zurückblicken kann. Im April 1771 hatte der Buchdrucker Matthäus Heimerl die erste Nummer der „Temeswarer Nachrichten" herausgebracht. Es war nicht nur die erste bekannte Zeitung der Banater Deutschen, sondern zugleich auch die erste Presseveröffentlichung, die auf dem Gebiet des heutigen Rumäniens erschien. Es folgten kurzlebige Publikationen wie die „Temeswarer Zeitung" (1784) und der „Temeswarer Merkur" (1787), das „Temeswarer Wochenblatt" (1805; 1831-1848), ehe 1852 das erste deutsche Tagblatt des Temescher Banats, die „Temesvarer Zeitung", herauskam. Sie ist, trotz der Konkurrenz durch die „Neue Temesvarer Zeitung" (1868), mit einigen Unterbrechungen fast ein Jahrhundert lang erschienen. Ende des 19. Jahrhunderts sind übrigens allein im Banat 46 deutsche Zeitungen herausgebracht worden, was auf ein reges Interesse der Banater Deutschen am politischen und kulturellen Leben schließen läßt.

Auch in Siebenbürgen hat es in der zweiten Hälfte des 18. Jahrhunderts Versuche gegeben, deutsche Zeitungen zu gründen. 1778 brachten Martin Hochmeister und Samuel Sardi in Hermannstadt das „Theatral Wochenblatt" heraus. Der Zeitung war kein langes Leben beschieden, sie mußte bereits nach dem „zwölften Stück" ihr Erscheinen einstellen. Derselbe Martin Hochmeister war es, der sechs Jahre später das erste politische Blatt Siebenbürgens, die „Siebenbürgische Zeitung", herausgab. Die zweimal wöchentlich in einer bescheidenen Auflage von 250 Exemplaren erscheinende Zeitung (von 1787 bis 1792 führte sie den Namen „Kriegsbote", danach „Siebenbürgischer Bote") konnte bereits im Gründungsjahr über eines der wichtigsten politischen Ereignisse des Jahres, den Bauernaufstand von 1784 im siebenbürgischen Erzgebirge, berichten, was dem Herausgeber nachträglich ein scharfe Rüge des Landtags von Siebenbürgen einbringen sollte.

Zu einem größeren Leserkreis hat es gut vier Jahrzehnte danach das von Johann Gott in Kronstadt herausgebrachte „Siebenbürger Wochenblatt" gebracht, zu dessen Mitarbeitern jüngere Intellektuelle gehörten, die in Deutschland studiert hatten – unter ihnen Georg Daniel Teutsch, Stephan Ludwig Roth, Daniel Roth und andere. Das 1849 in „Kronstädter Zeitung" umbenannte Blatt galt als Sprachrohr des freisinnig-liberalen sächsischen Bürgertums und bestand über 100 Jahre.

### Aufschwung nach dem Ersten Weltkrieg

Nach dem Ersten Weltkrieg, als zwei Drittel des Banats, ganz Siebenbürgen, die Bukowina und Bessarabien Rumänien angegliedert wurden, erlebte die deutschsprachige Presse einen ungeahnten Aufschwung. Zu den bereits seit Jahrzehnten erscheinenden Publikationen sind neue hinzugekommen, so die „Banater Deutsche Zeitung" in Temeswar, die sich zur auflagenstärksten Tageszeitung der Banater Schwaben entwickeln sollte. Führende Zeitung der Siebenbürger Sachsen blieb das bereits seit Ende des vergangenen Jahrhunderts erscheinende „Siebenbürgisch-Deutsche Tageblatt" in Hermannstadt mit einer Auflage von 6000 Exemplaren. Nicht unerwähnt soll hier bleiben, daß in der Zwischenkriegszeit auch eine Reihe bedeutender Kulturzeitschriften erschienen ist, wie „Ostland" (Hermannstadt) und „Klingsor" (Kronstadt), „Von der Heide" und „Banater Deutsche Kulturhefte" (Temeswar). Insgesamt sind in der Zwischenkriegszeit in Rumänien 77 Zeitungen und 30 Zeitschriften in deutscher Sprache herausgekommen.

Diese vielschichtige Publizistik verschwand mit dem Umsturz im August 1944 und dem Ausscheiden Rumäniens aus dem Bündnis mit Hitlerdeutschland über Nacht. Lediglich zwei Blättern, der bürgerlichen „Temeswarer Zeitung" und der ebenfalls in Temeswar erscheinenden sozialdemokratisch ausgerichteten „Freiheit" hatte man noch eine gewisse Schonfrist eingeräumt.

Nach dem Krieg ist die deutsche Minderheit in Rumänien aus dem politischen Leben des Landes ausgeschlossen worden. Sie durfte weder an den Wahlen im Frühjahr 1946 teilnehmen, noch hatte man ihr sonstige Möglichkeiten der freien Meinungsäußerung zugestanden. Gut drei Jahre dauerte diese Periode der totalen politischen Ausgrenzung und Ächtung einer ganzen Volksgruppe. Im Februar 1948 wurde dieser Ausnahmezustand durch Parteibeschluß aufgehoben: Nachdem die Monarchie beseitigt und die politische Opposition und deren Partei ausgeschaltet worden waren, durften sich nach dem Willen der nun allein regierenden kommunistischen Partei auch die im Land verbliebenen Deutschen (schätzungsweise noch 400 000) in der vorgegebenen Richtung eines Einparteisystems politisch betätigen. Ihre „Interessenvertretung" – wenn man überhaupt davon reden kann – war das kurz danach gegründete „Deutsche Antifaschstische Komitee" (DAK), als dessen Sprachrohr die Tageszeitung „Neuer Weg" ins Leben gerufen wurde. Die erste Nummer dieser überregionalen, in Bukarest herausgebrachten deutschsprachigen Zeitung erschien am 13. März 1949.

In selbigem Jahr sind zwei periodische Publikationen in deutscher Sprache gegründet worden: In Temeswar die Literaturzeitschrift „Banater

Schrifttum" (1959, als die Redaktion nach Bukarest verlegt wurde, in „Neue Literatur" umbenannt) und in der Landeshauptstadt der „Kulturelle Wegweiser" (später „Volk und Kultur"), ein Periodikum, das sich mit Fragen der „Massenkultur" beschäftigte und sich vorwiegend an Laienkünstler und Laienspielgruppen wandte.

Das Tageblatt „Neuer Weg" gehörte zu den „Zentralzeitungen", die – wie es sich einem zentralistisch aufgebauten und geführten Staat geziemt – in der Landeshauptstadt herausgebracht wurden, dort, wo das Zentrum der Macht lag, wo vermeintlich die wichtigsten Ereignisse stattfanden. Diese Stellung als Zentralzeitung war für den „Neuen Weg" mit Vor- und Nachteilen verbunden. Die Nachteile lagen wohl vor allem darin, daß die Zentralredaktion zu weit weg war von ihren Lesern, die ja hauptsächlich im Banat und in Siebenbürgen lebten. Dieses Manko hat man zu mildern versucht, indem man in den wichtigsten Zentren der beiden großen Siedlungsgebiete Lokalredaktionen einrichtete, die über das Geschehen an Ort und Stelle berichteten und den unmittelbaren Kontakt zu den örtlichen Behörden und Institutionen sowie zu den Funktionsträgern der Deutschen pflegten.

Der Vorteil: zum ersten Mal erschien in Rumänien eine deutschsprachige Zeitung, die im ganzen Land vertrieben wurde und sich auch an alle im Lande lebenden Deutschen wandte, an die Banater Schwaben und Siebenbürger Sachsen, an die Sathmarschwaben, die Bergland- und Bukowinadeutschen, nicht zuletzt auch an die deutschsprachigen Juden und die deutschsprachigen Rumänen und Ungarn.

Verständlicherweise hatte es die Zeitung in den Anfangsjahren nicht leicht. Die Schwierigkeiten waren nicht finanzieller Art (da staatliche Subventionen flossen), sie hatten auch nicht so sehr mit dem Namen zu tun (der zunächst nicht so sehr ankam), als vielmehr mit Inhalt und Sprache des neugegründeten Blattes, mit denen sich so mancher Leser kaum anzufreunden vermochte. Die Medien waren – wie das in totalitären Systemen ja immer der Fall ist – zu Propagandainstrumenten der kommunistischen Partei geworden, der „Neue Weg" sollte da grundsätzlich keine Ausnahme machen. Er hatte die Aufgabe, „die Politik der Partei in den Reihen der Werktätigen deutscher Nationalität zu verbreiten", um eine gängige Formulierung im damaligen Parteijargon zu benutzen. Und als einzige Tageszeitung Rumäniens, die in einer Weltsprache erschien, oblag es ihr auch, das Land und dessen Innen- und Außenpolitik nach außen darzustellen, und zwar so, wie dies von den zuständigen Propagandaleitstellen der Partei vorgegeben wurde. Es war der Leserschaft daher nicht zu verübeln, daß sie sich – zumindest in den ersten Jahren – in Zurückhaltung übte.

Allmählich jedoch gab sich die Zeitung ein „leserfreundlicheres" Profil und gewann damit an Ansehen. Gelungen ist ihr dies, indem sie den relativen Freiraum genutzt hat, den man den Zeitungen besonders in den sechziger und siebziger Jahren, in der Zeit der „Liberalisierung", gewährte. Der „Neue Weg" brachte eine wöchentliche Kulturbeilage, wie sie kaum eine andere Tageszeitung in Rumänien vorzuweisen hatte. Darin konnte sich der interessierte deutschsprachige Leser nicht nur über das in jenen Jahren doch recht aktive und vielschichtige kulturelle Leben der deutschen Minderheit informieren; man war in gleichem Maße bestrebt, einen Einblick zu gewähren in das literarische und künstlerische Schaffen insgesamt, den Kulturbetrieb in der Hauptstadt und in der Provinz widerzuspiegeln.

Große Beachtung, nicht nur bei Fachleuten, findet heute noch, was die Zeitung auf dem Gebiet der Geschichte und Ethnographie, des Volksguts, geleistet hat. Eine Reihe wertvoller Studien und Aufzeichnungen sind inner- und außerhalb der Kulturbeilage veröffentlicht worden; was aus heutiger Sicht jedoch noch wichtiger erscheint, ist die von der Redaktion initiierte und organisierte Sammeltätigkeit überlieferten Volksguts vor allem der Banater Schwaben: Erzählungen und Schwänke, Märchen und Sagen, Lieder und Kinderverse, Sprüche, Rätsel, Sprichwörter und sprichwörtliche Redensarten sind so dem Vergessen entrissen worden. Als äußerst leserwirksam erwiesen sich auch die über Jahre geführten Rubriken „Kleine Heimatkunde" und „Dem Alter die Ehr'". Bei letzterer handelte es sich um eine Reihe, in der Zeitzeugen in ungezwungener und umgangssprachlicher Form über Erlebtes und Überliefertes aus vergangenen Zeiten berichteten. Daß diese Berichte nicht immer zensurreif sein konnten, versteht sich wohl von selbst.

Gut acht Jahre sollte der „Neue Weg" eine Art Monopolstellung im deutschsprachigen Pressewesen in Rumänien einnehmen. 1957 kam es dann zur Gründung zweier regionaler Publikationen im Banat und in Siebenbürgen: „Die Wahrheit" in Temeswar/Timisoara und die „Volkszeitung" in Kronstadt/Brasov. Beide stellten jedoch für das überregionale Blatt „Neuer Weg" zunächst keine ernsthafte Konkurrenz dar. Diese kam erst 1968, als in Siebenbürgen ein weiteres lokales Wochenblatt, die „Hermannstädter Zeitung", aus der Taufe gehoben wurde und die bestehenden Regionalzeitungen sich neue, attraktivere Namen gaben und konzeptionell umgebaut wurden: Die Temeswarer „Wahrheit" ist in „Neue Banater Zeitung" umbenannt worden und erschien fortan als Tageblatt; die Kronstädter „Volkszeitung" gab sich mit dem neuen Namen „Karpatenrundschau" das Profil einer kulturpolitischen Wochenschrift.

Um das Bild der deutschsprachigen Presselandschaft zu vervollständigen, sei hier noch die in Hermannstadt erscheinende Halbjahresschrift „Forschungen zur Volks- und Landeskunde" erwähnt, die zwar in einer recht bescheidenen Auflage herausgebracht wurde, bei Interessenten jedoch auf große Resonanz stieß. Ebenfalls in Hermannstadt ist seit 1974 wieder die Monatsschrift „Kirchliche Blätter" herausgebracht worden.

Das „Flaggschiff" der rumäniendeutschen Presse sollte aber, trotz der nun ernsthaften Konkurrenz, der Bukarester „Neue Weg" bleiben. Seine Blütezeit fiel in die Periode der relativen „Liberalisierung" Ende der sechziger Jahre, als die Auflage die 80 000-Grenze erreichte. Zählt man die drei regionalen Zeitunge sowie die Literaturzeitschrift „Neue Literatur" hinzu, betrug die Auflage der in Rumänien gedruckten deutschsprachigen Publikationen weit über 100 000. Das war beachtlich, wenn man bedenkt, daß die Zahl der Deutschen in Rumänien zu jenem Zeitpunkt höchstens noch zwischen 350 000 und 370 000 Personen lag.

### Das politische Klima wird rauher

Spätestens seit Mitte der siebziger Jahre ging es abwärts mit der deutschsprachigen Presse in Rumänien. Die Zahl derer, die das Land für immer verließen, stieg von Jahr zu Jahr, die Leserschaft nahm notgedrungen ab. Von 1970 bis 1980 war die Gesamtauflage auf etwa 80 000 Exemplare zurückgegangen, kurz vor dem Ende der Ceausescu-Diktatur lag sie noch bei rund 55 000.

Und es war nicht nur der Exodus der Deutschen, der die Auflagen schrumpfen ließ. Es war auch das allgemeine politische Klima, das immer härter und unerträglicher wurde und dazu führte, daß die Zeitungen, die Medien insgesamt – nicht nur die deutschsprachigen – immer uninteressanter, im Endeffekt ungenießbarer wurden. Zwar war die Zensur 1977 als Institution abgeschafft worden, nach wie vor mußte jedoch eine Reihe von Bestimmungen und Verfügungen beachtet werden, die mit der Verschärfung der politischen Krise immer strenger geworden waren.

Für die Minderheitenpresse kam dann 1981 noch als erschwerender Umstand das neue Ortsnamengesetz hinzu: Es durften die deutschen oder ungarischen Ortsbezeichnungen im Banat und in Siebenbürgen nur noch in Ausnahmefällen (wenn mit historischem Bezug) verwendet werden. Sogar die geläufige deutsche Bezeichnung der Landeshauptstadt Bukarest durfte nicht mehr benutzt werden, erlaubt war nur noch die rumänische Form – ein herber Rückschlag für die deutschsprachigen Zeitungen, die in den Augen ihrer Leser auch noch unglaubwürdig dastanden, zumal sie ja nicht erklären durften, warum sie die deutschen Ortsnamen nicht mehr verwendeten. Am stärksten traf diese Verfügung wohl die „Hermannstädter Zeitung", die ihren Namen in „Die Woche" ändern mußte.

## Befreiung aus dem ideologischen Korsett

Es ist keine Frage, mit den Dezember-Ereignissen von 1989, die zum Sturz der verhaßten Diktatur des Ceausescu-Clans führten, hat sich in der rumänischen, damit implizite in der rumäniendeutschen Presse, ein Umbruch vollzogen. Das wohl wichtigste Merkmal dieses Wandels: die Medien haben sich aus dem ideologischen Korsett befreit, das sie mehr als vier Jahrzehnte lang tragen mußten und das vor allem in den achtziger Jahren immer enger geschnürt worden war.

Die Printmedien waren – zumindest formal – nun keinem Dienstherrn mehr hörig. Die in Bukarest erscheinende überregionale Tageszeitung „Neuer Weg" etwa, zuletzt dem „Landesrat der Front der Sozialistischen Demokratie und Einheit", einem von der kommunistischen Partei kontrollierten Dachverband aller politischen und gesellschaftlichen Gruppierungen des Landes, unterstellt, hat sich in eine „Tageszeitung für Politik, Wirtschaft, Gesellschaft und Kultur" umgewandelt; die „Neue Banater Zeitung" in Temeswar, die wie jede Regionalzeitung des Landes als „Organ der Kreisparteiorganisation" herausgebracht wurde, nannte sich im Untertitel zunächst „demokratische" danach „unabhängige Tageszeitung in Rumänien", und „Die Woche" gab sich am 26. Dezember

1989 wieder ihren alten Namen „Hermannstädter Zeitung" mit dem Zusatz im Untertitel „Deutsches Wochenblatt für den Kreis Sibiu/Hermannstadt"; die Kronstädter „Karpatenrundschau" schließlich nannte sich „Wochenschrift für Gesellschaft/Politik/Kultur". Eines hatten sie alle gemeinsam: für sie – wie für alle Printmedien des Landes – gab es keine Zensur mehr, und auch die erdrückenden und unangenehmen Kontrollmechanismen der allwissenden und unfehlbaren Partei entfielen. Das schon aus dem einfachen Grund, weil es diese kommunistische Partei plötzlich nicht mehr gab, sie war wie vom Erdboden verschwunden.

Die Abnabelung von der bankrotten politischen Doktrin vollzog sich recht schnell, die deutschsprachigen Blätter des Landes konnten nun endlich dem Leser das bieten, was dieser von ihnen schon immer erwartet hatte: Wahrheitsgetreue und aktuelle Information sowie Beiträge, in denen versucht wird, Themen und Fragen aufzugreifen, die sie ansprechen und auch beschäftigen. Und dazu gehörten nicht nur die allgemein politischen, sozialen und wirtschaftlichen Probleme, denen sich das Land nach 45 Jahren kommunistischer Mißwirtschaft gegenübersah, sondern auch – oder vor allem – die Fragen, die die deutsche Minderheit betreffen. Besonders der „Neue Weg", nach wie vor die führende deutschsprachige Publikation in Rumänien, aber auch die „Neue Banater Zeitung" und die beiden Wochenschriften gewährten diesem Themenkomplex nun viel Platz.

Viel Beachtung fand im In- wie im Ausland ein Beitrag, den die Zeitung „Neuer Weg" bereits kurz nach dem Umbruch gebracht hatte und in dem der Hermannstädter Architekt Dr. Hermann Fabini offen und schonungslos Fragen im Zusammenhang mit der Zukunft der Deutschen in Rumänien behandelte. Seine damaligen Schlußfolgerungen sollten sich mit den späteren Entwicklungen decken: Ein Großteil der deutschen Minderheit, so der Tenor seiner Ausführungen, betrachte ihre Zukunftsaussichten in der angestammten Heimat auch nach den Dezember-Ereignissen mit Skepsis, schnelle und wirkungsvolle Entscheidungen seien deshalb notwendig. Da diese auf sich warten ließen, war der Exodus der Siebenbürger Sachsen und Banater Schwaben kaum zu stoppen.

Das politische Vakuum, das nach der faktischen Selbstauflösung der kommunistischen Partei und dem Zusammenbruch der Ceausescu-Diktatur entstanden war, hat auch die deutschsprachigen Medien Rumäniens gezwungen, eigene Wege zu suchen und zu gehen. Man wollte und mußte einen Neubeginn wagen, und dieser Neubeginn war und ist mit allerlei Schwierigkeiten und Hindernissen verbunden. In der Redaktion des „Neuen Weges" gab es bereits Ende 1989, Anfang 1990 Diskussionen darüber, ob die Zeitung ihren Namen behalten sollte oder nicht. Daraus wurde eine Art Generationskonflikt. Vor allem jüngere Redakteure und Mitarbeiter waren es, die dafür plädierten, den Aufbruch in eine neue Zeit mit einem neuen Namen zu besiegeln und auf den alten, „kompromittierten" Namen zu verzichten. Dem wurde von den Älteren entgegengehalten, die Redaktion brauche sich insgesamt dessen nicht zu schämen, was sie in den Jahren der schlimmen Diktatur dem Leser geboten habe, außerdem sei der Titel „Neuer Weg" ein „Markenzeichen", das auch bei rumänischen Lesern bekannt sei und gut ankomme. So sollte die Namensänderung zunächst scheitern.

Es ging jedoch nicht nur um den Namen, sondern auch um Aufmachung und neue Inhalte. Die Zeitung sollte ein neues Gesicht erhalten, attraktiver gestaltet werden. Denn es stellte sich sehr bald heraus – und dies traf auch für ältere wie für jüngere Redakteure zu –, daß es gar nicht so leicht war, über all das zu schreiben und zu berichten, was im Lande vor sich ging. In einem Interview mit einer deutschen Zeitung sprach ein NW-Redakteur in diesem Zusammenhang von gewissen Denkmustern und bestimmten Formeln in der Sprache, die sich in den Köpfen einfach festgesetzt hätten und gegen die jeder persönlich ankämpfen müsse.

Aber nicht so sehr darauf ist die Krise zurückzuführen, die die rumäniendeutsche Presse durchmacht. Die Hauptursachen sind in dem eingangs erwähnten allgemeien Befinden der deutschen Minderheit zu suchen. Schätzungsweise 220 000 bis 230 000 Deutsche lebten Ende 1989 in Rumänien. Bei der Volkszählung im Januar 1992 haben sich noch 119 000 Personen zur deutschen Nationalität bekannt. Mittlerweile sind weitere 15 000 Personen nach Deutschland ausgesiedelt. Der Aderlaß hatte Folgen auch für die deutschsprachigen Zeitungen: Binnen zweier Jahre haben sich die Auflagen mehr als halbiert. Die abzusehende Entwicklung und die Ankündigung des Bukarester Kulturministeriums, die Subventionen für die Publikationen der Minderheiten zu reduzieren beziehungsweise völlig zu streichen, haben bereits Anfang 1992 zu Überlegungen geführt, die zwei Tages- und zwei Wochenzeitungen zusammenzulegen und nur noch ein deutschsprachiges Blatt erscheinen zu lassen. Nach den Vorstellungen der Initiatoren des Konzepts sollte diese Zeitung in Bukarest herausgebracht werden, die drei regionalen Blätter sollten Beilagen aus ihren Verbreitungsgebieten beisteuern.

Die ins Auge gefaßte Fusion kam jedoch nicht zustande, sie scheiterte am Widerstand besonders der in Siebenbürgen erscheinenden Zeitungen, die sich überrumpelt fühlten und zudem ins Treffen führten, daß die geplante Zusammenlegung im Grunde eine Art Vereinnahmung sei und damit ein Stück Identität der Siebenbürger Sachsen verlorengehe.

Seitdem gehen die Zeitungen getrennte Wege. Die „Hermannstädter Zeitung" (geschätzte Auflage: 1500 Exemplare) und die „Karpartenrundschau" (geschätze Auflage: weniger als 1000 Exemplare) haben sich auf die Suche nach Sponsoren gemacht – und zum Teil auch gefunden. Die in Temeswar erscheinende „Neue Banater Zeitung" (Auflage Anfang 1992: 3200 Exemplare) hat dies auch versucht – und ist gescheitert: Das Blatt war Anfang 1993 von einem Unternehmer, dem Leiter einer deutsch-rumänischen Firma aufgekauft und einige Monate unter dem Namen „Banater General-Anzeiger" als Wochenblatt herausgebracht worden. Mit dem plötzlichen Tod seines Herausgebers mußte das Blatt Mitte 1993 sein Erscheinen vorübergehend einstellen.

Mittlerweile haben die Banater Schwaben wieder ihre Zeitung, die „Banater Zeitung", wie sie nun heißt; allerdings erscheint sie nicht als selbständiges Blatt, sondern als Wochenbeilage der größeren Zeitung in Bukarest. Eine „Vernunftlösung", könnte man sagen, die nach langwierigen Verhandlungen zustande kam und auch nicht allgemein Anklang gefunden hat. Die Beilage bringt viel Lokalkolorit und führt beliebte Reihen und Seiten der früheren NBZ, wie etwa die Mundartbeilage „Pipatsch" (Feldmohn), weiter.

Nach 44 Jahren der Existenz hatte sich der „Neue Weg" Ende Dezember 1992 von seinen Lesern verabschiedet. An seine Stelle trat nur einige Tage danach die „Allgemeine Deutsche Zeitung für Rumänien" (ADZ). Der Übergang vom alten „Neuen Weg" zur neuen ADZ vollzog sich fast reibungslos. Dabei waren in knapp einer Woche schwierige technische Probleme zu lösen, die mit der Einführung des Computersatzes zusammenhingen. Die „Allgemeine Deutsche Zeitung für Rumänien" präsentierte sich am 5. Januar 1993 als eine Tageszeitung mit erweitertem Profil und einem neuen, moderneren Erscheinungsbild. Nach den Worten ihres Chefredakteurs Emmerich Reichrath versteht sich die ADZ als eine unabhängige und unparteiische Zeitung, in der eine Vielzahl von Meinungen Platz habe, denn man rechne mit einem mündigen Leser, der sich selbst eine Meinung bilde. Dazu wolle man die nötigen Informationen bieten – über das Geschehen im Land, in Europa und in der ganzen Welt.

Als Herausgeber fungiert die „Stiftung zur Förderung der Deutschen Literatur in Rumänien", die bereits 1991 gegründet wurde, nachdem aus Mitteln des Auswärtigen Amtes in Bukarest eine Druckerei eingerichtet worden war, in der unter anderem auch die deutschsprachige Zeitschrift „Neue Literatur" gedruckt werden sollte. Die ADZ ist dieser Stiftung beigetreten. Als Mitgift brachte sie eine zusätzliche Ausstattung (unter anderem eine Offsetdruckmaschine), die ebenfalls aus Bundesmitteln finanziert wurde, mit in die Stiftung ein. Trotz der gefälligeren Aufmachung und der vielseitigeren Berichterstattung konnte die Auflage noch nicht wesentlich gesteigert werden: Sie hat sich derzeit bei 5000 bis 6000 Exemplaren eingependelt.

Daß die ADZ und die anderen deutschsprachigen Zeitungen – die „Karpatenrundschau" und die „Hermannstädter Zeitung" – nicht mehr Leser erreichen, hat auch viel mit dem Vertrieb zu tun. Das alte Vertriebssystem ist teils überfordert, teils zusammengebrochen. Über neue Vertriebswege ist zwar nachgedacht worden; sie haben sich jedoch noch nicht als praktikabel erwiesen.

Große Sorgen bereiten den Zeitungen – nicht nur den deutschsprachigen – die hohen Preise für Papier und Druck. Diese stehen in keinem Verhältnis mehr zu den gebotenen Leistungen. Mehr als zwei Drittel der Einnahmen werden von den Papierkosten aufgefressen. Um sich über Wasser zu halten, versuchen die Zeitungen, zusätzliche Einnahmequellen zu erschließen; die ADZ etwa durch die Herausgabe rumänischer Kreuzworträtsel, Bücher und ähnlichem. Über Anzeigen kommt leider noch recht wenig Geld in die Kasse. Dafür hoffen die deutschsprachigen Zeitungen – wie auch die Medien der anderen Minderheiten – wieder auf staatliche Subventionen. Diese sind bereits zu Jahresbeginn 1994 in Aussicht gestellt worden und sollen über den neugeschaffenen Minderheitenrat fließen. Ob sie ausreichen werden, das Überleben der Publikationen zu sichern, bleibt abzuwarten.

Matthias Rüb

# Wenn das Schlachtfeld geräumt ist.
# Über die Zeit nach dem Medienkrieg –
# ein Blick auf Ungarns Publizistik

Der Bär war getroffen, aber noch nicht erlegt, da begannen die Schützen
schon, sein Fell zu verteilen. Wenige Tage nach dem ersten Durchgang
der ungarischen Parlamentswahlen Anfang Mai 1994, in dem die Sozialisten als deutliche Sieger 33 Prozent der Listenstimmen erhalten hatten,
stellten die Budapester Tageszeitungen die möglichen Nachfolger der
noch amtierenden Intendanten des staatlichen Rundfunks und Fernsehens vor. Noch war keineswegs klar, daß die Ungarische Sozialistische
Partei (MSZP) den zweiten Wahlgang drei Wochen darauf triumphal mit
der absoluten Mehrheit der Parlamentssitze gewinnen würden. Noch
ahnte niemand, daß der linksliberale Bund Freier Demokraten (SZDSZ),
in dem die bedeutendsten früheren Dissidenten ihre politische Heimat
gefunden hatten, sich mit der Nachfolgepartei der Kommunisten zu
Koalitionsverhandlungen an einen Tisch setzen würde. Noch glaubte
niemand, daß die neue „sozialliberale" Regierung, gebildet aus den beiden stärksten Parteien MSZP und SZDSZ, über eine Zweidrittelmehrheit
der Parlamentsmandate verfügen könnte.

Dies alles konnte noch niemand wissen, der Wähler hatte sein letztes
Wort noch nicht gesprochen – da war den siegreichen Parteien schon klar,
daß es an der Spitze des staatlichen Rundfunks personelle Veränderungen nach ihren Vorstellungen geben würde: neue Regierung – neue Intendanten. Es ist kein Zufall, daß die Spekulationen über die Nachfolge
des Radio- und des Fernsehintendanten bereits in schönsten Farben
blühten, ehe noch die zweiten freien Wahlen nach dem Ende der Volksrepublik abgeschlossen waren. Denn der sogenannte Medienkrieg, der
Streit um die Einflußnahme der Regierung auf die elektronischen Medien, hatte Ungarn seit den ersten Mehrparteienwahlen im Frühjahr 1990
begleitet. Der Tod Ministerpräsident Antalls im Dezember 1993 hatte
dazu geführt, daß in einer Art Pietätsfrist der Konflikt vorübergehend

ruhte. Freilich nur, um dann umso heftiger wiederaufgenommen zu werden.

Nach den historischen Mehrparteienwahlen vom Frühjahr 1990, den ersten seit 1947, einigten sich der spätere Ministerpräsident Antall, der auch der größten Regierungspartei, dem Ungarischen Demokratischen Forum (MDF), vorstand, sowie der Führer des SZDSZ, Tölgyessy, darauf, daß es zur Verabschiedung eines neuen Mediengesetzes einer Zweidrittelmehrheit im Parlament bedürfe. Der SZDSZ war, wie in den Wahlen vier Jahre später, schon 1990 die zweitstärkste politische Kraft im Lande geworden. Damit war das alte Mediengesetz aus dem Jahre 1973, zugeschnitten auf die Bedürfnisse der totalitären Alleinherrschaft der damaligen Ungarischen Sozialistischen Arbeiterpartei, bis auf weiteres betoniert. Die konservative Regierungskoalition aus MDF, Kleinbauernpartei und Christlichen Demokraten, die zu Beginn der Legislaturperiode über 229 der insgesamt 386 Parlamentsmandate verfügte, erreichte die erforderliche Stimmenzahl bei weitem nicht. Durch Zerfallsprozesse im MDF und in der Kleinlandwirte-Partei schrumpfte die Regierungsmehrheit bis zum Ende der Legislaturperiode noch mehr. Die Regierungskoalition bedurfte also der Zustimmung des SZDSZ, der es auf immerhin 92 Parlamentssitze gebracht hatte. Und die bekam sie nicht. So blieb es bei einer Situation, die niemand wollen konnte, aber auch keiner zu ändern vermochte: Die Kommunisten dankten ab, ihr Mediengesetz blieb in Kraft.

Das konnten Antall und Tölgyessy kaum ahnen, als sie im Frühjahr 1990 vereinbarten, gemeinsam nach Kandidaten für die Intendantenposten in Hörfunk und Fernsehen zu suchen. Der Idee nach sollten diese Intendanten für eine Übergangzeit ihr Amt bekleiden – eben bis zur Verabschiedung eines neuen Mediengesetzes. Mag sein, daß die so gefundenen Intendanten, die international renommierten Sozialwissenschaftler Hankiss (Fernsehen) und Gombár (Radio) bereits eine böse Vorahnung hatten, als sie auf Änderung des Übergangsgesetzes zur Bestellung der Intendanten bestanden.

## Zankapfel zwischen Regierung und Präsident

Demnach sollte nicht mehr, wie ehedem im kommunistischen Regime, die Regierung die Intendanten benennen, sondern der Ministerpräsident nur noch das Recht haben, Kandidaten vorzuschlagen, welche der Staatspräsident dann bestellen konnte oder nicht. Hintergrund dieser Forderung war die Vereinbarung zwischen MDF und SZDSZ, daß der SZDSZ gleichsam als Ausgleich für das Sitzen auf den harten Bänken der Opposition das Amt des Staatspräsidenten bekommen sollte. Damit war das Patt erreicht: die Regierung konnte benennen, aber nicht bestellen, der Präsident konnte bestellen, aber nicht benennen. Zudem wollten die Intendanten auch ihrerseits die Posten nur für sechs Monate übernehmen, längstens jedoch bis zur Verabschiedung eines neuen Mediengesetzes. Die Forderung Hankiss' und Gombárs wurde erfüllt, das Gesetz zur Bestellung der Intendanten buchstäblich über Nacht entsprechend geändert.

Von Stund' an war die Besetzung wichtiger Posten in Radio und Fernsehen ein Zankapfel zwischen der Regierung, die vom MDF geführt wurde, und Präsident Göncz, der der größten Oppositionspartei SZDSZ angehörte. Die Regierung versuchte im Februar 1991, den beiden Intendanten, die sich in ihren Augen als höchst unliebsam herausstellten, „zuverlässige" Stellvertreter zur Seite zu stellen. Die von der Regierung benannten Vize-Intendanten wurden von Staatspräsident Göncz nicht bestellt.

Nach langem Hin und Her gelang es der Regierung im März 1992 doch, in Radio und Fernsehen je einen verläßlichen Vize-Intendanten unterzubringen. Zwei Tage darauf entließ der Fernsehintendant Hankiss seinen Stellvertreter, worauf Ministerpräsident Antall die Amtsenthebung des Intendanten einleitete. Der Kulturausschuß des Parlaments, in welchem das MDF und die Koalitionsparteien über die Mehrheit verfügten, stellte erwartungsgemäß die Inkompetenz der Intendanten von Hörfunk und Fernsehen fest und forderte vom Präsidenten deren Entlassung. Präsident Göncz verweigerte die Entlassung. Im Juni 1992 entschied das ungarische Verfassungsgericht, daß die Regierung bis zur Verabschiedung des neuen Mediengesetzes die Aufsicht über das staatliche Radio und Fernsehen führen könne. Das Mediengesetz, so die obersten Verfassungsrichter, sollte bis November 1992 verabschiedet werden. Das von der Regierungskoalition im Dezember 1992 ins Parlament eingebrachte Gesetz fand nicht die erforderliche Mehrheit.

Damit war entschieden, daß das eigentlich als Provisorium konzipierte Gesetz über die Vergabe von Intendantenposten bis zur Wahl im Mai 1994 nicht mehr würde geändert werden können. An ein neues Mediengesetz noch vor den zweiten freien Wahlen glaubte sowieso kaum jemand. Am 6. Januar 1993 baten die Intendanten Staatspräsident Göncz, er möge sie von ihren Pflichten entbinden. Der kam der Bitte nicht nach. Dafür nahm Ministerpräsident Antall seinerseits den „Rücktritt" der beiden an. Sogleich beauftragte er deren seit März 1992 amtierende Stellvertreter Nahlik (Fernsehen) und Csúcs (Radio), mit der Intendanz. Nahlik und Csúcs waren von Antall und seiner Regierungsfraktion selbst bestellt worden. Tags darauf ließ Göncz wissen, nur er habe das Recht, das Ansuchen der Intendanten um Entbindung von ihren Pflichten anzunehmen oder nicht. Schließlich teilten Hankiss und Gombár am 20. Januar mit, offenbar seien sie noch immer die rechtmäßigen Intendanten, wollten aber ihre Ämter ruhen lassen, bis die Situation geklärt sei. Seitdem führten Nahlik und Csúcs die Geschäfte, ganz im Sinne der Regierung, seitdem auch galt in Radio und Fernsehen fast kein Gesetz mehr, nur das des entschlossenen Handelns.

Dieser Chronologie wäre noch mancherlei hinzuzufügen, etwa kleinere und größere Demonstrationen, Hungerstreiks, schließlich Anschuldigungen, Verleumdungen und Abrechnungen darüber, wer im kommunistischen Regime welche Position innehatte, wer sich vom Kommunisten zum Nationalisten gewendet hatte und wer unter dem Mantel der Liberalität in Wahrheit Kommunist geblieben sei. Das Ganze trug mitunter Züge des Operettenhaften (wozu die Ungarn offenbar neigen), schadete aber dem Ansehen des Landes – wofür beide Seiten einander verantwortlich machten.

Mit der Amtsübernahme Nahliks und Csúcs' endete eine Zeit, die der scheidende Fernsehintendant Hankiss einmal wie folgt beschrieb: „Das ungarische Radio und Fernsehen waren die einzigen unabhängigen öffentlichen Rundfunkanstalten in dieser Zeit in Ostmitteleuropa, mehr noch, sie waren die unabhängigsten öffentlichen Medien in Europa. Ihre Unabhängigkeit war geradezu absurd. Die neuen Bestimmungen zur Wahl der Intendanten sowie das Fehlen eines Mediengesetzes, welches ein gesundes Gleichgewicht zwischen der Unabhängigkeit dieser Institutionen und ihrer sozialen Kontrolle hätte schaffen sollen, verliehen den neu gewählten Intendanten praktisch die absolute Kontrolle über ihre Institutionen. Hätten sie beschlossen, aus ihren Institutionen beispielsweise Schuhfabriken zu machen, wäre es, juristisch gesehen, sehr schwierig gewesen, sie davon abzuhalten."

Schuhfabriken hatten Hankiss und Gombár aus Fernsehen und Radio nicht gemacht. Vielmehr hielten sie sich bis zu ihrem erzwungenen Rücktritt zugute, daß ihr einziges Vergehen jenes gewesen sei, die elektronischen Medien Ungarns nach dem Vorbild der öffentlich-rechtlichen Medien in den reiferen Demokratien Westeuropas zu gestalten. Das sah die Regierung anders. Sie begründete ihr Vorgehen damit, daß alte kommunistische Kader in Radio und Fernsehen nach wie vor ihr Unwesen trieben und die Entstehung öffentlich-rechtlicher Rundfunkanstalten nach westlichem Muster gerade verhinderten. Freilich darf man nicht verschweigen, daß die Stellvertreter Nahlik und Csúcs schon zu kommunistischen Zeiten hohe Posten in Regierung und Verwaltung bekleideten. Man hat für Figuren wie Nahlik und Csúcs im Nach-Wende-Deutschland die Bezeichnung „Wendehals" erfunden. Tatsächlich erfüllten sie, als vor allem auf Druck des rechten Flügels im MDF um den Mitte 1993 aus der Partei ausgeschlossenen ehemaligen Dramatiker Csurka an die Macht Gekommene, die in sie gesetzten Erwartungen.

Nach ihrer Amtsübernahme nahm die politische Auseinandersetzung, die sich an Radio und Fernsehen entzündet hatte, an Schärfe zu. Es ging zur Sache. Im Herbst 1993 wurden der Leiter und einige Redakteure der Fernsehnachrichtensendung „Egyenleg" („Bilanz", „Ausgleich") entlassen. „Egyenleg" war als Gegengewicht zu den ohnedies regierungsfreundlichen Hauptnachrichten des ersten Fernsehprogramms von Fernsehintendant Hankiss auf dem zweiten Kanal eingeführt worden. Mit „Egyenleg" wollte Hankiss – wie der Name der Sendung bereits andeutet – einen Ausgleich schaffen. Für die Regierung war die kritische bis bissige Sendung ein ständiges Ärgernis. Zur Begündung für die Entlassung der leitenden Redakteure wurde angeführt, diese hätten einen Bericht über die Gedenkfeiern zum Nationalfeiertag am 23. Oktober 1992 dergestalt manipuliert, daß Versuche von Skinheads, Staatspräsident Göncz bei seiner Rede zu stören, wesentlich stärker herausgestellt worden seien, als dies in Wirklichkeit der Fall gewesen sei.

Ungezählte Gutachten wurden erstellt, das inkriminierte Band der Nachrichtensendung wieder und wieder untersucht, Prozesse geführt: das Ergebnis war, daß sich der Vorwurf der Manipulation nicht wirklich erhärten ließ. Doch die Sendung „Egyenleg" blieb eingestellt, weil sich die verbliebenen Mitarbeiter nach der Entlassung ihrer Chefs geweigert hatten, unter einer neuen Führung weiterzuarbeiten. Den leeren Sendeplatz füllte man, indem die Hauptnachrichten „Híradó" aus dem ersten Programm im zweiten kurzerhand wiederholt wurden. So konnte man den Bericht von der Eröffnung irgendeiner Bankfiliale in irgendeinem Puszta-Dorf gleich zweimal sehen, während man wichtige Nachrichten aus dem Ausland nicht zweimal erfuhr. Das kam dem Niveau der halbstündigen Nachrichtensendungen nicht zugute. Wie es um dieses Niveau und den professionellen Standard der Fernsehnachrichten stand, zeigte nicht zuletzt die Gepflogenheit, Meldungen aus dem Ausland knapp gebündelt und meistens zum Schluß der Sendung zu bringen. Zuvor gab es Wichtiges, aber vor allem auch höchst Unwichtiges aus Ungarn, welches das Bild der Regierung aber verbessern helfen sollte.

Je näher die Wahlen im Mai 1994 rückten, desto heftiger tobte die Auseinandersetzung um die elektronischen Medien. Im März 1994 war Radiointendant Csúcs an der Reihe: Er entließ 129 Mitarbeiter. (Einige standen schon kurz vor Erreichen der Altersgrenze für die Rente und wurden lediglich vorzeitig in den Ruhestand geschickt.) In einem Schreiben wurde ihnen mitgeteilt, daß ihr Arbeitsvertrag entsprechend den gesetzlichen Kündigungsfristen ende, daß man aber mit sofortiger Wirkung auf ihre Mitarbeit verzichte. Es waren, wie sich später herausstellte, schon im vorhinein Ersatzprogramme für jene Sendungen vorbereitet worden, deren verantwortliche Redakteure praktisch über Nacht vor die Tür gesetzt wurden. Ziel der Entlassungen waren nach Angaben des Intendanten längst überfällige Einsparungen. Von den Entlassungen waren aber hauptsächlich Redakteure betroffen, kaum jedoch Mitarbeiter aus anderen Sektoren des zweifellos allenthalben aufgeblähten Apparats im Rundfunk. Zudem waren unter den Entlassenen renommierte Journalisten, die schon vor 1989 eine kritische Haltung gegenüber der kommunistischen Regierung eingenommen hatten und diese Haltung auch nach den ersten freien Parlamentswahlen gegenüber der neuen Regierung beibehalten hatten. Sie fühlten sich als Opfer einer Säuberung.

Dabei war das Argument, wonach 2000 Mitarbeiter für einen Rundfunk der Größe des ungarischen zu viel seien und daß es der deutlichen Reduzierung des Personalbestands bedürfe, grundsätzlich von Gewicht. Auch gab es eine Empfehlung des Rechnungshofs, die Zahl der Mitarbeiter beim Radio zu reduzieren. Jenes Gutachten stammte aber aus dem Jahre 1992. Warum, fragten sich viele, ließ der amtierende Vize-Intendant des Radios so viel Zeit verstreichen, ehe er, zwei Monate vor den Parlamentswahlen im Mai 1994, so energische Maßnahmen ergriff? Warum ließen sich Nahlik und Csúcs, anstatt sich nach der Übernahme der Verantwortung um die angekündigte Neustrukturierung des Fernsehens und des Rundfunks zu bemühen, auf Auseinandersetzungen mit unliebsamen Redakteuren ein? Zudem verschlangen die Abfindungen für die so plötzlich Entlassenen einen Gutteil der Summe, die man durch ihre Freisetzung einsparen wollte.

Die Parteien der Regierungskoalition versuchten den Eindruck zu verwischen, sie hätten mit der Massenentlassung am Vorabend des Wahlkampfs zu tun. Der Fraktionsvorsitzende des MDF zeigte sich überrascht von der Liste der 129 entlassenen Mitarbeiter. Die Entscheidung habe allein der amtierende Vize-Intendant Csúcs zu veranwtorten, man habe keine Kenntnis davon gehabt, wer von den Entlassungen betroffen sei. Dem stand die Aussage des Chefredakteurs eines der drei Kanäle des staatlichen Radios gegenüber, wonach Csúcs noch am Tage der Bekanntgabe der Namensliste der Entlassenen mit der Regierung verhandelt hatte. Der MSZP-Vorsitzende Horn, dessen Partei die Wahlen im Mai 1994 gewinnen sollte, erkannte mit sicherem Instinkt, wie aus den Massenentlassungen Kapital für den Wahlkampf zu schlagen war. Im Falle eines Wahlsiegs der MSZP, so Horn, würden die Kündigungen rückgängig gemacht, und die Entlassenen könnten auf ihre Posten zurückkehren, wenn sie dies wünschten.

## Hoffnung auf Ende des Medienkrieges

Es kam, wie Horn erhofft hatte: Der Sieg im Kampf um bestimmenden Einfluß auf die elektronischen Medien wurde zum Pyrrhussieg für die konservative Regierungskoalition. Gewiß gaben für die verheerende Wahlniederlage der Regierung vor allem wirtschaftliche Gründe den Ausschlag. Geholfen hat aber auch das gar zu selbstsichere und selbstgefällige Verhalten der neuen Mächtigen im Kampf um Radio und Fernsehen nicht den Parteien der damaligen Regierung, sondern der Opposition. So konnte es nicht überraschen, daß nach den Wahlen über Kandidaten für die Nachfolge der gescheiterten Intendanten schon öffentlich meditiert wurde, ehe feststand, wer Ungarns neuer Ministerpräsident würde.

Mit der Bildung einer „sozialliberalen" Koalition aus MSZP und SZDSZ im Juli 1994 bestand gute Aussicht, daß der Medienkrieg zu einem Ende kommen würde. Der scheidende Ministerpräsident Boross vom MDF hatte zuvor noch einmal gefordert, die neuen Intendanten für Radio und Fernsehen sollten von allen sechs im Parlament vertretenen Parteien getragen werden. Das war eine löbliche Forderung, an die man sich freilich schon früher hätte halten sollen. Doch der „Umweg Medienkrieg" war offenbar unvermeidlich.

Denn zum Hintergrund des Medienstreits gehören zwei wichtige Befunde. Zum einen war er gleichsam die Sollbruchstelle, an welcher der aus dem 19. Jahrhundert herrührende Grundkonflikt im politischen und kulturellen Leben Ungarns abermals hervortrat: der zwischen „Völkischen" und „Urbanen", zwischen den Nationalen und den Liberalen. Nicht zufällig spielte der rechtsradikale und antisemitische Ex-Dramatikar Csurka eine Schlüsselrolle im Medienkrieg. Csurka, der nach dem viel zu späten Ausschluß aus dem MDF seine eigene „Partei ungarische Wahrheit und ungarisches Leben" (MIEP) gründete, sah Radio und Fernsehen von den Kräften des „linksliberal-jüdischen Blocks" bedroht. Dieser vorgeblichen Bedrohung versuchte er durch Stärkung der nationalen Kräfte, durch Schaffung eines „wirklich ungarischen" Staatsfunks und -fernsehens zu begegnen.

Csurkas beträchtlicher Einfluß vor allem auf das Fernsehen, wo die Berichterstattung über ihn und seine Partei zeitweilig beunruhigend überproportional war, konnte freilich nicht verhindern, daß der MIEP der Sprung ins Parlament mißlang und die Partei zur bedeutungslosen Splittergruppe wurde. Doch vor allem der von rechtskonservativer Seite immer wieder hervorgehobene Hinweis auf die Spaltung der ungarischen Gesellschaft in ein Lager nationaler und in eines linker Kräfte, wurde anhand von Rundfunk und Fernsehen durchexerziert. Gegen die Amtsführung des Vize-Intendanten Csúcs protestierte eine Gruppe von Schriftstellern – so gut wie alle, die auch im Ausland Rang und Namen haben –, indem sie die weitere Mitarbeit im Radio aufkündigte und die Ausstrahlung bereits produzierter Sendungen untersagte. Diesen Boykott verurteilten die konservativen, „national gesinnten" Autoren und gelobten dem Radio in der Zeit der Erneuerung umso treuer die Mitarbeit. Immer tiefer tat sich der Graben zwischen den „Urbanen" und „Völkischen" auf. Es wäre Zeit, ihn nicht künstlich weiter aufzureißen und –

303

wie im Wahlkampf mitunter leider geschehen – zum Kulturkampf aufzubauschen, sondern ihn zuzuschütten und als politische Auseinandersetzung zwischen möglichen Alternativen gewissermaßen demokratisch zu domestizieren.

Das zweite bedeutende Moment, das den Kampf um die elektronischen Medien in Ungarn angeheizt hatte, war die Tatsache, daß die gedruckten Medien in aller Regel der Regierung kritisch bis feindlich gegenüberstanden. Es ist ein Strukturmerkmal, das mehr oder weniger für alle Staaten Mittel- und Osteuropas gilt: Die demokratischen Revolutionen brachten die praktisch uneingeschränkte Pressefreiheit für Zeitungen und Zeitschriften. Die Chance, die neuen Regierungen ebenso kritisch zu verfolgen wie die alten kommunistischen, hatten eher Zeitungen, nicht Radio- und Fernsehsender. Dadurch entstand eine vielfältige Presselandschaft vom kritischen Qualitätsblatt bis zur in jeder Hinsicht billigen Boulevardzeitung. Die elektronischen Medien blieben jedoch in meist enger Kontrolle der Regierungen.

So konnte in Radio und Fernsehen bei weitem keine solche Vielfalt entstehen wie in den Printmedien. Selbstverständlich auch deshalb, weil das Fernsehen – überall zu erreichen, bequem zu konsumieren – zum bevorzugten Instrument der Verbreitung von Regierungswahrheiten ist. Es dürfte noch viele Jahre dauern, bis sich auch in Ost- und Mitteleuropa eine wirklich lebendige Radio- und Fernsehlandschaft entwickelt hat.

Das gilt auch für Ungarn. Weil das neue Mediengesetz nicht verabschiedet werden konnte, galt ein Moratorium zur Vergabe von Radio- und Fernsehfrequenzen. So sind die Sender des staatlichen Rundfunks bis heute mit westlichen Rundfunkgeräten auf Ultrakurzwelle nicht zu empfangen, weil sie auf Frequenzen unter 88 Megahertz senden. In den für westliche Radiogeräte herkömmlichen Frequenzbereichen gibt es ein paar Privatsender wie „Juventus-Radio", „Danubius-Radio" oder den ursprünglich rein englischsprachigen Sender „Radio Bridge". Ein besonderes Profil hat nur der letztgenannte Sender, der mit halbstündigen Magazinsensungen zu politischen und wirtschaftlichen Themen sowie mehrmals täglich mit ausführlichen Nachrichten auch das Informationsbedürfnis befriedigt. Ansonsten steht Zerstreuung mit populärer Musik und praktischer Lebenshilfe oder Beratung im Vordergrund. Im Fernsehen hat sich praktisch noch gar nichts geändert, der halb private Sender „Duna TV" ist kaum weniger unabhängig als die beiden staatlichen Kanäle. Weil es noch keine neue Rechtsgrundlage gibt, ist der Markt für elektronische Medien ausländischen Inverstoren bisher verschlossen geblieben.

## Vielfalt auf dem Zeitungsmarkt

Ganz anders dagegen auf dem Zeitungsmarkt. Fast alle überregionalen Qualitätszeitungen haben mittels ausländischen Kapitals den Sprung in die Marktwirtschaft geschafft. Der Markt ist vielfältig, ja unübersichtlich. Bedeutsam ist, daß die wichtigsten Qualitätszeitungen wie „Népszabadság" („Volksfreiheit"), „Népszava" („Volksstimme"), „Magyar Hírlap" („Ungarisches Nachrichtenblatt") oder „Magyar Nemzet" („Ungarische Nation") der 1990 gewählten und vier Jahre später abgewählten konservativen Regierung sehr kritisch gegenüberstanden. Die regierungsfreundlichen Zeitungen wie „Uj Magyarország" („Neues Ungarn") oder „Pesti Hírlap" („Pester Nachrichtenblatt") konnten ihnen in Auflage, Qualität und Bedeutung bei weitem nicht gleichkommen. Auch dadurch erklärt sich der Furor, mit dem die Regierung Einfluß auf die elektronischen Medien gewinnen wollte: wenn schon die Zeitungen gegen uns sind, sollen Fernsehen und Radio nicht auch noch gegen uns sein.

Hinzu kam, daß der erste Versuch im Jahre 1990, mit dem traditionsreichen liberalen Blatt „Magyar Nemzet" wenigstens eine Qualitätszeitung in die Nähe der Regierung zu rücken, am Widerstand der Belegschaft scheiterte. Mitte 1994 war die Zukunft von „Magyar Nemzet" abermals ungewiß, weil sich die französische Hersant-Gruppe, die zunächst an dem Blatt beteiligt war, wieder zurückzog. An der auflagenstärksten Tageszeitung „Népszabadság" (mehr als 300 000), die ihren Untertitel nach einer Leserbefragung im Mai 1994 von „Sozialistische Tageszeitung" in „Tageszeitung für das ganze Land" („Országos Napilap") änderte, ist die Bertelsmann-Gruppe zur Hälfte beteiligt. „Magyar Hírlap" hat der Schweizer Verleger Marquard mit Investitionen und Know-how wirtschaftlich und publizistisch auf Vordermann gebracht. Die bis heute profitablen Komitatszeitungen, die ehedem von den Bezirksverbänden der Partei herausgegeben wurden, hat zu einem guten Teil der Springer-Verlag anteilig übernommen. Die Ringier-Gruppe hat es im Frühjahr 1994 mit einer weiteren Boulevardzeitung versucht und dürfte sich damit schwer tun. Fast alle international tätigen Verlagsgruppen sind auf dem ungarischen Zeitungsmarkt auf die eine oder andere Weise präsent.

Sollte es erst einmal das längst überfällige Mediengesetz geben, das die neue Regierung von Sozialisten und Liberalen mit ihrer Zweidrittel-mehrheit verabschieden kann, dürfte sich auch die Lage der elektronischen Medien grundlegend ändern. Erstens braucht Ungarn ein funktionierendes System öffentlich-rechtlicher Medien nach westlichem Vorbild. Zweitens ist es an der Zeit, den Fernseh- und Rundfunkmarkt für private Anbieter zu öffnen. Interessenten gibt es genug. So hat sich der aus Ungarn stammende amerikanische Multimilliardär Soros willens gezeigt, an einem Privatsender in Ungarn mitzuwirken. Weitere Investoren haben ebenfalls Interesse bekundet. Ist erst einmal das Schlachtfeld geräumt, auf dem ein vierjähriger Medienkrieg stattfand, kann darauf auch wieder etwas gepflanzt werden.

**Der Schwabenball – ein Seitenblick**

Jedes Jahr im Winter findet der Schwabenball statt. Es ist der Ball der Ungarndeutschen, der Donauschwaben. Es wird deutsch gesungen, deutsch getanzt. Gegessen wird deutsch-ungarisch und gesprochen ungarisch-deutsch. Ein junges Mädchen stellt die Trachtentanzgruppe aus ihrem Heimatdorf vor und sagt: „Bitte grüßen Sie die Darbietung mit herzlich!" Das Mädchen stammt aus einer deutschen Familie, aber in ihrer ungarischen Muttersprache würde sie solche Schnitzer wie im Deutschen nicht machen. Der Befund ist hart, aber unausweichlich: das Deutsche ist in Ungarn eine aussterbende Sprache. Das bedeutet nicht, daß nicht mehr deutsch gesprochen wird. Im Gegenteil. Gewiß wird heute wieder mehr deutsch gelernt als vor vielleicht fünf Jahren. Aber Deutsch als Muttersprache stirbt aus. Es muß in den meisten Fällen erst als Fremdsprache wieder gelernt werden. Der Assimilierungsprozeß vieler Ungarndeutschen, vor allem der jüngeren Generation, ist so weit fortgeschritten, daß das Ungarische das Deutsche als Muttersprache verdrängt hat.

Gleichwohl gibt es eine rührige Szene deutschsprachiger Publikationen, die vom Verband der Ungarndeutschen in Budapest gepflegt wird. So erscheint wöchentlich die „Neue Zeitung", in der Vereinsnachrichten sowie die deutsche Minderheit in Ungarn betreffende Neuigkeiten ebenso

Platz finden wie allgemeine politische Meldungen, die für Minderheiten relevant sind. Die „Neue Zeitung" ist das Flaggschiff, in dessen Fahrwasser man den jährlich erscheinenden „Deutschen Kalender" und allerlei andere Publikationen ausmachen kann. Zudem sendet das Landesstudio Fünfkirchen (Pécs) täglich ein halbe Stunde „Schwabenradio".

Im allgemeinen jedoch hat sich die Lage der deutschsprachigen Medien in den vergangenen Jahren verschlechtert. Die „Budapester Rundschau" wurde 1992 eingestellt, auch die ungarische Nachrichtenagentur MTI entschloß sich, ihr wöchentliches Nachrichtenblatt nur noch auf Englisch statt in englischer und deutscher Sprache herauszugeben. Ein Lichtblick ist der anspruchsvolle Versuch, mit der im Juni 1994 erstmals erschienenen Wochenzeitung „Neuer Pester Lloyd" eine große Tradition wieder aufleben zu lassen. Sollte es gelingen, mit dem „Neuen Pester Lloyd" wieder ein deutschsprachiges Wochenblatt für Politik, Wirtschaft und Kultur von Rang durchzusetzen, wäre dies ein großer Erfolg für alle, denen die deutsche Sprache in Ungarn (und auch anderswo) am Herzen liegt.

Tatjana Ilarionowa

# Das rußlanddeutsche Pressewesen zwischen Oktoberrevolution und Ende des Zweiten Weltkriegs

In der Welt der Sowjetmacht ging alles vor sich wie in einem Spiegelkabinett. Die Fünfjahrpläne scheiterten einer nach dem anderen, doch von allen Seiten hörte man nur von einer heroischen Übererfüllung derselben. Das politische Regime verschärfte von Jahr zu Jahr seine Repression, beanspruchte jedoch für sich den Begriff „Demokratie" als Herrschaftsform und machte geltend, es verkörpere den Triumph der Gerechtigkeit. Kulturen und Sprachen wurden eingeebnet, offiziell hingegen lobte man die Sowjetzeit als Blüte der Gleichberechtigung der Völker hoch.

Bei der Schaffung des neuen Images des Landes – es war der Realität genau entgegengesetzt – spielte die sowjetische Presse zweifellos eine Hauptrolle. Es kam nicht von ungefähr, daß ihr die Machthaber so viel Aufmerksamkeit schenkten. Das Geschehen in den Redaktionsstuben stand unter ständiger Kontrolle verschiedener Instanzen. Oben gab das Zentralkomitee vor, was an pressepolitischen Leitlinien zu beachten war, unten regierte der örtliche Zensor und redigierte mit. Die Verbreitung der Erzeugnisse stand unter der Obhut verantwortlicher und ergebener Personen. Denn: „Die Presse ist eine mächtige Waffe der Kommunistischen Partei", lautete die Losung.

Stets war es eine Besonderheit der Periodika in Rußland, daß sie unter der Ägide des Verwaltungsapparats standen. Mit dem Entstehen waren die Zeitungen zunächst Lieblingsobjekte der Zaren, während in den westeuropäischen Staaten die Presse sogar während des Absolutismus Distanz zur Macht hielt und nach Opposition gegen sie strebte. Einen Hauch von Freiheit konnte die Presse Rußlands wohl nur während der ersten russischen Revolution 1905 und danach, zwischen Februar und Oktober 1917, atmen. Diese kurze Zeitspanne konnte jedoch nicht die Tradition schaffen, daß Presseerzeugnisse eben als ein wichtiges Element einer Bürgergesellschaft anzusehen gewesen wären, als eine Kraft, die

die Gesellschaft zur Kontrolle der Allgewaltigen benötigt hätte und mehr noch als eine Macht an sich anzusehen gewesen wäre. Aus diesem Grunde sind durchaus Befunde von Wissenschaftlern, die nach dem Ursprung des sowjetischen Totalitarismus im ehemaligen Russischen Reich forschen, gerechtfertigt. Denn das Totalitäre ist wirklich dort zu finden, wo die Pyramide der Gesellschaft in einer einzigen Person endet, die Andersdenken im öffentlichen Raum nicht zuließ, Meinungsverschiedenheiten schon gar nicht.

Dieses historische Gepäck lastete auf der Entwicklung des sowjetischen Pressewesens. Folgerichtig ist die These Lenins aber dennoch, wonach die Zeitung seiner Partei, „Iskra", einen neuen Typus des Pressewesen darstelle. Was damals von ihm geschaffen wurde, hatte nicht seinesgleichen in der Weltpresse. Denn die Hauptfunktion der Presse aller Länder bestand und besteht in der Verbreitung von Informationen, Nachrichten, während die Bolschewiki die Publizistik hauptsächlich zu Propagandazwecken nutzten.

Dies war nicht nur ein Experiment, sondern bereits im Jahre 1901, als die „Iskra" erstmals erschien, eine Revolution. Lenin gelang, was vorher kaum dagewesen: mit Hilfe des gedruckten Wortes nicht etwa der Gesellschaft zu dienen, sondern sie zu verändern. Die Massenmedien dienten denn auch zur Sowjetzeit ausschließlich der Propaganda zur Beeinflussung und Lenkung der Massen. Die Spielregeln waren vorgegeben, nach denen sich die Publizistik zu richten hatte und tätig war. Zur Zeit der Zarenherrschaft allerdings konnte eine Zeitung vor Gericht verklagt und eine Entscheidung zu Gunsten des Klägers herbeigeführt werden. Zur Sowjetzeit hingegen hätte ein Gericht kaum so eine Klage angenommen; falls doch, hätte das bedeutet, daß das Schicksal des Chefredakteurs vom Gebietsparteikomitee oder persönlich vom Generalsekretär der KPdSU besiegelt worden wäre.

Das Changieren der Presse zwischen Staatsmacht und Leserschaft fand nach der Festigung der bolschewistischen Herrschaft in Rußland ein Ende. Das Schiff Publizistik ging vor Anker an den Ufern der Mächtigen. Die Presse wurde von der Macht inkorporiert, verkam zu einem Bestandteil des Verwaltungsapparats, zu dessen öffentlichem Vorposten, aber nicht zu einer selbständigen Einheit der sozialen Struktur des Staates. Dies trifft nicht etwa nur auf gesellschaftlich-politische Blätter zu. Jede beliebige Zeitung – ob für Bergarbeiter oder Chauffeure, Verkäufer oder Schmiede – wurde zu einem Zahnrädchen inmitten der Staatsmaschinerie. Funktionen und Aufgaben wurden nicht in Redaktionen zugeteilt, sondern von verantwortlichen Personen aus dafür zuständigen Staatsämtern. Die Staatsmacht also war es und nicht etwa der Journalismus, die hauptsächlich die öffentliche Meinung formte.

## Vereinnahmung der Minderheitenpresse

Von dieser Regel machte auch die nationalsprachliche Presse keine Ausnahme. Im Gegenteil: gerade ihr wurde eine bedeutende Rolle zugewiesen, nämlich die der Annäherung der sich von der Politik fernhaltenden Minderheiten an den Sozialismus. Diese Aufgabe wäre ohne die Schulbildung für die nichtrussischen Völkerschaften nicht zu bewältigen gewesen. Denn viele nationale Minderheiten hatten bis Anfang der zwanziger Jahre kein eigenes Schrifttum. Jetzt erst erhielten sie ihr eigenes Alphabet, wenn auch vielfach in russischen Lettern, und damit schließlich Zeitungen in ihrer Muttersprache. Jedoch geschah all dies unter strenger ideologischer Aufsicht und zum Nutzen des Regimes.

Für Völker mit bereits entwickeltem, weil mitgebrachtem Schrifttum – dazu gehörten vor der Revolution die Deutschen in Rußland –, hatte die Sowjetisierung der Gesellschaft allerdings die Zerstörung der Traditionen der nationalen Bildung zur Folge. Für die rußlanddeutschen Zeitungen bedeutete dies, daß sie statt zu informieren, statt aufzuklären und die Wahrheit auszusprechen, zu organisieren, zu propagieren und zu agitieren hatten.

Es ist interessant, zu verfolgen, wie sich das pyramidale System im Blick auf die rußlanddeutsche Publizistik gestaltete. Nach dem Verbot deutscher Presseerzeugnisse während des Ersten Weltkriegs kam es nur dank der Februarrevolution 1917 zur Gründung von Zeitungen „neuen Typs". Hauptsächlicher Inhalt war die Wiederherstellung der Rechte aller nationaler Minderheiten, die Rückführung der aus den Grenzgebieten ausgesiedelten Bürger in die Siedlungsplätze vor dem Kriege, die Rückerstattung von Hab und Gut, auch der wirtschaftlichen Privilegien, sodann die Schaffung eines kompakten Siedlungsgebies der Deutschen (vorwiegend an der Wolga), die Bildung von Strukturen nationaler Selbstverwaltung und letztlich einer territorialstaatlichen Autonomie.

Die politische Orientierung der deutschen Bevölkerung fand ihren Niederschlag in der Gründung von Verbänden und Gesellschaften.

An dieser Stelle ist auch und besonders auf die Rolle der Presse für die deutschen Kriegsgefangenen hinzuweisen. Während des revolutionären „Roten Oktober" wurden nicht wenige Kriegsgefangenenorganisationen ins Leben gerufen, die sich aktiv am politischen Geschehen beteiligten. Sie verlangten weniger ihre Rückkehr in die Heimat, als vielmehr die Verwirklichung der revolutionären Neuerungen. Und sie sprachen offen über die Notwendigkeit solcher Veränderungen in Deutschland.

Bald sollte die rußlanddeutsche Presse für die deutschen und österreichischen Kriegsgefangenen die führende Rolle unter allen in deutscher Sprache erscheinenden Periodika spielen. Sie stellte die Unterordnung unter die führende Rolle der KPdSU (B) an erste Stelle. Das ließ sich leicht bewerkstelligen, da sämtliche Druckerzeugnisse, die für Kriegsgefangene bestimmt waren, in die Zuständigkeit der Roten Armee fielen. Der in der Armee herrschende strenge Zentralismus garantierte eine wiederspruchslose Unterordnung der Zeitungen unter die Zensur. Der „Personalbestand" der Redaktionen (so wurden nach militärischem Terminus Journalisten bezeichnet) war als soldatisches Kontingent angesehen worden, dem Befehle über Befehle erteilt werden konnten. Die Presse- erzeugnisse, welche für die Kriegsgefangenen bestimmt waren, haben sich als echtes Experimentierfeld zur Herausbildung nicht nur der rußlanddeutschen Publizistik, sondern für das sowjetische Pressewesen insgesamt erwiesen.

Im November 1918 erschien das Dekret über die Presse, welches die Unabhängigkeit und Selbständigkeit der Zeitungen zu Grabe trug. Nur einzelne deutsche Ausgaben (vor allem kleine Kirchenblättchen) konnten vorerst überleben. Alle anderen, zuvörderst die Zeitungen verschiedener Verbände der Rußlanddeutschen und der unabhängigen Organisationen der Kriegsgefangenen, stellten bis etwa 1923 ihre Tätigkeit ein. Die rußlanddeutsche Presse unterstand von da an völlig der Partei, besonders den örtlichen und regionalen Parteisektionen und – gemäß pyramidalem Aufbau der sowjetrussischen Gesellschaft – dem Zentralen Büro der deutschen Sektionen beim ZK der KPdSU (B) in Moskau. Die in den Zeitungen der Kriegsgefangenen Tätigen kehrten nach Deutschland zurück und waren – der kommunistischen Idee ergeben – tauglich für eine revolutionäre Tätigkeit dort. So war die Zeitung „Weltrevolution" aufgelöst, ein Teil ihrer Mitarbeiter mit Parteiauftrag ins Ausland geschickt worden. Die anderen konnten, als Teil der Journalisten neuen Typs, für Blätter der Rußlanddeutschen tätig werden und ihren revolutionären Eifer auf die „Kolonisten", wie die Deutschen in Rußland noch immer hießen, verwenden.

## Gesteuerte Vorkriegspresse

Die Neue Ökonomische Politik, die Lenin eingeleitet hatte, nachdem es wegen rapiden wirtschaftlichen Niedergangs zu Hungersnöten gekommen war, die Stalin aber nach 1928 wieder aufhob, forderte von der Journalistik, Presseorgane in gewinnbringende Betriebe umzuwandeln und zu Rentabilität und Selbstfinanzierung überzugehen. Doch dazu fehlte ihr die Kraft: an einer solchen Presse, der Presse kommunistischer Propaganda, hatte nur ein enger Leserkreis Interesse. Die Mittel, die aus dem Staatshaushalt für Zeitungsabonnements bereitgestellt wurden, konnten die Aufwendungen nicht decken. Die Zeitungsauflagen gingen zurück. Auf Kosten der „gestorbenen" Zeitungen versuchte man andere „am Leben zu erhalten". Den Prozeß der „Selektion" steuerten jene Machtorgane, in deren Kompetenz es lag, zu entscheiden, wer „leben" durfte, beziehungsweise wer den Pressemarkt zu verlassen hatte.

Daher lag es nahe, daß es alsbald zum alleinigen Erscheinen zentraler Ausgaben für nationale Minderheiten kam; unter ihnen auch die deutsche Zeitung in Moskau, die sich ganz im Sinne der gewollten Entwicklung folgerichtig „Deutsche Zentral-Zeitung" nannte. Ihre Gründung ging einher mit der endgültigen Formierung der Autonomen Sozialistischen Sowjetrepublik der Wolgadeutschen (ASSRdWD) 1924. Sie war Ausdruck der an die territoriale Staatlichkeit der Deutschen gebundenen kulturellen Autonomie sowjetischen Stils, folglich deren in Moskau ansässiges Sprachrohr. Als Aufgabe, Funktion und Ziel war ihr zugewiesen, die Vereinigung der Deutschen zu propagieren und zugleich die ideologische Kontrolle über sie auszuüben, da sie ja verstreut in verschiedenen Landesteilen mit Masse in der Ukraine, in Sibirien und im Kaukasus lebten. Artikel über das Wolgagebiet erschienen selten.

Der Zentralisierungsprozeß der Presse wurde also von oben vorangetrieben. Noch war das Zeitungswesen vor Ort ungenügend entwickelt, das übergeordnete Organ bestand somit aber bereits. Die „Deutsche Zentral-Zeitung", eine deutsche „Prawda", wurde von der örtlichen deutschen Moskauer Parteigrundorganisation geleitet. Die von ihr hinausgetragenen Kampagnen sollten auch den letzten Kolonisten in seinem weit entfernten Dorf erreichen. Nach diesem Vorbild erschienen von 1933 an neue regionale Ausgaben, denen Verbreitungsradius und Mitarbeiterstab von Moskau vorbestimmt waren. Die Neuerscheinungen wurden in den dreißiger Jahren ausschließlich vom Staat finanziert, der es bestens verstand, daß von einer Selbstfinanzierung der Ausgaben keine Rede sein konnte.

Da die Propaganda zur wichtigsten Aufgabe erhoben worden war, wurde das sinnlose Sparsamkeitsprinzip im Pressewesen aufgehoben. Von der zentral geleiteten Presse wurden die zentralen Zeitungen der Republiken (in der Ukraine und im Wolgagebiet) angeleitet, auch die Rayons- und Kantonblättchen, die Zeitungen der Maschinen- und Traktoren-Stationen, die Betriebszeitungen der Kolchosen und jene der Militäreinheiten. Von Zeit zu Zeit kamen Einzelausgaben in deutscher Sprache im Zusammenhang mit besonders bestimmten Agitationszwecken heraus. Wenn auch die deutschen Zeitungsausgaben von 1935 an eingeschränkt, 1939 noch mehr beschnitten und 1941 mit Beginn des deutsch-sowjetischen Krieges völlig verschwanden, so wurden sie doch nach Ende des Krieges wiederaufgelegt und bestanden als (vorwiegend) russischsprachige Varianten weiter bis Ende der achtziger Jahre.

Die Nationalitätenpolitik der KPdSU verfolgte besonders unter Stalin das Ziel, möglichst rasch eine nach innen und außen gerichtete einheitliche Gemeinschaft zu schaffen – das sowjetische Volk; seine Sprache sollte die russische sein. Diesem Zweck hatte sich auch das rußlanddeutsche Pressewesen unterzuordnen. Überdies erforderten selbst geringe Auflagen (in Ausgaben jener Zeit heißt es, daß die Auflagen von Kantonalzeitungen meist nicht mehr als 500 Exemplare betrugen) einen hohen finanziellen Aufwand. Unter den Bedingungen einer auf ideologische Gesinnungsgleichheit hinauslaufenden Politik gerieten nationalsprachliche Zeitungen, die zudem unrentabel waren, zum Ballast.

Trotz alledem läßt sich die rigorose Kürzung des Etats für deutsche Presseerzeugnisse, schließlich deren gänzliche Einstellung nicht allein damit erklären. Allem Anschein nach gibt es noch viele unaufgeschlagene Seiten in der deutsch-russisch-rußlanddeutschen Geschichte. Sie werden besonders die zwischenstaatlichen Beziehungen zum Inhalt haben. Vielversprechend scheint da eine Theorie zu sein, die, beruhend auf zugänglichen Quellenangaben, die Struktur der sowjetischen Ökonomie und Politik analysiert und zu dem Schluß gelangt, daß Stalin einen Präventivschlag gegen das nationalsozialistische Deutschland im Schilde führte, dem der plötzliche Überfall Hitlers auf die UdSSR zuvorkam. Publizistikgeschichtlich kann es sich ja wohl nicht um einen Zufall handeln, daß zentrale rußlanddeutsche Zeitungen geschlossen wurden, während man die Annullierung deutscher nationaler Rayons vorbereitete, daß darüber hinaus alle übrigen deutschen Zeitungen außerhalb der ASSRdWD zu existieren aufhörten und zugleich der Pakt Molotow-Ribbentrop zum Abschluß kam.

Die bis August 1941 bestehenden Presseerzeugnisse waren zumeist Agitations- und Propagandablättchen; alle örtlichen Ausgaben beschränkten sich auf die Wiedergabe von Protokollen des Gebietsparteikomitees sowie des ZK. Zwischen 1917 und 1941 erschienen mehr als 200 Blätter in deutscher Sprache. Sie hatten hauptsächlich zum Inhalt die Muttersprache für eine deutsche Leserschaft, waren also ein überregionales, nationales „Kommunikationsmittel". Trotz aller Versuche der Assimilation hin zum Sowjetmenschen entfaltete sich die nationale Kultur sogar recht lebhaft. Zu sehen sind in dieser Periode zwei Tendenzen, die paradoxerweise zusammengehören: die kulturelle Tendenz, welche die Volkstraditionen bereicherte, und die antikulturelle, welche darauf angelegt war, ebendiese Traditionen auszumerzen.

So stellte die sowjetdeutsche Presse ihre Spalten für die Werke nationaler Schriftsteller zur Verfügung, organisierte und führte Bildungskampagnen durch. Die zur „Deutschen Zentral-Zeitung" gehörende Beilage „Schule und Gesellschaft" diente beispielsweise Lehrern als informative und methodische Anleitung. Die Tätigkeit deutscher Theater und Volkskunstgruppen wurde ebenfalls in der Zentralzeitung beleuchtet; es erschienen Romane, Erzählungen und Stücke in Übersetzungen, die die deutsche Kultur in Sowjetrußland bereicherten. Außerdem diente die Zeitung gemäß ihrer sowjetischen Bestimmung als Forum für Leser, die sich als Journalisten oder Literaten versuchen wollten. Dank eigener Ausgaben entstand daher ein „Versuchsfeld", wenngleich die Versuche oft ein recht niedriges Niveau aufwiesen.

Das wichtigste Element der rußlanddeutschen Vorkriegspresse war jedoch ihre konsolidierende Funktion. Sie veranlaßte die in allen Landesgegenden lebenden Deutschen, sich als einheitliches Volk zu empfinden. Ihr traditionsfeindlicher Charakter bestand aber darin, die den Machthabern nicht genehmen Volkstraditionen „zuruchtzubiegen" oder überhaupt abzuschaffen. So etwa der Kampf gegen die „Überbleibsel der Vergangenheit". Er richtete sich in erster Linie auf die Verdrängung der Religion und der konfessionellen Bindung aus dem Leben. Wenn die Regierungsorgane auch die Kirchenbräuche zu verbieten vermochten, Kirchengebäude in Klubs oder Lagerräume umfunktionierten, Geistliche einkerkerten, so konnten sie den Glauben von Millionen Menschen jedoch dadurch nicht ausmerzen. Dazu mußte die Presse herhalten, die durch tagtägliche Suggestion erreichen sollte, daß eben die Religion „Opium für das Volk" sei.

Eine andere Aufgabe stellte die Einpflanzung neuer Symbole, neuer Verhaltensnormen und Lebenseinstellungen in die Köpfe der Leser dar. So wurden durch die Trennung der Kirche vom Staat sämtliche religiösen Feiertage abgeschafft. Man feierte auf dem Lande nicht mehr das Weihnachtsfest, dafür aber den Tag der Pariser Kommune. Konfirmation war nicht mehr gefragt, dafür gab es die feierliche Aufnahme in den Komsomolverband. Der Wert gesellschaftlicher Hilfestellung wurde durch eine kollektive Meinung ersetzt, wobei meist gut geschulte Funktionäre den Ton angaben. Den weit von der Politik entfernt stehenden Deutschen erreichten nun Periodika mit einem eigenen System moralischer Wertvorstellungen; für den wolgadeutschen Kolonisten waren sie vollkommen fremd. Er faßte sie als Eindringen in seine innere Welt auf, als etwas, das bereits bestehende Lebensformen zerstörte.

Die Presse sollte auch auf Nationalhelden eingehen, und zur Ehre der in der UdSSR lebenden Deutschen sei konstatiert, daß es nicht wenige in ihrer Mitte gab, die sich als Persönlichkeiten in der Vorkriegszeit bewährt hatten. Namen wie Otto Schmidt und Ernst Krenkel trugen dazu bei, daß sich der Leser beteiligt fühlte am „neuen Leben" und aktiv daran teilnahm, sich als Angehöriger dieses großen Landes betrachtete, welches sich „wohlgesonnen zu seinen Landsleuten" verhielt.

Zum Hauptsymbol wurde die deutsche Staatlichkeit im Wolgagebiet. Die Wolgarepublik war bei all ihrer Mythenhaftigkeit in den Jahren der Umwandlung eine typisch sowjetische Erscheinung. Sie stand auf einer Stufe mit den Republiken anderer Völker, war auch keineswegs besser oder schlechter als diese. Hier wie da überfluteten die Repressionswogen die Menschen, und die Chefredakteure der deutschen Blätter hatten durchschnittlich nicht länger als ein Jahr ihren Posten inne. Auch in der ASSRdWD entstanden Kolchosen auf den Ruinen einst blühender Bauernwirtschaften. Der Marxismus-Leninismus war wie überall die Norm des Lebens geworden.

Somit wurde in der Wolgarepublik das ganze Leben von den Parteiorganen bestimmt. Die Verfassung der Republik wie auch die Verfassung Rußlands von 1936 enthielten viele Versprechungen, gewährten jedoch keine Garantien. Die Schaffung eines attraktiven Bildes ihrer Republik stand daher natürlich im Mittelpunkt des Auftrags der deutschen Presse und wurde teilweise gelöst; nicht aus dem Gefühl der Ehre heraus, sondern aus dem Gefühl der Angst. Um sich davon zu überzeugen, unter welchen Bedingungen die Journalisten arbeiteten, genügt es bereits, den Beschluß Nr. 18 des ZK und des Rates der Volkskommissare der ASSRdWD vom 26. März 1925 „Über die Registrierung von Verlagen, Druckereien und sonstigen Organen" zu lesen, in dem vorgeschrieben wurde, daß die Vervielfältigungstechnik (Druckereianlagen, Schreibmaschinen und Fotoapparate) unbedingt zu registrieren waren. Wer diese Anordnung verletzte, den erwartete eine harte strafrechtliche Verfolgung. Unter strenger Kontrolle stand nicht nur die Nutzung technischer Mittel, sondern die gesamte schöpferische Tätigkeit der Pressemitarbeiter.

Die neue Gestaltung des Landes wurde parallel zur Formierung des neuen Feindbildes ins Werk gesetzt. An erster Stelle wurde für die Sowjetdeutschen Deutschland genannt. Zuerst, im Frühstadium der Entwicklung, nahmen Nachrichten aus Deutschland einen recht großen Raum ein. Die Zentralzeitung schrieb, daß es, nach der Diskriminierung der Deutschen während des Ersten Weltkriegs, als die natürlichen Verbindungen zur Heimat gestört waren, an der Zeit sei, sie wieder herzustellen und zu festigen. Als dann aber klar wurde, daß die Weltrevolution vorerst nicht stattfand, kam es zur Selbstisolation der Sowjetunion, so auch zur Abwendung von Deutschland. Die in der UdSSR lebenden Deutschen wurden zu einem anderen Volk ausgerufen, zum Unterschied zu den in Deutschland lebenden.

Diese Tendenz verhärtete sich mit dem Machtantritt Hitlers in Deutschland und der Emigration vieler politisch Verfolgter in die UdSSR. Kontinuierlich wurde in die Hirne der Leser eingehämmert, daß die echten Deutschen in der Sowjetunion lebten und daß sie sich von denen unterschieden, die unter der faschistischen Herrschaft verblieben seien: Echte Deutsche – das seien sowjetische Menschen. Das ideologisierte Ethnonym „Sowjetdeutsche" bekam einen neuen Inhalt. Es spiegelte die Veränderungen politischer Realien wider. Es hatte etwas Messianisches an sich: „Die deutsche Arbeiterklasse, unsere Brüder, brauchen Hilfe und Unterstützung, die ihnen nur jene Deutsche angedeihen lassen können, die in der Ukraine und an Wolga leben". Zeitungen aus jener Zeit erhellen, daß die zurechtfrisierten „Briefe der Arbeiter" und die Rechenschaftsberichte in Betriebsbelegschaften nur ein und dieselbe Losung parat hatten: „Wir müssen Deutschland retten." Dieser hohe Ton wird in den rußlanddeutschen Periodika bis zur Unterzeichnung des Nichtangriffspakts von 1939 beibehalten.

Westliche Analytiker zeigen begründet auf, daß die Vernichtung der deutschen Presse in der Sowjetunion eine Folge der Annullierung der Autonomie an der Wolga, der Deportation der deutschen Bevölkerung und ein äußerst empfindlicher Schlag für deren nationale Kultur war. In der Nachkriegszeit wurde das Pressewesen auch nicht annähernd wiedererrichtet. Es fehlten Zeitungen und Zeitschriften, Nachschlagewerke und Kalender – diese traditionellen deutschen Periodika –, was im weiteren den Assimilationsprozeß unter den Rußlanddeutschen forcierte, sie ihre Muttersprache in Vergessenheit geraten ließ und zu einer Lösung vom eigenen geistigen Nachlaß führte. Vieles, was in den Zeitungen und Zeitschriften in der Zeit vor dem Kriege gebracht wurde, ist erschreckend, einiges dagegen beachtenswert. Erschreckend ist die sklavische Untertänigkeit der Presse gegenüber der Macht und ihre eigene diktatorische Einflußnahme auf die Leserschaft. Beachtenswert ist das Bestreben der Presse (wenn wohl auch nicht immer auf freiwilliger Basis), mittendrin im eigenen Volk zu sein und tagtäglich und überall sich an dieses zu wenden. Heute indes, nachdem das alte System der Nationalitätenpolitik und des Zentralismus ein Fiasko erlitten hat, stehen die deutschen Zeitungen mehr auf der Seite der Leser. Trotzdem gibt es ein bewährtes Instrument, um sie am Gängelband führen zu können: Geld. Unter der Last der Verlagskosten und der Drucktarife, die von den monopolistischen Polygraphiekomplexen festgelegt werden, die wie eh und je dem Staate gehören, ist es nicht ausgeschlossen, daß die nationale Presse wiederum, zu Kreuze kriechend, bei den Mächtigen vorstellig werden wird. Beginnt wirklich wieder alles von neuem?

Reinhard Olt

# Rußlanddeutsche Publizistik heute

In Ljuberzy, am Stadtrand Moskaus, trafen sich Ende 1993 Chefredakteure rußlanddeutscher Medien. Mit einer Vertreterin der deutschen Botschaft in Moskau, mit Hugo Wormsbächer vom „Internationalen
Verband der Rußlanddeutschen" sowie mit Peter Wolter vom „Zwischenstaatlichen Rat" der Autonomiebewegung „Wiedergeburt" berie-
ten sie, wie deutschsprachigen Zeitungen und Rundfunk- und Fernsehsendungen in den Ländern der GUS geholfen werden könnte, in denen
(noch) Deutsche leben. Dabei wurde nach Auskunft von Gewährsleuten
deutlich, daß Wohl und Wehe der Zeitungen zu einem erheblichen Teil
von der Persönlichkeit des jeweiligen Chefredakteurs abhängen. Einige
hätten sich gewillt gezeigt, die Finanzierung der von ihnen verantworte-
ten Zeitung weitgehend aus eigener Kraft sicherzustellen. Andere dagegen hätten deutliche Neigungen erkennen lassen, sich mehr auf Wohl-
taten aus Deutschland zu verlassen.

Da Bonn nicht den „Charakter oder die Geschäftstüchtigkeit des Chefredakteurs zum Förderungskriterium erheben" kann, will das Auswärtige
Amt, dem die Federführung der kulturellen Betreuung der Deutschen
im Ausland, somit auch der Rußlanddeutschen, obliegt, deren spezifische Art der Publizistik prinzipiell nur in Einzelfällen fördern. Daher sei
„insbesondere weiteren Zeitungsneugründungen von vornherein" klarzumachen, daß ihre Initiatoren „nicht automatisch mit deutscher Finanz-
hilfe rechnen" könnten. Denn sonst „erziehen wir die Zeitungen zu einer
Mentalität der offenen Hand, an der uns keinesfalls gelegen sein kann."

Die Errichtung eines tragfähigen Fundaments für die bestehenden Zeitungen sei unstrittig und unausweichlich. Inserate deutscher Firmen kämen aber als einzige wirklich realistische Finanzierungsquelle in Frage.
Den Chefredakteuren ist daher aufgegeben worden, Abonnenten zu suchen, auch in Deutschland. Die sind noch am ehesten unter Aussiedlern
und Verbänden der Aussiedlerbetreuung zu finden. Unterstützung erwartet man darüber hinaus von den rußlanddeutschen Organisationen
im Lande sowie von der russischen und der deutschen Regierung. Ob es,
was das Redaktionspersonal rußlanddeutscher Zeitungen insgeheim er-

hofft, zu Patenschaften deutscher Verlage kommt, wird nicht nur vom Geschick ihrer Chefredakteure abhängen, sondern von der künftigen Entwicklung, vor allem der wirtschaftlichen, in den Ländern der GUS.

Die im Zuge der Gorbatschow'schen Lockerungen zwischen 1985 und 1989 und die nach dem Untergang der Sowjetunion 1991 revitalisierten oder umbenannten, sowie die neu entstandenen rußlanddeutschen Medien kranken, wie alle ehemaligen „Organe" der sowjetischen Publizistik, denen die gewohnte Grundlage entzogen wurde und die sich umstellen mußten, an der sattsam bekannten Misere. Alles was vorher von der Staatspartei geregelt war, von der parteilichen Ausbildung der Journalisten über die Zuteilung von Papier, Geräten und – bei Rundfunk und Fernsehen – Kanälen bis hin zur Auslieferung des Produkts über die staatliche Organisation „Sojuspetschat" an die Leser oder die Ausstrahlung von Sendungen zum Empfang bei Hörern und Zuschauern: all das galt es von da an mehr oder weniger selbst in die Hand zu nehmen. Die rußlanddeutschen Medien leiden – als spezifische publizistische Einheiten – über die wirtschaftlichen und organisatorischen Sorgen hinaus an einem Verlust ihrer „Adressaten". Viele Angehörige der Volksgruppe verlassen die aus der Sowjetunion hervorgegangenen Staaten und siedeln nach Deutschland aus.

Unter den Aussiedlern sind auch Angehörige des Personals, auf denen die publizistische Arbeit ruhte. Daher versucht Bonn, diesem Exodus so weit es geht mittels praktischer Hilfe zur Selbsthilfe entgegenzuwirken. Dies allerdings, ohne Gefahr laufen zu wollen, die Medien an einen Infusionstropf zu hängen, sie also auf Dauer personell, ideell und vor allem finanziell alimentieren zu müssen. Es wird von mehreren Faktoren abhängen, ob die rußlanddeutschen Medien Bestand haben. Der wichtigste wird sein, wieviele Rußlanddeutsche es in einigen Jahren in der GUS überhaupt, wieviele Leser, Hörer und Fernsehzuschauer es unter den Rußlanddeutschen noch geben wird. Wenn die Zahl so drastisch sinkt, daß es sich kaum lohnt und es völlig unökonomisch ist, noch zu erscheinen, dann könnte das das Aus, den Tod für die rußlanddeutschen Medien bedeuten.

Andererseits besteht vielleicht doch die Möglichkeit, daß Zeitungen und Programme so attraktiv werden, daß sie ein Bild von der Wirklichkeit in Deutschland zeigen, das Deutsche, die in Rußland bleiben wollen, besuchen können. Aufgabe und Pespektive der rußlanddeutschen Medien könnte also sein, einen Eindruck von Deutschland zu vermitteln, so daß man sich mit der Bundesrepublik zwar vertraut und verbunden fühlt, aber nicht unbedingt dorthin muß.

## Deutsche Rundfunk- und Fernsehsplitter östlich des Urals

Neben alten und neuen Zeitungen in deutscher Sprache gibt es in den Ländern der Gemeinschaft Unabhängiger Staaten (GUS) auch wieder deutschsprachige Rundfunk- und Fernsehsendungen. Das nach wie vor zentrale Organ ist die deutsche Abteilung von Gosteleradio in Moskau. Das halbstündige wöchentliche Programm ist überall in den GUS-Staaten zu empfangen. Im westsibirischen Nowosibirsk sendet die „Nowaja Wolna" („Neue Welle") in deutscher Sprache. Für die Deutschen in Kasachstan fühlt sich der deutsche Zweig von Radio Almaty (Alma-Ata) zuständig. Und die deutsche Redaktion von Radio Barnaul versorgt ihre Hörer im Altai-Gebiet.

In dieser Rundfunkredaktion arbeitet Emma Rische. Sie sagt von sich, sie sei „seit 20 Jahren in der sowjetischen Journalistik". Als sie in Nowosibirsk die Pädagogische Hochschule beendet hatte, trat sie in Slawgorod in die Zeitungsredaktion der „Roten Fahne" ein und arbeitete dort zehn Jahre. Hauptsächlich war sie für Kultur und Deutschunterricht zuständig. Daß Lektionen für den Unterricht in deutscher Sprache dosiert erscheinen durften, war auf Lockerungen nach dem Tode Stalins zurückzuführen; vorher war jedweder öffentlicher Gebrauch der deutschen Sprache verboten. Im Sender Barnaul ist Emma Rische seit zehn Jahren tätig. Sie ist für ein Programm von 45 Minuten verantwortlich, das einmal pro Woche ausgestrahlt wird. Ihrer Liebe für Texte, die im Deutschunterricht an Schulen Verwendung finden können, ist sie treu geblieben.

Beim Fernsehen in Semipalatinsk arbeitet ein vielen seiner Landsleute bekannter Journalist, Klemens Strauss. Sie kennen ihn als Deputierten des Gebietssowjets, als Mitarbeiter der Gebietsabteilung für Bildungswesen, als ehemaligen Lehrer und als Aktivisten der Autonomiebewegung „Wiedergeburt". Er war mit unter den ersten, die im Gebiet Semipalatinsk für die Wiederherstellung der Gerechtigkeit für die Rußlanddeutschen und ihre Nationalkultur zu kämpfen begannen. Heute moderiert er die deutschsprachige Sendereihe „Das sind wir" im staatlichen Fernsehen des Gebiets. Sie besteht schon im sechsten Jahr; am 1. Juli 1989 war die erste Sendung ausgestrahlt worden. Die Belegschaft für das deutsche Programm besteht aus drei Mitarbeitern: Nadjeschda Semjonowa, Redakteurin des russischen Fernsehens, Wiktor Titz, dem Kameramann, und eben Strauss.

Sie produzierten zunächst einmal im Monat eine Sendung von 15 bis 20 Minuten und strahlten sie aus. Dazu machten sie Interviews unter den Rußlanddeutschen in den dichtbesiedelten Orten des Gebiets Semipalatinsk, in den Rayons Borodulycha, Nowaja Schulba und Schana Semej. Nach einem Jahr wurde die Sendezeit auf 45 Minuten je Monat erhöht; hinzu kam, daß sie beim staatlichen Fernsehen gekauft werden mußte. Heute senden sie bereits 90 Minuten je Monat. Die Sendungen werden auf Kassetten konserviert und finden auch im deutschsprachigen Programm von Radio Alma-Ata und Gosteleradio Moskau Verwendung.

Was findet Anklang unter Zuhörern und Zuschauern? Es sind vor allem Volkslieder. Den Zuschauern werden rußlanddeutsche Folkloreensembles und ihre Darbietungen vorgestellt. Politische Fragen schneiden die Fernsehleute möglichst nicht an. Es herrscht die Auffassung vor: „Wozu sollten wir die Menschen wieder und wieder an ihre gescheiterten Hoffnungen erinnern und ihnen damit auf die Nerven gehen"? Daher hat man es sich vor allem zur Aufgabe gemacht, die nahezu verschüttete Kultur und Tradition der Rußlanddeutschen vorzustellen und sie damit vor dem Untergang zu retten. Strauss und seine Mitarbeiter agitieren – wie andere rußlanddeutsche Rundfunk- und Fernsehsendungen auch – nicht im Sinne des Aussiedelns, sie versuchen jedoch auch nicht, jemanden von diesem Schritt abzuhalten. Jeder müsse selbst entscheiden, heißt es. Die bleiben wollen, sollen ein deutschsprachiges Programmangebot haben, deren Produktion Deutschland finanziell unterstützt.

Auch Radio Slawgorod hat eine deutsche Redaktion, ebenso das Radiokomitee Omsk. In Bischkek (Frunse), der Hauptstadt Kyrgystans, ist 1993 nach langer Pause sogar das deutsche Fernsehen wieder auf Sendung gegangen. Es strahlt zweimal wöchentlich, montags und mittwochs, Beiträge aus, die vom Fernsehen der „Deutschen Welle" produziert und in Kassette geliefert wurden. Leiterin ist die ausgebildete Fernsehjournalistin Nadja Mateks. Die Sendung heißt „Deutscher Kanal"; Frau Mateks plant auch eine Eigenproduktion. Ob sich das bei fortdauerndem Exodus der Deutschen aus Kirgisien schließlich realisieren läßt, steht dahin. Das gilt auch für das parallel zum Fernsehen vorgesehene deutsche Radioprogramm, das, wie in sowjetischer Zeit, samstags über das kirgisische staatliche Radio empfangen werden kann.

## Die „Orenburger Allgemeine Zeitung", die „Freie Stimme" und die „Sibirische Zeitung" in Nowosibirsk

„Sehr geehrte Leser unserer Zeitung. Um die Kultur und den Ethnos der Deutschen in Rußland wieder zu beleben und weiterzuentwickeln, haben wir uns entschlossen, die Zeitung ‚Orenburger Allgemeine' herauszugeben. Unsere nationale deutsche Zeitung wurde 1937 geschlossen und ihr Redakteur, Ernst Altner, erschossen. Indem wir die Herausgabe einer deutschen Nationalzeitung unternehmen, hoffen wir, daß sie auch für vorwiegend Russischsprachige von Interesse sein kann, denn viele Artikel sollen auch in russischer Sprache gedruckt werden." So lautete der Aufruf in der ersten Nummer der „Orenburger Allgemeinen" vom Dezember 1992, den ihr das von Alexander Seifert geleitete Redaktionskollegium voranstellte.

Es folgte eine Art „legitimierenden Vorspanns" des Vorsitzenden des Gebietssowjets der Volksdeputierten, Grigorjew, und des Chefs der Gebietsverwaltung, Jelagin: „Verehrte Leser. Heute machen Sie sich mit der ersten Ausgabe der Wochenschrift ‚Orenburger Allgemeine' bekannt, die berufen ist, das sozial-ökonomische und das kulturelle Leben, gute Traditionen und Gebräuche der deutschen Bevölkerung unseres Gebietes zu beschreiben. Die Geburt eines neuen nationalen Presseorgans in diesen schwierigen Tagen ist ein gutes Zeichen der Zeit, das die Hoffnung auf die Konsolidierung aller gesunden Kräfte der Gesellschaft stärkt, um einen Ausweg aus der Krise, in die wir geraten sind, zu finden. Wir hoffen, daß die Wochenschrift ‚Orenburger Allgemeine' einen Ehrenplatz unter den anderen Gebietsausgaben einnehmen wird und bei den Lesern durch objektive Informationen über aktuelle Geschehnisse Autorität genießen wird. Weiter hoffen wir, daß sie die geistige Wiedergeburt der Deutschen unserer Region und die Politik der nationalen Einheit begünstigen wird."

Was vor zwei Jahren begann, hat dazu geführt, daß eine Zeitung wiedererstand, deren gegenwärtige Auflage mit 10 000 Exemplaren angegeben wird. Auf ihren Seiten finden sich hauptsächlich Artikel historischen Inhalts: Material über die Deutschen in Rußland, wann und woher sie kamen, wo sie angesiedelt wurden. Die Republik der Wolgadeutschen und ihre Liquidierung steht ebenso im Mittelpunkt wie die Stalin'sche Nationalitätenpolitik und der Terror zur Ausrottung ganzer Völker. Daneben sollen, gewissermaßen introspektiv, die Leser mit dem Leben der Deutschen im Orenburger Gebiet bekanntgemacht und über die Entwicklung der deutschen Nationalbewegung unterrichtet werden. Zum Vergleich erscheinen meist aus westdeutschen Zeitungen übernommene Artikel, in denen über die Verhältnisse in Deutschland und über politische Ereignisse dort berichtet wird.

Gut 1000 Kilometer östlich von Orenburg, in Nowosibirsk, erscheint für etwa 150 000 Deutsche, die in dem Gebiet leben, seit August 1992 ein kleines unabhängiges Blatt mit dem Namen „Freie Stimme". Auch die „Freie Stimme" bringt Texte über die Geschichte der Rußlanddeutschen in Sibirien sowie über ihre gegenwärtige Lage. Träger ist der Kleinbetrieb „Beistand". Die Zeitung erscheint wöchentlich in deutscher und in russischer Sprache; das erhöht die Reichweite in einer Minderheit, in der nur noch die Alten ihre Muttersprache beherrschen, die Jungen hingegen allenfalls passive Sprachkenntnisse besitzen. Daher legt das aus fünf Personen bestehende Redaktionskollegium sein besonderes Augenmerk auf die Rubrik „Sprich deutsch". Im September 1994 kam die „Sibirische Zeitung" hinzu. Das in deutscher und russischer Sprache verfaßte Blatt wird von der „Nowaja Sibirskaja Gaseta" („Neue Sibirische Zeitung") herausgegeben. Es berichtet über das Leben in Westsibirien, über Anliegen der Deutschen sowie über Integrationsprobleme Rußlanddeutscher in Deutschland. Verantwortlicher Redakteur ist Wladimir Krylow.

### „Ihre Zeitung" in Omsk, „Hoffnung" auf der Krim

Für die Deutschen in Stadt und Gebiet Omsk sowie für jene im nahebei liegenden Deutschen Nationalen Rayon Asowo wirkt das in Omsk erscheinende Blättchen „Ihre Zeitung". Chefredakteurin ist – seit dem Ausscheiden des Gründers Juri Marker – Lilja Schinderowa. Die Redaktion kann, seit sie einen Scanner erhalten hat, das Layout selbst gestalten. Satz und Erscheinungsbild, an deren Qualität es bei den meisten rußlanddeutschen Zeitungen gebricht, sind sauber, das gesamte Äußere hat sich zum Positiven verändert.

Aus der Leserschaft war Kritik laut geworden, es erschienen zu wenige Informationen. Das entspricht nicht ganz der Wirklichkeit, vielmehr ist es so, daß es als Manko empfunden wird, wenn zu wenige Nachrichten auf Deutsch gebracht werden. Dies scheint darauf zurückzuführen sein, daß die Mitglieder der Redaktion Schwierigkeiten mit der deutschen Sprache, zudem beim Verfassen der Textsorte Nachrichten überhaupt haben. Eine journalistische Schulung tut not, damit eine exakte Genretrennung gewährleistet werden kann. Über Ereignisse wird manchmal sogar im Erzählstil geschrieben, Bericht und Kommentierung fallen meist zusammen, schlimmstenfalls gar vermischt mit einem Interview.

Dreimal in der Woche sucht ein Redaktionsmitglied den deutschen Nationalrayon auf, um Informationen zu „sammeln". Der Kontakt zu den Lesern ist gegeben, auch etwa dadurch, daß die Zeitungen von der Redaktion selbst in den Nationalkreis gebracht und dort verteilt werden. An den Kiosken in Omsk sind sie noch nicht feil.

Neben redaktionellen Sprachschwierigkeiten stellt sich als größtes Problem der Mangel an Informationen aus Deutschland. Diesen könnte man durch die Zusendung von Wochen- und Monatsschriften, Journalen oder gar Tageszeitungen ausgleichen, die in der Gebietshauptstadt Omsk nicht zu erhalten sind. Der Informationshunger ist groß, das Thema „Neue Bundesländer" findet großes Interesse – wohl weil es sich längst herumgesprochen hat, daß Aussiedler auch den zuvor weniger beliebten, aus der DDR hervorgegangenen Ländern zugewiesen werden. Fragen über Fragen ergeben sich nicht zuletzt daher auch immer wieder zum Thema „Integration der Rußlanddeutschen in Deutschland, wie leben sie, wie leben sie sich ein?"

Die Zukunft der Zeitung ist zweifellos vom Gedeihen des Deutschen Nationalrayons abhängig. Viele deutsche Familien reisen aus, andere ziehen zu, meist aus den mittelasiatischen Staaten, wie der deutsche „Landrat" Bruno Reiter bestätigt.

Ähnlich ist es um die „Hoffnung" – die erste deutsche Zeitung auf der Krim – bestellt. Die Redakteurin Kamenezkaja berichtete von der Gründung der ersten krimdeutschen Zeitung, die von Wladimir Renpenig unter der Gesellschaft „Wiedergeburt" herausgegeben wird, und äußerte: „Es ist ein großes Ereignis im Leben der Krimdeutschen, denn es hatte für sie seit fünfzig Jahren keine deutschsprachige Zeitung mehr gegeben.

Zunächst erscheint die ‚Hoffnung' nur einmal monatlich. Sobald es finanziell und technisch machbar ist, soll sie jedoch öfter, das heißt wöchentlich und in größerem Umfang herauskommen. Sie ist zweisprachig, deutsch und russisch, weil viele Deutsche die deutsche Sprache nicht oder nur mangelhaft beherrschen. Sie besuchen deshalb Deutschkurse in den Sonntagsschulen, und in unserer Zeitung werden wir eine ständige Rubrik ‚Wir lernen Deutsch' haben."

Neben der Deutschkurs-Rubrik publiziert man Leitartikel des Chefredakteurs Renpenig, Nachrichten aus den einzelnen Gruppen der „Wiedergeburt", aus den Gemeinden und Kulturzentren. Aber auch über deutsches Brauchtum, Landschaften und Städte in Deutschland und über die Geschichte der Krimdeutschen wird berichtet. Daneben widmet man sich der „Kinderecke" in Form der „Kinderzeitung Glockenblume" und der „Bibel für Kinder". Leserbriefe und Berichte aus dem Schaffen der Leser runden neben „Humor, um den beschwerlichen Alltag etwas erträglicher zu machen", das Blatt ab, das in einer Auflage von 2 500 Exemplaren erscheint.

Zur Redaktion der „Hoffnung" gehören die Deutschlehrerin Tatjana Kuzenko und der Graphiker Wladimir Nowikow, Sohn einer Krimdeutschen. Auch Natalja Kamenezkaja ist Deutschlehrerin, sie arbeitet in der Mittelschule Nr. 3 in Aluschta, studiert hat sie an der Universität Simferopol. Aber sie ist nicht Deutsche, sondern Russin. Doch die Arbeit für und mit den Deutschen mache ihr Spaß. Sie schreibt sogar Märchen in deutscher Sprache.

Gedruckt wird die Zeitung in der Stadt Feodossija in einer Druckerei, die von dem Krimdeutschen Anatolij Hermann geleitet wird. Die Entfernung dahin ist ein Hindernis, deshalb wünscht sich die Redaktion eine eigene kleine Druckerei. Doch dafür fehlen die Mittel. Es gibt materielle Schwierigkeiten für die junge Zeitung. So fehlt es an einfachen Schreibmaschinen mit deutschen (lateinischen) Typen. Aber auch an aktuelle Nachrichten aus Deutschland versucht man mühsam heranzukommen.

## Die „Zeitung für Dich" in Slawgorod und die „Zeitung der Deutschen Kyrgystans"

Sie erschien erstmals im Juli 1991, damals noch unter dem Namen „Kaplja" („Tropfen") als Beilage der Zeitschrift „Literaturny Kyrgystan". Seit Januar 1992 wird sie unter dem neuen Titel „Zeitung der Deutschen Kyrgystans" (ZDK) vom „Zentrum der Deutschen Kultur" herausgegeben. Sie erscheint einmal im Monat in einem Umfang von 16 Seiten. Die erste Ausgabe im Juli 1991 umfaßte nur vier Seiten und wies fast nur russische Beiträge auf. Doch schon im August 1991 hielt man auf 16 Seiten deutsche und russische Artikel bereit. Die einzelnen Rubriken („Besuche", „Gespräche", „Informationen zum Nachdenken", „Zeitgeschehen", „Deutsches Brauchtum") werden zuerst auf russisch, schließlich auf deutsch wiedergegeben. Im Deutschen Kulturzentrum zu Bischkek (ehedem Frunse) wird nicht nur die Zeitung hergestellt, sondern es werden Veranstaltungen organisiert und sogar Sendungen für das kirgisische Staatsradio in deutscher Sprache produziert.

Alexander Kujasew hatte die Zeitung gegründet und geleitet. Nach seiner und der Ausreise anderer Mitarbeiter des neu entstandenen Monatsblättchens – von einer „richtigen" Zeitung kann man nicht sprechen – war Waldemar Schütz als Chefredakteur tätig geworden. Neben seiner hauptberuflichen Tätigkeit als Russischlehrer an einer Mittelschule war er Mitarbeiter des Zentrums der Deutschen Kultur. Die kleine Redaktion besteht aus einer Handvoll Mitarbeitern: Nadjeschda Belsner hat die Journalistik-Fakultät in Almaty (Alma-Ata) absolviert und schreibt wegen mangelnder Deutschkenntnisse nur Artikel in russischer Sprache; Tatjana Popkowa, Dolmetscherin, ist zusammen mit Ilja Tichonow, freier Mitarbeiter der Zeitung, für den Computersatz verantwortlich; Olga Gorowenko, Übersetzerin, Ilse Tichonowa-Gerzen, Deutschdozentin, und Johannes Lotz, Rentner, sind als freie Mitarbeiter bei der „Zeitung der Deutschen Kyrgystans" beschäftigt. Sie sind es vor allem, die Artikel auf deutsch schreiben.

Die Zeitung kämpfte von Anfang an ums Überleben. Obwohl Computer, Papier und andere Geräte dank der Hilfe des „Vereins für das Deutschtum im Ausland" (VDA) vorhanden sind, gibt es technische Schwierigkeiten, so daß die Qualität des Drucks zu wünschen übrig läßt. Die ZDK wird in einer Druckerei gegen Bezahlung hergestellt. Solange allein die äußerliche Qualität der Zeitung derart zu wünschen übrig läßt wie gegenwärtig, wird sie auch Schwierigkeiten haben, genügend Abonnenten zu finden, abgesehen davon, daß in Kirgisien 99 Prozent der Deutschen nach Deutschland ausreisen wollen. Die ZDK wird vorwiegend im freien Verkauf vertrieben, an Kiosken und auf Versammlungen der Rußlanddeutschen.

Die Artikel, vorwiegend in russischer Sprache, tragen vorwiegend lokalen Ereignissen Rechnung. Die Redaktionsmitarbeiter sind – obwohl bis auf Nadjeschda Belsner niemand eine journalistische Ausbildung hinter sich hat – es gewohnt, zu recherchieren, Themen zu suchen und aufzubereiten. Waldemar Schütz wollte aus einem sechzehnseitigen Monatsblatt eine achtseitige Zeitung machen, die zweimal monatlich erscheinen sollte. Er wollte damit schneller und aktueller sein, zog Veränderungen des Layouts in Betracht, wollte eine neue Titelseite und eventuell ihre farbige Gestaltung entwerfen, um den Journalcharakter hervorzuheben. Doch dazu wäre Farbdruck notwendig, welcher aufgrund technischer und finanzieller Einschränkungen leider nicht zu verwirklichen ist. Die Variation von zweispaltigen zu drei- und vierspaltigen Artikeln wollte Schütz beibehalten.

„Solange noch Deutsche in Kyrgystan leben, muß alles dafür getan werden, damit das Deutschtum nicht verlorengeht", schrieb Waldemar Schütz in der Erstausgabe der Zeitung über seinen eigenen Antrieb. Gut zwei Jahre später, am 21. November 1993, ist er nach Deutschland ausgesiedelt. Ilse Tichonowa-Görzen übernahm ungern und nur, weil sich sonst niemand finden ließ, die Chefredaktion.

Durch ihre Lehrtätigkeit an der Pädagogischen Hochschule Bischkek, die sie vor der Pensionierung (mit 55 Jahren) nicht aufgeben möchte, kann sie erst nachmittags für die Zeitung tätig werden. Sie legt überdies dar, daß sie keine Journalistin ist und ihr deshalb die Arbeit als Chefredakteurin schwer falle. Nichts spiegelt besser als Schütz' Entschluß zur Ausreise – mehr als zwei Jahre nach Erhalt des Aufnahmebescheids – die Stimmung unter den Deutschen in der mittelasiatischen Republik wider, mit deren Exodus die Zeitung vermutlich so schnell verschwunden sein könnte, wie sie einst auftauchte.

Gut tausend Kilometer nordöstlich von Bischkek ist die Lage noch nicht ganz so perspektivlos. Dort gab es einst die deutsche Tageszeitung „Rote Fahne". Jetzt erscheint sie als Wochenzeitung unter dem Namen „Zeitung für Dich" (ZfD). Nach wie vor beleuchtet sie in ihren Spalten das Wirtschafts- und Kulturleben der deutschen Bevölkerung der Altairegion und das Treiben der Deutschen in anderen Gebieten der ehemaligen Sowjetunion. Besondere Aufmerksamkeit schenkt die Redaktion den nationalen Belangen der Deutschen, der Autonomiebewegung, dem Kampf für die Wiederherstellung der Staatlichkeit und der nationalen Einrichtungen. Chefredakteur der „Zeitung für Dich" mit Sitz in Slawgorod, im Deutschen Nationalrayon Halbstadt (russischer Ortsname: Nekrassowo), ist Josef Schleicher. Die Auflage beträgt 2100 Exemplare.

Ljubow Koslowa, Mitglied der Redaktion, legt dar: „Die Position unserer Zeitung zum Problem der Aussiedlung ist folgende: wir veröffentlichen Materialien, die zu uns aus Deutschland kommen, damit die Bevölkerung im Bilde ist, was gerade heute in der Welt mit der Auswanderung geschieht. Wir drucken auch Materialien über die ökonomische und politische Lage in Deutschland. Dort ist alles nicht so schön, wie man es sich vorstellt. Wir machen es dazu, damit die Rußlanddeutschen schon im voraus wissen, was auf sie dort in Deutschland wartet."

Um das Erscheinungsbild der Zeitung zu verbessern, wurde für größere Artikel generell ein Vorspann eingeführt; daneben Unterzeilen zu Überschriften, Zwischenzeilen in längeren Artikeln sowie Bildunterschriften zu Fotos und Quellenangaben zu jedem Artikel. Josef Schleicher hat einen Computer beschafft. Lydia Fertig und Amalia Schäfer, die beide daran geschult wurden, können jetzt damit arbeiten; daher wird die ZfD ausschließlich über Computer redigiert, was für russische Verhältnisse enorm ist. Die Zukunftsperspektiven der ZfD beurteilt Schleicher trotz der Auswanderung vieler Leser – alleine in Podsosnowo, einem früher rein deutschen Dorf, haben nach Angaben des Bürgermeisters 90 Prozent aller Deutschen einen Ausreiseantrag gestellt – positiv. Er hofft auf Schüler, die die deutsche Sprache lernen. Ob sich sein Optimismus bewahrheitet, wird man sehen. Einen prominenten Bezieher hat die Zeitung in Moskau. Die Bibliothek des Präsidenten der Russischen Föderation hat die „Zeitung für Dich" abonniert.

## Noch erscheint die „Deutsche Allgemeine Zeitung" in deutscher Sprache

Sie gehört zum „Traditionsbestand" der sowjetdeutschen Publizistik. Die „Deutsche Allgemeine Zeitung" (DAZ; ehedem „Freundschaft") wird in Kasachstan herausgegeben und erscheint in Almaty (Alma-Ata). Das Blatt war 1966 in Zelinograd (jetzt Akmola, künftige Hauptstadt Kasachstans) gegründet worden; sein Sitz wurde 1987 nach Alma-Ata verlegt. Als „Freundschaft" wurde sie einst vom Zentralkomitee der kasachischen Parteiorganisation der KPdSU, dann, nach dem Umbruch und der Souveränität Kaschstans, vom Kabinett getragen. Konstantin Ehrlich, der als Chefredakteur alle Umbrüche überstand, hat sie jetzt offenbar in Eigenregie übernommen, indem er sie vorliegenden Informationen zufolge aufkaufte, da sie das kasachische Kabinett im Zuge der Privatisierungsmaßnahmen abstoßen wollte. Der neue Inhaber strebt an, vornehmlich Abonnenten unter rußlanddeutschen Aussiedlern in Deutschland zu finden; die Einnahmen daraus sollen die Kosten im wesentlichen decken.

Das kasachische Ministerkabinett hatte per Ukas am 21. Oktober 1993 ein „Komplexprogramm der ethnischen Wiedergeburt der in der Republik Kasachstan lebenden Deutschen" beschlossen. Die Ministerien für Wirtschaft, Finanzen, Bildung, Kultur, Information und Medien, Fremdenverkehr, Körperkultur und Sport, das Staatliche Komitee für Statistik und Analyse der Republik Kasachstan, das Komitee für Sprachen beim Ministerkabinett der Republik Kasachstan, die Staatliche Aktiengesellschaft „Kyzmet", die Nationale Akademie der Wissenschaften der Republik Kasachstan sowie die Verwaltungschefs der Gebietsverwaltungen und der Stadtverwaltungen Almaty und Leninsk waren darin beauftragt worden, praktische Maßnahmen zur Verwirklichung des Programms in die Wege zu leiten.

In dem Ukas ist unter anderem auch die Finanzierung des vierteljährlich erscheinenden literarisch-künstlerischen Almanachs „Feniks" („Phönix") und die „Propagierung der Zeitung ‚Deutsche Allgemeine'" geregelt. Deren Auflage beträgt (noch) 10 000 Exemplare; verkauft werden vielleicht noch 5000 – Tendenz fallend. Der Preis betrug zu sowjetischen Zeiten fünf Kopeken, der Jahresbezugspreis 15 Rubel; seit 1990 stieg er ständig und lag im Herbst 1994 beim Hundertfachen. Wegen Papiermangels mußte die Seitenzahl von zwölf auf acht reduziert werden. Jeder

Druckbogen wird aus Rußland importiert, weil es in Kasachstan nicht eine einzige Papierfabrik gibt.

Die DAZ war seither eine Tageszeitung, jetzt kommt sie wöchentlich heraus. Vermutlich wird sie wegen immenser Schwierigkeiten künftig nur noch zweimal oder gar einmal je Monat erscheinen. Sie hat regelmäßig „aktuelle Probleme der Wiederherstellung der historischen Gerechtigkeit gegenüber den Deutschen" zum Inhalt; allein in Kasachstan leben noch deren 800 000. Im Mittelpunkt der Redaktionsarbeit stehen in deutscher Sprache verfaßte Themen aus Politik, Kultur, Wirtschaft, Literatur und Bildung. Die Zeitung enthält einen „Nemezkaja Gaseta" („Deutsche Zeitung") genannten Teil, der sich in russischer Sprache, der Lingua franca der GUS, auch an Nichtdeutsche wendet.

Die Misere in Kasachstan im allgemeinen, die der Deutschen und der Zeitung im besonderen, läßt eine völlige Auszehrung des Redaktionspersonals erwarten, die Chefredakteur Ehrlich nicht sonders zu beeindrucken scheint. Der stellvertretende Chefredakteur, der Chef vom Dienst, der stellvertretende Chef vom Dienst und die zuständigen Redakteure für die Kinder-, die Frauen-, die Kulturseite und die Seite „Welt und Glauben" sind „auf dem Sprung"; die einen nach Deutschland (bisher etwa die Hälfte der Mitarbeiter), die anderen wegen besserer Verdienstmöglichkeiten und aus Unzufriedenheit mit dem Arbeitsklima nach anderswohin.

Die Journalisten verdienen gegenwärtig 40 000 Rubel, derzeit umgerechnet etwa 25 Mark. Die Inflationsrate beträgt 2000 Prozent, sie ist überall zu spüren. Eine Familie kann vom Gehalt eines Redakteurs nicht leben. Deshalb arbeiten einige der Redakteure für das kleine Unternehmen „Deutsche Insel", in dem hauptsächlich Papiere und Dokumente für Ausreisewillige übersetzt werden. Während sie – was einer „gespaltenen Existenz" nahekommt – auf der einen Seite für die eigene Identität der deutschen Volksgruppe in Kasachstan eintreten, sind sie andererseits dabei tätig, ebenjene Bevölkerung beim Aussiedeln zu unterstützen und daran zu verdienen. Ein anderer Grund für die Lustlosigkeit der Redakteure sei die gleichgültige, untätige und überhebliche Leitung der Redaktion, heißt es. Niemand wisse, was Ehrlich, der meist mit der Leitung anderer Unternehmen beschäftigt sei, eigentlich für die Zeitung tue. Er sei als Geschäftsmann und als Vorsitzender der Organisation „Wiedergeburt" in Kasachstan tätig, die sich für kulturelle und politische Forderungen der Rußlanddeutschen einsetzt. Seine einzige redaktionelle Aufgabe scheine darin zu bestehen, Texte zur Veröffentlichung zu genehmigen. Konferenzen, in denen über eine künftige Ausgabe gesprochen werden soll, rufe er nach Belieben ein.

Die sprachlichen Fertigkeiten vieler Redakteure seien für ihren Beruf nicht ausreichend, selbst in der Redaktion sei Russisch Umgangssprache. Eine Anleitung durch den Chefredakteur finde so gut wie nicht statt, berichten Gewährsleute. Darunter leiden ersichtlich die Seiten auf Deutsch, welche orthographische und stilistische Fehler aufweisen. Letzteres rührt auch vom Einfluß russischer Journalistik und Zeitungsarbeit her. Überschriften und Texte, die auf Russisch überzeugen, klingen in der wörtlichen deutschen Übersetzung meist unbeholfen.

Problematisch ist zudem, daß niemand weiß, wer die DAZ eigentlich noch liest. Schließlich richtet sie sich an einen Adressaten, den es kaum mehr gibt: an Menschen, deren Muttersprache deutsch ist. Die meisten beherrschen jedoch das Russische besser als das Deutsche. Die Wirtschaftsmisere und die Angst vor Nationalitätenkonflikten mit den turkstämmigen Kasachen, die mit etwa 40 Prozent als Staatsvolk die größte Minderheit im eigenen Staat stellen, treibt die Deutschen, aber auch vermehrt Russen zur Emigration. Ein eigenes Profil hat die Zeitung nur dort, wo sie ihren thematischen Schwerpunkt auf die Probleme der Rußlanddeutschen legt. Ansonsten besteht sie hauptsächlich aus Nachdrukken und übersetzten Itar-Tass und KasTass-Meldungen, die die meisten Rußlanddeutschen (früher) in anderen Zeitungen im russischen Original lesen können. Im marktwirtschaftlichen Wettbewerb kann die Zeitung, sofern es in Kasachstan je zu einem solchen kommt, in ihrer jetzigen Form nicht bestehen.


## Deutsche Zentralzeitungen: „Neues Leben" und „Wiedergeburt-Zeitung" – fast wie zu Sowjetzeiten

Friedrich Emig, einer der Leser der „Zentralzeitung der Deutschen", des im Hause des Moskauer „Prawda"-Verlags hergestellten „Neue Lebens" (NL), hat einst Forderungen erhoben, wie das Blatt beschaffen sein sollte. Emig ist ein weithin bekannter Aktivist der rußlanddeutschen Autonomiebestrebungen der ersten Stunde, einer, der sich gelegentlich auch als Stückeschreiber und Lyriker versuchte. In dem Artikel „Hoffnung eines

Lesers" schrieb er: „Was will der Leser in jeder seiner Zeitungen finden? Wonach sucht er? Er will Informationen über die Ereignisse im Lande und in der ganzen Welt bekommen. Ihn interessieren offizielle Meldungen, Reden, Erlasse, Beschlüsse, neue Gesetze. Er will sich mit den Ansichten der führenden Personen, der Leader von Parteien und Bewegungen bekanntmachen. Dann interessieren ihn einfach wichtige Neuigkeiten, Geschehnisse sowie Sensationen. Diese Erwartungen und Wünsche muß eine jede Zeitung erfüllen, wenn sie ihre Leser nicht verlieren will. .... In der heutigen Situation der vollständigen Zerstreuung unseres Volkes muß die deutsche Zeitung noch eine ganze Reihe ergänzender Aufgaben erfüllen, die vor anderen Zeitungen nicht stehen – sie muß uns verbinden, muß für uns noch ein Kommunikationsmittel, Mittel der Verbindung dieser zerstreuten ‚Robinsone' sein. .... Eine der wichtigsten Aufgaben der deutschen Zeitung, die jetzt nur sie erfüllen kann, ist die Erhaltung und Weiterentwicklung der deutschen Kultur, der deutschen Muttersprache und des Deutschtums. .... Die Leser sind Deutsche und wollen Deutsche bleiben."

Wie ist es um solch hehre Einlassungen im „Neuen Leben" selbst bestellt. Die früher partei(amt)liche, heute „unabhängige" Zeitung wird – nach zeitweiliger Übernahme durch die Bewegung „Wiedergeburt" und vorübergehender finanzieller Unterstützung durch die in Uljanowsk ansässige Industrievereinigung „Sojus" – vom Redaktionspersonal getragen, das als Kollektiv formell auch Eigentümer ist. Die Auflage der Zeitung betrug noch 1993 66 000 Exemplare; es sollen allerdings nur noch etwa 10 000 verkauft worden sein – Tendenz fallend. Der einstige Preis, über lange sowjetische Jahre hin fünf Kopeken, jetzt 50 Kopeken – Tendenz steigend – und für den Jahresbezug 50 Rubel 92 Kopeken, ist ein formeller. Ohne gelegentliche Unterstützung aus Bonn, die über den „Verein für das Deutschtum im Ausland" (VDA) abgewickelt wird, wäre das „Neue Leben" längst kollabiert.

Im Mittelpunkt der Zentralzeitung steht, wie in kaum einem anderen Blatt sonst, das zentrale Thema der deutschen Volksgruppe: die Wiederherstellung der territorialen Autonomie, ihrer Selbstverwaltung, die kulturelle, geistige und politische Wiedergeburt sowie die Zukunft der Deutschen in Rußland und den anderen Ländern der GUS. Es wird den Lesern das Schaffen rußlanddeutscher Schriftsteller vorgestellt, seit 1991 bietet ihnen die Zeitung auch Texte aus der Heiligen Schrift sowie Informationen über das kirchliche Leben. Sprachecke, Kinderseite und Leserbriefe haben sich zu einem – verbesserungswürdigen – Forum des Miteinanderverbundenseins entwickelt. Das Blatt berichtet in Maßen über aktuelle Politik, über Wirtschaft und Kultur in Deutschland und anderen deutschsprachigen Ländern. Vielfach stammen Artikel aus dem vom Auswärtigen Amt auch den anderen Medien zugehenden „Informationsdienst" oder von in Deutschland erscheinenden Zeitungen; in den Staaten der GUS unterhält es eigene Korrespondenten.

Die Zeitung scheint pädagogischen „Gewinn" abzuwerfen. So schreibt eine Lehrerin: „Das ‚Neue Leben' lese ich seit vielen Jahren und verwende Beiträge aus dieser Zeitung oft in meiner Arbeit als Deutschlehrerin am Gymnasium Nr. 1515, das sich im Stadtbezirk Choroschowo-Mnewniki von Moskau befindet. In erster Linie nutze ich Artikel auf der Lehrerseite, in denen über verschiedene Länder informiert wird. Eine große Hilfe für uns sind zum Beispiel die Berichte über Bundesländer des vereinigten Deutschland, die das NL .... veröffentlicht hat. Man erfährt das Wichtigste aus der Geschichte sowie über Wirtschaft und Sehenswürdigkeiten aller 16 Bundesländer. .... Literarische Werke und Beiträge zu Problemen der Nationalitätenpolitik und Kultur werden in der Oberstufe zur Erfüllung individueller Aufgaben und als Hauslektüre genutzt, in der Unterstufe sind es Verse, Märchen, Kurzerzählungen und Lieder, die die Kinderecke bringt."

Nikolaj Bicker, Leiter der in Uljanowsk ansässigen Firma „Sojus", hat seine Rechte am NL an die Redaktion übertragen, die seitdem selbst als Herausgeber fungiert. Der bisherige Chefredakteur, Wiktor Weiz, hat nach Berichten von Gewährsleuten die Redaktion mit einer Mischung aus Naivität und Selbstherrlichkeit geführt. Auch seinem Nachfolger, Oleg Dehl, steht das noch von Weiz ernannte vierköpfige „Redaktionskollegium" zur Seite. Es habe bisher kaum journalistisch bedeutsame Funktionen ausgeübt, allenfalls seien hinter verschlossener Tür Entscheidungen wie Gehaltserhöhungen getroffen worden. Die angekündigte „Demokratie" habe man nicht verwirklicht.

Ihren inhaltlich neutralen Kurs konnte die Redaktion einigermaßen durchhalten. Weiz fühlte sich offenbar dazu verpflichtet, die Erklärungen aller Richtungen der Rußlanddeutschen im Wortlaut zu veröffentlichen. Einer der Mitarbeiter schien eher mit der „Wiedergeburt" zu sympathisieren, der die meisten anderen NL-Redakteure kritisch gegenüberstehen. Er verließ das „Neue Leben" und steht jetzt der neugegründeten „Wiedergeburt-Zentralzeitung" als Chefredakteur vor.

In der Redaktion sind inklusive Layoutern und Graphikern, Photographen und Übersetzern 19 Personen beschäftigt, hinzu kommen neun technische Mitarbeiter (Kuriere, Schreibkräfte, Korrektoren) und die Korrespondenten. Für Anzeigenakquisition gibt es einen verantwortlichen Mitarbeiter, der auch die Wirtschaftsseite betreut. Seine Erfahrung in der Wirtschaft bestehe darin, daß er regelmäßig in Vietnam oder China Wäsche ein- und sie dann in Moskau weiterverkaufe, heißt es.

Trotz allem hat das NL sein Niveau gehalten. Das Layout ist übersichtlich und klar. Thematisch tritt die Redaktion allerdings auf der Stelle; der Tenor der meisten Beiträge ist pessimistisch. Das spricht den mehrheitlich alten Lesern sicherlich aus dem Herzen. Die am Erhalt des Deutschtums Interessierten sterben allerdings aus oder übersiedeln nach Deutschland. Ob das NL auch jüngere und weniger „nationalbewußte" Leser erreichen kann, ist daher fraglich. Die Deutschen, die nicht aussiedeln wollen, sind auf dem Weg der Assimilation. Sie haben sich eine annehmbare Position erarbeitet und interessieren sich kaum für „nationale Politik". Manche rümpfen die Nase über sentimentale Erinnerungen Einzelner und Erklärungen der rußlanddeutschen Verbände.

Wie das „Neue Leben" langfristig erhalten? Vom VDA entsandte deutsche Journalisten rieten zur Verkleinerung des Formats und zur Erhöhung der Seitenzahl. Die Umstellung der Erscheinungsweise auf zwei Ausgaben im Monat verbilligte die Herstellung, Aktualität spiele im „Neuen Leben" ohnehin nur eine untergeordnete Rolle. Für jede Seite müßten feste Rubriken festgelegt werden. Mehr Gewicht sollte auf aktuelle politische und wirtschaftliche Themen gelegt werden, wobei die Beziehungen zwischen Deutschland und den GUS-Staaten im Mittelpunkt stehen könnten. Wie dem auch sei – soll der Erhalt des NL mittelfristig gesichert werden, wird es an der Moskwa noch mancher Mark aus Bonn bedürfen.

Das ebenfalls in Moskau erscheinende „Informationsbulletin" der Gesellschaft „Wiedergeburt" versteht sich auch als „Zentralblatt" für alle Deutschen, besonders als eines zur Unterrichtung der Mitglieder der Autonomiebewegung. Es wird seit Ende 1992 von deren Führung herausgegeben und soll sich zu einem neuen Organ der Rußlanddeutschen mausern, um – einem „Parteiblatt" ähnlich – nicht auf Medien angewiesen zu sein, über die man inhaltlich und personell nicht völlig gebietet. Unter ihrem früheren Vorsitzenden Groth hatte die „Wiedergeburt" mehrfach versucht, die Hand auf rußlanddeutsche Zeitungen zu legen, so auf das „Neue Leben" und auf die „St. Petersburgische Zeitung"; beide Male schlug derlei Ansinnen fehl.

Dem Projekt ging ein Beschluß über die Gründung eines „Redaktions-Verlags-Komplexes Wiedergeburt" und der „Wiedergeburt-Zeitung" voraus. Gründer Heinrich Groth, damals Vorsitzender des Zwischenstaatlichen Rates der Deutschen, ist Anfang 1994 von diesem Amt und allen anderen Funktionen zurückgetreten. Nennenswerte Erfolge der Zeitung sind bisher nicht zu verzeichnen.

**Publizistischer Hoffnungsschimmer „Zeitung der Wolgadeutschen" in Saratow**

Die thematischen Einlassungen auf die rußlanddeutsche Existenz, wie sie in nahezu jeder Ausgabe der Zentralzeitung „Neues Leben" anzutreffen sind, gelten auch für andere rußlanddeutsche Medien. So für die in Saratow erscheinende „Zeitung der Wolgadeutschen" (ZDW), die 1991 gegründet wurde. Träger ist die rußlanddeutsche Wirtschaftsvereinigung „Hoffnung". Die Zeitung wird derzeit in einem Umfang von zwölf Seiten gedruckt und verbreitet. Die Auflage konnte von 500 auf 5000 Exemplare gesteigert werden, Tendenz zunehmend. Chefredakteur der ZDW ist Leonid Tetjuew, Redaktionsdirektor Nikolai Weizuhl.

Daß die meisten Leser wohl eher mit mehr als mit weniger russischen Texten einverstanden wären, daß vermutlich ohne mehr russische Texte die Auflage nur schwer zu steigern sein wird, dieser Befund gilt für die ZDW wie für andere Zeitungen mit Rußlanddeutschen als Zielgruppe. Wenn selbst wolgadeutsche Funktionäre „ihre" Zeitung wegen mangelnder Deutschkenntnisse nicht lesen, so braucht man sich nicht zu wundern, daß auch viele potentielle rußlanddeutsche Leser vom Kauf der Zeitung zurückschrecken.

Dank der Hilfe des „Vereins für das Deutschtum im Ausland" (VDA) verfügt die ZDW über einen Redaktionsraum. Das ist ebenso ein enormer Fortschritt wie jener, daß sie über einen Redaktionscomputer verfügt; ein zweiter ist in Sicht, so daß die Zeitungsproduktion in Hinkunft optimal zu leisten ist. Das Layout ist seither in der Zeitung „Saratow" angefertigt worden.

Steht der zweite Computer mit dem Layout-Programm „Ventura" zur Verfügung, braucht die ZDW die kostenträchtige Hilfe der Zeitung „Saratow" nicht mehr in Anspruch nehmen, von deren Wohlwollen man seither abhängig war. Dann hätte sich auch die Lage der Zeitung insgesamt um einiges verbessert, und es dürfte sich der leidige Umstand der (seither mit der Hand nachgezogenen) Umlautstriche und der Verwendung des „ß", das bisher nicht im Textverarbeitungsprogramm vorgesehen war, erübrigen. Die deutschen Sprachkenntnisse der Redakteure sind gut. Trotzdem wird der deutsche Teil künftiger Ausgaben so lange viele sprachliche Fehler enthalten, wie ein muttersprachlicher Lektor in der ZDW fehlt.

Derzeit ist der Idealismus der Mitarbeiter für die Zeitungsarbeit groß genug, so daß sie der ZDW treu bleiben, wenn auch die Bezahlung (notgedrungen) kümmerlich ist. So mancher ist gezwungen, Nebentätigkeiten anzunehmen, die sein Einkommen aufbessern. Auf längere Sicht wird es unvermeidlich sein, die Gehälter des Redaktionspersonals zu erhöhen. Vielleicht wird das möglich, wenn Tetjuews – allerdings noch nicht sehr konkrete – Projekte einer Presseschau über Nachrichten aus Deutschland in Russisch und einer Kinderbeilage auf Deutsch gelingen. Der Verkauf der Zeitung und die spärlichen Werbeanzeigen erbringen immer noch nicht genug Einkünfte, um sich selbst finanzieren zu können. Die Abhängigkeit von Hilfen aus Deutschland bleibt. Der niedrige Verkaufspreis der Zeitung kann vorerst nicht erhöht werden, weil sich dann kaum jemand die Zeitung leisten würde. Mehr Werbeanzeigen und Einnahmen in Hartwährungen sind wohl die einzigen Möglichkeiten, weniger abhängig zu sein. Tetjuew ist emsig und kommt allmählich mit deutschen Firmen ins Geschäft, auch mit deutsch-russischen Gemeinschaftsunternehmen. Mit den neuen Computern, mit denen ein professionelles Layout möglich ist, könnte die Zeitung für Werbekunden attraktiver werden. Wenn allerdings die Wirtschaft in Rußland ihre Talfahrt fortsetzt, wird es noch schwieriger sein, Anzeigenkunden zu gewinnen.

Der Versuch rußlanddeutscher Organisationen des Gebiets Saratow – wie etwa „Heimat", „Hoffnung" und „Wolgadeutsche Landsmannschaft" –, auf die ZDW Einfluß zu nehmen und über sie Einfluß zu gewinnen, war zu beobachten. Bisher jedoch verstand es Tetjuew durch List und Schläue, zuviel Nähe zu vermeiden. Wichtig ist, daß die ZDW das Vertrauen ihrer Leser in die Bemühungen um Objektivität erhält und ausbaut. Insgesamt gesehen hat sich die ZWD einen guten Ruf erworben und ragt über andere rußlanddeutsche Presseorgane hinaus. Das mag dazu beitragen, daß sich rußlanddeutsche Funktionäre den ernsthaften Versuch der Einflußnahme verkneifen. Sie mögen besonders an der Wolga bemerkt haben, daß sie allein durch die Publizität, die ihnen über die ZDW zuteil wird, profitieren. Dennoch bleibt die Distanz, die die Zeitung zur rußlanddeutschen Bewegung haben muß, ein Balanceakt, der Geschick erfordert.

Der Vertrieb der Zeitung muß zweifellos verbessert werden. Die ZWD wird sich in Zukunft wohl auf den direkten Verkauf konzentrieren müssen. Es hat offensichtlich mehr Sinn, mit einem höheren Anteil eigener Artikel auf Russisch und im Dialekt die Auflage und damit den Leserkreis zu vergrößern, als mit allzu vielen Artikeln auf Hochdeutsch zwar „deutscher" zu sein, aber bei einer niedrigen Auflage zu bleiben und damit weniger Leser zu erreichen. Fast alle Artikel kommen aus der eigenen Redaktion. Das ist eine erfreuliche Entwicklung, die für die Qualität der Redaktionsmitglieder spricht. Es ist eine klarere Orientierung der Artikel an journalistischen Darstellungsformen zu erkennen, die Trennung von Nachricht und Meinung wird im Vergleich zu anderen Zeitungen bei weitem konsequenter eingehalten.

Die Investitionen aus Deutschland in die ZDW tragen Früchte. Sie ist ein Hoffnungsschimmer für alle Rußlanddeutschen, die an der Wolga bleiben oder sich dort (wieder) ansiedeln wollen. Wenn es der ZDW mit dem Idealismus, mit dem die ersten Jahre gemeistert wurden, gelingt, auch die kommenden, schwereren Jahre zu überstehen, dann könnte ihre beste Zeit noch kommen.

**Zeitung als Familienunternehmen – „Nachrichten" aus Uljanowsk**

In Uljanowsk, jener Stadt an der mittleren Wolga, die einst in einem Akt „revolutionärer" Benennung den bürgerlichen Namen Lenins erhielt, wird seit 1990 das Blatt „Nachrichten" herausgegeben, das als Gebietszeitung im Zusammenspiel mit der rußlanddeutschen Gesellschaft „Wiedergeburt" gegründet worden war. Als der Chefredakteur aus der

Uljanowsker „Wiedergeburt" ausgeschlossen wurde, blieb die Zeitung aus; Miller beschloß daraufhin, sie in Eigenregie seiner vierköpfigen Familie herauszubringen. Man begann mit vier Seiten, die Auflage lag bei etwa 150 Exemplaren. Im März 1991 bekam die Zeitung den Status einer (überregional zugelassenen) Allunionszeitung; Mitte des Jahres hatte sie 800 Abonnenten.

Die Redaktion erhielt vom VDA technische Ausrüstung: einen Kopierer, elektrische und mechanische Schreibmaschinen, Fax- und Diktiergeräte. Die Redaktion nahm drei ständige Mitarbeiter auf. Unter diesen günstigen Verhältnissen beschloß Miller, den Umfang der Zeitung zu verdoppeln. Die Abonnentenzahl wuchs auf 1500; darüber hinaus wurden 500 Exemplare frei verkauft oder mit der Post versandt. Im Sommer 1992 erhielt die Redaktion von der Stadtverwaltung einen Raum im „Haus der Völkerfreundschaft", vom VDA eine neue Computer-Ausrüstung und einen Laserprinter; der Direktor der deutschen Industrievereinigung „Sojus", Jakob Hamm, steuerte der Redaktion zudem einen gebrauchten Computer und einen weiteren Laserprinter bei. Das erlaubt es der Redaktion seitdem, gelegentlich Farbausgaben herauszubringen.

Inhaltlicher Schwerpunkt der Zeitung ist die Geschichte der Deutschen in Rußland, das Problem der Wiederherstellung der Autonomie an der Wolga und die Lage der Landsleute in anderen Gebieten der GUS sowie jene der Aussiedler in Deutschland. Chefredakteur und Medieninhaber der „Nachrichten" ist Eugen Miller, Chef vom Dienst und Geschäftsführer sein Sohn. Frau und Tochter des Miller senior arbeiten ebenfalls mit. Beschäftigt sind des weiteren Redakteure, eine Sekretärin, ein Buchhalter, Korrespondenten, der Leiter des Computerzentrums. Miller will jetzt auch Anzeigenakquisiteure und Werbeleiter gewinnen.

Die „Nachrichten" erscheinen mittlerweile in einer Auflage von 6500 Exemplaren. Etwa 5000 Exemplare werden an feste Abonnenten versandt, die Restauflage gelangt zum freien Straßenverkauf an Zeitungsverkaufsständen in Uljanowsk. Die meisten Abonnenten leben in Kasachstan, die zweitgrößte Gruppe der Abnehmer in Sibirien (besonders dem Altai-Gebiet), es folgen solche des Wolgagebiets, Kyrgystans, Rest-Rußlands und Litauens. Kleinere Auflagenteile (etwa 500) gehen in andere Staaten der GUS, nach Deutschland, Österreich, die Niederlande, Belgien, Dänemark, Amerika und die Schweiz. Schwierigkeiten bereitet der Versand; er wird zu neunzig Prozent über die (träge) russische Post abgewickelt. Einige Abonnenten bekommen daher die Zeitung direkt aus der Redaktion zugeschickt; der Versand dieser etwa 500 Ausgaben nimmt drei Mitarbeiter für jeweils etwa einen Tag in Anspruch. Die „Nachrichten" haben ein deutlich besseres Layout als die meisten russischen Zeitungen. Schon der inzwischen eingeführte Zweifarbendruck macht sie attraktiv; zwei Ausgaben erschienen bisher sogar durchgehend farbig. Die „Nachrichten" sind allerdings auch um ein Mehrfaches teurer als die (russische) Konkurrenz.

Für jeweils zwei bis vier Monate im voraus legt Miller fest, welchen Redaktionsschluß die einzelnen Zeitungsnummern haben. In der Regel ist der Redaktionsschluß eine Woche vor dem Erscheinungsdatum; die Redaktion muß bis zu diesem Termin dem Chefredakteur die Druckvorlage abliefern; er sieht sie durch, zeichnet sie ab und bringt sie zur Druckerei. Der Druck nimmt normalerweise drei Tage in Anspruch.

Miller senior ist im Hauptamt Professor für Deutsche Sprache an der Pädagogischen Hochschule Uljanowsk: eine kenntnisreiche, geschäftstüchtige, aber bisweilen auch herrische Person. Er gebietet über die Zeitung und einen eigenen Verlag, „Sprache und Literatur", in dem er mit Gewinn Sprachlehrbücher und eigene Werke verlegt, über den er die „Nachrichten" mitfinanziert. Im Gegensatz zum Verlag, der allein ihm gehört, hat die Zeitung ein Statut, nach dem den ursprünglichen Gründungsmitgliedern der „Wiedergeburt" bestimmte Rechte zukommen. So wurde Miller 1990 für fünf Jahre zum Chefredakteur gewählt. Danach muß er Rechenschaft geben, und die Mitgründer haben das Recht, einen anderen Chefredakteur zu wählen. Das Guthaben der beiden Unternehmen ist getrennt.

Die Zeitung trägt sich nicht selbst. Die Einnahmen durch den Verkauf und Versand decken nur etwa 20 Prozent der Kosten. Miller finanziert den Rest aus den Gewinnen des Verlages. Druck, Redaktionsgehälter und weitere Kosten (Miete, Geräte, Schuldzinsen) belaufen sich pro Zeitungsausgabe auf etwa 300 000 Rubel – Tendenz steigend. Sollte die Verschuldung der Zeitung beim Miller'schen Verlag fortdauern – und das wird sie wohl –, dann sind die „Nachrichten" ohne Miller senior nach 1995 nicht vorstellbar. Sollten die sieben Gründungsmitglieder mehrheitlich für einen anderen Chefredakteur votieren, so kann Miller sofort die Rückzahlung der Verlagskredite verlangen. Die Zeitung würde dies nicht überleben. Daher werden die „Nachrichten" nur solange erscheinen, wie Miller das möchte.

Zweifellos tragen die Zeitung und Millers Verlag mit dazu bei, daß viele Rußlanddeutsche im Wolgagebiet ihre kulturelle Idendität wahren und die deutsche Sprache pflegen können. Jede Nummer der „Nachrichten" enthält die halbseitige Rubrik „Deutsch mit uns", in der es um deutschen Wortschatz und Grammatik geht. Es ist eine bewußte Besonderheit der Zeitung „Nachrichten", daß sie keine Artikel in russischer Sprache druckt – allenfalls Werbung und grammatische Erklärungen.

## An der Newa zwei deutsche Fenster zum Westen – die „Sankt Petersburgische Zeitung" und die „St. Petersburger Zeitung"

Mit der Herausgabe der „St. Petersburgischen Zeitung" (SPZ) ist bewußt an die Tradition der ältesten deutschen Zeitung Rußlands angeknüpft worden, die nach gut einem Dreivierteljahrhundert erzwungenen Schweigens wieder erscheinen durfte. Gründer waren die „Deutsche Gesellschaft zu St. Petersburg" und die „Kunst-, Wissenschafts- und Industriegenossenschaft ‚Argus'". Heute wird sie von der „Deutschen Gesellschaft" und den Redakteuren Eugen Häusser, Juri Kotscherewsky, Jewgenij Woropajew und dem Mitbegründer Jakob Scharf herausgegeben. Als „indirekten Schöpfer" der Vorgängerzeitung darf Zar Peter der Große angesehen werden.

Der Herrscher, der mit der Gründung der nach dem Apostel Petrus benannten Stadt an der Ostsee das „Fenster zum Westen" aufstieß, hatte am 2. Januar 1703 die erste russische Zeitung in Moskau unter dem Titel „Zeitung von militärischen und anderen wissenswerten und denkwürdigen Sachen, die sich im Moskowitischen Staate und anderen benachbarten Ländern zugetragen haben" ins Leben gerufen. So war es mehr als folgerichtig, daß auch ein Blatt her mußte, das den Auftrag hatte, die „anderen benachbarten Länder" davon zu unterrichten, was sich im petrinischen Staate zutrug.

Damit war jene Institution beauftragt worden, welche die geistige Verknüpfung mit dem Westen Europas herstellen sollte, die Akademie der Wissenschaften zu Sankt Petersburg. Der „Herrscher aller Reußen" hatte sie unmittelbar vor seinem Tode (8. Februar 1725) gegründet. Zur Sprache der Wissenschaft wurde auf natürliche Weise die deutsche – die Muttersprache der meisten Mitglieder der Akademie. Die Deutsche Kolonie in St. Petersburg zählte zur Blütezeit mehr als 10 000 Köpfe und erfreute sich einst hohen Ansehens. Unter Katharina I., die das Werk ihres Mannes fortsetzte und eine Gönnerin der Akademie war, erschien am 3. Januar 1726 die erste Nummer der „St. Petersburgischen Zeitung". Sie war in der Awramow'schen Typographie-Anstalt in 500 Exemplaren gedruckt worden. Danach wurde sie in der Druckerei der Akademie der Wissenschaften hergestellt.

Fast dreißig Jahre später änderte Redakteur Meyer ihren Namen in „Petersburger Zeitung". Im dritten Jahr des Ersten Weltkriegs war das in „Petrograder Zeitung" umbenannte Blatt im Zuge der Pogrome gegen die Deutschen eingestellt worden. In der Sowjetzeit erschien sie dann noch einmal von 1918-1919. Wie eine andere, die „Rote Zeitung" (1931-1936), war sie eher ein rein propagandistisches Blatt denn ein Sprachrohr der Deutschen selbst.

Die Wiedergründung 1991 ist auch Bürgermeister Sobtschak zu verdanken. Er steht in enger Verbindung mit den rußlanddeutschen Bürgern seiner Stadt und deren Interessenvertretung, der Deutschen Gesellschaft. Sobtschak wünscht sich, daß sich in und um St. Petersburg neben den ansässigen etwa 5000 weitere Rußlanddeutsche niederlassen und dazu beitragen sollen, daß das Gebiet zu einer florierenden Freihandelszone wird, in die westliche Firmen, vor allem deutsche, investieren.

Der Vorsitzende der Deutschen Gesellschaft zu St. Petersburg, Jewgenij (Eugen) Geiser, gehört dem Redaktionskollegium als Chefredakteur an. (Geiser nennt sich, nachdem er von nach Kanada ausgewanderten Vorfahren den ursprünglichen, nicht kyrillisierten Familiennamen erfuhr, Häusser). Die Redaktion hat ihren postalischen Sitz am Bolschoj Prospekt Nr. 83 in 199026 St. Petersburg. Doch dort trifft man kaum jemanden an. Die Redakteure verrichten ihre Arbeit in einem im Nordteil der Stadt gelegenen Gebäude, in welchem mit Hilfe des VDA ein Büro eingerichtet und ein Fax-Gerät angeschlossen wurde. Redigiert wird die Zeitung gegen Bezahlung an Computern des Verlages „Konzert" im Stadtzentrum.

Schon während der Gründungsphase gab es Schwierigkeiten. Im August 1992 erschien das Blatt nicht. Der damalige Chefredakteur Jakob Scharf war für abgesetzt erklärt worden, da die Anteilseigner in zwei „Parteien" zerfallen waren, die sich gegenseitig vorwarfen, gegen das Wohl der Zeitung zu arbeiten. Eine russische GmbH ersetzte die Deutsche Gesellschaft als Herausgeber, ihre Anteilseigner bestanden aus Mitarbeitern und Redakteuren. Trotzdem bleibt sie registriert als „Organ der Deutschen Gesellschaft", da diese inzwischen wieder zu den Mitherausgebern gehört.

Die Lösung des Konflikts war nicht zuletzt auf Drängen einiger deutschen Helfer der Redaktion herbeigeführt worden, die auf die Pflichten der Zeitung gegenüber den Abonnenten im In- und Ausland hinwiesen. Geiser/Häusser wurde Chefredakteur. Er schien als relativ neutrale Person in diesem Konflikt und zudem als ausgebildeter Journalist am ehesten geeignet, die Weiterarbeit an der Zeitung und den Zusammenhalt der Redaktion zu sichern. Ihm gelang es, die meisten Redaktionsmitglieder wieder unter seiner Leitung zu vereinigen, dennoch mußte der Weggang einiger in Kauf genommen werden. Häusser bemüht sich vor allem um Möglichkeiten, die SPZ mit Hilfe von Sponsoren auf eine sichere finanzielle Grundlage zu stellen. Jakob Scharf, zunächst sein Stellvertreter und in erster Linie für die Technik und die Herstellung zuständig, ist inzwischen gänzlich ausgeschieden, da das nur vorübergehend gekittete Zerwürfnis zu völligem Bruch führte. Scharf nahm, da er sie als sein Eigentum betrachtete, jene beiden Redaktionscomputer mit, die ihm einst von der „Hildesheimer Allgemeinen" überlassen worden waren.

Stellvertretender Chefredakteur und zuständig für die deutschen Texte ist Juri Kotscherewsky, ein Russe, der Gewährsleuten zufolge über die besten Deutschkenntnisse aller Redakteure verfügt. Wladimir Poluchinskych kümmert sich um den Nachrichtenteil der Zeitung und nimmt die Aufgabe eines koordinierenden Redakteurs wahr, der alle eingehenden Beiträge sammelt, eventuell für Übersetzung sorgt und das Layout termingerecht fertigstellt. Uergis Nhely ist in erster Linie verantwortlich für die beiden Literaturseiten und die Literaturbeilage. Er kümmert sich darüber hinaus aufgrund seiner Deutschkenntnisse jedoch auch um die Auswahl von Nachrichtenmaterial aus der deutschsprachigen Presse, das die Redaktion erreicht.

Margit und Waleri Kosatschewsky bearbeiten die Leserpost. Beide übersetzen und korrigieren Texte, wobei Frau Kosatschewsky die einzige feste Mitarbeiterin in St. Petersburg ist, die Deutsch als Muttersprache spricht. Gerhard Gnauck (siehe Seite 124 ff.) kümmerte sich seither von Berlin aus seit Wiedererscheinen der Zeitung um Abonnenten in Deutschland und um Kontakt zu deutschen Zeitungen und Zeitschriften. Seinem unbezahlten Engagement war es zuzuschreiben, daß die SPZ ein bescheidenes, aber existentielles Abonnentennetz im deutschsprachigen Raum aufbauen konnte.

Die SPZ finanziert sich fast ausschließlich aus den Zahlungen der Abonnenten im deutschsprachigen Raum. Dort kostet das Jahresabonnement 70 Mark; im April 1994 hatte die Zeitung 150 solcher Abonnenten, an die sie per Post verschickt wird. Die Einnahmen aus dem Verkauf der Zeitung in St. Petersburg und durch Abonnements in den Nachfolgestaaten der ehemaligen Sowjetunion spielen bei der Finanzierung der SPZ kaum eine Rolle. Die Auflage beträgt 5000 Exemplare. Verzögerungen bei der Auslieferung liegen nicht selten an der Unzuverlässigkeit der russischen Post.

In St. Petersburg sind fast alle Mitglieder der Deutschen Gesellschaft Abonnenten der Zeitung. Sie holen sie sich in einem Raum selbst ab, den die „Deutsche Gesellschaft" der Redaktion im „Kulturpalast Kirow" aus jenem Kontingent zur Nutzung überließ, das ihr von der Stadtverwaltung zur Verfügung gestellt wurde. Nur wenige Abonnenten in der Stadt bekommen ihr Exemplar mit der Post. In einigen Zeitungskiosken in St. Petersburg, hauptsächlich auf dem Newskij-Prospekt und im weiteren Zentrum der Stadt, wird die Zeitung verkauft. Seit der Auflösung der Verwaltung der Kioske durch „Sojuspetschat" muß mit jedem einzelnen Kioskinhaber ein Vertrag geschlossen werden. Ziel ist es, die Zeitung auch in den großen Hotels der Stadt und am Flughafen anzubieten, und sei es nur zu Werbezwecken. Gerade in St. Petersburg scheinen noch ungenutzte Möglichkeiten vorhanden zu sein, mit der Zeitung einen größeren Leserkreis zu erreichen.

Seit Januar 1993 erscheint die St. Petersburgische Zeitung mit 16 statt mit acht Seiten. Diese Seitenzahl läßt sich redaktionell und technisch gut bewältigen und gestattet eine inhaltliche Erweiterung. Eines der Ziele ist die lokale Verankerung der Zeitung und die vorrangige Bearbeitung rußlanddeutscher Themen aus dem Petersburger Raum. Dabei soll das Blatt auch Serviceleistungen übernehmen, etwa Veranstaltungen ankündigen und vielseitige Informationen anbieten, die anderen Medien nicht zu entnehmen sind. Die SPZ wird weiter zweisprachig erscheinen, wobei der deutschsprachige Teil erweitert werden soll; der Anteil deutschsprachiger Texte ist gewachsen. Die wirren Anfangszeiten, in denen nicht einmal eine Schreibmaschine mit lateinischen Buchstaben aufzutreiben war, sind vorbei.

Die angedeuteten redaktionellen Unstimmigkeiten führten dazu, daß es – offenbar im Zuge der Spaltung der Deutschen Gesellschaft zu St. Petersburg – zur Gründung einer „Konkurrenzzeitung" kam, die sich „St.Petersburger Zeitung" nennt und sich ebenfalls in der Tradition des im 18. Jahrhundert entstandenen Blattes sieht. Träger und Herausgeber der im September 1993 beim Presse- und Informationsministerium in Moskau registrierten Zeitung sind Personen, die zuvor am „Stammblatt" mitwirkten: Robert R. Scheide, Chefredakteur und Vorsitzender der „Vereinigung für die deutsche Kultur St.Petersburg" sowie Mitglied des Zwischenstaatlichen Rates der Rußlanddeutschen; Pjotr Tschistjakow, Geschäftsführer des Investitionsfonds „Ifkur" in Kursk, und Sergej Tschistjakow, Direktor der St.Petersburger Firma „Tsch". Die drei sind Gesellschafter der Firma, die als Herausgeber der „St.Petersburger Zeitung" auftritt. Der Sitz der Firma und der Redaktion des Blattes befindet sich auf dem Proswjeschtschenija Prospekt Nr. 32. Das Blatt will sich in deutscher Sprache vorwiegend mit „Themen aus der Wirtschaft, der Kultur, des Sports und der Religion" befassen. Inwieweit ihm über die Anfangsschwierigkeiten hinaus Erfolg beschieden sein wird, läßt sich derzeit nicht sagen – Skepsis scheint angezeigt. Denn die Redaktion arbeitet offenbar, wenn überhaupt, noch immer an der „Null-Nummer" – bis zum Herbst 1994 war noch keine Ausgabe erschienen, und die Gründung des „zweiten deutschen Fensters" geht auf Bemühungen der Genannten vom Frühjahr 1994 zurück.

## In Königsberg und anderswo

1991 war in jenem zu Rußland gehörenden, aber wegen des Zerfalls der Sowjetunion von ihm getrennten Teil Ostpreußens, der einmal zu Deutschland gehörte, der „Königsberger Kurier" herausgegeben worden. Zu seinen Promotoren zählte der rußlanddeutsche Aktivist Kurt Widmeier, ein ehemaliger Journalist, der für die Ansiedlung Rußlanddeutscher im Kaliningrader Oblast (Gebiet) warb. Drei Jahre später war das Blatt bereits eingegangen, offenbar weil sich Widmeier mehr und mehr zurückzog. Stattdessen erscheint seit Mai 1993 der „Königsberger Express", eine Monatszeitschrift, welche zur Gänze in Deutschland (Troisdorf; multipress-Verlag) gedruckt und von hier aus vertrieben wird. Herausgeber ist Igor Sarembo von der „Königsberger Informationsagentur (KIA)", Chefredakteurin Elena Lebedewa. Die Redaktion scheint in Königsberg ihren Sitz zu haben, als Anschrift ist eine Postfachadresse (PF 1461, 236000 Kaliningrad) bekannt.

Wenig durchsichtig verhält es sich auch mit der seit 1992 in Kiew erscheinenden Monatszeitschrift „Deutscher Kanal", den die dortige „Wiedergeburt" zusammen mit der Evangelisch-Lutherischen Gemeinde Kiew herausgibt – Chefredakteurin ist Swetlana Hartmann (ul. Koroljova 6, kw. 7, 252148 Kiew) – und mit der für Astrachan genannten „Deutschen Astrachaner Rundschau", welche Eugen Miller in seinem Artikel über die „Deutschen Zeitungen in der Ex-Sowetunion" nennt („Nachrichten" Nr. 6/119 vom März 1995). Und schließlich dürfte es auch mit jener „Kaukasischen Post", die in einer Auflage von 500 Exemplaren von der in Tiflis ansässigen „Gesellschaft zur Förderung der Kultur und Natur in Georgien" seit Oktober 1994 herausgegeben wird und sich mit dem Kaukasus-Deutschen befaßt, nicht allzuweit her sein. Der Monatsschrift steht ein privater Sponsor in Deutschland Pate.

Marina Gräfin zu Dohna

# Unterstützung für deutschsprachige Sendungen in Rundfunk und Fernsehen der GUS

Ende der achtziger Jahre zeichnete sich in der zentralen Nationalitätenpolitik der Sowjetunion ein Wandel ab: ethnisch bedingte Unruhen im Lande zwangen die Moskauer Führung, Nationalitätenkonflikte einzugestehen und ihre Nationalitätenpolitik zu überdenken. Repressalien gegenüber gewaltsam deportierten Völkern während der Stalinzeit wurden nun von Seiten der Regierung zugegeben und verurteilt.

Im Zusammenhang mit den zunehmenden Möglichkeiten, Nationalbewußtsein in der Sowjetunion zu zeigen, wurde es auch den Rußlanddeutschen in wachsendem Maße leichter, sich zu ihrer Kultur und Sprache zu bekennen und besonders über ihr unter Stalin erlittenes Schicksal offen zu reden. Mehr und mehr gerieten die Rußlanddeutschen somit auch ins Blickfeld deutscher Politik. Bis dahin hatten Rußlanddeutsche keinerlei gezielte Unterstützung aus der Bundesrepublik erhalten können. Die Regierung der DDR war auf das Thema Rußlanddeutsche, auch in der Phase der Perestrojka, nicht eingegangen.

Im Jahre 1989 veranstaltete der „Verein für das Deutschtum im Ausland e.V." (VDA) einen Kongreß in Bonn unter dem Motto „Heimat erhalten", zu dem Deutsche aus aller Welt eingeladen waren, darunter zum ersten Mal auch Vertreter der Rußlanddeutschen aus der Sowjetunion. Der Kongreß ermöglichte es, schon bestehende Einzelkontakte zu rußlanddeutschen Vertretern weiter auszubauen, Informationen über die Lage der Deutschen im Lande und über grundlegende Bedürfnisse hinsichtlich der Erhaltung ihrer Kultur zu gewinnen. Der Informationsaustausch wurde im Frühsommer 1990 in Bad Honnef durch ein Seminar mit Leitern der rußlanddeutschen Gesellschaft „Wiedergeburt" aus verschiedenen Teilen der ehemaligen Sowjetunion vertieft. Schließlich vervollständigte die Teilnahme einiger VDA-Mitarbeiter an dem Allunionskongreß der Rußlanddeutschen im Sommer 1990 in Moskau das Mosaik von Informationen über die Situation der Kultur und der Sprachpflege, der

Bildungssituation und der Medien der Rußlanddeutschen. Es zeigte sich, daß Hörfunk- und Fernsehprogramme sowie die rußlanddeutschen Zeitungen nur bedingt Identifikationsmöglichkeiten für Rußlanddeutsche boten, denn bis Ende der achtziger Jahre konnte die jüngste Geschichte der Rußlanddeutschen nicht öffentlich aufgearbeitet werden. Die kulturellen Eigenheiten der Deutschen wie auch der anderen Nationalitäten der UdSSR wurden von staatlichen Stellen in den Jahren vor der Öffnung nicht im gewünschten Maße gefördert. Die Offenheit im Lande und der Wunsch der Rußlanddeutschen, sich dem kulturellen Erbe zu widmen, sich mit ihrer jüngsten Geschichte auseinanderzusetzen und die deutsche Sprache wieder zu hören, zu erlernen und zu sprechen, wuchs zusehends. Dem Wunsch nach stärkerer Kultur- und Sprachpflege stand jedoch in vielen Fällen ein Defizit an entsprechenden Ausstattungen nicht nur in Bildungseinrichtungen, sondern auch in den Redaktionen und den Sendern entgegen.

Im Herbst 1990 beauftragte das Auswärtige Amt den VDA mit der Durchführung kultureller Unterstützungsmaßnahmen, die sowohl zur Verbesserung der Lebensbedingungen der deutschen Minderheit als auch zu deren Integration in die Lebenswelt der ehemaligen Sowjetunion wirksam beitragen sollten. Die Projekte basierten auf dem im November 1990 geschlossenen Vertrag zwischen der Bundesrepublik Deutschland und der UdSSR über gute Nachbarschaft, Partnerschaft und Zusammenarbeit. So konnte schon im November der erste Jugendaustausch mit 30 Jugendlichen stattfinden. Erste Fortbildungsmaßnahmen für Lehrer und Hochschuldozenten sowie für Chorleiter wurden durchgeführt. Schließlich konnten zu Weihnachten 100 Kindergärten in kompakten deutschen Siedlungsgebieten mit Lern- und Spielmaterial bedacht werden. Bei der Durchführung der Projekte und der Auswahl der zu unterstützenden Kindergärten und Schulen oder bei der Betreuung der Jugendlichen aus den kompakten Siedlungsgebieten bediente sich der VDA anfangs der Gesellschaft der Rußlanddeutschen „Wiedergeburt", die Kontakte zu vielen rußlanddeutschen Gruppierungen hatte.

Erste Schwierigkeiten zeigten sich beim Jugendaustausch. Da die Jugendlichen der ersten Austauschmaßnahmen nicht über eine „Spracholympiade" nach ihren Deutschkenntnissen ausgewählt, sondern von den Funktionsträgern der „Wiedergeburt" der verschiedenen Gebiete bestimmt wurden, kam es in den deutschen Gastfamilien in manchen

Fällen zu Verständigungsschwierigkeiten. Als Kommunikationsmittel blieb oft nur die Zeichensprache. Und manche Jugendliche konnten anfangs die kulturellen Unterschiede zwischen dem Leben in der Bundesrepublik und dem in ihrer Heimat nur schwer verkraften.

## Zur Lage der deutschsprachigen Medien

Das Verlags- und Pressewesen in der einstigen deutschen autonomen Wolgarepublik ASSRdWD war recht umfangreich gewesen, allerdings sind unter Stalins Herrschaft Buch- und Presseerzeugnisse weitgehend von der staatlichen Propaganda bestimmt worden. Nach der „Zeit des Schweigens", wie die Jahre der Deportation und der Sonderkommandantur von den Rußlanddeutschen genannt wurden, erschienen seit Ende der fünfziger Jahre nur noch drei deutschsprachige Zeitungen für die Rußlanddeutschen: das zentrale „Neue Leben" (Moskau), die „Rote Fahne" (Altaigebiet) und seit Mitte der sechziger Jahre die „Freundschaft" (Kasachstan). Zwar spiegelten die Zeitungen bis Ende der achtziger Jahre nicht die Gedanken und Hoffnungen der Deutschen auf Rehabilitierung und Rückkehr in die heimatlichen Wohngebiete der Vorkriegszeit oder die Wiederherstellung der Wolgarepublik wider, aber sie gaben wenigstens die Möglichkeit, auf deutsch zu lesen, und sie wurden somit auch nicht selten als zusätzliches Unterrichtsmaterial in Schulen verwendet. Schließlich leisteten die Zeitungen über die Leserbriefe einen entscheidenden Beitrag zur Familienzusammenführung nach den Jahren der Deportation und Zwangsarbeit.

In den sechziger Jahren liefen die ersten deutschsprachigen Hörfunk- und Fernsehsendungen an. Das zentrale deutschsprachige Programm von Radio Moskau ging allerdings kaum auf die Belange der deutschen Minderheit im Lande ein. Es wurde von den Rußlanddeutschen auch kaum gehört, zumal die Sendezeit in Sibirien in die Nachtzeit fiel. Dagegen fanden die deutschsprachigen Programme der regionalen Sender größere Resonanz bei den Deutschen. Denn in den Sendungen ging man auf den Alltag der Rußlanddeutschen, auf kulturelle Ereignisse u.ä. mehr ein, ohne allerdings gegen die offizielle Politik des Verschweigens des Schicksals während der Kriegs- und Nachkriegszeit aufzubegehren. Deutschsprachige Programme wurden besonders in kompakten Siedlungsgebieten der Deutschen eingerichtet: in Alma-Ata, Zelinograd, Karaganda, Barnaul und Omsk, um die wichtigsten zu nennen. Die Sendezeiten der deutschen Programme waren allerdings begrenzt. Halbstündige oder Sendungen von 45 bis 60 Minuten Dauer wurden monatlich, bestenfalls wöchentlich einmal ausgestrahlt.

Dasselbe gilt für die seit den sechziger Jahren an staatlich-regionalen Fernsehsendern in Barnaul, Alma-Ata, Pawlodar und anderen Städten ausgestrahlten deutschsprachigen Programme: monatlich eine Sendung von 30 bis 60 Minuten Dauer war die Regel. In manchen Fällen gab es für die deutsche Sendung keinen regelmäßigen Sendeplatz, so daß die Sendezeit von zufälligen Programmlücken abhing.

Als sich Glasnost und Perestrojka auch bei den Rußlanddeutschen Ende der achtziger Jahre Bahn brachen, kam es zu entscheidenden Änderungen in den deutschsprachigen Medien. Der Wunsch der Redaktionen, in deutschsprachigen Sendungen nicht mehr nur sowjetische Völkerverständigungspropaganda auszustrahlen, sondern auf das individuelle Schicksal der Rußlanddeutschen, auf ihre Wünsche und Forderungen einzugehen, war geweckt. In vielen Fällen erhöhte sich nicht nur der Anteil an Sendezeit, sondern es entstanden auch neue Sendungen. Dadurch leisteten sie einen entscheidenden Beitrag zur geschichtlichen Aufarbeitung und Dokumentation der mehr als 200 Jahre zurückreichenden Geschichte der Deutschen in Rußland und wirkten identitätsfördernd auf Zuhörer und Zuschauer. In dieser Zeit, in der die Medien eine zunehmend wichtiger werdende Rolle im gesellschaftlichen und politischen Leben der Rußlanddeutschen spielten, wurden allerdings die durch die jüngere Vergangenheit bedingten geringen Entfaltungsmöglichkeiten der rußlanddeutschen Medien sichtbar. Kaum einer der Journalisten und Redakteure aus Presse, Funk und Fernsehen hatte eine journalistische Fachausbildung. Besonders in der jüngeren Generation waren aufgrund der Jahre der Repression die Deutschkenntnisse nur noch lückenhaft. Hinzu kam die mangelhafte technische Ausstattung der deutschen Redaktionen, die größtenteils aus den fünfziger Jahren stammte und den Anforderungen aktueller Berichterstattung nicht entsprach.

Die wichtige identitätsstiftende Funktion der Medien, aber auch ihre Schwierigkeiten wurden von der Bundesregierung und ihren Mittlerorganisationen zu Beginn des Jahres 1990 erkannt. Dies führte schon im selben Jahr zu ersten unterstützenden Maßnahmen für deutschsprachige Medien. Die Förderung umfaßte zum einen Hilfe in technischer Ausstattung. So wurden zum Beispiel tragbare Aufnahmegeräte zur Verfügung gestellt, die die Journalisten zu Reportagen mitnehmen konnten, des weiteren Schreibmaschinen mit lateinischen Buchstaben, Diktier- und Kopiergeräte, zum Teil auch Videokameraausstattungen, Audio- und Videozubehör. Die Zeitungsredaktionen erhielten zudem Computer und Drucker zur Blattgestaltung. Zum anderen lagen Schwerpunkte in der Unterstützung der Sprach- und Ausdrucksfähigkeit der Journalisten und in der Zusammenführung von rußlanddeutschen Journalisten mit Journalisten aus der Bundesrepublik Deutschland. Einige Redakteure rußlanddeutscher Medien konnten zu Sprachkursen und Hospitanzen bei deutschen Zeitungs-, Hörfunk- und Fernsehredaktionen eingeladen werden. Weitere Mitarbeiter wurden im Bildungs- und Informationszentrum des VDA in Ljuberzy bei Moskau mit journalistischen Grundbegriffen vertraut gemacht oder in deutscher Sprache und Stilistik von Spezialisten aus Deutschland geschult.

Die Verteilung von Informationsmaterial über Deutschland seitens der deutschen Botschaft und anderer Institutionen an deutschsprachige Redaktionen flankierte die Unterstützungsmaßnahmen. Um die Qualität der Sendungen und Zeitungen zu heben, werden seit 1991 auf Wunsch sogenannte Jungjournalisten aus der Bundesrepublik an deutschsprachige Redaktionen in den einzelnen Republiken entsandt. Die jungen Menschen, meist Journalistikstudenten der oberen Semester, begleiten die journalistische Arbeit und geben neue Impulse für Aufbau und Gestaltung der publizistischen Einheiten. Zudem leisten sie Unterstützung im Sprachlich-Stilistischen und informieren über aktuelles Geschehen in Deutschland. Den Berichten der Jungjournalisten ist zu entnehmen, daß die Arbeit in den Redaktionen ein gegenseitiges Geben und Nehmen ist, denn deutsche Ideen und Praktiken lassen sich nicht ohne weiteres auf die russische, kasachische und kirgisische Realität der Redaktionen übertragen. Der Erfindungsreichtum, aber vor allem das Engagement der Journalisten an Ort und Stelle wird allseits lobend erwähnt. Trotz widriger Umstände versuchen sie, ihre Zeitung pünktlich herauszugeben oder eine gehaltreiche und unterhaltsame Fernseh- und Rundfunksendung zu produzieren.

Die größte Schwierigkeit bei der Koordination der Unterstützungsmaßnahmen lag anfangs darin, einen gesicherten Überblick über die deutschsprachigen Medien in der ehemaligen Sowjetunion zu gewinnen, der als

Basis für eine sinnvolle Hilfe notwendig war. Es galt, schnell zu helfen, um die Redaktionen in den Stand zu versetzen, den neuen Ansprüchen des Publikums gerecht werden zu können. Zunehmend wirkte sich die politische und wirtschaftliche Krise in den Ländern der GUS auf die deutschsprachigen Medien aus. Die Druck- bzw. Produktions- sowie Personalkosten sind inzwischen ins Unermeßliche gestiegen. Für die Zeitungsredaktionen verschärft sich der Existenzkampf zudem durch den Zusammenbruch des alten sowjetischen Vertriebssystems: viele Abonnenten können ihre Zeitung nicht mehr beziehen. Um ein langfristiges Erscheinen der Zeitungen zu garantieren, haben daher viele Herausgeber damit begonnen, sich über Werbeeinnahmen zu finanzieren. Dennoch ist die Mehrzahl der rußlanddeutschen Zeitungen ohne Unterstützung durch die Bundesrepublik derzeit kaum lebensfähig. Die Hörfunk- und Fernsehsender sehen sich denselben Schwierigkeiten gegenüber. Staatliche Unterstützungen, die zur Sowjetzeit gewährt wurden, haben die heute zuständigen Republiksbehörden wesentlich gekürzt oder ganz gestrichen. Die Sender müssen somit aus finanziellen Gründen einen Teil der Sendezeit abgeben oder das Programm ganz einstellen.

Die technische Hilfe aus Deutschland hat allerdings in einigen Fällen zusätzliche Probleme für die Rußlanddeutschen geschaffen, die anfangs nicht abzusehen waren. Es erwies sich oft als schwierig, die begehrte deutsche Technik sicher aufzubewahren und vor Fremdzugriffen zu schützen. Folgekosten für Reparaturen der gelieferten Geräte können aus Projektmitteln der Mittlerorganisationen oft nicht gezahlt werden, so daß manch ein Gerät heute stillsteht. Laufende Kosten für die Miete von Redaktionsräumen, für Gehälter der Mitarbeiter, Unterhalt eines Fahrzeugs, Lohn für den Fahrer oder gar für Benzin können vom zur Verfügung stehenden Budget kaum noch getragen werden.

Ein immer stärker werdendes Problem für die rußlanddeutschen Medien, das wohl auch ihre weitere Zukunft entscheidend bestimmen wird, ist die Auswanderung. Der Exodus erfahrener Redakteure, die mangelhafte Ausbildung und die oft fehlenden Deutschkenntnisse des Nachwuchses schwächen die Redaktionen zusehends. Zudem lief die Journalistenausbildung an der einzigen Ausbildungsstätte für Redakteure rußlanddeutscher Medien, die als Fakultät an der Kasachischen Universität in Alma-Ata angegliedert war, 1994 aus. Entscheidend für die Motivation mancher Journalisten ist auch die Frage: „Für wen mache ich meine Sendungen denn noch?", wenn ein großer Teil der Zuhörer und Zuschauer bereits nach Deutschland ausgewandert ist oder dorthin auswandern wird.

Dennoch haben die deutschsprachigen Medien in den Ländern der GUS heute eine Zukunft, da neben den bleibewilligen Deutschen auch andere Nationalitäten Interesse an der deutschen Sprache und an Informationen aus und über Deutschland zeigen. Die Medien der Rußlanddeutschen könnten somit eine Brücke zwischen der deutschen Kultur und den nichtdeutschen Nachbarn werden.

## Der Bildungssektor

Der deutschen Sprache wurde in der Sowjetunion große Bedeutung beigemessen: es lernten fast 12 Millionen Menschen Deutsch. Auch heute ist das Deutsche neben dem Englischen die gewählte Fremdsprache in den Ländern der GUS. Für die Rußlanddeutschen allerdings war und ist das Deutsche, auch wenn viele von ihnen die Sprache nur noch bedingt oder schon gar nicht mehr beherrschen, nicht nur eine Fremdsprache, sondern ihre Muttersprache, ein Teil ihrer Identität. Daher orientieren sich die Hilfsmaßnahmen der Bundesregierung für Rußlanddeutsche besonders an der Förderung der deutschen Sprache als Muttersprache, angefangen in den Kindergärten und fortgesetzt in den Schulen, bis hin zu Fachschulen und Hochschulen, an denen Deutschlehrer ausgebildet werden.

Die Unterstützung deutschsprachiger Gruppen in den Kindergärten kann im Rahmen der Hilfeleistungen zur Förderung und Pflege der deutschen Sprache als Basis angesehen werden. Immer mehr Eltern wünschten seit Ende der achtziger Jahre, daß die meist von den Großeltern vermittelten Deutschkenntnisse (dialektaler Art) ihrer Kinder im russischsprachigen Kindergarten nicht wieder verlorengehen, sondern in deutschsprachigen Kindergartengruppen weiter gepflegt und ausgebaut werden.

Mit der ersten Hilfsaktion Ende 1990 wurden 100 Kindergärten mit Spiel- und Lernmaterialien zur Sprach- und Sprecherziehung ausgestattet. Durch den Einsatz von Fachleuten wurden seit Anfang 1991 Bestandsaufnahmen und Seminare für Kindergärtnerinnen durchgeführt, die in die didaktischen Materialien aus der Bundesrepublik einführten, aber zugleich nach einer Synthese aus traditioneller russischer Kindergartenpädagogik und reformpädagogischen Ansätzen aus der Bundesrepublik suchten. Einige Kindergärtnerinnen und Dozentinnen pädagogischer Fachschulen, an denen Kindergärtnerinnen ausgebildet werden, wurden zu Fortbildungsseminaren nach Deutschland eingeladen und wirkten fortan als Multiplikatoren für die Weiterbildung ihrer Kolleginnen im Land. Pädagogische Fachschulen in den Siedlungsgebieten erhielten zudem Lehr- und Lernmaterial sowie die erforderliche technische Ausstattung.

Die anfänglichen Berührungsängste seitens der Administration oder der Abteilung für Volksbildung im zuständigen Ministerium gegenüber den Maßnahmen konnten durch Gespräche und Informationsreisen russischer Führungskräfte nach Deutschland beseitigt werden. Sie gewannen so einen Einblick in das deutsche Bildungssystem und erhofften sich durch das deutsche Kindergartenprogramm fortan positive Anstöße im landeseigenen Kindergarten- und Schulwesen. Wichtig für die heutige Zusammenarbeit ist, daß die jeweiligen Entscheidungsebenen zu jeder Zeit darüber informiert sind, welche Maßnahmen in dem jeweiligen Gebiet vorgesehen sind und welche Inhalte vermittelt werden sollen.

Die Bereitschaft zur Zusammenarbeit ist groß, unter anderem auch deswegen, weil man erkennt, daß die Unterstützungsmaßnahmen allen Interessierten offenstehen und somit allen Kindern, unabhängig von der Nationalität, durch das Erlernen einer Fremdsprache bessere Chancen für die Zukunft ermöglichen. Immer mehr russische, kasachische oder kirgisische Eltern erkennen den Wert einer zweisprachigen Vorschulerziehung und setzen sich daher für den Weiterbestand der deutschsprachigen Kindergärten ein.

Durch Bestandsaufnahmen, Seminare und Ausstattungen konnten seit Anfang 1991 mit Mitteln des Auswärtigen Amtes bereits mehr als 350 Kindergärten gezielt gefördert werden. Doch so manche der vor einigen Jahren mit Enthusiasmus gegründeten deutschen Kindergartengruppen sind aufgrund der unverminderten Ausreisewelle in Existenznot geraten, weil deutsche Kinder u n d Erzieherinnen aussiedeln. Unter den Deutschen allerdings, die in der Gemeinschaft Unabhängiger Staaten (GUS) bleiben, ist die Motivation zum Aufbau und Erhalt deutscher Kindergartengruppen weiterhin sehr stark.

Seit 1990 erhielten bis zu 650 Bildungseinrichtungen wie Schulen, Sonntagsschulen, Fach- und Hochschulen inner- und außerhalb der kompakten Siedlungsgebiete der Deutschen über den VDA eine Grundausstattung an Lehr- und Lernmaterialien. Begleitet wurden diese Maßnahmen von Einführungs- beziehungsweise Fortbildungsseminaren entweder an Ort und Stelle oder im Bildungs- und Informationszentrum (BIZ) Ljuberzy bei Moskau. Der Einsatz von Sprachassistenten an Schulen, Pädagogischen Fach- und Hochschulen gewährleistet seitdem ein kontinuierliches Arbeiten mit den neuen Materialien. Über die schulische Arbeit hinaus boten die Sprachassistenten in den örtlichen Begegnungszentren Sprachkurse und andere kulturelle Veranstaltungen an, an denen besonders Erwachsene teilnahmen. Sie belebten dadurch vorhandene Chöre, Theatergruppen, Flötenensembles sowie Volkstanzgruppen oder riefen neue Gruppen ins Leben – je nach Wunsch und Engagement der Deutschen und entsprechend der Neigung der jeweiligen Sprachassistenten. Vorträge zu landeskundlichen oder aktuellen Themen der Bundesrepublik waren gefragte „lebendige Fenster". Der Aufenthalt in der GUS und das Leben bei den Rußlanddeutschen, die zumeist in ländlichen Siedlungen wohnen, wurde für viele Sprachassistenten über ihre Arbeit hinaus zu einer persönlichen Bereicherung. Der größte Teil der Sprachassistenten arbeitete an Schulen in den ländlichen Siedlungsgebieten der Deutschen und wohnte bei Familien. So wurden sie in die Dorfgemeinschaft integriert, nahmen an Familien- und Dorffesten teil und halfen nicht selten bei der Versorgung des familieneigenen Viehbestandes mit – für manchen jungen deutschen Städter eine neue Erfahrung. Viele der Kontakte wurden über die Zeit des Aufenthalts hinaus weiter ausgebaut und gaben in einigen Fällen den Anstoß für selbstinitiierte Hilfsmaßnahmen.

Die Fülle von Anfragen nach Lehrbüchern dokumentiert die mangelnde Versorgung im Land. Entweder fehlen Deutsch-Lehrwerke völlig oder ihre Inhalte sind so veraltet, daß sie Motivation und Lernerfolg der Schüler eher behindern denn fördern. Wünschenswert wäre die Erarbeitung von Lehrbüchern durch rußlanddeutsche, russische und deutsche Fachleute; denn so fänden auch Spezifika und Bedürfnisse der Rußlanddeutschen sowie Traditionen des Landes Berücksichtigung.

Um dem wachsenden Wunsch nach außerschulischem Deutschunterricht entgegenzukommen und um vorhandene Deutschlehrer zu motivieren, weiter im Lehrberuf zu bleiben – sie erhalten nur ein geringes Gehalt -, wurde das „Lehrervergütungsprogramm" ins Leben gerufen. Dieses Programm bietet Sprachkurse für Interessierte an, in deren Gebieten kein Sprachassistenteneinsatz geplant war und ist. Den einheimischen Deutschlehrern gibt es die Möglichkeit, ihr geringes Lehrergehalt aufzubessern und den Lernwilligen, Deutschkenntnisse zu erwerben bzw. zu vertiefen. Das Lehrervergütungsprogramm wurde daher allseits begrüßt.

Im Jahre 1993 nahmen die ersten Lehrer, Fachberater und Koordinatoren, entsandt von der Zentralstelle für das Auslandschulwesen, ihren Dienst in den Nachfolgestaaten der ehemaligen Sowjetunion auf. Seit 1991 zeichnet sich, vor allem auf dem Lande, eine starke Abwanderung qualifizierter Lehrkräfte ab: die Deutschlehrer gehen entweder nach Deutschland oder lukrativeren Arbeitsmöglichkeiten nach. Die dadurch entstehenden Lücken können allerdings nicht mehr durch Fachkräfte aus Deutschland geschlossen werden. Daher wurde Mitte 1993 mit einem Pilotprojekt begonnen, das aus Überlegungen der Rußlanddeutschen hervorging. Dieses Programm sieht vor, das große Potential an Deutschlehrern und besonders an Lehrfachstudenten auf dem Lande für den Schuldienst zu gewinnen, indem sich die Lehrer mindestens für zwei Jahre verpflichten, im Auftrag der örtlichen Schulbehörde an einer Schule den Deutschunterricht durchzuführen und zudem kulturelle Veranstaltungen außerhalb der Schule anzubieten, wie z.B. Sprachkurse für Erwachsene, Sonntagsschulunterricht für Kinder, Unterstützung von Jugendaustauschmaßnahmen sowie Chor-, Theater- und Volkstanzaktivitäten und andere kulturelle Veranstaltungen. Diese Angebote sollen die dörfliche Gemeinschaft nicht nur beleben, sondern auch deutsche Traditionen, Sitten und Bräuche erhalten. Anreize für die Interessenten bestehen in einer geringen Zusatzvergütung, in einem Fortbildungsseminar im BIZ Ljuberzy und in einem Hospitationsaufenthalt in Deutschland pro Jahr. Zur Unterstützung ihrer Arbeit in und außerhalb der Schule erhalten sie auch eine Lehrmittelausstattung.

Dieses Pilotprojekt war vorerst flankierend zu den Ansiedlungsprojekten in der Wolgaregion vorgesehen. Die dadurch gewonnenen Erfahrungen sollten als Basis für eine Ausdehnung des Programms auf andere Gebiete dienen, die durch aus Deutschland entsandte Kräfte nicht berücksichtigt werden können. Die Nachfrage nach Fortbildungsveranstaltungen in Deutschland im Schul-, Kindergarten- und Medienbereich war seit Beginn der Unterstützungsmaßnahmen stets gestiegen. Der Anstieg der Flug- und Aufenthaltskosten setzte allerdings der Zahl der Teilnehmer Grenzen. So entschloß sich der VDA, ein Bildungs- und Informationszentrum (BIZ) in Ljuberzy bei Moskau einzurichten. Diese kleine internatsähnliche Bildungsstätte ist mittlerweile ein fester Begriff für viele Rußlanddeutsche geworden und bedeutet für manch einen ein deutsches Kleinod im Lande.

Eine Palette von Kursen kultureller oder gemeinschaftsfördernder Art wird im BIZ angeboten: von Chorleiter-, Volkstanz-, Journalisten-, Jugendfreizeitleiter- und Landeskundeseminaren sowie fachspezifischen Sprachkursen bis hin zu EDV-Kursen, Betriebsleiterseminaren und Fortbildungsmöglichkeiten für medizinisches Personal. Kulturelle Abendprogramme, Ausflüge und das gemeinsame Anschauen deutscher Fernsehsendungen runden die ein- bis vierwöchigen Kurse ab. Wünschenswert wäre, Filialen eines solchen Zentrums auch in anderen Teilen des Landes einzurichten, um den Bedarf an Fortbildung zu decken und den weiteren Kulturaustausch zu fördern.

Die Unterstützungsmaßnahmen für Rußlanddeutsche im Medien-, Bildungs- und Kulturwesen in den Nachfolgestaaten der Sowjetunion werden Ausreisewillige kaum aufhalten können. Dennoch leisten sie in ihrer Ausstrahlung einen unübersehbaren Beitrag zum Ausbau und zur Förderung der allgemeinen Kulturbeziehungen zwischen Deutschland und den Ländern der GUS. Initiator der Förderungsmaßnahmen waren letztlich die Rußlanddeutschen selbst. Die durchgeführten Projekte basierten weitgehend auf ihren Vorschlägen und Wünschen. Dadurch wurden Kultur- und Sprachpflege der Deutschen verstärkt und interessierte Nachbarn der Deutschen miteinbezogen. Somit werden die kulturellen Projekte der Bundesregierung nicht nur von den bleibewilligen Deutschen gerne aufgenommen, sondern sie erschließen neue Gebiete, die bisher vom Kulturaustausch kaum berührt worden waren. Zweifellos kann ein solcher Kulturaustausch das Fundament für den bilateralen Wirtschaftsausbau der Zukunft bilden.

# Die Autoren:

*Dr. Jasper von Altenbockum* ist Korrespondent der Frankfurter Allgemeinen Zeitung für Schleswig-Holstein und Mecklenburg-Vorpommern mit Sitz in Schwerin

*Dr. Reinhold Brender* war außenpolitischer Redakteur der Frankfurter Allgemeinen Zeitung und arbeitet jetzt bei der Europäischen Kommission

*Werner D'Inka* ist Chef vom Dienst der Frankfurter Allgemeinen Zeitung

*Marina Gräfin zu Dohna* ist Mitarbeiterin des in Sankt Augustin ansässigen „Vereins für das Deutschtum im Ausland (VDA)"

*Klaus Dieter Frankenberger* ist außenpolitischer Redakteur der Frankfurter Allgemeinen Zeitung

*Hans Frick* ist Mitarbeiter des VDA

*Dr. Dr. Günther Gillessen,* em. ordentlicher Professor für Journalistik an der Universität Mainz, war Mitglied der politischen Redaktion der Frankfurter Allgemeinen Zeitung

*Gerhard Gnauck* ist außenpolitischer Redakteur der Frankfurter Allgemeinen Zeitung

*Dr. Georg Paul Hefty* ist Mitglied der politischen Redaktion der Frankfurter Allgemeinen Zeitung

*Christiane Hoffmann* ist außenpolitische Redakteurin der Frankfurter Allgemeinen Zeitung

*Dr. Tatjana Ilarionowa,* Moskau, ist Historikerin

*Berthold Kohler* ist politischer Korrespondent der Frankfurter Allgemeinen Zeitung für die Tschechische Republik, die Slowakei und Bulgarien mit Sitz in Prag

*Dr. Michael Ludwig* ist politischer Korrespondent der Frankfurter Allgemeinen Zeitung in Warschau

*Dr. Reinhard Olt* ist politischer Korrespondent der Frankfurter Allgemeinen Zeitung für Österreich und Slowenien mit Sitz in Wien

*Peter Poppe* war Wirtschafts-Korrespondent der Frankfurter Allgemeinen Zeitung in Hamburg

*Prof. eh. Dietrich Ratzke* ist Generalbevollmächtiger der Frankfurter Allgemeine Zeitung GmbH, Geschäftsführer des F.A.Z.-Instituts für Medienentwicklung und Kommunikation GmbH und lehrt als Honorar-Professor an der Journalistik-Fakultät der Universität Moskau

*Matthias Rüb* ist politischer Korrespondent der Frankfurter Allgemeinen Zeitung für Ungarn, Rumänien und Kroatien mit Sitz in Budapest

*Elfie Siegl* ist Wirtschafts-Korrespondentin der Frankfurter Allgemeinen Zeitung in Moskau

*Dr. Peter Sturm* ist außenpolitischer Redakteur der Frankfurter Allgemeinen Zeitung

*Dr. Siegfried Thielbeer* ist politischer Korrespondent der Frankfurter Allgemeinen Zeitung für die Volksrepublik China mit Sitz in Peking

*Dr. Horst Waffenschmidt* (MdB) ist Parlamentarischer Staatssekretär im Bundesministerium des Innern

*Waldemar Weber,* seit der Aussiedlung aus Rußland in Unterföhring ansässiger Publizist, Lyriker und Übersetzer, lehrt als Gastprofessor russische Literatur und rußlanddeutsche Geschichte an den Universitäten Wien, Graz und Innsbruck

*Dieter Weirich* ist Intendant der Deutschen Welle in Köln